AÇÕES AFIRMATIVAS À BRASILEIRA

NECESSIDADE OU MITO?

Uma análise histórico-jurídico-comparativa do negro nos Estados Unidos da América e no Brasil

K21a   Kaufmann, Roberta Fragoso Menezes
        Ações afirmativas à brasileira: necessidade ou mito? uma análise histórico-jurídico-comparativa do negro nos Estados Unidos da América e no Brasil / Roberta Fragoso Menezes Kaufmann. - Porto Alegre: Livraria do Advogado Editora, 2007.
        311 p.; 23 cm.

        ISBN 978-85-7348-488-5

        1. Ação afirmativa: Brasil. 2. Ação afirmativa: Estados Unidos. 3. Direitos e garantias individuais. 4. Discriminação racial. 5. Desigualdade social. I. Título.

                            CDU - 342.724

        Índices para catálogo sistemático:
        Ação afirmativa : Brasil
        Ação afirmativa : Estados Unidos
        Direitos e garantias individuais
        Discriminação racial
        Desigualdade social

        (Bibliotecária responsável: Marta Roberto, CRB-10/652)

Roberta Fragoso Menezes Kaufmann

AÇÕES AFIRMATIVAS À BRASILEIRA

NECESSIDADE OU MITO?

Uma análise histórico-jurídico-comparativa do negro nos Estados Unidos da América e no Brasil

livraria
DO ADVOGADO
editora

Porto Alegre 2007

© Roberta Fragoso Menezes Kaufmann, 2007

Capa, projeto gráfico e diagramação de
Livraria do Advogado Editora

Revisão
Betina Denardin Szabo

Direitos desta edição reservados por
Livraria do Advogado Editora Ltda.
Rua Riachuelo, 1338
90010-273 Porto Alegre RS
Fone/fax: 0800-51-7522
editora@livrariadoadvogado.com.br
www.doadvogado.com.br

Impresso no Brasil / Printed in Brazil

Com amor:
A Rodrigo;
Aos meus pais, Marília Fragoso e Ronald Menezes;
À Renata e à pequena Bia.

Agradecimentos

Agradecer é falar com o coração. Não é de se esperar, assim, palavras frias ou contidas. É chegado o momento de falar de amor e de expressar gratidão pela amizade, pelo carinho e pelo apoio recebidos.

A elaboração deste trabalho – que, com algumas alterações, se originou da minha dissertação de mestrado defendida em dezembro de 2003 na Universidade de Brasília – UnB, não foi um processo solitário. Várias pessoas foram fundamentais em minha vida, por razões diversas, para que finalmente conseguisse atingir esse objetivo.

Gostaria, assim, de agradecer àqueles que me forneceram o suporte emocional e afetivo para a concretização desse projeto. Aos meus pais, Marília, Zaninha e Ronald, porque sempre me incentivaram a batalhar pelos meus sonhos. E porque alimentaram em mim a ilusão de que nada é impossível, desde que se tenha coragem. Em momentos de fraqueza, foi a crença nesta quimera que me manteve íntegra.

Às minhas avós, Thamar e Elza, pela meiguice e ternura do cotidiano. Aos meus irmãos, Renata, Maria Eduarda, Thiago e Ronald Júnior, pela amizade, companheirismo e alegria. A Hailé, Marisa, Marcus e Gustavo Kaufmann, e, ainda, Nilce e Caraciolo, pelo apoio, carinho e generosidade com que me receberam como parte da família. Aos meus tios, particularmente Tia Marta e Tio Astor, que me acolheram quando cheguei a Brasília. Aos meus primos e amigos, como Raissa Saldanha Menezes, Charlana Rodrigues, Carla Alves, Marcos Sousa e Silva, Mário Márcio de Olveira e a "Rede de Intrigas", sem cujo apoio, amizade e carinho nada disso teria sido possível. Às minhas queridas Tia Pelada e Duca, por terem ajudado a formar a minha personalidade. À minha amada avó Zaná, que, infelizmente, não está mais conosco para compartilhar desta alegria, embora esteja presente a todo o momento, em meu coração e em meu pensamento.

Em Brasília, encontrei uma nova casa. Agradeço, especialmente, ao Ministro Marco Aurélio, em quem me espelho como exemplo de retidão, de inteligência e de caráter. Obrigada por ter acreditado em mim e por haver me conferido tantas oportunidades, às quais, na maior parte das vezes, não fui capaz de corresponder à altura. À Lídia Souza e a Geraldo Fragoso, queridos amigos, a quem manifesto profunda gratidão, por terem tido a pachorra e a disponibilidade de ler os originais deste trabalho. À Guiomar, Adrianna, Adriane, Olívia e Cristina, pelo apoio em todos os momentos.

Por outro lado, é preciso homenagear àqueles que forneceram o embasamento teórico para este trabalho. Ao meu orientador na Dissertação do Mestrado, Professor Gilmar Ferreira Mendes, pelo incentivo, paciência e dedicação, a quem devo o amor pelo Direito Constitucional. Ao Professor Vamireh Chacon, grande mestre, *brasilianista*, que me fez redescobrir o Brasil e compreender a mágica da formação deste país.

À Faculdade de Direito do Recife, cujas lembranças aquecem meu coração. Agradeço, principalmente, aos Professores Marília Fragoso, Dário Rocha, Marcelo Neves e Francisco Queiroz, pela verdadeira veneração dispensada ao ofício de ensinar e pelos constantes estímulos conferidos aos seus alunos.

À Faculdade de Direito da Universidade de Brasília – UnB, por ter propiciado a chance de aprimorar-me, como estudante e como pesquisadora. À Professora Loussia Félix, por todo o esforço dedicado ao aperfeiçoamento do programa do Mestrado em Direito da UnB e, conseqüentemente, àqueles que do programa fazem parte. Aos colegas da turma do Mestrado, especialmente Ana Frazão, Othon Lopes, Enéas Vasconcelos, Cláudia Pereira, Alexandre Vitorino e Karina Mascarenhas, pela amizade e pelo suporte durante o processo de elaboração do trabalho.

À Biblioteca do Supremo Tribunal Federal, nas pessoas de Rosimary Silva, Lucylene Rocha, Rosana Souza, Mônica Fischer, Maria Tereza Walter e Márcia Vasconcelos, pela excelência com que desempenham seus trabalhos, e por terem conseguido obter grande parte das obras raras utilizadas nesta pesquisa.

À Procuradoria-Geral do Distrito Federal, instituição que me orgulho de pertencer, pela grandeza de meus pares e probidade com a qual desempenham seus misteres.

Agradeço, alfim, a Rodrigo de Oliveira Kaufmann, pelos inúmeros debates e discussões sobre o tema. Sua ajuda foi fundamental para tornar claro o que, para mim, era ainda sombra e névoa. É que, em muitas vezes, bastou a sua presença, para conferir sentido a todo o resto.

Não existe cultura inocente,
nem ato político gratuito.

Vamireh Chacon

Prefácio

Foi com grande satisfação que recebi a notícia da publicação da dissertação de mestrado de Roberta Fragoso, *"Ações Afirmativas à Brasileira: Necessidade ou mito?"*. O trabalho foi aprovado com distinção e recomendação de publicação por banca examinadora composta por mim e pelos professores Marcelo Neves e Vamireh Chacon. Trata-se de um estudo interdisciplinar, que correlaciona Direito, História e Sociologia, com o objetivo de examinar se realmente existe a tão reivindicada necessidade de adoção, no Brasil, de políticas afirmativas nas quais a raça seja o único critério de discrímen, ou se, por outro lado, o atual debate decorre apenas de um certo deslumbramento em relação à experiência norte-americana, nem sempre atento para as peculiaridades históricas que inspiraram a criação das políticas positivas naquele país.

Roberta Fragoso insere-se dentre os alunos do Mestrado e Doutorado da Universidade de Brasília que têm estudado o Direito Constitucional com grande entusiasmo e inovadoras perspectivas de análise, o que reafirma a posição de vanguarda do Programa de Pós-graduação da UnB. Roberta singulariza-se por renovar as pesquisas sobre a história constitucional do Brasil, preocupando-se com o relato de nossa cultura político-institucional tão bem elaborado por célebres historiadores como Sérgio Buarque de Holanda, Gilberto Freyre, não se esquecendo de Caio Prado Júnior.

Lembro as lições de Peter Häberle, que enfatizam que um programa de Teoria da Constituição como ciência cultural deve sempre ter em conta a necessidade de permanente "atualização da história constitucional viva" do Estado constitucional.[1]

Tenho sempre ressaltado que a pesquisa sobre o direito constitucional comparado, que tanto entusiasma os alunos, não pode relegar ao segundo plano o estudo de importantes constitucionalistas brasileiros, como João Barbalho, Pedro Lessa, Castro Nunes, Carlos Maximiliano, Francisco Campos, Lúcio Bittencourt, Themistocles Cavalcanti, Victor

---

[1] HÄBERLE, Peter. *Libertad, igualdad, fraternidad. 1789 como historia, actualidad y futuro del Estado constitucional*. Trad. De Ignacio Gutiérrez Gutiérrez. Madrid: Trotta; 1998.

Nunes Leal, assim como nosso inesquecível Rui Barbosa, cujas doutrinas ainda têm muito a nos dizer.

Imbuída desse espírito historiador, Roberta realiza uma análise comparada entre as realidades brasileira e norte-americana, relatando o desenvolvimento das relações raciais nos dois países, desde a colonização portuguesa, no primeiro caso, e inglesa, no segundo. O resultado é um primoroso estudo comparativo sobre as origens do povoamento nos dois países, as razões da adoção do regime escravagista e de sua abolição, o desenvolvimento das relações raciais após a extinção do trabalho escravo, os movimentos negros e as organizações contrárias às pessoas de cor, o que nos revela as profundas diferenças entre as formas de preconceito racial nos dois países.

Essa análise histórico-comparativa é a marca do trabalho de Roberta, que o torna inovador dentre os demais estudos sobre as ações afirmativas no Brasil, os quais, na maioria das vezes, limitam-se a reproduzir a doutrina e a jurisprudência norte-americanas a respeito do tema. Roberta demonstra que essa escassez de estudos sobre ações afirmativas que partam de uma análise sociológica e histórica sobre as relações entre brancos e negros no Brasil tem sido uma das causas da introdução acrítica do debate em nossa realidade.

De fato, como explica a autora, as condições políticas, culturais e sociais que ensejaram, nos Estados Unidos, a adoção de ações positivas de inclusão racial são muito diversas das vivenciadas no Brasil. Naquele país, nunca houve miscigenação racial tal como a observada no Brasil e em Portugal, mesmo antes do descobrimento. Como nos ensinou Sérgio Buarque de Holanda, nossa metrópole sempre esteve marcada por uma intensa plasticidade social; por uma ausência completa, ou praticamente completa, de qualquer "orgulho de raça",[2] o que influenciou decisivamente a formação étnica brasileira, cujo caráter mais saliente, segundo Caio Prado Júnior, é a "miscigenação profunda" (entre brancos, negros e índios), que torna "a população brasileira um dos mais variegados conjuntos étnicos que a Humanidade jamais conheceu".[3] A sociedade norte-americana, ao contrário, sempre foi separada em dois mundos raciais paralelos: o dos negros e o dos brancos.

Nos Estados Unidos, existiu um sistema institucionalizado de discriminação racial estimulado pela sociedade e pelo próprio Estado, por seus Poderes Executivo, Legislativo e Judicial, em seus diferentes níveis. A segregação entre negros e brancos foi amplamente implementada pelo denominado sistema *Jim Crow* e legitimada durante várias décadas pela doutrina do "separados mas iguais" (*separate but equal*)

---

[2] HOLANDA, Sérgio Buarque de. *Raízes do Brasil*. São Paulo: Companhia das Letras; 1995, p. 53.

[3] PRADO JÚNIOR, Caio. *Formação do Brasil Contemporâneo*. São Paulo: Brasiliense; 2006, p. 107.

criada pela famosa decisão da Suprema Corte nos caso *Plessy vs. Ferguson* (163 U.S 537 1896). Com base nesse sistema legal segregacionista, os negros foram proibidos de freqüentar as mesmas escolas que os brancos, comer nos mesmos restaurantes e lanchonetes, morar em determinados bairros, serem proprietários ou locatários de imóveis pertencentes a brancos, utilizar os mesmos transportes públicos, teatros, banheiros etc., casar com brancos, votar e serem votados e, enfim, de serem cidadãos dos Estados Unidos da América. Foi nesse específico contexto de cruel discriminação contra os negros que surgiram as ações afirmativas como uma espécie de mecanismo emergencial de inclusão e integração social dos grupos minoritários e de solução para os conflitos sociais que se alastravam por todo o país na década de 60.

No Brasil, como bem explicado por Roberta, ainda que a democracia racial seja um mito, o preconceito racial existente nunca chegou a se transformar numa espécie de ódio racial coletivo, tampouco ensejou o surgimento de organizações contrárias aos negros, como a Ku Klux Klan e os Conselhos de Cidadãos Brancos, tal como ocorrido nos Estados Unidos. Em nosso país, nunca houve formas de segregação racial legitimadas pelo próprio Estado através de leis e decisões judiciais.

Enfim, enquanto nos Estados Unidos o preconceito sempre foi uma questão de raça, ou seja, de cor da pele, no Brasil o problema vem associado a outros vários fatores, dentre os quais sobressai a posição ou o *status* cultural, social e econômico do indivíduo. Como já escrevia Caio Prado Júnior, nos idos da década de 40 do século passado, "a classificação étnica do indivíduo se faz no Brasil muito mais pela sua posição social; e a raça, pelo menos nas classes superiores, é mais função daquela posição que dos caracteres somáticos".[4]

Isso não quer dizer que não haja problemas raciais no Brasil. O preconceito está em toda parte. Como diz Bobbio, "não existe preconceito pior do que o acreditar não ter preconceitos".[5] No entanto, a solução para tais problemas não está, como bem defendido pela autora, na importação acrítica de modelos construídos em momentos históricos específicos tendo em vista realidades culturais, sociais e políticas totalmente diversas das quais vivenciamos atualmente no Brasil.

Infelizmente, no Brasil, o debate sobre ações afirmativas iniciou-se de forma equivocada e deturpada. Confundem-se ações afirmativas com política de cotas, sem se atentar para o fato de que as cotas representam apenas uma das formas de políticas positivas de inclusão social. Na verdade, as ações afirmativas são o gênero do qual as cotas são a espécie. E, ao contrário do que muitos pensam, mesmo nos

---

[4] *Op. cit.* p. 109.

[5] BOBBIO, Norberto. *Elogio da serenidade e outros escritos morais.* São Paulo: Unesp; 2002, p. 122.

Estados Unidos o sistema de cotas sofre sérias restrições doutrinárias e jurisprudenciais, como se pode observar da análise da série de casos julgados pela Suprema Corte, dentre os quais sobressai o famoso *Caso Bakke* (*Regents of the University of California vs. Bakke*; 438 U.S 265, 1978).

"*Ações afirmativas à brasileira: necessidade ou mito?*" propõe um modelo próprio de ações afirmativas de inclusão social dos negros no Brasil, tendo em vista as peculiaridades culturais e sociais da sociedade brasileira, que impedem o acesso do negro a bens fundamentais, como a educação e o emprego. Tal modelo não leva em conta apenas a raça ou a cor do indivíduo, mas a sua situação cultural, econômica e social. Segundo esse modelo, as políticas públicas e privadas destinadas à integração dos negros devem ser adequadas, necessárias e razoáveis para os fins a que se propõem.

Tenho certeza de que o trabalho que ora se apresenta ao público leitor trará uma grande contribuição ao estudo das ações afirmativas de inclusão social das minorias e, portanto, de afirmação e efetivação dos direitos fundamentais no Brasil. Trata-se de mais um primoroso fruto do Programa de Pós-Graduação da Universidade de Brasília, que tem revelado tantos talentos para as letras jurídicas.

Brasília, junho de 2006.

Gilmar Ferreira Mendes

Sumário

Apresentação – Marco Aurélio Mendes de Farias Mello 19

Introdução – uma análise comparativa entre o Brasil e os
Estados Unidos da América 21

Primeira Parte – Contextualização do Tema

1. A colonização portuguesa e a formação do Estado brasileiro 31
    1.1. A formação do Estado português – a dominação moura, a Guerra da Reconquista e a precoce miscigenação em Portugal 31
    1.2. A época da sociedade feudal na Idade Média e a inexistência de feudalismo em Portugal 33
    1.3. As dificuldades encontradas por Portugal para colonizar o Brasil 36
    1.4. A colonização masculina, a miscigenação entre as raças e a posição da Igreja Católica 38
    1.5. A colonização de exploração e o tripé baseado no latifúndio, monocultura e escravidão 46
    1.6. Por que o negro e não o índio? – O tráfico de escravos a justificar a escravidão negra 48
    1.7. O tratamento dispensado aos escravos – observações entre a forma como a escravidão se desenvolveu no Brasil e nos Estados Unidos da América 54
    1.8. O processo abolicionista brasileiro 67

2. A formação do consciente coletivo negro brasileiro 84
    2.1. O Quilombo dos Palmares 84
    2.2. O movimento negro organizado no Brasil 86

3. Primeiros estudos sobre as relações raciais no Brasil 95
    3.1. A importância de Gilberto Freyre e *Casa-Grande & Senzala* – o contexto no qual se insere 95
    3.2. A cordialidade do homem brasileiro – Sérgio Buarque de Holanda e *Raízes do Brasil* 105
    3.3. Os estudos patrocinados pela UNESCO na década de 50 108
    3.4. A necessidade dos mitos – a função da Democracia Racial de Gilberto Freyre e do Homem Cordial de Sérgio Buarque de Holanda 115

4. A colonização inglesa e a formação dos Estados Unidos da América 125
    4.1. Os diferentes tipos de colonização – as colônias do norte e as colônias do sul 125

4.2. O processo abolicionista norte-americano 129
   4.2.1. Antecedentes da Guerra Civil 129
   4.2.2. O caso Dred Scott v. Standford – 60 U.S 393 (1857) 130
   4.2.3. A Guerra de Secessão 133
4.3. O sistema de segregação institucionalizada 136
   4.3.1. A segregação por meio de leis – o sistema *Jim Crow* 136
   4.3.2. A segregação por meio da jurisprudência norte-americana 139
      4.3.2.1. O caso Pace v. Alabama 106 U.S 313 (1879) 139
      4.3.2.2. Os casos United States v. Cruikshank 92 U.S 542 (1875); United States v. Harris 106 U.S 629 (1883) e o Civil Rights Cases – 109 U.S 3 (1883) 140
      4.3.2.3. O caso Plessy v. Ferguson – 163 U.S 537 (1896) 142
      4.3.2.4. Os casos Cumming v. Richmond County Board of Education – 175 U.S 528 – (1899) e Berea College v. Kentucky – 211 U.S 45 (1908) 144
5. Os movimentos raciais nos Estados Unidos da América 145
   5.1. Organizações contrárias aos negros 145
      5.1.1. O caso R.A.V v. City of Saint Paul – 505 U.S 377 (1992) 148
      5.1.2. O caso Capitol Square Review Bd. v. Pinette – 515 U.S 753 (1995) 148
      5.1.3. O caso Virginia v. Black et al. (2003). 150
   5.2. O movimento negro organizado 151
      5.2.1. A grande virada no sistema *Jim Crow* 158
         5.2.1.1. O caso Brown v. Board of Education – 347 U.S 483 (1954) . . . 160

Segunda Parte – As Ações Afirmativas

1. O surgimento das Ações Afirmativas nos Estados Unidos da América 167
   1.1. O entendimento da Suprema Corte norte-americana sobre as Ações Afirmativas 179
      1.1.1. O caso Griggs v. Duke Power Co. – 401 U.S 424 (1971) 184
      1.1.2. O caso Regents of the University of California v. Bakke – 438 U.S 265 (1978) 186
      1.1.3. O caso United Steelworkers of America v. Weber – 443 U.S 205 (1979) . 191
      1.1.4. O caso Fulliove v. Klutznick – 448 U.S 448 (1980) 194
      1.1.5. O caso City of Richmond v. J. A. Croson Co., 488 U.S 469 (1989) 196
      1.1.6. O caso Adarand Constructors Inc. v. Peña, 515 U.S 200 (1995) 199
      1.1.7. Os casos da Universidade de Michigan (2003) 201
         1.1.7.1. Grutter v. Bollinger et al 201
         1.1.7.2. Gratz et al v. Bolinger et al 205
   1.2. O significado da criação das ações afirmativas nos Estados Unidos da América – a proposta de uma releitura sobre o aparecimento dos programas positivos 206
2. As ações afirmativas à brasileira – o contraste com o modelo norte-americano . 211
   2.1. As conseqüências quanto aos diferentes tipos de colonização realizados nos Estados Unidos da América e no Brasil. 212
   2.2. As ações afirmativas próprias para o Direito brasileiro 220

2.2.1. Conceito, objeto e objetivos 220
2.2.2. Principais argumentos favoráveis e contrários em relação às políticas positivas 221
2.2.3. O princípio da igualdade no Direito brasileiro e a proibição da discriminação nas convenções internacionais 233
2.3. A raça como critério a ensejar uma ação positiva no Brasil 237
    2.3.1. A impossibilidade genética de classificar os seres humanos em raças distintas. A raça como um critério cultural 237
    2.3.2. Sistemas de classificação racial 240
        2.3.2.1. O sistema birracial norte-americano 240
        2.3.2.2. O sistema multirracial brasileiro 245
2.4. A possibilidade jurídica de Ações Afirmativas no Brasil 255
    2.4.1. A proposta para um modelo de ações afirmativas à brasileira, em que a cor não seja o único critério levado em consideração 255
    2.4.2. A análise de um programa afirmativo instituído no Brasil à luz dos princípios da igualdade e da proporcionalidade 267
2.5. Programas de ações afirmativas em andamento no Brasil – Direito infraconstitucional 274
2.6. Jurisprudência do Supremo Tribunal Federal sobre ações afirmativas 281

Conclusões 287

Bibliografia 297

Apresentação

A eterna vocação futurista do Brasil sempre conspirou contra o desenvolvimento efetivo do País, condenando-o, infelizmente, a um permanente vir-a-ser. Enlevados pelo ufanismo do "berço esplêndido", embevecidos pelo potencial vislumbrado tanto no solo fértil de riquezas incontáveis quanto na nossa decantada bonomia, pacientemente aguardamos mais de cinco séculos pela bem-aventurança de uma feérica transformação que até agora não chegou a acontecer. Ao reverso, o crescimento fez-se a conta-gotas, de forma tão tímida que ainda deparamos com recônditos que espelham vivamente os quilombos de outrora. O cansaço da espera por salvadores messiânicos e suas soluções mágicas, todavia, a custo vem mitigando a propensão nacional pelos mitos e promessas, encorajando-nos, os brasileiros, a enfrentar de maneira direta – sem ilusionismos de qualquer espécie – as próprias mazelas, entre as quais desponta a terrível desigualdade social, pecha que mais denigre por expor à luz do dia um dos nossos mais destrutivos equívocos – o mito da democracia racial.

Passados quase cento e vinte anos da alforria dos escravos, foram necessários caudalosos estudos estatísticos para desnudar-se, às escâncaras, os abismos que aqui separam as raças, principalmente no tocante às oportunidades de ascensão social. Da fria constatação do problema, embasada na crueza irrefutável dos números, aos movimentos engendrados para solucioná-lo, o percurso – se realizado de forma açodada, à guisa de vendeta ou de reparação a ferro e fogo de eventuais danos – pode conduzir a prejuízos ainda mais graves. Pois se há controvérsia sobre o fato de ser o brasileiro realmente "o homem cordial" de que trata Sérgio Buarque de Holanda, inexistem dúvidas acerca dos estragos que podem advir de uma radicalização de posições quanto à questão racial no País.

É contra simplificações apressadas e conclusões insensatas, a desaguar em resultados vazios, que Roberta Fragoso alerta nesta valiosa obra sobre os meandros da adoção de ações afirmativas no território nacional. A partir de um sólido estudo comparativo – em que confronta a experiência pátria com o abominável regime de *apartheid* norte-americano –, esteado em pesquisa histórica exaustiva, a autora delineia, de modo preciso, a real situação de ambos os países, tão díspares quanto complexos nas suas próprias individualidades culturais, sociais e políticas, obtusamente negadas por aqueles que insistem em balizar a discussão pelos parâmetros temerários da paixão, relegando a um segundo plano os argumentos da razão, bem mais sóbrios, bem mais prudentes.

A tese central desta publicação, pautada pelo comedimento e bom senso, diz bem com a personalidade da autora, que a teceu, durante os estudos para a dissertação de mestrado na Universidade de Brasília, laboriosa e minuciosamente, como de resto é de seu proceder habitual. Nada, nenhuma causa, nenhum apelo urgente consegue apartá-la do método, da dedicação inexcedível, do desejado rigor intelectual. E isso asseguro com conhecimento que se alicerça na observação diuturna, possibilitada por anos de assídua convivência, já que Roberta ocupou o cargo de Assessora em meu Gabinete no Supremo por quase um lustro e nele não permaneceu ante o inescusável chamamento da Procuradoria do Distrito Federal, órgão em que desempenha com acurada desenvoltura o mister de analisar a constitucionalidade de projetos de lei e ajuizamento de ações concernentes ao controle de constitucionalidade perante a Suprema Corte e o Tribunal de Justiça do Distrito Federal e Territórios. Em plena maturidade, a Capital da República merece e necessita contar com quadros desse quilate a defender-lhes os interesses, farol que deve ser para todo o País.

O deleite proporcionado por obra de tal valor só se equipara à honra de apresentá-la. Os leitores – à primeira hora seguramente cativados pelo escorreito e elegante estilo da autora – ao fim de tantos e tão sábios esclarecimentos facilmente compreenderão porquê.

Brasília (DF), outubro de 2006.

Marco Aurélio Mendes de Farias Mello
Ministro do Supremo Tribunal Federal e
Presidente do Tribunal Superior Eleitoral.

Introdução – uma análise comparativa entre o Brasil e os Estados Unidos da América

O tema das Ações Afirmativas desperta muitos debates e é alvo de discussões nem sempre pautadas pela racionalidade e pela cientificidade. Difícil se torna, então, falar sobre um tema quando este já vem impregnado de diversas pré-compreensões, acompanhadas, no mais das vezes, por uma postura passional e extremista. Com este trabalho, propõe-se abandonar as posturas já assumidas sobre o assunto, para, a partir daí, realizar uma releitura, desta feita interligando áreas de conhecimento distintas, como são o Direito, a História e a Sociologia.

O trabalho pretende analisar se existe de fato uma real necessidade em se adotar políticas afirmativas no Brasil em que a raça esteja entre um dos fatores a ser considerados, ou, então, em que funcione como o critério exclusivo, ou se, do contrário, essa discussão nos é estranha e apenas decorre de um deslumbramento em relação ao modelo adotado alhures, muitas vezes esquecendo as diferenças estruturais entre o país que inspirou a criação das políticas positivas – Estados Unidos – e aquele em que se pretende adotá-las – Brasil. Para tanto, faz-se mister estudar o contexto histórico e sociológico em que as ações afirmativas foram criadas e se desenvolveram. Daí a razão pela qual faremos uma abordagem comparativa entre os Estados Unidos, país onde o programa teve início, e o Brasil. Isto nos leva, entretanto, ao estudo e à análise de um passado longínquo, que não interessa diretamente ao assunto, mas que se faz imprescindível para reconstituir o quadro das relações raciais brasileiras e norte-americanas.[6]

---

[6] Nesse tom, alinhamo-nos às idéias de Caio Prado Júnior, quando este afirma que: "No Brasil de hoje, apesar de tudo de novo e propriamente contemporâneo que apresenta – inclusive estas suas formas institucionais modernas, mas ainda tão rudimentares quando vistas em profundidade – ainda se acha intimamente entrelaçado com o seu passado. E não pode por isso ser entendido senão na perspectiva e à luz desse passado. Daí o grande papel e função do historiador brasileiro, que muito mais ainda que seus colegas de outros lugares onde já se romperam mais radicalmente os laços com o passado – na medida, bem entendido, em que esse rompimento é possível –, lida com dados essenciais e imprescindíveis para o conhecimento e a interpretação do presente. História e Sociologia, e Ciência Social em geral, podemos dizer que quase se confundem ou se devem confundir no Brasil. (...). É na história, nos fatos concretos da formação e da evolução de nossa nacionalidade que se encontra o material básico e essencial necessário para a compreensão da realidade brasileira atual e sua interpretação com vistas à

O estudo enfocará de maneira prioritária as ações afirmativas destinadas aos negros, porque foram para estes que originariamente tais medidas foram criadas nos Estados Unidos. A ampliação dos programas positivos para as outras minorias, como as mulheres, os índios, os deficientes físicos e os imigrantes, decorreu de justificativas diferentes das que embasaram a criação dos programas para os negros e que fogem ao trabalho que nos propomos.

Com a quantidade de livros publicados sobre o tema, principalmente nos Estados Unidos, poder-se-ia acreditar que o assunto estaria praticamente esgotado, e que restava aos pesquisadores brasileiros fazer uma ligeira adaptação do material já publicado – como de fato é o que vem sendo feito até agora. Entretanto, a justificativa para uma nova abordagem afigura-se-nos *assustadoramente* fácil, porque a necessidade de uma nova perspectiva, na qual se enfoque a história das relações raciais nos dois países paradigmas desse estudo, Brasil e Estados Unidos, parece-nos deveras óbvia, quando se trata de ações afirmativas.

Este estudo decorre de um *estranhamento*, ao constatarmos a inexistência de estudos relevantes sobre as ações afirmativas a partir das condições históricas e sociais que precederam o instituto nos Estados Unidos, e, do mesmo modo, a ausência de pesquisas significativas sobre as condições históricas e sociais brasileiras a embasar a reflexão sobre a necessidade de adotar tais programas positivos. O principal objetivo deste trabalho, então, é o de promover uma análise interdisciplinar, articulando o passado histórico com a projeção de quais seriam as medidas jurídicas mais adequadas à resolução dos problemas nacionais. Assim, partir-se-á para o estudo da forma como se desenvolveram as relações raciais no Brasil, procurando, sobretudo, promover um resgate histórico dos negros no País, para saber se, após a abolição da escravatura, a raça do indivíduo constituiu-se em um fator autônomo de privação de direitos ou de segregação entre os indivíduos. Esta pesquisa surge para tentar suprir a lacuna que existe nos escritos relativos ao tema e, principalmente, para procurar demonstrar que certas premissas, tomadas por verdadeiras, podem estar ainda a merecer uma melhor reflexão.

Apesar de o tema despertar muitas paixões, nada ainda havia sido escrito sob tal enfoque, especialmente no meio jurídico. Há asserções soltas e sugestivas de que o contexto brasileiro difere do norte-americano, sem que os autores de tais afirmativas procedam, contudo, à análise de quão profundas são essas diferenças. A quase totalidade dos muitos artigos e poucos livros escritos no Brasil não renova os argumentos[7] e

elaboração de uma política destinada a promover e estimular o desenvolvimento". PRADO JÚNIOR, Caio. (1999: p. 17 e 18).

analisa os programas positivos como se estes fossem os resultados de uma evolução lógica da concretização do princípio da igualdade, partindo do Estado Liberal ao surgimento do *Welfare State* – Estado do bem-estar social. Ora, pesquisar é trazer à tona algo novo, questionando as posições tidas por consolidadas. Este estudo propõe-se a *fazer cócegas na inteligência do leitor*, convidando-o a participar de uma nova visão dos fatos, de uma forma diferente do que vem sendo escrito até então.

Em se tratando de Direito Comparado, a análise restringir-se-á aos Estados Unidos, porque este foi o país pioneiro na criação e no desenvolvimento das ações afirmativas para os negros. Ainda que outros países já tenham adotado medidas positivas, como a Índia, o Canadá, a França, a Espanha, a Itália, a Bélgica, a Noruega, a Alemanha, dentre outros, os beneficiados de tais programas afirmativos são, no mais das vezes, minorias diversas, como mulheres, imigrantes, deficientes e indivíduos pertencentes às classes sociais menos favorecidas.[8] Até porque, acreditamos que a análise das ações afirmativas deve

---

[7] A observação desse fenômeno não é peculiar ao Brasil. Os argumentos usados por aqueles que escrevem sobre as ações afirmativas repetem-se de maneira tão estrondosa, mesmo nos Estados Unidos, que chegam a ser ridicularizados, conforme demonstra Gabriel Chin: "A literatura é, também, impressionantemente repetitiva. Os mesmos temas básicos são expostos repetidamente; os fatos do caso *Bakke*, por exemplo, foram recontados tantas vezes que Stephen King escreveu, no seu *best-seller Christine*, sobre um casal que 'poderia contar capítulo e versículo sobre o caso Allan Bakke até adormecer'. Com a habilidade de inventar este tipo de história arrepiante, não é de se impressionar que King é conhecido como o mestre do horror". Tradução livre. CHIN, Gabriel J. (1998a: p. IX).

[8] A Constituição da Índia, de 1948, previu medidas especiais para a inserção dos *Dalits* no ensino superior e no funcionalismo público, reservando-lhes assentos. Os *Dalits*, também conhecidos por *intocáveis*, são os indianos que fazem parte da casta mais baixa da pirâmide social e que realizam os trabalhos considerados desprezíveis, como recolher os corpos dos mortos e limpar o esterco das ruas. Se uma pessoa tocar em um *Dalit*, é considerada *suja* e terá de passar por um ritual de purificação. A despeito de o sistema de cotas ter garantido aos *Dalits* representação no parlamento e em outras áreas do governo, na prática, a segregação continua tão forte quanto antes. Por sua vez, na Bélgica, a política conhecida como discriminação positiva privilegia os imigrantes marroquinos; já na França, há um tratamento diferenciado para mulheres – principalmente com a Lei n° 83/635, de 1983 – e para imigrantes. Ver mais em PASTOR, Maria Amparo Ballester (1994: 108 e ss). Na Noruega, os beneficiados são os imigrantes da África e da Turquia. No Canadá, as minorias consideradas são os autóctones, os quebequianos, as mulheres, os gays e as lésbicas. Ver mais sobre o sistema afirmativo canadense em LAJOIE, Andrée. (2002). Na Itália, medidas positivas são efetivadas para a proteção das mulheres, especificamente no mercado de trabalho. A Lei n° 125/1991 chega a estabelecer conceito de discriminação reversa, no artigo 4.2, que seria qualquer tratamento prejudicial que subsistisse à adoção de critérios que prejudicassem de modo proporcionalmente maior aos trabalhadores de um ou de outro sexo, e que contemplassem requisitos não essenciais para o desenvolvimento da atividade laboral. Sobre as ações positivas no Direito Italiano, ver em NANIA, Roberto; RIDOLA, Paolo. (2001: p. 159 a 207). Na Espanha, os beneficiados são principalmente as mulheres e os imigrantes. O tratamento conferido às mulheres pelo Direito espanhol é bem desenvolvido em OLLERO, Andrés. (1999). O livro de Ramón Soriano, por sua vez, retrata a necessidade de minorias lingüísticas e religiosas também serem beneficiadas por ações positivas. SORIANO, Ramón. (1999). O tema também é estudado no Direito Comunitário Europeu. Há várias decisões do Tribunal de Justiça da Comunidade Européia sobre ações afirmativas em relação às mulheres. Nesse sentido, ver em CAMAZANO, Joaquín Brage.(2001) e também em MENÉNDEZ, Fernando M. Mariño; LIESA,

ser feita no ambiente de cada país que inspirou o programa, de acordo com as peculiaridades e necessidades que lhes foram próprias e que, na maior parte das hipóteses, divergem do contexto estadunidense.

Os defensores das ações afirmativas no Brasil tomam por base o modelo político instituído nos Estados Unidos, como se este fosse impermeável e acima de qualquer tipo de crítica. Argumentam, de forma enfadonha e repetitiva, que os norte-americanos encaram o problema e que no Brasil o racismo é muito pior, porque camuflado, ocultado, escondido. Viver-se-ia aqui uma hipocrisia racial, baseada em um mito, o da democracia racial, de modo que só teríamos a *aprender* com os americanos do norte. Curioso é perceber que, ao tentar promover a resolução dos problemas brasileiros, grande parte da militância pró-ações afirmativas finge *desconhecer* a história do próprio país e acata, de forma passiva e subserviente, os métodos e mecanismos de resolução para a problemática racial pensados alhures.

As ações afirmativas surgiram e prosperaram nos Estados Unidos, país cujo contexto histórico difere em muito do brasileiro. Para proceder a um estudo sério acerca do assunto, vários tópicos não podem fugir à análise do pesquisador, dentre os quais o exame de como se desenvolveram as relações entre brancos e negros[9] nos Estados Unidos antes da imposição das ações afirmativas, de que maneira o Estado lidava com essas manifestações inter-raciais, se havia uma política legal a dar suporte à discriminação, de que modo a Suprema Corte atuava, se as decisões buscavam impedir ou fomentar o ódio racial. Tudo isso deve ser analisado de uma maneira comparativa com o Brasil, para que possamos avaliar os riscos quanto à adoção de medidas afirmativas e o grau de eficácia do instituto.

O sofrimento que o povo africano e os afro-descendentes viveram com o trabalho escravo, uma das formas mais cruéis de exploração, as humilhações de terem sido dominados, a quantidade de vidas desperdiçadas em nome do tráfico de pessoas, e o conseqüente desenvolvimento de um comércio humano rentável, são fatos inegáveis e que jamais serão esquecidos pela humanidade.

Carlos Fernandez. (Dir.). (2001). Na Alemanha, políticas afirmativas vêm sendo implementadas para as mulheres. O livro de Anne Peters et al. faz uma boa análise comparativa entre a Alemanha e os Estados Unidos. Adverte que a liberdade conferida pelo texto constitucional alemão não significa uma adoção mais ampla de medidas afirmativas. Paradoxalmente, a despeito de o texto constitucional norte-americano ser restritivo, na prática, as medidas afirmativas para mulheres estadunidenses são mais generosas. Ver em PETERS, Anne; SEIDMAN, Robert; SEIDMAN, Ann. (1999). Em relação às políticas afirmativas para as mulheres em países como a Itália, a França, os Estados Unidos, e, ainda, um estudo sobre tais programas na América Latina e na Comunidade Européia, há, ainda, o trabalho de DELGADO, Didice; CAPPELIN, Paola; SOARES, Vera. (2000).

[9] O termo *negro* nesse trabalho é usado na maioria das vezes representando tanto a categoria racial preta, quanto a parda. Os momentos de diferenciação entre eles, quando acontecerem, serão explicitados no texto.

Todavia, mesmo sem olvidar o drama vivido pelos negros no passado, o que precisamos estudar, agora, é se o modo pelo qual se desenvolveram as relações raciais no Brasil desde a escravidão, passando pelo processo abolicionista, até chegarmos à situação atual, originaram uma sociedade na qual a cor da pele se constitui na razão exclusiva para a baixa representatividade dos negros nas esferas sociais mais elevadas, ou, então, se o preconceito e a discriminação em face da cor funcionam como apenas uma das variáveis, dentro de um complexo de razões.

Para saber sobre a viabilidade da adoção de ações afirmativas no Brasil, nos moldes em que foram propostas originariamente, pretende-se realizar um estudo comparativo sobre como se desenvolveram as relações raciais nos dois países, desde o início da colonização. Nesse sentido, serão analisadas as características dos povos colonizadores – Portugal e Inglaterra –, a forma como se originou o povoamento, o motivo do emprego da mão-de-obra escrava negra, a existência ou não de miscigenação entre as raças, as causas da abolição, o modo pelo o qual se desenvolveram as relações raciais após a extinção do trabalho escravo, os movimentos negros formados em cada um dos países, as organizações contrárias aos negros, a maneira como se estabeleceu o preconceito e a discriminação em cada uma das sociedades. Com isso, observar-se-ão as conseqüências originadas dos diferentes processos históricos, para, alfim, proceder-se às conclusões sobre a necessidade de medidas afirmativas para os negros no Brasil.

As diferenças quanto à forma de lidar com a questão racial, nos dois países objetos deste estudo, precisam ser esclarecidas e escancaradas. Não basta que tais distinções sejam apenas sugeridas, como vem sendo feito pela doutrina nacional. O estudo também não se limitará a reproduzir as críticas contumazes às ações afirmativas, mesmo porque essas se repetem, em qualquer sistema jurídico no qual se apliquem os programas positivos. Se o trabalho se resumisse a tratar sobre tais temas – análise descritiva da realidade norte-americana,[10] aliada aos argumentos em prol e contrários à adoção das ações afirmativas – acreditamos que não haveria uma contribuição relevante à discussão científica nacional da questão.

Aproveitamos a introdução para esclarecer que não iremos realizar um estudo aprofundado sobre se as ações afirmativas são, em tese, constitucionais em qualquer sistema jurídico. Pelo contrário, partiremos da constitucionalidade como uma premissa, para a análise que iremos proceder. O recorte metodológico dado ao estudo que por ora

---

[10] A despeito de a expressão *norte–americano* abranger também o Canadá, nesse trabalho o termo será utilizado como um sinônimo para estadunidense, qual seja, relativo aos Estados Unidos da América.

se inicia não abarcou estudos aprofundados sobre as origens do princípio da igualdade, nem sobre as bases filosóficas que justificam a adoção das ações afirmativas, porque a despeito de ser uma forma importante de abordar o tema, foge ao objeto do nosso trabalho.

Basicamente, o estudo se divide em duas partes. Na primeira, analisa-se o contexto em que se formou o povo brasileiro, a partir da colonização efetuada por Portugal e as particularidades daquele povo que foram transmitidas ao Brasil. Em passo seguinte, promove-se uma análise sobre o modo como a escravidão se desenvolveu aqui, em comparação com o trabalho escravo implementado nos Estados Unidos. Observa-se a maneira como se efetivou no Brasil o processo abolicionista, ressaltando que fatores econômicos foram mais decisivos para tal escolha do que propriamente razões humanitárias.

Serão esquadrinhadas as formas de resistência dos negros brasileiros – praticadas antes e depois da abolição da escravatura – e os estudos sobre as relações raciais no Brasil. Como surgiu o mito da democracia racial? E do homem cordial? Tais mitos são válidos? São perguntas cujas respostas pretenderemos encontrar.

De acordo com a nossa proposta histórico-comparativa, não nos furtaremos à análise do contexto norte-americano vivenciado pelos negros. Dessa forma, observaremos como se efetivou a colonização nos Estados Unidos, as diferenças entre os modelos implementados nas colônias do norte e nas do sul, as razões que ensejaram a guerra civil, a ausência de miscigenação entre as raças anteriormente ao fim do trabalho escravo, o surgimento do ódio racial e de organizações contrárias aos negros, como a Ku Klux Klan e os Conselhos de Cidadãos Brancos. Veremos, em seguida, que a segregação praticada entre os negros e os brancos não decorreu apenas da iniciativa de particulares, mas foi instituída pelo próprio governo, por meio de leis e de decisões judiciais. Examinaremos, adiante, os movimentos negros organizados nos Estados Unidos.

A segunda parte do trabalho explora a maneira como as ações afirmativas foram criadas nos Estados Unidos e o contexto que precedeu a adoção dessas medidas. A tal análise, articula-se uma nova proposta de interpretação dos programas positivos norte-americanos. O estudo aprecia, ainda, o que consideramos ser os principais casos sobre a temática racial julgados pela Suprema Corte estadunidense.

Veremos, subseqüentemente, a possibilidade de o Brasil adotar medidas afirmativas e a constitucionalidade desses programas diante dos princípios da igualdade e da proporcionalidade. Analisaremos algumas ações já em andamento no Brasil, o modo como o Supremo Tribunal Federal tem se posicionado sobre os programas afirmativos e enfrentaremos as principais críticas e justificativas para as providências positivas, destacando a dificuldade da adoção dessa política em um País no qual se adota o sistema da autoclassificação racial, como o nosso.

O estudo não se completaria sem a formulação de uma proposta de ações afirmativas em relação aos negros que nos pareça ser a mais adequada para o contexto brasileiro. Acreditamos que assim procedendo, poderemos contribuir, de forma mais efetiva, com a busca pela solução mais adequada e eficaz para a resolução dos nossos problemas raciais, considerando as nossas peculiaridades, a fim de que, caso sejam adotados programas positivos no Brasil, que estes consigam ter a maior eficácia possível, com o fito de resolver as questões que nos sejam próprias.

PRIMEIRA PARTE
Contextualização do Tema

1. A colonização portuguesa e a formação do Estado brasileiro

1.1. A FORMAÇÃO DO ESTADO PORTUGUÊS – A DOMINAÇÃO MOURA, A GUERRA DA RECONQUISTA E A PRECOCE MISCIGENAÇÃO EM PORTUGAL

O fato de o Brasil haver sido colonizado por Portugal revela muito acerca das características encontradas nas relações sociais brasileiras. A Península Ibérica foi, durante muitos séculos, domínio árabe, o que fez com que Portugal prematuramente necessitasse fortalecer o poder do Rei, para conseguir expulsar os mouros da região. Tal circunstância favoreceu o surgimento de um Estado unitário e centralizado.

Por outro lado, a presença maciça dos mouros, durante tanto tempo, fez de Portugal um país altamente miscigenado, no qual não se desenvolveu um *orgulho de raça*. O fato de Portugal ter se originado da mistura de diversos povos, desde a sua origem, conferiu-lhe um alto grau de adaptabilidade, o que vem a ser fundamental para o sucesso da colonização efetuada no Brasil, possibilitando aos lusitanos o constante ajuste às condições que encontravam em terras alhures.[11]

---

[11] Nesse sentido, aponta Sérgio Buarque de Holanda que o relativo sucesso da colonização portuguesa no Brasil ocorreu devido à falta de planejamento dos trabalhos. "O gosto da aventura, responsável por todas essas fraquezas, teve influência decisiva em nossa vida nacional. Num conjunto de fatores tão diversos, como as raças que aqui se chocaram, os costumes e padrões de existência que nos trouxeram, as condições mesológicas e climatéricas que exigiam longo processo de adaptação, foi o elemento orquestrador por excelência. Favorecendo a mobilidade social, estimulou os homens, além disso, a enfrentar com denodo as asperezas ou resistências da natureza e criou-lhes as condições adequadas a tal empresa". HOLANDA, Sérgio Buarque de. (1995: p. 46). Registre-se que o autor Aubrey Bell chega a considerar a palavra "desleixo" tão tipicamente portuguesa quanto "saudade". Entende que implica menos falta de energia do que a íntima convicção de não valer a pena. Apud HOLANDA, Sérgio Buarque de. (1995: p. 110). Sérgio Buarque traça ainda um paralelo entre o sucesso da colonização portuguesa e o malogro da holandesa – o traço diferenciador veio a ser justamente a habilidade, ou a ausência desta, de bem suportar as adversidades impostas pelo meio e de lidar com as diferenças encontradas. A par desse aspecto, é preciso registrar que não existiam nos Países Baixos justos motivos de descontentamento que determinassem a emigração em larga escala de colonos para povoar o Brasil. Ver em HOLANDA, Sérgio Buarque de. (1995: p. 62 e ss). Também na mesma linha escreve Gilberto Freyre, o qual adverte que esta mesma plasticidade do povo português não poderia ser encontrada nos holandeses. Quando estes dominaram Pernambuco (1630-1654),

Nessa toada, o português, caracterizado por esta grande adaptabilidade, harmonizava-se mais facilmente às diferentes condições encontradas nos trópicos. A plasticidade desse povo quanto à acomodação não encontrou no mundo segundo exemplo, pois, em vez de querer impor as condutas que os colonos deveriam seguir, eram homens que sabiam repetir o que já estava feito ou o que lhes ensinara a rotina: habituaram-se à comida, a dormirem em redes, aos instrumentos, até mesmo ao tipo de construções.[12]

Outra característica que torna Portugal um país sem igual é a posição em que se localiza na Europa. Geograficamente, Portugal situa-se em um local de passagem, ponto de comunicação do velho Continente com o resto do mundo, consolidando a posição de vínculo das relações entre o Mediterrâneo e o norte da Europa. Como já afirmara Gilberto Freyre, o português era um "povo indefinido, entre a Europa e a África".[13] Esse contínuo fervor de pessoas circulando fez com que Portugal desenvolvesse um "núcleo de irradiação de comerciantes ingleses, flamengos, alemães, galegos e biscainhos, ao lado de comerciantes aragoneses, catalães, franceses, italianos",[14] favorecendo o intercâmbio de valores e de cultura dos povos e contribuindo para a formação de uma sociedade miscigenada, em que a origem vale menos do que a posição social ocupada por cada indivíduo.

A importância de fixar as características de Portugal decorre do fato de que elas foram trazidas para o Brasil quando da colonização, e isso explica muito da nossa realidade. A História serve, então, para explicar o porquê das coisas, a razão pela qual no Brasil a mobilidade social é tão grande, por que os *nomes de família* importam tão pouco diante da posição social conquistada.

Durante oito séculos, até a conquista final da região do Algarve, em 1249, a Península Ibérica foi dominada pelos povos árabes oriundos do norte da África.[15] A influência moura continua evidente naquela

---

por exemplo, demonstraram uma quase total incapacidade em se adaptar. Não conseguiram se acostumar aos hábitos da terra, importaram tudo da Europa, desde comida, até material de construção para fazer os sobrados. FREYRE, Gilberto. (2000b: p. 186).

[12] Nessa linha, HOLANDA, Sérgio Buarque de. (1995: p. 47).

[13] FREYRE, Gilberto. (2002: p. 80). Caracterizando o colonizador português como um povo intermediário entre os antagonismos, seja pela peculiar situação geográfica, um tanto quanto Europa e ao mesmo tempo África, seja pelos elementos étnicos distintos que formaram o povo, uma comunhão de mouros, portugueses e africanos, assim bem o descreveu Gilberto Freyre: "Figura vaga, falta-lhe o contorno ou a cor que a individualize entre os imperialistas modernos. Assemelha-se nuns pontos à do inglês; noutros, à do espanhol. Um espanhol sem a flama guerreira nem a ortodoxia dramática do conquistador do México e do Peru; um inglês sem as duras linhas puritanas. O tipo do contemporizador. Nem ideais absolutos, nem preconceitos inflexíveis". FREYRE, Gilberto. (2002: p. 255). Na mesma linha, FREYRE, Gilberto. (2001: p. 119). Observa-se que não é difícil caracterizar o povo português como plástico, adaptável e heterogêneo.

[14] FAORO, Raymundo. (2001: p. 70).

[15] FREYRE, Gilberto. (1947: p. 42); MOOG, Vianna. (1978: p. 62).

região, e até hoje pode ser encontrada, seja no vocabulário, na arquitetura ou no cultivo de plantas.

A formação do Estado português encontra-se ligada à Guerra da Reconquista, que teve início a partir da formação dos reinos cristãos de Leão, Castela, Navarra e Aragão, objetivando expulsar os muçulmanos da Península Ibérica. Vários nobres cristãos da Europa seguiram àquela região, visando a participar das batalhas contra os mouros, ajudando os referidos reinos. Destacaram-se nas lutas dois franceses, Henrique e Raimundo de Borgonha, e, como recompensa da ajuda prestada, receberam do Rei Afonso VI, do Reino de Leão, a permissão para o matrimônio com as filhas deste e o dote de terras. Raimundo recebeu, respectivamente, a mão de Dona Urraca e o Condado de Galiza. Henrique, por sua vez, casou-se com Dona Teresa, recebendo o Condado Portucalense.

Tais condados não eram totalmente independentes do reino de Leão, de modo que, quando da morte do Rei Afonso VI, os demais reinos buscaram recuperar a terra dantes destinada a Henrique. Seguiram-se lutas, buscando a independência do Condado Portucalense do reino de Leão, o que somente veio a acontecer com Afonso Henriques, filho de Henrique. Em 1139, na Batalha de Ourique, declarou-se a independência do Condado Portucalense, iniciando-se daí a primeira dinastia, a Afonsina. O reconhecimento do Estado português só ocorreu com o Tratado de Zamora, em 1143.[16]

Diante do imperativo da constante mobilização militar, Portugal conheceu precocemente a necessidade de centralização política. Daí a formação de um incipiente Estado Nacional, distinguindo-o no continente europeu, o que lhe garantiu, futuramente, o pioneirismo nas navegações e nos descobrimentos do além-mar.[17]

1.2. A ÉPOCA DA SOCIEDADE FEUDAL NA IDADE MÉDIA E A INEXISTÊNCIA DE FEUDALISMO EM PORTUGAL

A sociedade feudal da Idade Média caracterizava-se pela divisão em castas e hierarquização social. Era uma sociedade monárquica e aristocrática, fortalecida pelo poder espiritual e temporal da Igreja. O cidadão medieval era naturalmente subordinado à absoluta autoridade espiritual e temporal dos senhores feudais, de forma que não existia a verdadeira liberdade política, religiosa ou individual. A economia era

---

[16] Entretanto, a última fortaleza moura somente foi vencida em 1249. Para maiores aprofundamentos sobre esse ponto específico da história portuguesa, ver em SARAIVA, José Hermano. (2004: p. 55 a 69); SOUSA, Manuel. (2003: p. 30 e ss.).

[17] Nessa linha, BOXER, Charles R. (2002: p. 33 e ss); FAORO, Raymundo. (2001, p. 73 e ss).

estática, fechada – sem comércio – e auto-suficiente, sendo a terra a principal riqueza e a agricultura a principal atividade.

Com efeito, naquela sociedade, havia a divisão em estamentos, de modo que cada indivíduo deveria permanecer atrelado à classe em que nascia. Não havia espaço para mobilidade social e as pessoas se entrelaçavam em relações de dependência. Entre os nobres era comum haver relações de suserania – aquele que dava a terra – e vassalagem – o que recebia a terra a troco de serviço militar, ajuda no pagamento do dote, assistência à viúva e aos filhos do suserano, caso este morresse, dentre outras serviços.

Por o poder político ser extremamente descentralizado, o soberano aparecia como uma figura tradicional e simbólica, sem grandes poderes de fato, o que conferia, a cada senhor feudal, relevante autonomia diante do reino. A cultura, por sua vez, era controlada pela Igreja, a qual, além de deter a única legislação escrita e normatizada – o Direito Canônico –, era a maior proprietária de terras.

A partir de tais considerações, parece-nos correta a tese defendida por Alexandre Herculano e difundida por Raymundo Faoro[18] de que Portugal não conheceu o feudalismo. Isto porque, em tal país, as características apontadas acima não se revelaram presentes. A ocorrência de inúmeras batalhas para expulsar os mouros dos territórios ibéricos gerou a necessidade de construção de um Estado centralizado, unitário e baseado na força do Rei, o que, em rápida análise, singularizou Portugal dos demais países feudais da Idade Média, nos quais a presença real era apenas de fachada. Observa-se, desse modo, que, em Portugal, entre o soberano e os vassalos não existiu um estrato de senhores feudais politicamente autônomos. O país se estruturou em bases de capitalismo mercantil, a partir da relação entre o monarca e a burguesia, em que a economia era mais comercial do que agrícola.

Com efeito, a sociedade portuguesa emergiu estruturada em classes que não têm privilégios exclusivos e rígidos, caracterizada pela mobilidade social e pelo culto à personalidade, valorizando-se o indivíduo e a autonomia deste. Os privilégios não eram repassados hereditariamente; ao contrário, as conquistas pessoais garantiam mais prestígio aos indivíduos do que o nome herdado.

Tal constatação será de suma importância para o nosso estudo: a inexistência de estamentos solidamente estabelecidos fez de Portugal um país marcado pela intensa mobilidade social. As classes sociais em Portugal desenvolveram-se de maneira plácida, fluida, flexível e inter-relacionada. A ausência de castas, típicas do regime feudal, originou uma estrutura social fraca, na qual era relativamente fácil a ascensão de uma classe para outra. Essas características influenciarão decisivamen-

---

[18] Ver em FAORO, Raymundo. (2001: p. 32 a 41).

te a estrutura social quando da formação do Estado brasileiro. Confira-se com a pesquisa realizada pelo sociólogo José Pastore, da Universidade de São Paulo, acerca da mobilidade social no País:[19] dentre os 5% mais ricos na sociedade, apenas 18% pertencem a famílias cujos antepassados formavam a elite. Os outros 82% são recém-egressos na camada social mais elevada, sendo que 20% são filhos de agricultores, em sua maioria analfabetos, e 16% nasceram em lares sustentados por trabalhadores manuais, como serventes e pedreiros.

Em vez de feudalismo, Portugal estruturou-se em um Estado patrimonial, no qual o Estado é entendido como patrimônio do Rei e os direitos e deveres eram estabelecidos de acordo com a vontade da Majestade. O Monarca possuía todos os direitos e bens, a ponto de não haver distinção entre os bens públicos e os bens reais particulares. Nesse tipo de sociedade, a distinção entre o público e o privado não se desenvolve entre as pessoas. A administração da *res publica* está condicionada aos interesses particulares, e são as relações de parentesco, de amizade e de confiança que determinam as escolhas para a realização das funções públicas.[20] Não há a impessoalidade caracterizadora do Estado burocrático.[21]

A par desses aspectos, vários outros fatores ajudam a explicar o pioneirismo português no descobrimento de novas terras, como a

---

[19] WEINBERG, Mônica. (2003: p. 66 a 77).

[20] Um dos maiores exemplos do Estado patrimonialista português nos é contado por Eduardo Bueno. O autor afirma que Pero Vaz de Caminha não era o escrivão oficial da viagem de Cabral, posto este ocupado por Gonçalo Gil Barbosa, e que o verdadeiro motivo que fez Caminha escrever a famosa carta descritiva do Brasil foi a necessidade de dirigir-se ao Rei D. Manoel, para que este perdoasse seu genro, Jorge de Osório, que havia sido condenado ao degredo na Ilha de São Tomé, na África. Jorge havia assaltado uma Igreja e ferido um padre, em 1496. BUENO, Eduardo. (1998: p. 114 e 115). Assim estava escrito nas últimas linhas da carta de Pero Vaz: "E nesta maneira, Senhor, dou aqui a Vossa Alteza conta do que nesta terra vi. E se algum pouco me alonguei, Ela me perdoe, pois o desejo que tinha de tudo vos dizer, mo fez pôr assim pelo miúdo. E pois que, Senhor, é certo que, assim neste cargo que levo, como em outra qualquer coisa que de vosso serviço for, Vossa Alteza há de ser de mim muito bem servida, *a Ela peço que, por me fazer graça especial, mandar vir da ilha de São Tomé a Jorge de Osório, meu genro – o que d'Ela receberei em muita mercê*. Beijo as mãos de Vossa Alteza. Deste Porto Seguro, da vossa ilha da Vera Cruz, hoje, sexta-feira, primeiro dia de maio de 1500". In: SENADO FEDERAL. (2001).

[21] Assim explica Raymundo Faoro: "O sistema patrimonial, ao contrário dos direitos, privilégios e obrigações fixamente determinados do feudalismo, prende os servidores numa rede patriarcal, na qual eles representam a extensão da casa do soberano". FAORO, Raymundo. (2001: p. 38). Nesse sentido, também Sérgio Buarque acredita que o patrimonialismo do Estado português foi um dos legados para a nossa então incipiente sociedade: "No Brasil, pode-se dizer que só excepcionalmente tivemos um sistema administrativo e um corpo de funcionários puramente dedicados a interesses objetivos e fundados nesses interesses. Ao contrário, é possível acompanhar, ao longo de nossa história, o predomínio constante das vontades particulares que encontram seu ambiente próprio em círculos fechados e pouco acessíveis a uma ordenação impessoal. Dentre esses círculos, foi sem dúvida o da família aquele que se exprimiu com mais força e desenvoltura em nossa sociedade. E um dos efeitos decisivos da supremacia incontestável, absorvente, do núcleo familiar – a esfera, por excelência, dos chamados 'contatos primários', dos laços de sangue e de coração – está em que as relações que se criam na vida doméstica sempre forneceram o modelo obrigatório de qualquer composição social entre nós". HOLANDA, Sérgio. (1995: p. 146).

burguesia formada por empreendedores dispostos a financiar a expansão comercial a partir das navegações, a necessidade de metais preciosos para poder cunhar moedas, a demanda pelas especiarias no Oriente e o interesse da Igreja em difundir o cristianismo.

1.3. AS DIFICULDADES ENCONTRADAS POR PORTUGAL PARA COLONIZAR O BRASIL

Após a descoberta das terras americanas, Portugal não procedeu imediatamente à colonização, apenas estabeleceu alguns postos de escambos com os índios no litoral. Várias razões explicam esse fenômeno, dentre as quais se destaca o fato de Portugal contar apenas com pouco mais de um milhão de habitantes,[22] de modo a não possuir excedente na força de trabalho a justificar o escoamento para a colônia. Além disso, à primeira vista, povoar o Brasil parecia ser um investimento sem retorno certo, e, ainda, havia a garantia de mais ganhos com o comércio das mercadorias orientais, que demonstrava ser uma fonte segura para os investimentos realizados.[23] De início, o continente descoberto não se constituiu em um atrativo apto a competir com as especiarias do Oriente.

O relativo desleixo dado à descoberta pode ser confirmado pelo fato de que, da esquadra de Cabral, seguiram-se diversos anos até as primeiras frotas de reconhecimento.[24] A despeito de ter havido expedições guarda-costas, comandadas por Cristóvão Jacques, respectivamente em 1516 e 1526,[25] somente após trinta anos da expedição cabralina é que houve o início da colonização, levada a cabo a partir da frota liderada por Martim Afonso de Souza.[26] O comércio das especiarias das Índias ainda era mais rentável do que a exploração de madeira no Brasil.

---

[22] PRADO JÚNIOR, Caio. (2001: p. 11).

[23] Nesse sentido, GORENDER, Jacob. (2001: p. 118).

[24] O historiador Pedro Calmon garante que a descoberta do novo continente foi recebida, na Europa, com relativo descaso. Para corroborar tal entendimento, o autor cita a transcrição da lápide em que jaz Pedro Álvares Cabral e a mulher, Isabel de Castro, na Igreja da Graça de Santarém: "Aquijaz Pedralves Cabral e dona Isabel de Castro sua molher cuja he esta capella e de todos os seus erdeiros a qual depois da morte de seu marido foi camareira mór da Infanta Dona Maria filha Del rei Dom João o terceiro desse nome". E conclui: "Dessa lápide decorre a certeza de que Cabral morreu sem ter percebido inteiramente a importância do seu descobrimento, e, ao tempo, não parecia ele mais digno de memória do que o título de camareira-mor da infanta... de um modo ou de outro, é ironia do destino seja o cargo de Isabel de Castro o que mais se evidencia na inscrição sepulcral do descobridor do Brasil! Em 1520 – é certo – o Brasil ainda era uma vaga expressão geográfica: continuava a fascinação pelo Oriente e somente aí havia a glória..".. CALMON, Pedro. (1959a: p. 93).

[25] HOLANDA, Sérgio Buarque de. (1963: p. 92).

[26] CALMON, Pedro. (1959a: p. 167).

Entretanto, a assiduidade com que as embarcações castelhanas pareceram querer se dirigir às nossas águas, aliada às constantes ameaças de saques de pau-brasil perpetrados pelos corsários franceses – o que era de grande utilidade para tingir tecidos, comércio de crescente importância na França[27] – e à notícia de que jazidas de metais preciosos foram encontradas na América espanhola, constituíram-se razões decisivas para o início do povoamento do Brasil.

A divisão das terras em capitanias hereditárias surgiu como resposta às necessidades de povoamento e de colonização do Novo Mundo.[28] Os encargos da ocupação foram, assim, transferidos aos particulares. Tal empreendimento, todavia, resultou em relativo fracasso. A maioria dos donatários não possuía dinheiro suficiente para levar a cabo as tentativas de desbravamento em bases tão distantes, de modo que, sucessivamente, renunciaram ou faliram. Praticamente, pode-se afirmar que apenas duas capitanias prosperaram, a de Pernambuco e a de São Vicente.

No entanto, núcleos de povoamento isolados seriam insuficientes para garantir a posse portuguesa em tão vasto território. A instituição do Governo Geral, em 1549, pôs termo à iniciativa privada exclusiva e restabeleceu as condições da empresa colonizadora, a fim de centralizar a administração, aferir mais benefícios para a metrópole com os lucros e afugentar a presença dos franceses, no Maranhão, e dos ingleses, na Amazônia.[29]

Ademais, os gastos efetuados pela metrópole com a defesa da terra precisavam ser compensados da maneira mais rápida possível, e, pela instabilidade, a extração do pau-brasil não se prestava a tal mister. Desse modo, fez-se necessário instituir, no Brasil, o sistema colonial de exploração, que pode ser definido como o conjunto das relações comerciais entre a metrópole e a colônia. Assim, percebe-se que o sentido da colonização brasileira derivou de sua natureza essencialmente mercantil, destinada a fornecer à metrópole gêneros tropi-

---

[27] O Rei francês Francisco I demonstrava descontentamento com a divisão do mundo entre Portugal e Espanha, por meio do Tratado de Tordesilhas (1494), e não procurava obstar os ataques realizados por franceses à costa brasileira. Chegou mesmo a exigir o testamento de Adão que doava as terras às duas potências. KOSHIBA, Luiz; PEREIRA, Denise Manzi Frayze. (1987: p. 30).

[28] O sistema das capitanias hereditárias não foi testado inicialmente no Brasil, Portugal dele já fizera uso nas Ilhas de Açores e Madeira. Para levar a cabo tal sistema, a Coroa portuguesa, por meio do Foral, estabelecia os direitos e deveres dos donatários. A eles caberia colonizar e defender a terra com recursos próprios, além de propagar a fé cristã pelo território, ao passo que teriam o direito de transferir a capitania aos herdeiros, de cobrar impostos e de fundar vilas. À Coroa garantia-se ainda a propriedade da capitania, concedendo aos donatários os direitos de uso e de usufruto. A metrópole permanecia com direitos a 10% de todos os produtos da terra, a 20% das pedras e metais preciosos e aos monopólios do pau-brasil e dos produtos do subsolo, mata e mar. Nesse sentido, ver em HOLANDA, Sérgio Buarque de. (1960a: p. 99 e ss.); ABREU, J. CAPISTRANO de. (1998: p. 49); PRADO JÚNIOR, Caio. (2001: p. 14 e 15).

[29] HOLANDA, Sérgio Buarque de. (1963: p. 106).

cais/minerais de suma importância.³⁰ Tal fato, por exemplo, não encontrou exemplo vigoroso na colonização dos Estados Unidos, pois os imigrantes ingleses que lá se estabeleceram procuraram, sobretudo, povoar a terra, em vez de explorá-la, conforme veremos com mais detalhes posteriormente.

1.4. A COLONIZAÇÃO MASCULINA, A MISCIGENAÇÃO ENTRE AS RAÇAS E A POSIÇÃO DA IGREJA CATÓLICA

A colonização realizada por Portugal nos fez herdar características já presentes naquele reino, em todos os aspectos da vida social. Inicialmente, conforme já mencionado, é preciso destacar que não havia, em Portugal, excedente populacional apto a promover a colonização. Quando esta foi finalmente efetuada, realizou-se apenas por homens, já que os portugueses não trouxeram consigo as famílias: vieram sozinhos para as novas terras, com espírito aventureiro.³¹ Só muito excepcionalmente emigraram para o Brasil famílias já constituídas, mesmo porque os portugueses procuraram primeiro definir sua situação na colônia para, somente então, admitir a possibilidade de trazer esposa e filhos.³²

O problema da falta de mulheres brancas a acompanhar as primeiras frotas ao Brasil fez com que até a Igreja Católica observasse com mais tolerância os relacionamentos extraconjugais dos exploradores portugueses. Bem ilustra esta tese carta encaminhada pelo Bispo Sardinha ao Rei D. João III, no sentido de que na colônia haveria muito mais coisas a se dissimular, ou a fingir que não aconteciam, do que propriamente a punir. Por sua vez, já em 1549, o Padre Manuel da Nóbrega queixava-se do hábito dos portugueses de se amancebarem com as negras e com as índias, às vezes com mais de uma. Entretanto, ao mesmo tempo, parecia não ter problemas em tolerar alguns abusos, como quando solicitou ao Reino a remessa de mulheres "de toda a qualidade, até meretrizes, porque há aqui várias qualidades de homens".³³

---

³⁰ PRADO JÚNIOR, Caio. (2000: p. 119).

³¹ PRADO JÚNIOR, Caio. (2000: p. 30 e 31); PRADO JÚNIOR, Caio. (1999: p. 44). Para instituição do Governo Geral, levada a cabo por Tomé de Sousa, em 1549, foi despendido um contingente populacional assim descrito: "A armada, composta de três naus, duas caravelas e um bergantim, que o trouxe, com autoridades, missionários jesuítas – Manuel da Nóbrega e seus cinco companheiros, três padres e dois irmãos – funcionários civis e militares, soldados, oficiais de diferentes ofícios, mais de mil pessoas ao todo, inclusive quatrocentos degredados, deixou Lisboa a 1º de fevereiro. A 29 do mês seguinte chegava à Bahia de Todos os Santos, onde se deveria escolher o lugar mais próximo para a construção da sede do governo". HOLANDA, Sérgio Buarque de. (1960a: p.109).

³² PRADO JÚNIOR, Caio. (2000: p. 108).

³³ HOLANDA, Sérgio Buarque de. (1960a: p. 119); WEHLING, Arno. (1999: p. 52).

Parece-nos induvidoso de que havia uma tolerância moral muito grande quanto aos relacionamentos entre diversas raças. Por certo, a ausência de mulheres brancas, aliada à posição inferior das mulheres negras e índias e à necessidade dos homens portugueses de aqui constituírem famílias, facilitou a miscigenação entre as diversas etnias. E essa conjunção de raças favoreceu a formação de um povo altamente miscigenado, como é o brasileiro.[34]

A par desse aspecto, a Religião Católica não admitia o divórcio, o que facilitou ainda mais a miscigenação. Após a instituição do sistema das capitanias hereditárias na colônia, pouco a pouco as mulheres portuguesas foram chegando ao Brasil, e não assumiram outra postura exceto a de se resignar quanto à infidelidade dos maridos – senhores de engenho – e vingar-se das escravas. Daí os relatos das maiores torturas e crueldades perpetradas em relação às negras, provocados pelos ciúmes da sinhá do engenho.[35]

Para os colonizadores portugueses, o contato com outras raças, como os mouros e os negros, não era uma novidade, conforme já foi explanado anteriormente.[36] Por outro lado, também não se mostrou original a instituição do regime escravocrata pelos portugueses no Brasil, haja vista que, antes mesmo da colonização das novas terras, em Portugal já se havia utilizado a escravidão dos árabes – desde as guerras da Reconquista, quando os mouros aprisionados eram reduzidos à servidão[37] – e dos africanos. Frank Tannenbaum, nesse sentido, alerta para a grande presença de negros em Lisboa já em meados do século XVI.[38]

---

[34] Em Pernambuco, conta-se a história de que a grafia do sobrenome Cavalcanti seria com *i* ou com *e* no final a depender de o rebento ser filho da sinhá de engenho ou, então, da mucama com a qual se amancebara o senhor. Nesse sentido, bem explica a miscigenação Gilberto Freyre: "A escassez de mulheres brancas criou zonas de confraternização entre os vencedores e os vencidos, entre senhores e escravos. Sem deixarem de ser relações – as dos brancos com as mulheres de cor – de 'superiores' com 'inferiores' e, no maior número de casos, de senhores desabusados e sádicos com escravas passivas, adoçaram-se, entretanto, com a necessidade experimentada por muitos colonos de constituírem família dentro dessas circunstâncias e sobre essa base. A miscigenação que largamente se praticou aqui corrigiu a distância social que doutro modo se teria conservado enorme entre a casa-grande e a mata tropical; entre a casa-grande e a senzala". FREYRE, Gilberto. (2002: p. 46).

[35] FREYRE, Gilberto. (2002: p. 392).

[36] Assim explica Gilberto Freyre a intensa mistura de povos em Portugal: "Tantos foram os grupos invasores que se estabeleceram em Portugal – os ligúrios, os celtas e os gauleses, os fenícios, os cartagineses, os romanos, os suevos e os godos, os judeus, os mouros, os alemães, os franceses, os ingleses – que seria difícil achar um povo moderno de remoto ou próximo passado étnico e cultural mais heterogêneo. E deve-se acrescentar que antes mesmo da descoberta e colonização do Brasil, já a população de Portugal se havia também mesticado ao contacto de numerosos negros que ali penetraram como escravos domésticos, e ainda ao contacto de índios orientais, que tanto se fizeram notar pela sua habilidade como talhadores e ebanistas". FREYRE, Gilberto. (1947: p. 54 e 55).

[37] Ver em SARAIVA, José Hermano. (2004: p. 76).

[38] TANNENBAUM, Frank. (1992: p. 44). Charles Boxer também reconhece a existência de um grande número de escravos negros em Portugal, obtidos por meio das batalhas travadas na

Como sustenta Caio Prado Júnior, a característica mais predominante na formação étnica do Brasil é a mestiçagem profunda das três raças: o português, o índio e o negro,[39] o que faz da população brasileira uma das mais variadas agregações étnicas que a humanidade jamais conheceu. Esse cruzamento decorreu, sobretudo, da formidável capacidade do português de adaptar-se.

A tese de Freyre sobre a miscigenação, duramente criticada por tanto tempo, parece ter sido finalmente resgatada e assumida. O professor Sérgio Danilo Pena, da Universidade Federal de Minas Gerais – UFMG, e a sua equipe, realizaram uma pesquisa, a propósito dos 500 anos do País, na qual procuraram desvendar os mistérios da miscigenação brasileira. A conclusão foi a de que, de fato, somos um dos povos mais miscigenados do mundo. O professor concluiu que a tese da miscigenação, esquadrinhada por Gilberto Freyre, estava realmente correta. O cientista das Minas batizou o estudo como *Retrato Molecular do Brasil*, em alusão ao *Retrato do Brasil*, de Paulo Prado. Assim falou o professor Sérgio Pena: "Os dados que obtivemos dão respaldo científico a essa noção [de miscigenação] e acrescentam um importante detalhe: a contribuição européia foi basicamente por meio de homens e a ameríndia e africana foi principalmente por meio de mulheres. A presença de 60% de matrilinhagens ameríndias e africanas em brasileiros brancos é inesperadamente alta e, por isso mesmo, tem grande relevância social".[40]

Assim, ainda que fosse pequeno o número de colonizadores portugueses que vieram se arriscar nas novas terras, tamanha foi a capacidade de multiplicar a população a partir da mistura entre as raças que no Brasil se formou uma cultura plural, baseada no sincretis-

---

África. BOXER, Charles R. (2002: p. 38). Sérgio Buarque de Holanda, em *Raízes do Brasil*, embora admita que os cálculos estatísticos acerca da introdução de negros no reino fossem, em geral, escassos e vagamente aproximativos, afirma a presença negra na metrópole anterior à colonização e reproduz a estimativa realizada em 1541 por Damião de Góis, por meio da qual se afirmou o ingresso anual em Portugal de cerca de 10 a 12 mil escravos. HOLANDA, Sérgio Buarque de. (1995: p. 54). Por sua vez, Caio Prado Júnior assegura que em Portugal a população, de tão escassa, trazia como corolário o emprego da mão-de-obra escrava, primeiro dos mouros, e depois dos negros africanos. PRADO JÚNIOR, Caio. (2001: p. 30). No mesmo sentido, GARCIA, Rodolfo. (1956: p. 132 e ss). Bem arremata Gilberto Freyre: "Significativo é o verbo mourejar ter-se tornado sinônimo de trabalhar em língua portuguesa; significativa a frase, tão comum em Portugal e no Brasil, 'trabalhar como um mouro'. É que foi o mouro a grande força operária em Portugal. O técnico. O lavrador. Ele quem deu às cousas sua maior e melhor utilização econômica". FREYRE, Gilberto. (2002: p. 276); FREYRE, Gilberto. (1959: p. 47). Freyre ainda transcreve cartas escritas em latim no século XVI pelo humanista Nicolau Clenardo, e publicadas na obra *Epistolarum Libri Duo*. Assim: "Se há povo algum dado à preguiça, sem ser o português, não sei eu onde ele exista... Esta gente tudo prefere suportar a aprender uma profissão qualquer. (...). Todo o serviço é feito por negros e mouros cativos. Portugal está a abarrotar com essa raça de gente. Estou quase a crer, que só em Lisboa, há mais escravos e escravas que portugueses livres de condição". Apud FREYRE, Gilberto. (2002: p. 300 e 301).

[39] PRADO JÚNIOR, Caio. (2000: p. 107).

[40] Ver matéria em LEITE, Marcelo. (2000: p. 26 a 28).

mo racial. Esse amálgama de etnias e de povos irá influenciar, sobremaneira, não só a resposta à problemática do preconceito e da discriminação efetivados no Brasil, mas, sobretudo, irá modificar a formulação da questão. A pergunta deixa de ser se existe contato entre as raças no Brasil e passa a ser se a ausência significativa de representantes da raça negra em posições sociais de prestígio, no Brasil, vem a ser um problema que deriva somente da cor da pele.

Dessa forma, é preciso investigar a maneira como a cor da pele irá influenciar a posição social de cada indivíduo. Existem outros fatores que, sozinhos, ou aliados ao preconceito de cor, alijem os cidadãos do convívio social? Bem compreendeu a relevância de tais questões Caio Prado Júnior, quando concluiu:[41] "A classificação étnica do indivíduo se faz no Brasil muito mais pela sua posição social; e a raça, pelo menos nas classes superiores, é mais função daquela posição do que dos caracteres somáticos".

Iremos analisar, a seguir, como a posição social do indivíduo pode influenciar a própria percepção sobre sua cor, e, dessa maneira, sobre a qual raça pertence. Por outro lado, não poderemos olvidar a relação entre o *status* econômico, intelectual e cultural do indivíduo e a forma pela qual a sociedade o classifica, em termos de cor e de raça. Certamente a resposta não é matemática, mas alguns exemplos, historicamente situados, já podem nos ajudar a compreender a dimensão do problema.

A fertilidade de casos, na história brasileira, sugerindo a participação dos negros nas camadas sociais elevadas induz à percepção de que a miscigenação esteve presente na história brasileira em todos os momentos e à população que emergiu desse caldeirão de raças não foi negada a participação social. O fato de ser mulato, ou negro, parece não haver impedido a assunção de cargos ou de posições sociais de destaque, ainda que na época da Colônia. Relevante exemplo pode ser extraído da Ordem de 1731, emanada por D. João V, que revela, pelo menos, magnífico exemplo de recusa à discriminação e a postura contrária da autoridade máxima ao manifestado preconceito de cor. Por meio dessa norma, o Rei conferiu poderes ao Governador da Capitania de Pernambuco, Duarte Pereira, para que empossasse um mulato no cargo de Procurador da Coroa, de grande prestígio à época, afirmando que a cor não lhe servia como um impedimento para exercer tal função. Haveria obstáculo, no entanto, se ele não fosse bacharel. E destaque-se que tal determinação ocorreu com, pelo menos, 150 anos de avanço em relação ao fim da escravatura.[42]

---

[41] PRADO JÚNIOR, Caio. (2000: p. 109).
[42] ANNAES DA BIBLIOTHECA NACIONAL DO RIO DE JANEIRO. (1908: p. 352). A ordem possuía o seguinte teor: "SOBRE DAR POSSE AO DOUTOR ANTONIO FERREIRA CASTRO DO

Também no Império, por sua vez, havia um grande número de mulatos que ocuparam cargos importantes, seja como membros do Gabinete Imperial, seja como Senadores, juízes ou deputados.⁴³ A Guarda Nacional, um dos maiores ícones da elite, era formada inclusive por afro-descendentes,⁴⁴ e, muito antes da formação da Guarda, o negro Henrique Dias já havia sido agraciado com o grau de cavaleiro da Ordem de Cristo e com o título de "Governador dos Crioulos, Pretos e Mulatos", pela notável participação na Batalha dos Montes Guararapes.⁴⁵

A estrutura social brasileira era extremamente maleável, garantindo a alguns negros, mesmo na época do Brasil Colônia ou do Império, em que vigente o sistema escravocrata, a possibilidade de alcançar postos de destaque. Pode-se afirmar que o negro livre já possuía um *status* social definido antes mesmo da abolição da escravatura.⁴⁶

OFÍCIO DE PROCURADOR DA COROA, PELO MULATISMO LHE NÃO SERVIR DE IMPEDIMENTO. Dom João por Graças de Deus, Rei de Portugal e dos Algarves d'aquém e d'além mar, em África Senhor de Guiné &. Faço saber a vós Duarte Sodré Pereira, Governador e Capitão General da Capitania de Pernambuco, que se viu a carta de vinte e um de Novembro do ano passado, em que me dá conta dos motivos, que tivestes para não cumprirdes a Provisão, que eu fui servido mandar passar ao Bacharel Formado Antonio Ferreira Castro de Procurador da Coroa d'essa Capitania por tempo de um ano, em cuja consideração me pareceu ordenar-vos que com efeito deis posse ao dito Antonio Ferreira Castro, cumprindo a minha Provisão de vinte e três de Agosto do ano passado, tendo entendido que não tivestes justa razão para replicardes a ela, porquanto o defeito, que dizeis haver no dito provido por este acidente excluísses um Bacharel Formado provido por mim para introduzirdes e conservares um homem, que não é formado, o qual nunca o podia ser pela Lei, havendo Bacharel Formado. El Rey, Nosso Senhor o mandou pelos Doutores Manoel Fernandes Varges, e Alexandre Metello de Souza e Menezes, Conselheiros do seu Conselho Ultramarino e se passou por duas vias. Joam Tavares a fez em Lisboa occidental a 9 de Mayo de 1731 – O Secretário Manoel Caetano Lopes de Lovre a fez escrever – *Manoel Fernandes Varges, e Alexandre Metello de Souza e Menezes*".

⁴³ Ver em FREYRE, Gilberto. (2000a: p. 43 e 44); SOUZA, Jessé. (2001: p. 321).

⁴⁴ Nesse sentido, Thomas Skidmore afirma: "A Guarda Nacional, uma importante instituição imperial, tornara-se veículo de mobilidade dos mulatos". SKIDMORE, Thomas. (2001a: p. 142). A estruturação da Guarda Nacional, instituição civil organizada militarmente, decorreu da Lei de 18 de agosto de 1831. Ver mais em HOLANDA, Sérgio Buarque de. (1967a: p. 20). Em outra passagem, assim se expressou Sérgio Buarque: "A inclusão de indivíduos de cor numa corporação socialmente considerada, constituía um passo bastante largo para a integração dos pretos e dos pardos". HOLANDA, Sérgio Buarque de. (1971: p. 283).

⁴⁵ BOXER, Charles. (2002: p. 275). Com efeito, Henrique Dias, filho de escravos, nasceu em princípios do século XVII. Conseguiu recrutar grande efetivo de pessoas para lutar contra os holandeses, com participação decisiva na vitória brasileira contra os flamengos. Sobre ele, bem escreveu Raymond Sayers: "Se Henrique Dias se tivesse tornado conhecido de escritores ingleses ou franceses, ter-se-ia facilmente tornado o original do negro nobre, uma figura que se fez relevante na literatura do século XVIII. Henrique Dias foi bravo, expedito, inteligente, altivo, como podemos depreender tanto dos relatos de Albuquerque Coelho quanto das cartas do próprio Henrique Dias – ele foi provavelmente o primeiro negro letrado na história do Brasil". SAYERS, Raymond. (1958: p. 68).

⁴⁶ Nessa linha, HARRIS, Marvin. (1974: p. 86 e ss.). Thomas Skidmore alerta que os negros livres já haviam assumido posições proeminentes, exercendo cargos políticos, atuando como artistas ou como escritores. SKIDMORE, Thomas. (2001a: p. 124). O historiador inglês Blackburn já advertira que semelhante situação seria impensável nos Estados Unidos, onde os negros livres eram incitados a sair do estado e, muitas vezes, até a deixar o país. Veremos oportunamente a

A título exemplificativo, poderíamos citar a ascensão do Conselheiro Antônio Rebouças. Filho de uma escrava liberta com um alfaiate português, nascido na Bahia em 1798, Rebouças tornou-se grande especialista no direito civil, foi várias vezes deputado pela província da Bahia, Conselheiro do Imperador e advogado do Conselho de Estado. E três dos seus irmãos também se destacaram: José Pereira estudou música em Paris e em Bolonha e garantiu a vaga de maestro da Orquestra do Teatro em Salvador. Outro irmão, Manoel Maurício, formou-se em medicina na Europa, chegando a ocupar cadeira na Escola de Medicina de Salvador.[47]

Gilberto Freyre[48] conta a história de que, durante um baile na Corte, à época Imperial, o Conselheiro Rebouças sentiu-se constrangido por estar um pouco deslocado diante da aristocracia. Percebendo o mal-estar, Dom Pedro II chamou a Princesa Isabel e pediu que esta dançasse com o mulato Rebouças, como prova de que a sua cor não o impedia de participar do convívio com a realeza e com a alta sociedade.

Luís Gama, negro de origem humilde, filho de uma quitandeira africana liberta com um fidalgo português, conseguiu ascender socialmente e chegou a se tornar um dos mais importantes líderes abolicionistas. Nasceu livre em 1830, mas o pai o vendera posteriormente como escravo. Conseguiu fugir da casa do senhor para quem trabalhava e adquiriu a liberdade. Foi poeta, jornalista, advogado e um dos líderes do Partido Republicano Paulista.

Outro negro que se destacou àquela época foi José do Patrocínio. Nascido em 1853, filho de um padre e de uma escrava que vendia frutas, começou a vida como servente de pedreiro e conseguiu formar-se em farmácia. Posteriormente, descobriu a vocação de jornalista e abraçou a profissão na qual viria a se destacar, defendendo a causa da abolição.

Releva-se também Lima Barreto, escritor, mulato, nascido no Rio de Janeiro em 1881 e falecido em 1922. Ocupou cargo na Secretaria de Guerra, publicou diversos romances em folhetins da época, vindo a tornar-se um dos principais escritores do País. E, da mesma maneira, Tobias Barreto, jurista, mulato, escritor, poeta, nascido em 1839 na vila de Campos, em Sergipe. Tobias foi patrono da Cadeira n° 38 da Academia Brasileira de Letras e, como professor da Faculdade de

---

situação dos negros nos Estados Unidos, após a libertação. BLACKBURN, Robin. (2003: p. 597). Na mesma linha, DEGLER, Carl. (1986: p. 5).

[47] MATTOS, Hebe Maria. (2000: p. 36 e 37). O Conselheiro Rebouças foi um dos principais e aguerridos opositores à tentativa de reforma da lei da Guarda Nacional, em projeto apresentado em 1832 e por meio do qual se reservava o direito de pertencer à Guarda apenas àqueles que tivessem condições de ser eleitores.

[48] FREYRE, Gilberto. (2000a: p. 44).

Direito do Recife, também conhecida como a "Casa de Tobias", idealizou a "Escola do Recife", na qual se destacou por introduzir ideais positivistas e pelo profundo estudo das obras dos alemães Hermann Post e Rudolf von Jhering.

Sem falar, ainda, do maior escritor brasileiro de todos os tempos e fundador da Academia Brasileira de Letras, Machado de Assis, filho do mulato liberto e pintor de paredes Francisco José de Assis e da portuguesa Maria Leopoldina Machado da Câmara. Machado nasceu em 21 de junho de 1839, e teve uma infância pobre e humilde. De caixeiro, foi a revisor, e daí a poeta e cronista. Iniciou a carreira literária colaborando em alguns jornais da época, alfim alcançando o posto de maior escritor do Brasil.

Durante o Segundo Reinado, o Brasil conheceu a ascensão dos bacharéis e dos militares. Como bem dizia Gilberto Freyre, o reinado de D. Pedro II pode ser caracterizado como o dos bacharéis, porque ninguém seria mais doutor no país do que o próprio monarca.[49] À aristocracia rural do Brasil colônia sobrepôs-se o burguês intelectual do Império, muitas vezes mulato, e o militar – dos quais muitos mestiços e negros, que se constituíram a maioria do Exército na Guerra do Paraguai.

Assim, há fortes indícios de que, antes mesmo da abolição da escravatura, a presença do negro no Brasil já poderia ser encontrada nas classes sociais mais elevadas. Diversos outros exemplos podem ser encontrados, além dos citados aqui, em um dos mais completos tratados sobre a escravidão no Brasil,[50] os livros de Perdigão Malheiro, publicados em 1866 e em 1867.[51]

---

[49] FREYRE, Gilberto. (2000b: p. 603).

[50] As obras dividem-se em três partes e cada qual corresponde a um volume. No primeiro, escreve-se acerca dos direitos sobre os escravos e libertos; no segundo, fala-se da escravidão dos indígenas e, finalmente, no terceiro, disserta-se sobre a escravidão do ponto de vista histórico, social, psicológico e econômico. Considerando-se que, por determinação de Rui Barbosa, os documentos relativos à escravidão foram queimados em 1891 – vide nota 65 adiante – as obras de Perdigão Malheiro revestem-se da mais profunda importância, por terem sido publicadas antes da destruição do material relativo ao tema.

[51] O autor, no terceiro volume, já fazia a distinção entre o escravismo levado a termo no Brasil e o efetuado nos Estados Unidos. Afirmou: "Ali [nos Estados Unidos da América] a questão não era só de escravidão, era também de raça; questão esta que no Brasil não é tomada em consideração pelas leis, e também pelos costumes. Ser de cor, provir mesmo de Africano negro, não é razão para não ser alguém, no nosso país, admitido nas sociedades, nas famílias, nos veículos públicos, em certos lugares nas igrejas, aos empregos, etc.; longe disto, o homem de cor goza no Império de tanta consideração como qualquer outro que a possa ter igual; alguns têm até ocupado e ocupam os mais altos cargos do Estado, na governança, no Conselho de Estado, no Senado, na Câmara dos Deputados, no Corpo Diplomático, enfim, em todos os empregos; outros têm sido e são distintos médicos, advogados, professores ilustres das ciências mais elevadas; enfim, todo o campo da aplicação da atividade humana lhes é, entre nós, inteiramente franco e livre". PERDIGÃO MALHEIRO, Agostinho Marques. (1867: p. 124). Assim, pode-se afirmar que nos causa um certo espanto a atribuição conferida a Gilberto Freyre de ter criado o mito da democracia racial no Brasil, em *Casa-Grande & Senzala*. Perdigão Malheiro já o havia sugerido, com pelo menos 60 anos de antecedência!

Inúmeros são os exemplos de negros e mulatos que se destacaram socialmente, isso se registrarmos apenas os primeiros séculos de história do Brasil.[52] A situação atual não é diferente, conforme veremos melhor com o desenvolvimento do trabalho[53]. Todavia, desde já é importante destacarmos a presença do mulato em diversos setores sociais, o que, basicamente, desmistifica a noção de que, no Brasil, as

---

[52] Donald Pierson cita diversos exemplos de mulatos que conseguiram ascensão social no Brasil, como Gonçalves Dias, Natividade Saldanha, Olavo Bilac, Barão de Cotegipe e Domicio da Gama – estes dois se destacando na diplomacia –, Tobias Barreto, Nilo Peçanha, Dom Silvério Gomes Pimenta – que chegou a se tornar arcebispo –, Dom Luiz Raimundo da Silva Brito, dentre outros. PIERSON, Donald. (1945: p. 230). O historiador norte-americano Carl Degler chama atenção ainda para Aleijadinho, e adverte que, em relação aos Estados Unidos, analogias desse tipo são raras, porque lá os negros praticamente não conseguiram obter postos de destaque até o século XIX. DEGLER, Carl N. (1986: p. 15 e 16).

[53] Nesse tom, a Revista Raça Brasil publicou reportagem, em setembro de 2004, na qual destaca a presença de mais de 5 milhões de negros na classe média no País e lista os "80 negros mais poderosos do Brasil". Confira-se: Abdias do Nascimento: dramaturgo, artista plástico, escritor, ex-senador; Adriana Alves: ex-modelo e atriz; Adriana Lessa: cantora, atriz, produtora musical; Alexandre Pires: cantor; Antônio Pitanga: ator; Camila Pitanga: atriz; Daiane dos Santos: ginasta; Darlan Cunha: ator; Dida: educadora e presidente da ONG Fala Preta!; Djavan: cantor e compositor; Dorival Caymmi: cantor e compositor; Douglas Silva: ator; Dudu Nobre: cantor e compositor; Edmar Silva: Presidente da Coordenadoria Especial dos Assuntos da População Negra; Edna Roland: representante brasileira na ONU (Organização das Nações Unidas); Edson Carlos Souza Dias: Diretor do Banco HSBC; Eduardo Ferreira: médico, dirige o Pronto Socorro do Hospital de Osasco, na Grande São Paulo; Elisa Rodrigues: Presidente do Conselho da Comunidade Negra de São Paulo; Elza Soares: cantora; Emílio Santiago: cantor; Fernando Fernandes: cabeleireiro; Francisco Borges: palestrante; Gilberto Gil: cantor e Ministro da Cultura; Gilmar Machado: preside a Comissão de Parlamentares Negros; Glória Maria: jornalista; Helder Dias: dono de agência de modelos especializada em negros; Heraldo Pereira: jornalista, primeiro negro a apresentar o *Jornal Nacional*; Ivone Lara: sambista; Jair Rodrigues: cantor; Jamelão: sambista e cantor; Janeth: jogadora de basquete; Jeferson: diretor de cinema; Joaquim Barbosa: Ministro do Supremo Tribunal Federal; Jorge Aragão: cantor e compositor; Jorge Ben Jor: cantor e compositor; José Vicente: Presidente da Afrobras e reitor da Faculdade Zumbi dos Palmares; Lázaro Ramos: ator e primeiro protagonista negro de novela da Globo; Leci Brandão: cantora e compositora de samba; Léo Madeira: VJ da MTV; Luís Melodia: cantor e compositor; Luís Miranda: ator; Mano Brown: cantor de rap; Marcelo D2: cantor e compositor; Maria do Carmo Valério: pioneira na produção de cosméticos para a raça negra; Marina Silva: Ministra do Meio Ambiente; Marisa Moura: *designer* de moda; Matilde Ribeiro: Secretária Especial de Políticas para Promoção da Igualdade Racial; Milton Gonçalves: ator e diretor de teatro; Milton Nascimento: cantor e compositor; Mv Bill: cantor de rap; Nega Gizza: cantora de rap; Negra Li: cantora de rap; Nei Lopes: cantor e compositor, também advogado e escritor; Nenê Hilário: jogador de basquete; Netinho: cantor e apresentador de TV; Nill Marcondes: ator; Osvaldo Nascimento: gerente executivo de finanças da IBM; Paulinho da Viola: cantor e compositor; Paulo Lins: roteirista; Paulo Paim: Senador; Pelé: atleta; Reinaldo P. Damião: Presidente da Associação do Orgulho GLBT (Gays, Lésbicas, Bissexuais e Transgêneros de São Paulo); Robson de Oliveira: Presidente da Liga das Escolas de Samba (SP); Robson Caetano: ex-velocista e comentarista da Rede Globo; Romário: jogador de futebol; Ronaldo Fenômeno: jogador de futebol; Ronaldinho Gaúcho: jogador de futebol; Ruth de Souza: atriz; Sacramento: ator e modelo; Samira Carvalho: modelo; Seu Jorge: sambista e compositor; Seu Nenê da Vila Matilde: criou escola de samba que leva seu nome; Sônia Guimarães: Física, trabalha no Instituto Tecnológico da Aeronáutica, ITA; Taís Araújo: atriz, primeira protagonista negra de uma novela da Globo; Tiãozinho: deputado federal; Toni Tornado: ator e cantor; Ubiratan Araújo: Presidente da Fundação Palmares; Valéria Valenssa: modelo; Vicentinho: ex-presidente da CUT (Central Única dos Trabalhadores); Zezé Motta: cantora e atriz.

raças são estáticas e funciona como assertiva da dinamicidade racial e de miscigenação constante.

1.5. A COLONIZAÇÃO DE EXPLORAÇÃO E O TRIPÉ BASEADO NO LATIFÚNDIO, MONOCULTURA E ESCRAVIDÃO

A colonização das novas terras deve ser entendida como produto da expansão comercial marítima. O papel da colônia, assim, pode ser explicado como fonte de riquezas para a metrópole, acelerando a acumulação do capital comercial pela burguesia mercantil européia.

A essência desse sistema baseava-se no pacto colonial, elemento que definia a política exploratória mercantilista, cuja filosofia se resumia à reserva do mercado da colônia para a metrópole, o que no caso brasileiro, significava que o País não poderia comercializar seus produtos com nenhum outro, exceto Portugal. Desse modo, à metrópole caberia fixar os preços das mercadorias produzidas em seus domínios no patamar mais baixo possível, revendendo a preços elevados na Europa.[54] Esse método garantia ganhos duplos para Portugal e era de tamanha importância que nem mesmo o surgimento da União Ibérica, a unir os reinos de Portugal e Espanha (1580-1640), teve o condão de modificá-lo.[55] Para garantir a permanência do sistema à época da União Ibérica, firmou-se, entre tais países, o *Juramento de Tomar*, por meio do qual se garantia a preservação do exclusivismo do comércio da colônia brasileira com a coroa portuguesa e a manutenção, aqui, da administração, da língua e das leis de Portugal.

A colonização de exploração baseava-se em um tripé: latifúndio, monocultura e escravidão. O latifúndio justificava-se a partir da necessidade de produção em larga escala, para atender às necessidades da metrópole e, ao mesmo tempo, baratear o custo da produção. Já que a economia se destinava ao mercado externo e era realizada em larga escala, concentraram-se todos os esforços da plantação em apenas um produto de cada vez, daí a monocultura, por meio da qual se limitava a

[54] Uma das razões para o sucesso da colonização brasileira pelos portugueses pode ser atribuída ao êxito na expansão do comércio açucareiro na Europa. Fator preponderante para o triunfo foi a contribuição dada pelos holandeses quanto ao refino e à distribuição do produto, cujos lucros superavam os valores do açúcar bruto.

[55] A União Ibérica originou-se a partir da crise sucessória ocorrida em Portugal, em 1580: o Rei D. Sebastião havia morrido em 1578, na Batalha de Alcácer-Quibir contra os mouros, não possuindo herdeiros. O cardeal D. Henrique, tio-avô de D. Sebastião, foi seu sucessor, mas logo faleceu, em 1580, extinguindo a dinastia de Avis. Filipe II, Rei da Espanha, apresentou-se como candidato à sucessão, por ser neto de D. Manuel. Após algumas batalhas em Portugal para disputar o trono, Filipe II sagrou-se Rei e deu início à União Ibérica, cujo fim se prenunciou a partir da campanha denominada Restauração, quando D. João IV ascendeu ao trono português, dando início à dinastia Bragança.

diversificação econômica da colônia e esta se tornava quase que obrigatoriamente mercado consumidor da metrópole.

Os engenhos constituíram-se na grande lavoura necessária para o desenvolvimento da agricultura do tipo *plantation*, sistema que se baseava na plantação de produtos tropicais, para fins de exportação, como o açúcar, o café, o fumo, o algodão. Eram compostos da casa-grande, da senzala, da casa do engenho e da capela.[56] Por gerar lucros estrondosos, o engenho garantia ao proprietário posição de bastante prestígio na sociedade, o que levou Antonil a afirmar que: "ser senhor de engenho é título a que muitos aspiram, porque traz consigo o ser servido, obedecido e respeitado de muitos".[57]

Por sua vez, a justificativa para a utilização do trabalho escravo, no Brasil, tem raízes econômicas profundas. A opção por este tipo de mão-de-obra não se explica historicamente a partir de nenhuma das formas de servidão encontradas no mundo antigo,[58] quando a submissão era vista como um corolário natural das guerras,[59] de modo que a vitória de um povo sobre outro significava a escravização deste.[60] Diferentemente da escravidão operante no século XVI, na Idade Clássica a escravidão se justificava como uma servidão imposta aos derrotados das batalhas e não encontrava justificativas seja por critérios de raça ou de classes, mesmo porque conquanto os vencidos de guerra pertencessem às melhores famílias, ainda assim seriam escravizados.

---

[56] A auto-suficiência dos engenhos impressionava aqueles que vinham de fora. Sérgio Buarque de Holanda comparava-os a verdadeiras autarquias e conta uma anedota citada pelo Frei Vicente do Salvador: "Certo bispo de Tucumã, da Ordem de São Domingos, por aqui passou em demanda da corte dos Filipes. Grande canonista, homem de bom entendimento e prudência, esse prelado notou que, quando mandava comprar um frangão, quatro ovos e um peixe para comer, nada lhe traziam. 'Então disse o bispo: verdadeiramente que nesta terra andam as coisas trocadas, porque toda ela não é uma república, sendo-o cada casa'. 'E assim é', comenta Frei Vicente, contemporâneo do episódio, 'que estando as casas dos ricos (ainda que seja à custa alheia, pois muitos devem quanto têm) providas de todo o necessário, porque têm escravos, pescadores e caçadores que lhes trazem a carne, o peixe, pipas de vinho e azeite que compram por junto nas vilas, muitas vezes não se acha isto de venda' ". HOLANDA, Sérgio Buarque de. (1995: p. 80 e 81).

[57] ANTONIL, André João. (1982: p.75). Sobre o livro de Antonil, destaque-se para o fato de a primeira edição haver sido confiscada pela Coroa Portuguesa, sobrando apenas alguns poucos exemplares. A obra é dividida em cinco partes: engenho, cana de açúcar, tabaco, minas de ouro e gado. Capistrano de Abreu buscou explicar as razões para o confisco: "O livro ensinava o segredo do Brasil aos brasileiros, mostrando toda a sua possança, justificando todas as suas pretensões, esclarecendo toda a sua grandeza". ABREU, J. CAPISTRANO de. (1998: p. 168).

[58] Nesse sentido, PRADO JÚNIOR, Caio. (2000: p. 269 e ss).

[59] A submissão dos vencidos era algo tão natural em Roma e na Grécia antigas que mesmo Aristóteles defendia a escravidão, a saber: "O escravo (...) não somente é destinado ao uso do senhor, como também dele é parte". (p. 11). "Mas faz a natureza ou não de um homem um escravo? É justa e útil a escravidão ou é contra a natureza? (...) Não é apenas necessário, mas também vantajoso que haja mando por um lado e obediência por outro; e todos os seres, desde o primeiro instante do nascimento, são, por assim dizer, marcados pela natureza, uns para comandar, outros para obedecer". ARISTÓTELES. (1998: p. 12).

[60] Nesse sentido, ver a contribuição de PERDIGÃO MALHEIRO, Agostinho Marques. (1866: p. 34 e ss.). Nessa obra, Perdigão Malheiro desenvolve um extraordinário estudo sobre a escravidão romana.

Pode-se afirmar que, na Idade Moderna, tal como a fênix sagrada, a escravidão renasceu das cinzas, após um longo período em que pareceu estar abolida no Ocidente, e, desta feita, surgiu totalmente fora de contexto social, cultural ou ético, por razões eminentemente financeiras, conforme evidenciaremos a seguir.

A palavra escravo vem de *eslavo*,[61] povo que, na Idade Média, fora submetido a regimes contínuos de servidão. Aparentemente, a escravidão era um contra-senso, porque antieconômica; o trabalhador livre não precisaria ser mantido nem fiscalizado, e seu salário somente seria pago após a atividade exercida. Já a compra de escravos, por sua vez, exigia um prévio capital de giro e poderia não dar o retorno esperado. Isto porque eventual aquisição de escravo que demonstrasse ser um mau trabalhador não ensejaria posterior dispensa, com extinção de responsabilidade do senhor relativa à alimentação, ao vestuário e à moradia. Fernando Novais afirma que, considerado nesses termos, o trabalho escravo poderia ser visto como mais oneroso e menos rentável para a produção mercantil.[62]

A contradição, todavia, é apenas aparente. Com efeito, com o regime de trabalho livre haveria sempre a possibilidade de o trabalhador vir a se tornar um pequeno produtor, difundindo, na colônia, a policultura e a produção destinada à satisfação do mercado interno, como terminou por acontecer nas colônias do norte dos Estados Unidos, conforme veremos oportunamente. Além disso, no caso brasileiro, a exígua população lusitana inviabilizou a adoção em larga escala do trabalho livre, porque somente compensaria a aventura de povoar e de trabalhar em uma terra desconhecida se fossem oferecidos salários altíssimos e que ainda recompensassem o fato de tais trabalhadores não se tornarem produtores autônomos.[63] A importância dos escravos no Brasil foi tamanha, àquela época, que Antonil chegou a descrevê-los como "as mãos e os pés do senhor de engenho, porque sem eles no Brasil não é possível fazer, conservar e aumentar fazenda, nem ter engenho corrente".[64]

1.6. POR QUE O NEGRO E NÃO O ÍNDIO?– O TRÁFICO DE ESCRAVOS A JUSTIFICAR A ESCRAVIDÃO NEGRA

No Brasil, o trabalho escravo nem sempre foi sinônimo de escravidão negra.[65] Durante muitos anos, principalmente no início da coloni-

---

[61] MELLO, Celso Albuquerque. (1994: p. 741).
[62] NOVAIS, Fernando A. (1986: p. 81).
[63] Conforme NOVAIS, Fernando A. (1986: p. 89).
[64] ANTONIL, André João. (1982: p. 89).
[65] Não existem no país números precisos acerca da escravidão negra. Isto porque, na tentativa de apagar o instituto da história brasileira e, sobretudo, evitar que tivesse fôlego a campanha

zação, os índios serviram como a mão-de-obra necessária para o plantio da cana-de-açúcar.⁶⁶ É bem verdade que, para promover a escravidão dos índios, algumas resistências podem ser apontadas: os indígenas não haviam desenvolvido anticorpos suficientes para se protegerem das doenças européias,⁶⁷ houve também lutas ferozes das tribos que dificultavam a organização da colônia, além da defesa ardorosa contra a escravidão indígena por parte dos missionários jesuítas.⁶⁸ Tais fatores, todavia, não foram suficientes para impedir que se recorresse ao trabalho compulsório indígena sempre que aparecesse algum empecilho em relação à aquisição dos escravos negros.⁶⁹

Muitas explicações foram dadas na tentativa de justificar a adoção dos negros para o trabalho escravo: a historiografia oficial por muito tempo manteve a versão de que os índios seriam inábeis para o trabalho, porque incapazes de se habituar à labuta rotineira, ou então

indenizatória movida por ex-senhores de escravos – com base justamente nos registros citados –, Rui Barbosa, na época Vice-Chefe do Governo Provisório e Ministro da Fazenda, determinou, por meio do Decreto de 14 de dezembro de 1890, a queima de todos os documentos referentes à escravidão. Este decreto somente foi efetivado em 13 de maio de 1891, na gestão de Tristão Alencar Araripe, sucessor de Rui na pasta da Fazenda. Tal determinação decorreu de uma série de fatores. Após declarada a abolição da escravatura, iniciou-se um movimento da aristocracia rural pleiteando indenizações do governo, sob o argumento de que teriam direito adquirido aos escravos e à propriedade. Entre julho e novembro de 1888, nada menos do que 79 representações desse teor foram encaminhadas ao Legislativo e às quais respondeu Rui Barbosa: "Mais justo seria, e melhor se consultaria o sentimento nacional, se se pudesse descobrir meio de indenizar os ex-escravos, não onerando o Tesouro. Indeferido. 11 de novembro de 1890". Também Joaquim Nabuco proferiu virulento discurso contrário à indenização dos ex-proprietários de escravos, em 1888. Ver mais em CHACON, Vamireh. (2000: p. 215 a 217).

⁶⁶ Sobre a escravização dos indígenas, ver GORENDER, Jacob. (2001: p. 490 e ss).

⁶⁷ Taunay, no livro História Geral das Bandeiras Paulistas, versa sobre a quantidade de mortes dos indígenas devido a moléstias e maus tratos. Cita dados de que dos 40.000 índios aldeados que havia na Bahia em 1563, restavam apenas 3.000, vinte anos após, a despeito das contínuas levas que continuaram a vir neste período. TAUNAY, Affonso. (1924: p. 85).

⁶⁸ Ademais, a Santa Sé já havia proibido, em 1537, a escravização dos índios, sob pena de excomunhão. HOLANDA, Sérgio Buarque de. (2002: p. 310). Deve-se destacar para a influência dos jesuítas no Brasil colônia. Uma das explicações para este fenômeno foi o contexto europeu de reformas protestantes e a contra–reforma católica. Em 1534, Inácio de Loyola fundou a Companhia de Jesus, visando a difundir o cristianismo e a recuperar fiéis. Um dos principais objetivos da contra–reforma era o catequizar os territórios ainda não atingidos pelo Protestantismo, como as terras recém-descobertas, dentre as quais o Brasil, que se tornou a sexta província da Companhia, em 1553. Destaque-se que os jesuítas fundaram os primeiros colégios na colônia, em São Vicente, Salvador, São Paulo, Rio de Janeiro, Olinda, Ilhéus e Recife. Em 1760, o Marquês de Pombal, Ministro do Rei D. José I, visando a fulminar a influência dos jesuítas, determinou a expulsão da Companhia de Jesus do Brasil e de Portugal. HOLANDA, Sérgio Buarque de. (1960a: p. 43).

⁶⁹ Sérgio Buarque de Holanda, sobre tal contradição, explica: "O Padre Antônio Vieira recriminava a crueldade dos senhores de escravos e afirmava que a 'natureza como mãe, desde o rei até o escravo, a todos fez iguais e a todos livres'. Mas essa afirmação não o impedia de sugerir a introdução de cativos para resolver os problemas da mão-de-obra no Maranhão". HOLANDA, Sérgio Buarque de. (1967b: p. 137). Nesse sentido, pode-se citar a Carta Régia de 13 de maio de 1808, assinada por D. João VI, quando este já estava no Brasil, por meio da qual se restabeleceu a escravidão indígena pelo período de 10 anos. Veremos posteriormente que a existência de determinados óbices ao tráfico de escravos negros muitas vezes funcionou como alavanca a promover o aumento de escravos indígenas.

que eles eram preguiçosos e não se adaptariam ao ritmo puxado da lavoura. Outras justificativas seriam a de que os índios eram valentes guerreiros e que jamais se entregariam facilmente ao trabalho escravo – como se os negros também não pudessem oferecer resistência –, ou, ainda, a de que a escassez de contingente populacional em Portugal inviabilizaria a remessa de pessoas para trabalhar no Brasil – o que até poderia justificar o trabalho escravo, mas não a opção pelo escravo negro.

O certo é que nenhuma dessas explicações, no entanto, parece-nos mais decisiva em relação à escolha pelo trabalho escravo negro do que a possibilidade de se extraírem lucros formidáveis a partir do tráfico negreiro. Os lucros do tráfico justificam a opção pela escravidão negra[70] e não a cor da pele ou qualquer teoria pseudocientífica que procurasse demonstrar a inferioridade da raça, ou a inviabilidade da escravização indígena. Caso a escravidão dos índios possibilitasse maiores lucros para a metrópole, não haveria razão humanística que a impedisse de proceder com os índios da mesma maneira como que escravizou os negros. Não se pode olvidar o pioneirismo de Portugal no tráfico de escravos,[71] por possuir a técnica e a experiência necessárias para levar adiante o projeto de captura dos africanos.

Simplesmente não era interessante, para Portugal, a escravização dos índios no Brasil.[72] A adoção desse tipo de mão-de-obra não geraria lucros para a metrópole e ainda favoreceria o surgimento de um comércio interno indesejável.[73] Além disso, não se pode esquecer que

---

[70] Nesse tom, conclui Fernando Novais: "Paradoxalmente, é a partir do tráfico negreiro que se pode entender a escravidão africana colonial, e não o contrário". NOVAIS, Fernando. (1986: p. 89); na mesma linha, GORENDER, Jacob. (2001: p. 129); CALMON, Pedro. (2002: p. 109 e ss).

[71] O pioneirismo de Portugal em relação ao tráfico de escravos é bem analisada em BLACKBURN, Robin. (2003: p. 130). O autor explica que o início da experiência portuguesa nesse tipo de comércio remonta a 1444, quando se promoveram os primeiros carregamentos de cativos da África para a Europa.

[72] Décio Freitas afirma que, entre 1570 a 1755, pelo menos quarenta normas foram expedidas, dentre leis, alvarás, provisões, resoluções e regimentos, por meio das quais se proibia a escravização dos indígenas. Além disso, houve pelo menos cinco Bulas Papais proibindo a escravidão dos índios. Nesse sentido, por exemplo, a Lei de 6 de junho de 1755, promulgada pelo Marquês de Pombal, por meio da qual se impedia a escravização do índio no Brasil. Ver mais sobre o assunto em FREITAS, Décio. (2002: p. 55). Outras normas, a despeito de não proibirem expressamente a redução do indígena ao trabalho escravo, criavam dificuldades nesse sentido, como o Alvará de 4 de abril de 1755, por meio do qual se declarava que o casamento entre o português e a índia seria proveitoso para o Estado. Ademais, a norma determinava que fosse dada preferência aos índios, nas vilas povoadas por indígenas, na ocupação de cargos públicos, por serem os habitantes naturais da região. Não deixa de ser um dos exemplos pioneiros de ações afirmativas para os indígenas no Brasil. Ver mais em FREYRE, Gilberto. (2000b: p. 392). Com efeito, na medida em que as normas tratavam o índio como um pequeno proprietário, inviabilizavam a sua escravização, e, assim, atendiam aos interesses da metrópole, interessada no lucro decorrente do tráfico negreiro.

[73] Além disso, o preço da venda de um índio era muito inferior ao valor de um escravo negro. Simonsen elucida que enquanto os índios valiam entre 4.000 a 70.000 réis, os negros valiam entre 50.000 a 300.000 réis. SIMONSEN, Roberto. (1937: p. 199). Se a metrópole deixasse ao livre-arbí-

os índios poderiam oferecer uma maior resistência imediata do que os negros – haja vista que os nativos conheciam as matas melhor do que ninguém, o que dificultaria, sobremaneira, eventual captura posterior, e muitos falavam a mesma língua, facilitando o entrosamento para promover a rebelião organizada – o que não acontecia com os negros, que eram capturados em tribos distintas na África, conforme veremos a seguir.

Inicialmente, a metrópole facultou aos próprios particulares que procedessem ao resgate dos escravos, uma vez que ansiava por incrementar o comércio açucareiro e por fixar definitivamente os senhores de engenho na colônia.[74] Ainda assim, o comércio de escravos proporcionou ganhos estrondosos para a Coroa e pôde ser considerado um dos setores de maior rentabilidade no comércio colonial. Isto porque, embora fosse permitido aos donatários realizar, às próprias expensas, a travessia do Atlântico, o Regimento da Fazenda Real determinava que a entrada de escravos nos portos deveria ser precedida do pagamento da *siza* – tipo de imposto para o ingresso de mercadorias na colônia.

A possibilidade de lucros era tão grande que a Coroa Lusitana, em um segundo momento, não satisfeita em auferir apenas o *imposto da siza*,[75] determinou – a partir da Carta Régia de 16 de novembro de 1697 – a impossibilidade de os colonos procederem autonomamente à captura dos escravos, estabelecendo o monopólio português no comércio da escravidão. Desse modo, passou a metrópole a ter o controle sobre o valor a ser fixado para cada escravo, o que de imediato foi estabelecido.[76]

Por outro lado, a aquisição de negros de tribos variadas, com línguas, culturas e costumes diferentes, objetivava evitar um movimento organizado de revolta. Na maior parte dos casos, eram os próprios africanos que capturavam negros de tribos rivais,[77] na África, e os

---

trio dos senhores de engenho a opção de utilizarem, ou não, a mão-de-obra indígena, muito provavelmente seria esta a primeira opção considerada, porquanto os custos com a aquisição seriam muito inferiores à compra dos escravos africanos – e, certamente, nem as fugas para as florestas ou as doenças transmitidas para os índios seriam impeditivos desse projeto.

[74] Nesse sentido, bem exemplifica o Alvará de 29 de março de 1549, por meio do qual se autorizavam os senhores de engenho a importarem até 120 escravos negros de Guiné e da Ilha de São Tomé.

[75] O imposto era elevado e os valores eram atualizados constantemente. Por exemplo, por meio da Carta Régia de 10 de junho de 1699, elevava-se a 3$500 (três mil e quinhentos réis) o valor a ser pago por escravo que ingressasse no Brasil.

[76] Por meio da Carta de 6 de fevereiro de 1703, a Coroa fixou o preço do negro em 160$000 (cento e sessenta mil réis) e a Provisão de 24 de fevereiro de 1719 aumentou para 300$000 (trezentos mil réis) o valor de cada escravo.

[77] Nessa linha, RIBEIRO, Darcy. (1995: p. 114 e ss). Nina Rodrigues transcreve Pereira da Costa sobre as diferentes tribos dos escravos que existiam somente em Pernambuco: "Apesar de constituírem a grande massa de escravizados, africanos importados de diversas nações, como Angola, Congo, Angico, Gabão, Moçambique, e outras mais; contudo, somente os do Congo gozavam do privilégio de eleger um rei, que superintendia sobre os demais". E sobre os escravos

vendiam a Portugal e aos demais países traficantes. Muitas vezes os negros capturados eram objetos de escambo, e desse modo trocados ora por barras de ferro, ora por tecidos, contas de cristal, corais, fumo ou aguardente.[78]Outras vezes, os escravos eram negociados a baixo custo e revendidos nas colônias a preços exorbitantes,[79] gerando lucros espetaculares.

No que concerne ao transporte dos negros para as colônias, geralmente os navios negreiros levavam meses para completar a viagem da África à América e transportavam em média 300 escravos,[80] dos quais morria cerca de um terço, devido às péssimas condições em que viajavam.[81] Homens e mulheres permaneciam apinhados em locais com pouca ventilação, realizando no próprio local as necessidades fisiológicas – o que tornava o cheiro insuportável, além de aumentar a propensão para adquirir doenças. Há relatos de que os negros mais fortes matavam os mais fracos, provavelmente visando a melhorar as condições de viagem.[82] Além disso, observava-se a preferência pela captura de negros jovens, seja porque ocupariam menor espaço nos navios, seja porque já cresceriam no Brasil.[83]

---

no Rio de Janeiro, Nina transcreve Debret: "As nações africanas mais utilizadas no Rio de Janeiro são: os Banguellas, os Minas-nejôs, Minas-mahy, os Sás, Rebollas, Cassanges, Minas-cavallos, Cabinda d'água doce, Cabindas massudas, Congos, Moçambiques". Ver em RODRIGUES, Nina. (1932: p. 54 e 55). Para maiores aprofundamentos sobre as diversas tribos africanas introduzidas no Brasil, ver em RIBEIRO, René. (1978: p. 18 a 25). Quanto à eleição de reis dentre os escravos provenientes do Congo, ver também em RAMOS, Arthur. (1935: p. 38 e ss).

[78] Ver em TANNENBAUM, Frank. (1992: p. 17 e ss); KOSHIBA, Luiz; PEREIRA, Denise Manzi Frayze. (1987: p. 46).

[79] Nessa toada, NABUCO, Joaquim. (2000: p. 80). Citando o *Sir* Charles Hotham, comandante da esquadra inglesa na África Ocidental, o qual mencionava ser de £6 o custo do escravo na África, Joaquim Nabuco calcula os lucros relativos a este comércio, uma vez que no Brasil o escravo era vendido aproximadamente por £40. Mesmo que se descontassem os gastos com a viagem, ainda assim os lucros eram fenomenais.

[80] TANNENBAUM, Frank. (1992: p. 22). Arthur Ramos fala de duzentos a quinhentos escravos, por navio negreiro. RAMOS, Arthur. (1942: p. 90).

[81] Assim preleciona Tannenbaum: "Afigura-se difícil calcular exatamente quantas vidas eram perdidas no comércio de escravos. Todas as cifras são estimativas aproximadas, mas se tem afirmado que aproximadamente uma terça parte dos negros capturados das suas casas morria na viagem até a costa e nos postos de embarque, e que outra terceira parte morria durante a travessia do oceano e no processo de aclimatação, de modo que somente uma terceira parte sobrevivia para constituir, por fim, os trabalhadores e colonizadores do Novo Mundo". Tradução livre. TANNENBAUM, Frank. (1992: p. 28 e 29). O historiador britânico Robin Blackburn, em monumental ensaio sobre a escravidão moderna, calcula que mais de um milhão e meio de negros morreram somente na travessia da África para o Atlântico e que entre um décimo a um quinto dos escravos morriam antes de completar um ano no novo mundo. BLACKBURN, Robin. (2003: p. 15). O pesquisador afirma, ainda, que as principais causas de morte dos negros eram doenças e má nutrição. No final do século XVIII, os mercadores passaram a vacinar os escravos contra a varíola, antes do embarque, e a utilizar sucos concentrados de limão e de laranja para prevenir doenças. Ver mais em BLACKBURN, Robin. (2003: p. 475 e ss).

[82] Ver em TANNENBAUM, Frank. (1992: p. 23 e ss).

[83] Ver em FREYRE, Gilberto. (1963b: p. 80). Blackburn afirma que chegavam a embarcar crianças com menos de dez anos de idade. BLACKBURN, Robin. (2003: p. 466).

Os africanos permaneciam deitados lado a lado, entulhados em espaços ínfimos, por cerca de 16 horas por dia, ligados por meio de correntes que lhes prendiam as mãos e os pés. Se o tempo estivesse bom, possivelmente passariam algumas horas na cobertura do navio, ocasião em que se lhes jogava água doce, para que tomassem banho, e lhes gotejavam limões, para que limpassem a boca.[84] Em caso de rebelião ou motins, os castigos costumavam ser rápidos e inflexíveis: os revoltosos eram lançados ao mar, unidos por correntes e presos em sacos de pedra, para que afundassem mais depressa.[85]

Mesmo com o espantoso número de escravos que falecia na viagem, ainda assim os lucros obtidos eram fenomenais. A possibilidade de obter ganhos exorbitantes fazia com que Companhias fossem constituídas apenas com a finalidade de atravessar o Atlântico para adquirir e revender escravos. Por outro lado, a extensão das lavouras no Brasil demandava trabalho em larga escala, o que propiciou exigência sempre crescente de mão-de-obra.[86]

Os dados numéricos fornecem a idéia da amplitude que teve para o Brasil esse tipo de comércio:

Tráfico Atlântico de escravos, 1451 – 1870 (em milhares de pessoas)[87]

DESTINO	1451 – 1600	1601 – 1700	1701 – 1810	1811 – 1870	Total
Estados Unidos da América	0	0	376	51	427
América Espanhola	75	293	579	606	1.552
Europa e Ilhas Atlânticas	150	25	0	0	175
Brasil	50	560	1.891	1.145	3.647

Ao chegar aos portos de destino, os navios negreiros eram anunciados com tiros de canhão. Os negros, então, eram alinhados e submetidos à rigorosa inspeção pelos futuros compradores: os dentes vistos, as medidas tiradas, o corpo apalpado. O senhor que se agradasse de determinado escravo procedia à identificação no corpo do negro, marcando-o com um símbolo. Posteriormente, iniciava-se o processo

---

[84] Ver em TANNENBAUM, Frank. (1992: p. 26)

[85] RAMOS, Arthur. (1942: p. 90). Essa questão é muito bem abordada no filme *Amistad* (1997), do aclamado diretor Steven Spielberg.

[86] A quantidade de negros no Brasil era tão grande, já no início do século XIX, que Francisco Soares Franco, em livro publicado em 1821, já exclamava ser "a casta preta a predominante no Brasil". Apud FREYRE, Gilberto. (2000b: p. 636). Frank Tannenbaum calcula que, em 1817, de uma população de aproximadamente 3,6 milhões de habitantes no Brasil, 843.000 eram brancos, ao passo que 2.887.500 eram negros, dentre livres e escravos. Havia, ainda, 628.000 mestiços; os demais eram índios puros. TANNENBAUM, Frank. (1992: p. 8).

[87] Curtin, Apud MARTINS, Roberto Borges. (2002).

de barganha, para que os senhores conseguissem obter um melhor preço. Alfim, os escravos eram transportados aos engenhos.[88]

1.7. O TRATAMENTO DISPENSADO AOS ESCRAVOS – OBSERVAÇÕES ENTRE A FORMA COMO A ESCRAVIDÃO SE DESENVOLVEU NO BRASIL E NOS ESTADOS UNIDOS DA AMÉRICA

A despeito de o sistema escravocrata ter sido implementado tanto no Brasil como nos Estados Unidos, é importante ressaltar que diversos são os estudos, realizados por vários autores, no sentido de demonstrar consideráveis e relevantes diferenças sobre o modo como se desenvolveu tal forma de exploração do homem na América Latina e na América Inglesa.

Dentre tais estudos, destaca-se a pesquisa realizada por Frank Tannenbaum, um dos maiores analistas da escravidão nas Américas.[89] Inicialmente, o autor observou que, nos Estados Unidos, o escravo era tido como uma *propriedade*, um objeto, de modo que inúmeras normas, emanadas de diversos estados, proibiam-nos de casar, de ter filhos e de obter a liberdade antes de ser declarada a abolição da escravatura, conforme veremos detalhadamente a seguir. Nesse sentido, aduziu que uma das explicações para o fato seria a parca familiaridade da Inglaterra com a escravidão negra, o que decerto não se assemelhava à situação da Península Ibérica. Assim, as leis que disciplinavam o tratamento dos escravos em Portugal e na Espanha eram melhor desenvolvidas, porquanto frutos de experiência – conclusão que pode ser estendida também às normas relativas ao assunto impostas às suas colônias.

O fato de haver normas concedendo alguns direitos aos escravos das colônias latinas não significa, obviamente, que se pretenda defender a existência de uma dicotomia entre *escravo-coisa* e *escravo-cidadão*. Isto porque, certamente, não foram razões humanitárias que levaram os governantes a editar tais dispositivos. No Brasil, por exemplo, podem-se mencionar diversas normas favoráveis à situação dos cativos, como o direito de o escravo ter advogado, quando pleiteasse a

---

[88] Arthur Ramos afirma que os pretensos compradores ordenavam que os negros "saltassem, dançassem e pulassem", para poderem adquirir a melhor *mercadoria*. RAMOS, Arthur. (1942: p. 94). No mesmo sentido, TANNENBAUM, Frank. (1992: p. 28).

[89] Importa também destacar o relevante estudo de ELKINS, Stanley. (1976: p. 64 e ss; p. 232 e ss). Elkins aceitará a comparação feita por Tannenbaum e a complementará, ao afirmar que, na América Latina, a defesa realizada tanto pela Igreja Católica, como pelo Estado, no sentido de impedir que os escravos fossem reduzidos à condição de coisa, funcionou como um dos motivos a distinguir a escravidão praticada nesta localidade da praticada na América do Norte.

liberdade na justiça – Alvará de 10 de maio de 1682[90] –, a permissão para que os escravos contraíssem matrimônio – Provisão de 27 de outubro de 1817[91] – a proibição da venda de escravos em leilão e em exposições públicas e declaração de nulidade da venda de escravos nas quais se separasse o marido da mulher e/ou apartasse o filho, do pai ou da mãe – Decreto nº 1695, de 15 de setembro de 1869.[92] Tais normas, no entanto, não podem ser interpretadas como se direcionassem ao reconhecimento de que direitos humanos também deveriam se estender aos negros.[93] Do contrário, a existência dessas regras denota a importância da escravidão para o antigo sistema colonial, e talvez tenham decorrido da percepção portuguesa de que, de tempos em tempos, fazia-se necessário conceder um pouco de oxigênio à instituição escravocrata, seja para evitar a revolta geral dos negros – que compunham a esmagadora maioria da população –, seja para poder justificar a permanência do trabalho escravo – quando poucos países do mundo ocidental ainda o adotavam –, seja simplesmente para tentar prorrogar ao máximo a abolição da escravatura, a fim de continuar extraindo os benefícios econômicos decorrentes.

Não se pretende demonstrar que os portugueses possuíam uma visão humanitária ou idílica em relação aos negros ou à escravidão, mas que o fato de terem desenvolvido uma farta experiência escravista com os mouros e com os negros, antes mesmo de colonizarem o Brasil, tenha-os remetido à compreensão de que punições exageradas poderiam aumentar as revoltas; que marcas de açoite poderiam desvalorizar os negros e, ainda, debilitá-los para o trabalho.

Por outro lado, conforme veremos melhor posteriormente, as pressões realizadas pela Inglaterra, a partir do século XIX, para que

---

[90] Por meio desse ato normativo, disciplina-se a forma de combate à resistência dos negros em Quilombos, especialmente o de Palmares, ao passo em que também prevê a presença de advogado para o negro em juízo.

[91] Provisão da Mesa do Desembargo do Paço de 27 de outubro de 1817: "D. João, por graça de Deus Rei do Reino Unido de Portugal Brasil e Algarves, etc. Faço saber a vós, Ouvidor desta Comarca, que sendo-me presentes os males físicos e morais que aos povos resultam de se conservarem os escravos na vida libertina, que quase todos têm, em conseqüência do estado celibatário em que vivem; conformando-se com o parecer da Mesa do meu Desembargo do Paço, em que foi ouvido o Desembargador Procurador da minha Real Coroa e Fazenda, por minha imediata Resolução de 18 do mês próximo passado: sou servido ordenar-vos que promovais eficazmente o casamento dos escravos desta Comarca com o zelo e prudência que de vós confio. (...)".

[92] Decreto nº 1695, de 15 de setembro de 1869. Artigo 1º: "Todas as vendas de escravos debaixo de pregão e em exposição pública, ficam proibidas. Os leilões comerciais de escravos ficam proibidos, sob pena de nulidade de tais vendas e de multa de 100$000 a 300$000, contra o leiloeiro, por cada um escravo que vender em leilão. (...). Artigo 2º: Em todas as vendas de escravos, ou sejam particulares, ou judiciais, é proibido, sob pena de nulidade, separar o marido da mulher, o filho do pai ou mãe, salvo sendo os filhos maiores de 15 anos".

[93] Mesmo porque inúmeras também eram as normas editadas no sentido oposto ao mencionado. Nessa linha, por exemplo, o §1º do artigo 2º da Lei nº 1.237, de 24 de setembro de 1864, ao reformar a legislação hipotecária, incluiu os escravos dentre as coisas que poderiam ser objeto de hipoteca agrícola.

Portugal procedesse ao fim da escravidão, certamente forçaram os lusitanos a promulgarem normas que, à primeira vista, pareciam direcionar à extinção do instituto, concedendo liberdade a alguns escravos, mas que, na prática, visavam tão-somente a postergá-lo. Definitivamente os portugueses sabiam que, em certas situações, é melhor ceder um pouco para não perder tudo, haja vista as emblemáticas Leis do Ventre Livre e a do Sexagenário.

Ainda que se desmascarem as verdadeiras intenções encobertas pela aparente benevolência normativa sobre o modo como a escravidão foi tratada na América Latina, mesmo assim permanece a importância do trabalho desenvolvido por Tannenbaum, especialmente no que se refere ao estudo comparativo sobre as diferentes formas de tratar os escravos na América Latina e na Inglesa.[94] Além disso, a pesquisa nos fornece as fontes legais e jurisprudenciais estadunidenses para fazermos uma análise do tratamento dispensado aos escravos, em cada sistema, e, sobretudo, realizar algumas conclusões sobre a influência desse fato nas relações raciais que se seguiram à abolição da escravatura.[95]

Nessa toada, iniciaremos a análise sobre o tratamento dispensado aos escravos no Brasil. As condições de vida dos negros nas senzalas eram bastante precárias: dormiam no chão, muitas vezes ao lado de

---

[94] Analisando o trabalho de Tannenbaum, Degler assume ter se tratado de obra da mais alta relevância, principalmente pelo seu pioneirismo. Aduz: "Até Frank Tannenbaum publicar seu livro *Slave and Citizen* geralmente se pensava que a escravidão, pelo menos legalmente definida, era a mesma em todos os lugares, fosse na Roma ou na Grécia antigas, na Europa medieval ou no Norte e no Sul da América". Tradução livre. DEGLER, Carl. (1986: p. 25). Na verdade, acreditamos ser de menor importância a tentativa de procurar classificar a escravidão como branda ou cruel. Não há necessidade de dimensionar quais castigos foram mais severos ou mais suaves, porque o instituto, em si, e em qualquer local em que foi praticado, revela uma dolorosa incapacidade de tolerância às culturas paralelas, além de uma covardia descomunal que leva a reduzir seres humanos à submissão, motivados, principalmente, por interesses econômicos. Como disse Joaquim Nabuco: "Diz-se que entre nós a escravidão é suave, e os senhores são bons. A verdade, porém, é que toda a escravidão é a mesma, e quanto à bondade dos senhores, esta não passa da resignação dos escravos. Quem se desse ao trabalho de fazer uma estatística dos crimes ou de escravos ou contra os escravos; quem pudesse abrir um inquérito sobre a escravidão e ouvir as queixas dos que a sofrem; veria que ela no Brasil ainda hoje é tão dura, bárbara e cruel, como foi em qualquer outro país da América". NABUCO, Joaquim. (2000: p. 102).

[95] Apesar de o autor não ter realizado um exame específico sobre as normas brasileiras, não faltarão exemplos para ilustrar o nosso trabalho. A história nacional é pródiga em corroborar com o pensamento de que, aqui, o modo de lidar com os escravos, pelo menos no que tange à possibilidade de alforria antes da abolição, foi relativamente oposto ao desenvolvido nos Estados Unidos. Essa comparação entre o tratamento conferido aos escravos no Brasil e nos Estados Unidos também foi realizada por Joaquim Nabuco, que afirmou: "A escravidão, por felicidade nossa, não azedou nunca a alma do escravo contra o senhor (...) nem criou entre as duas raças o ódio recíproco que existe naturalmente entre os opressores e os oprimidos. (...) Os debates da última legislatura e o modo liberal pelo qual o Senado assentiu à elegibilidade dos libertos, isto é, ao apagamento do último vestígio de desigualdade da condição anterior, mostram que a cor no Brasil não é, como nos Estados Unidos, um preconceito social contra cuja obstinação pouco pode o caráter, o talento e o mérito de quem incorre nele". NABUCO, Joaquim. (2000: p. 38).

animais, como galinhas, porcos e cães.[96] No mais das vezes, para os cativos, não eram dispensados quaisquer adereços – vestiam-se com panos presos ao corpo, alimentavam-se de restos da plantação ou da agricultura de subsistência que praticavam aos sábados,[97] e, ainda, apanhavam bastante. A simplicidade com que os senhores de engenho tratavam os escravos levou Antonil a afirmar que "no Brasil, costuma-se dizer que para o escravo são necessários três PPP, a saber: pau, pão e pano".[98]

Os escravos eram supervisionados pelos feitores – "os braços de que se vale o senhor do engenho para o bom governo da gente e da fazenda"[99] –, que batiam nos cativos para tentar impor-lhes disciplina.[100] Sobre os castigos impingindos aos escravos, estudo relevante a ser destacado também é o de Gilberto Freyre, que realizou ampla coleta de anúncios de jornais do século XIX, na seção dos classificados destinada à procura dos escravos fugidos, especialmente o *Diário de Pernambuco* e o *Jornal do Commercio*. Isso porque, nessa parte, o conteúdo era preciso e franco, uma vez que o objetivo não era o de vender escravos, mas sim de capturá-los, de modo que se fazia necessária a descrição a mais fidedigna possível, apontando os defeitos e incorreções que os negros traziam consigo.[101]

A partir desses anúncios de jornal, pode-se perceber os tipos de castigos[102] que eram impingidos aos negros no Brasil: argola de ferro

---

[96] Sérgio Buarque fala da extensa quantidade de doenças que acometiam os escravos. HOLANDA, Sérgio Buarque de. (1967b: p. 146).
[97] No Brasil, a Carta Régia de 31 de janeiro de 1701 determinava que o sábado era um dia livre para os escravos, para que pudessem praticar agricultura de subsistência e, então, se alimentar do cultivo próprio. Antonil adverte que os escravos mesmo nesse dia eram acompanhados do feitor, para que não tentassem fugir. ANTONIL, André João. (1982: p. 91).
[98] ANTONIL, André João. (1982: p. 91).
[99] Idem. (1982: p. 83).
[100] Normalmente os feitores tratavam os escravos com bastante crueldade, o que levou Antonil a recomendar, à época que: "aos feitores de nenhuma maneira se deve consentir o dar couces, principalmente nas barrigas das mulheres que andam pelejadas, nem dar com pau nos escravos, porque na cólera se não medem os golpes, e podem ferir mortalmente na cabeça a um escravo de muito préstimo, que vale muito dinheiro, e perdê-lo. Repreendê-los e chegar-lhes com um cipó às costas com algumas varancadas, é o que se lhes pode e deve permitir para ensino". ANTONIL, André João. (1982: p. 84).
[101] E Gilberto Freyre exemplifica com anúncio do Diário de Pernambuco de 14.2.1845: "O preto José, por alcunha Caboclo, de nação Gabão, magro, feio de feições, com pouca barba, 'zambo das pernas e na esquerda tem em cima da canela uma grande cicatriz que nunca sara, o pé esquerdo é bastante defeituoso, por isso que tem os dedos do mesmo mais pequenos do que os outros'". FREYRE, Gilberto. (1963b: p.86).
[102] Gilberto afirma que os castigos impingidos aos escravos devem ser observados como conseqüência do modelo de família patriarcal, caracterizada pela disciplina e pela punição. É que à época, era comum que os senhores de engenho castigassem os filhos com palmatórias e varas de marmelo, determinando que se ajoelhassem em grãos de milho para cumprir penitência. Ver em FREYRE, Gilberto. (1963b: p. 30 e ss).

presa aos pés,[103] chicotadas[104] e mordaça de flandres na boca – objeto que cobria todo o rosto do escravo, deixando apenas uma pequena abertura para passar o ar, objetivando evitar suicídios provocados pela ingestão de terra.[105]

Além desses castigos, outros eram reservados para punições mais severas, como o tronco, o *libambo* – espécie de argola de ferro que prendia o pescoço do escravo, com uma haste circulando a cabeça e um sininho em cima para tocar se o negro fugisse, o *vira-mundo* – artefato de ferro que prendia os pés e as mãos do escravo, forçando-o a permanecer em posição incômoda – e os *anjinhos* – instrumentos compostos por dois anéis que comprimiam a cabeça ou o polegar do negro, quando apertados.[106]

Despiciendo ressaltar as crueldades perpetradas com a escravidão, entretanto, se não por razões humanitárias, mas sobretudo por questões econômicas, os portugueses possuíam a experiência necessária para saber que não era vantajoso castigar os escravos de maneira demasiada, porque o resultado poderia ser a incapacidade para o trabalho e a revolta ainda maior contra os senhores.

Nesse diapasão é que se deve compreender, por exemplo, a Carta Régia de 20 de março de 1688, que determinava que os senhores de engenho não poderiam castigar cruelmente os escravos, apenas com moderação. Em outra Carta, datada de 23 do mesmo mês e ano, autorizava-se os governadores a castigar arbitrariamente os senhores de engenho que tivessem tratado os escravos com crueldade. Já no Decreto de 30 de setembro de 1693, ordenava-se que não se colocassem ferros nos escravos, nem os colocassem em cadeias mais apertadas, mesmo que esta fosse a vontade do senhor.[107]

---

[103] "Carolina, crioula, idade mais ou menos dezessete anos, refeita de corpo, altura regular, levou quando fugiu um vestido de chita azul ou xadrez, e no pé direito uma argola de ferro, por haver há pouco tempo cometido a mesma fuga". Diário de Pernambuco, 10.3.1834. FREYRE, Gilberto. (1963b: p. 98).

[104] "Germano, 17 para 18 anos, bem preto, cabeça pequena e afunilada, conservando sempre o semblante tristonho, pés grandes, pernas compridas e nas nádegas marcas de castigo muito recente". FREYRE, Gilberto. (1963b: p. 99).

[105] "Cândida, nação Angola, idade de 18 a 20 anos, estatura ordinária, olhos na flor do rosto, bastante magra, com bastantes verrugas em uma perna, fugiu de casa de Dona Maria da Piedade, levando uma mordaça de folha de flandres na boca fechada com um cadeado". Diário de Pernambuco, 26.4.1830. FREYRE, Gilberto. (1963b: p. 100).

[106] Arthur Ramos explica a natureza de cada castigo. O tronco era utilizado para "contenção dos escravos turbulentos". O libambo era utilizado para os escravos que tentassem fugir. Ora poderia ter um chocalho acima da haste, ora a haste poderia terminar com pontas retorcidas, para que os escravos ficassem presos nos galhos das árvores, acaso procurassem se evadir. Por sua vez, os *anjinhos* eram utilizados para tentar obter a confissão do escravo sobre planos de fuga, ou outras faltas, funcionando como um verdadeiro instrumento de tortura. RAMOS, Arthur. (1942: p. 106 e ss).

[107] Havia normas, no entanto, que autorizavam castigos graves aos escravos. Por exemplo, o Alvará de 3 de março de 1741, quando se permitiu que os senhores marcassem, com um ferro em brasa, um *F* nos negros fugidos, quando estes fossem apreendidos. Mas nem todos os senhores

Ao que parece, também havia distinção entre o tratamento dispensado aos escravos que viviam na casa-grande daqueles que trabalhavam nos campos. Aos que habitavam na casa-grande, permitiam-se boas roupas e um convívio mais íntimo e pessoal com os senhores; por outro lado, deveriam ter tipo físico harmonioso. Já os escravos que iriam desenvolver trabalhos nos campos deveriam demonstrar força e vigor.[108]

Algumas normas relativas à forma como a escravidão se desenvolveu no Brasil terão importância especial para o desenrolar desse trabalho. Nesse sentido, destacam-se as que previram a possibilidade de os escravos serem declarados legalmente livres, antes mesmo da abolição da escravatura. Essa análise será de suma importância para desenvolvermos o estudo comparativo entre Brasil e Estados Unidos, porque a quantidade de negros livres na sociedade, antes da abolição, contribuirá decisivamente para a miscigenação e para o desenvolvimento das relações inter-raciais futuras.

Longo foi o caminho normativo percorrido até a extinção do instituto escravocrata, o que gerou alguns tropeços, como a liberdade dos cativos decorrente de imigração ilegal. Nessa linha, destaque-se, inicialmente, a lei Diogo Feijó,[109] quando se determinou a ilegalidade do tráfico de escravos e se previu que os negros apreendidos nas embarcações clandestinas deveriam ser reexportados para a África.

---

de engenhos obedeceram a tal norma, haja vista que um escravo tido como fujão era mais difícil de ser revendido depois, além de ser desvalorizado. Esse castigo foi expressamente proibido com a Constituição do Império, artigo 179: "A inviolabilidade dos direitos civis e políticos dos cidadãos brasileiros, que tem por base a liberdade, a segurança individual e a propriedade, é garantida pela Constituição do Império, pela maneira seguinte: 19) Desde já ficam abolidos os açoites, a tortura, a marca de ferro quente, e todas as mais penas cruéis".

[108] Sobre isso, Perdigão Malheiro afirmou: "Nas cidades já se encontram escravos tão bem vestidos e calçados, que, ao vê-los, ninguém dirá que o são. Até o uso do fumo, o charuto sobretudo, sendo aliás um vício, confundindo no público todas as classes, nivelando-as para bem dizer, há concorrido a seu modo para essa confraternidade, que tem aproveitado ao escravo; o empréstimo do fogo ou do charuto aceso para que um outro acenda o seu fumo, tem chegado a todos sem distinção de cor nem de classe". PERDIGÃO MALHEIRO, Agostinho Marques. (1867: p. 114 e 115). Gilberto Freyre exemplifica a necessidade de boas feições para os escravos que trabalhavam na casa-grande por meio de um anúncio de jornal – Diário de Pernambuco, 23 de setembro de 1830: "Vende-se uma escrava por preço tão favorável que seria incrível no tempo presente por tal comprá-la; a mesma escrava não tem vício algum, e é quitandeira, e só tem contra si uma figura desagradável e é o motivo porque se vende; na cidade de Olinda na segunda casa sobre o outro das viças, no Recife na rua do Crespo D. 3". FREYRE, Gilberto. (2000: p. 447). Também nesse sentido escreve HOLANDA, Sérgio Buarque de. (1967b: p. 153). O Alvará de 20 de fevereiro de 1696 parece atestar a veracidade quanto ao tratamento diferenciado concedido aos escravos que trabalhavam na casa-grande. As escravas que partilhavam da convivência das sinhás muitas vezes se tornavam confidentes, e a elas foram permitidos excessos que não eram comuns aos demais escravos. Declarava o Alvará que, "sendo presente o demasiado luxo das escravas no Brasil e devendo evitar-se esse excesso e o mau exemplo que dele podia seguir-se, El Rei era servido resolver que as escravas de todo o Brasil em nenhuma capitania pudessem usar vestidos de seda, de cambraia ou holandas, com rendas ou sem elas, nem também de guarnição de ouro ou prata nos vestidos".

[109] Lei de 7 de novembro de 1831.

Entretanto, pouco cumprimento teve a norma em questão, o que levou o governo a editar instruções,[110] prevendo que os escravos apreendidos do tráfico ilegal deveriam trabalhar em estabelecimentos públicos, ou, então, ser arrematados por particulares, recebendo para tanto a irrisória remuneração de 12$000 (doze mil réis) por ano.[111]

O Decreto nº 1.303/1853, por sua vez, declarou que os africanos livres, cujos serviços tivessem sido arrematados por particulares, poderiam requerer a emancipação, desde que houvessem trabalhado por mais de quatorze anos. E, posteriormente, o Decreto nº 3.310/1864 determinou a libertação de todos os Africanos livres existentes no Império, independentemente de terem cumprido o prazo, podendo estes contar com a proteção dos Juízes de Órfãos e do Curador dos Africanos Livres.

Não se pode perder de vista o caráter meramente simbólico de tais normas, procurando passar a imagem de governo sintonizado com os ideais abolicionistas, de acordo com a diretriz conferida pela Inglaterra. Torna-se fácil perceber a fragilidade do âmbito de proteção que tais normas ofereciam: admita-se que os escravos fossem capturados na África ainda na adolescência, qual seja, com doze ou treze anos. Chegando ao Brasil com essa idade, seriam destinados a leilões para arrematação de particulares ou, então, destinados ao serviço público – conforme previsão na Lei Diogo Feijó. Ora, a lei que permitiu a emancipação é datada de 1864, qual seja, trinta e três anos após a lei que declarou ser ilegal o ingresso dos africanos no Brasil. Se estes já contavam com pelo menos uma década de idade quando chegaram ao País, somente se beneficiariam da liberdade quando estivessem com aproximadamente quarenta e cinco anos de idade.

Acontece que a expectativa de vida dos escravos, trabalhando em situações precárias – para dizer o mínimo – era muito baixa. Se o Instituto Brasileiro de Geografia e Estatística – IBGE – ao publicar, em setembro de 2003, as Estatísticas do Século XX, informou que a expectativa de vida em 1900 era de 33,6 anos, o que se poderia dizer em relação ao escravo da segunda metade do século XIX, cujas condições de vida eram muito piores às da média da população branca?[112] De fato, poucos foram os negros que se beneficiam dessa norma.

---

[110] Instruções de 29 de outubro de 1834 e 19 de novembro de 1835.

[111] Perdigão afirma, ainda, que alguns particulares deixavam de pagar, sendo necessário que, para receber, o africano ingressasse na justiça. Por outro lado, aponta que muitas vezes o negro apreendido era dado como morto e rebatizado com outro nome, em uma total burla à legislação. O autor bem pode atestar o fato porque chegou a exercer o cargo de Curador dos Africanos livres, além do cargo de Procurador da Fazenda Nacional. PERDIGÃO MALHEIRO, Agostinho Marques. (1867: p. 65).

[112] Kátia Mattoso desenvolve uma pirâmide na qual estipula uma relação entre condição em que o escravo era visto pela sociedade e a idade que possuía. Mas adverte que os dados devem ser observados com cautela, devido a certa confusão entre as fontes de pesquisa. Assim, entre 0 a 7

Outro acontecimento que propiciou um grande número de negros livres antes da abolição da escravatura foi a Guerra do Paraguai (1864 a 1870), em decorrência da previsão de que os escravos alistados seriam libertados automaticamente.[113] De forma semelhante sucedeu com os escravos oferecidos para lutar pelo País em substituição aos particulares.[114] Atente-se para o fato de a alforria oferecida aos negros defensores do Brasil também se estender às suas mulheres e filhos.[115]

Com a proibição do tráfico negreiro, a partir da Lei Eusébio de Queiroz, de 1850, os escravos passaram a receber um melhor tratamento. Antes da proibição do tráfico, não era comum a reprodução de escravos nas senzalas, porque além de o número de mulheres negras ser pequeno e elas normalmente trabalharem na casa-grande, era muito mais dispendioso ter de criar os filhos das escravas durante pelo menos oito anos, para somente então poder contar com seus trabalhos.[116] Além disso, durante a gestação, os senhores de engenho não podiam contar com todo o vigor que se esperava de uma escrava.

Quando a aquisição dos escravos se tornou ilegal, os castigos utilizados diminuíram consideravelmente, deixando os senhores de fazer uso constante do tronco, dos açoites, dos chicotes, das argolas de ferro no pescoço e da máscara de flandres.[117] Tentou-se, assim, incentivar a produção interna de escravos no Brasil, mas a reprodução não conseguiu atingir números significativos – a mortalidade infantil era muito alta,[118] os escravos não chegavam a constituir famílias e a quantidade de mulheres negras era desproporcional à quantidade de homens.

---

anos, o escravo era considerado uma criança bem nova; de 8 a 14 anos, eram meninos; de 15 a 18 anos, eram adolescentes; de 19 a 35 anos, adultos; e a partir de 35 anos, velhos. MATTOSO, Kátia M. de Queirós. (1990: p. 86).

[113] Tais escravos formavam os chamados *Voluntários da Pátria*. Degler fala na libertação de 20.000. DEGLER, Carl. (1986: p. 77). Ver também em COSTA, Emília Viotti da. (1998: p. 446).

[114] Por meio do Decreto nº 3.725-A, de 6 de novembro de 1866, concedeu-se a liberdade gratuita aos escravos da nação designados para o serviço do Exército.

[115] PERDIGÃO MALHEIRO, Agostinho Marques. (1867: p. 108 e 117).

[116] Ver em DEGLER, Carl. (1986: p. 61 e ss).

[117] Assim esclarece Perdigão Malheiro acerca das melhorias do tratamento destinado aos escravos, com o fim do tráfico: "A barbaridade dos castigos, que senhores desumanos infligiam, apesar da proibição e rigor das leis aos seus escravos, é hoje coisa rara. (...). Os tradicionais instrumentos de castigo infalíveis, outrora nas casas, hoje quase que desapareceram da vida. O uso desumano de tronco, ferro, açoite e prisão arbitrária por ordem dos senhores (...) têm, senão desaparecido, ao menos diminuído de modo muito notável, mesmo nas fazendas. Já não se encontram nas ruas, como em outras eras não muito remotas, escravos com o rosto coberto por uma máscara de folha, ou com uma grossa corrente no pé (...) ou com uma argola de ferro no pescoço (...). Isso é raríssimo". E complementa: "Nas cidades, já se encontram escravos tão bem vestidos e calçados, que, ao vê-los, ninguém dirá que o são". PERDIGÃO MALHEIRO, Agostinho Marques. (1867: p. 113 e 114). Na mesma linha, AZEVEDO, Thales de. (1975: p. 14).

[118] A mortalidade infantil atingia 88%. HOLANDA, Sérgio Buarque de. (1967b: p. 147); COSTA, Emília Viotti da. (1999: p. 287).

Esta foi das principais diferenças entre a escravidão desenvolvida no Brasil e a dos Estados Unidos: aqui, como havia a possibilidade de traficar escravos, tal sistema de aquisição sempre foi o preferido, mesmo se efetuado por meio de contrabando. Alhures, diferentemente, após o fim precoce do tráfico negreiro, adotou-se desde logo a reprodução interna de escravos,[119] conforme veremos melhor posteriormente.

Outra distinção veio da forma pela qual os Estados Unidos lidaram com a liberdade dos escravos antes da abolição definitiva, que foi totalmente distinta da brasileira. No Brasil, além de tal fato derivar de expressa disposição normativa, grande parte das alforrias era obtida por determinação dos senhores – que simplesmente discordavam da escravidão, ou por disposições de última vontade,[120] ou então pela compra da alforria pelo próprio escravo.[121]

No contexto norte-americano, a liberdade dos negros somente aconteceu após uma das mais sangrentas batalhas que se tem notícia na América, e que deixou um saldo de mais de 600 mil mortos, conforme veremos melhor a seguir. Da leitura das normas norte-americanas que lidaram com o tema da escravidão, vai ser possível perceber que os senhores de escravos nem sequer poderiam dispor dos escravos que possuíam, da maneira que lhes aprouvesse. Havia a edição contínua de leis visando a evitar a existência de um número considerável de negros livres nos estados escravistas, o que dificultou, sensivelmente, a miscigenação entre as raças.

Nessa toada, importante destacar o alerta de Degler e de Tannenbaum sobre a existência, em todos os estados escravistas norte-americanos, de disposições expressas proibindo a possibilidade de o negro vir a adquirir a liberdade.[122] Com efeito, nos estados do Mississipi, no

---

[119] Nesse diapasão, GORENDER, Jacob. (2001: p. 335 e ss); HOLANDA, Sérgio Buarque de. (1967b: p. 147); DEGLER, Carl. (1986: p. 66).

[120] Perdigão Malheiro registra o nome de diversos senhores de engenho que haviam concedido a liberdade para os escravos antes da abolição da escravatura. Afirma que as alforrias eram muito freqüentes, e que para comprová-las bastava observar os assentos de batismos nas paróquias, bem como os registros nos livros de tabeliães, nos livros de notas e nos registros das Provedorias. PERDIGÃO MALHEIRO, Agostinho Marques. (1867: p. 115 e 116). Também Gilberto Freyre afirma que, ao examinar os testamentos nos arquivos de engenhos e em cartórios antigos das regiões escravocratas, constatou que os senhores de engenho, ao sentirem que estavam por morrer, inscreviam os filhos bastardos em seus testamentos, deixando-lhes bens e a liberdade. FREYRE, Gilberto. (2002: p. 488 e 489).

[121] Principalmente no ciclo econômico da mineração, muitos escravos conseguiram trabalhar de maneira autônoma, contratando previamente a venda dos seus serviços aos senhores, pagando-lhes uma quantia fixa e, assim, por meio da faiscação, conseguiam descobrir pedras preciosas e contrabandeá-las, adquirindo as condições necessárias para bancar a alforria.

[122] Nessa toada, Degler assevera: "A maioria dos estados no velho Noroeste proibiam que negros livres ingressassem em seu território, enquanto os estados escravistas exigiam que os negros recém-libertos abandonassem o estado. Entre os dois tipos de legislação, deixaram o negro livre literalmente sem lugar na sociedade. (...). Leis de alguns estados escravocratas (...) ameaçavam reduzir o negro livre à escravidão". Tradução livre. DEGLER, Carl. (1986: p. 262). No mesmo sentido, Tannenbaum afirma que: "Nos Estados Unidos (...) um ato de manumissão

Alabama e em Maryland, a concessão da liberdade aos escravos por meio de testamento era nula; na Geórgia, uma multa de duzentos dólares era imposta ao senhor que tentasse conceder a liberdade ao escravo e, em 1818, o mesmo estado promulgou uma nova lei elevando o valor da multa para mil dólares.[123] Na Carolina do Norte, por sua vez, norma de 1830 previa que o senhor que quisesse conceder a liberdade ao escravo deveria primeiro fazer um seguro de mil dólares contra atos de vadiagem que este porventura viesse a praticar, visando a garantir os atos de boa conduta por parte do negro. Além disso, o afro-descendente deveria deixar imediatamente o estado e nunca mais voltar.[124]

No Tennessee, para que o escravo fosse considerado livre, era preciso que se lhe nomeasse um fiador, além do consentimento do Tribunal e da retirada imediata do negro do estado.[125] Na Virgínia, em 1691, determinou-se que nenhum negro poderia ser liberto, ao menos que se lhe pagasse o transporte para outro país.[126] No mesmo estado, lei de 1782 determinou que seria nula qualquer tipo de libertação voluntária dos escravos e, em 1793, proibiu-se o ingresso, na Virgínia, de negros livres. Os que lá residiam, antes da proibição, foram expulsos, sob pena de serem novamente submetidos à escravidão.[127] Por sua vez, no estado do Mississipi, lei de 1831 determinou que todas as pessoas de cor libertas que tivessem mais de 16 e menos de 60 anos deveriam deixar o estado, exceto se pudessem obter um certificado de boa conduta a ser apresentado pelos Tribunais do Condado.

A atuação do Judiciário norte-americano não ficava atrás do Executivo/Legislativo, no que concerne à proteção do instituto escravocrata. Tannenbaum advertiu que, em 1824, os tribunais da Virgínia decidiram que nem mesmo as mães que tivessem obtido a liberdade poderiam libertar os filhos.[128] A mesma coisa observou Franklin em

---

não era mais do que uma supressão dos direitos do amo. Não conferia a cidadania ao liberto". TANNENBAUM, Frank. (1992: p. 70, 95 e 96).

[123] TANNENBAUM, Frank. (1992: p. 70).

[124] TANNENBAUM, Frank. (1992: p. 71). Assim dispunha a lei: "Qualquer habitante deste estado que deseje emancipar um escravo ou escravos deve apresentar petição por escrito em alguns dos Tribunais Superiores deste estado, declarando (...) o nome, sexo e idade de cada escravo que pretenda emancipar e rogando permissão para emancipar o mesmo; e o Tribunal (...) deve atender ao pedido (...) nas seguintes condições: (...) que o peticionário deve provar que fez notificação pública de sua intenção de apresentar tal petição no palácio da justiça do condado, e no diário oficial, pelo menos seis semanas antes do julgamento de tal petição, e que o peticionário deve assumir a fiança, em duas apólices (...) pagáveis ao governador, da soma de um mil dólares por escravo nomeado na petição, sob a condição de que o escravo deve honesta e corretamente comportar-se (...) e que, dentro de noventa dias, deve deixar o estado da Carolina do Norte, e nunca, ulteriormente, aparecer no mesmo". FRANKLIN, John Hope. (1999: p. 98 e 99).

[125] TANNENBAUM, Frank. (1992: p. 71).

[126] Idem.

[127] BURT, Robert A. (2000: p. 231).

[128] TANNENBAUM, Frank. (1992: p. 71 e ss).

relação aos Tribunais da Carolina do Norte: os negros livres não conseguiam emancipar os próprios filhos, nem os maridos.[129] Na Carolina do Norte, a Suprema Corte estadual determinou, em 1848, a nulidade da libertação de escravo por meio de testamento feito por sua dona. Outro caso, levado ao Tribunal, em 1860, teve semelhante desfecho.[130]

Ainda que as limitações à aquisição da liberdade antes da abolição da escravatura não fossem absolutas nos Estados Unidos, serviram para impedir a formação de uma numerosa classe de negros livres, o que trouxe conseqüências graves para o desenvolvimento das relações entre as raças naquela sociedade. Franklin calcula que, nos anos imediatamente anteriores à abolição da escravatura norte-americana, havia no máximo 12,5% dos negros livres – aproximadamente 500 mil escravos – sendo que a maior parte, 87,5%, permanecia no cativeiro – 4 milhões.[131] Por sua vez, o professor de história da *Cornell University*, David Brion Davis, comparando a escravidão na América Latina e no sul dos Estados Unidos, afirmou: "Nas colônias britânicas (...) nunca houve tolerância alguma da fusão racial. Os pais brancos raro reconheciam os filhos de cor, e o mulato e o quarterão eram ainda legalmente classificados como negros. Tais diferenças podem ter tido relação com a religião, os costumes sexuais, a estratificação social ou a proporção de mulheres brancas na população colonial. Seja, porém, qual for a razão, o preconceito contra os negros parece ter crescido nos Estados Unidos com o avanço da democracia popular".[132]

No Brasil, conforme vimos, a relativa facilidade para aquisição da alforria – Frank Tannenbaum chega a falar de sociedades organizadas pelos negros libertos para poder adquirir a alforria dos demais escravos[133] – fez com que os brancos já estivessem acostumados à presença dos negros livres na sociedade antes da abolição, de modo que os escravos, quando libertos, não encontraram uma resistência social organizada.[134] Calcula-se que os escravos constituíam apenas 5% da

---

[129] FRANKLIN, John Hope. (1999: p. 106 a 108).

[130] Idem. (1999: p. 99 e 100).

[131] Idem. (1999: p. 173).

[132] DAVIS, David Brion. (1972: p. 142).

[133] TANNENBAUM, Frank. (1992: p. 61 e 62).

[134] Nessa perspectiva comparativa entre os Estados Unidos e o Brasil, é lapidar a lição de Skidmore: "Antes da Abolição nos Estados Unidos eram poucos os afro-americanos livres no total da população afro-americana. A abolição final (...) liberou, de repente, um influxo maciço de negros no mercado de mão-de-obra não-qualificada no Sul. Qualquer antagonismo anterior dos brancos para com os negros foi exacerbado pela competição econômica resultante, a qual, por sua vez, foi mais inflamada pela demagogia racista auto-interessada dos políticos brancos sulistas. O Brasil, em contraste, sofreu uma relativa falta de mão-de-obra durante todo o período colonial e imperial, especialmente na região do Centro-Sul, que crescia rapidamente. Isso, combinado com a abolição gradual da escravidão (...), criou um amplo espaço econômico para os brancos e negros". SKIDMORE, Thomas. (2001b: p. 74).

totalidade da população brasileira em 1887,[135] sendo que a esmagadora maioria dos negros, 90%, já era livre,[136] ora devido às diversas leis que precederam à abolição da escravatura, ora por causa da quantidade de negros libertos por meio de testamentos, por declarações dos senhores ou pela compra da liberdade.[137]

Outra forma de contraste entre a escravidão norte-americana da brasileira foi a possibilidade de os negros participarem da Igreja. Nos Estados Unidos, negava-se o batismo aos negros, sob o argumento de que não eram dignos.[138] Diferentemente, no Brasil, não somente se defendia a idéia de cristianizar os negros, batizando-os, como também se formavam, a partir dos africanos livres, sacerdotes e bispos negros.[139] Além disso, conforme já mencionado, no Brasil os escravos poderiam contrair matrimônio, e não era permitida a separação das famílias já constituídas, o que não acontecia nos Estados Unidos, onde os negros não podiam casar e, se eventualmente constituíssem famílias, poderia haver a separação dos membros.[140]

Não se pode perder de vista, ademais, que o fato de os portugueses não serem afeitos aos trabalhos manuais, e, deste modo, necessitarem de um contingente de pessoas aptas a desenvolver trabalhos considerados subalternos também teve importância no que concerne à majoração da quantidade de negros livres antes da abolição. Com

---

[135] Á época da abolição da escravatura no Brasil, havia aproximadamente 720 mil escravos, o que correspondia a 5% do total da população. AQUINO, Rubim. (et. al.). (2002: p. 48); PRADO JÚNIOR, Caio. (2001: p. 99).

[136] HASENBALG, Carlos A. (1979: p. 164).

[137] Frank Tannenbaum, sobre a quantidade de negros livres anteriormente à abolição da escravatura no Brasil, afirma: "Uma enumeração das ocasiões de manumissão em um país como o Brasil quase nos levaria a perguntar se ali persistia a escravidão, mas, como já havia assinalado antes, as importações de escravos foram consideráveis e contínuas no Brasil durante todo o período colonial e se prolongaram até o final do século XIX". Tradução livre. TANNENBAUM, Frank. (1992: p. 58). A tabela feita por Thomas Skidmore é bastante elucidativa sobre o tema, apenas se ressalta, a fim de não confundir com os dados já mencionados, que os números são do ano de 1872, no caso brasileiro, e 1860, para os Estados Unidos.

População comparada de negros livres e escravos, Brasil e Estados Unidos:

	Brasil, 1872	Estados Unidos, 1860
População Escrava	1.510.810	4.245.428
Negros Livres	3.953.760	488.070
Porcentagem de Negros livres em relação ao total de negros	73,7%	11%

SKIDMORE, Thomas. (2001a: p. 128). Observe-se que, à época, os brancos no Brasil perfaziam um total de, aproximadamente, 3.787.289 pessoas. SAYERS, Raymond. (1958: p. 4).

[138] TANNENBAUM, Frank. (1992: p. 83).

[139] Idem. (1992: p. 90); PIERSON, Donald. (1945: p. 230).

[140] Ver em TANNENBAUM, Frank. (1992: p. 74 e ss). Tannenbaum cita vários artigos de jornais da época que anunciavam a venda de mulheres e filhos escravos, podendo ser adquiridos em conjunto ou separadamente, a depender da vontade do comprador.

efeito, durante o período colonial, sempre houve a demanda por braços livres capazes de efetuar os mais variados trabalhos, como feitores,[141] para vigiar os escravos, além de carpinteiros, mecânicos, artesãos, mascates, barqueiros, capitães do mato,[142] trabalhadores para garantir a segurança dos moinhos, das plantações, trazer o gado, dentre outros.

Como na sociedade aristocrática o escravo era onipresente, o trabalho manual, para o lusitano, possuía certo conteúdo pejorativo.[143] Inexistia uma *ética do trabalho* entre os portugueses, que não possuíam apreço à atividade utilitária, reservando aos escravos, e aos negros livres, praticamente todos os tipos de trabalhos manuais. Enquanto na Inglaterra e demais povos de religião protestante havia uma certa glorificação ao trabalho individual, ao esforço e ao mérito, nas nações ibéricas o ócio era aclamado e difundido entre os detentores de poder.

Nessa toada, com o declínio do comércio açucareiro e da mineração, os portugueses que deixaram de ser senhores buscaram exercer profissões liberais, como a advocacia, a medicina, ou então o sacerdócio. Havia o culto ao personalismo e à importância do falso saber, de forma que a quantidade de conhecimento poderia ser demonstrada a partir do número de títulos que ostentavam os eruditos.

Com efeito, a aferição da capacidade intelectual era identificada por meio de símbolos, como o anel de doutor ou o diploma de bacharel.[144] Acreditava-se que apenas o trabalho mental poderia ser realizado de forma digna pelos ex-senhores de engenho. Nenhum homem livre poderia usar a força como instrumento de trabalho."[145]

As diferenças de tratamento quanto à possibilidade de o negro obter a alforria antes da abolição serão reveladoras no que tange à evolução das relações raciais entre os dois países – Estados Unidos e Brasil. Naquele, não só inexistiram leis que permitissem a concessão da liberdade ao negro antes da extinção do trabalho escravo, como também havia inúmeras normas a punir os senhores que porventura

---

[141] Antonil já escrevera sobre o trabalho assalariado dos feitores: "Ao feitor-mor dão nos engenhos reais sessenta mil réis. Ao feitor da moenda, aonde se mói por sete e oito meses, quarenta ou cinqüenta mil réis, particularmente se se lhe encomenda algum outro serviço, mas, aonde há menos que fazer, e não se ocupa em outra cousa, dão trinta mil réis. Aos que assistem nos partidos e fazendas, também hoje, aonde a lida é grande, dão quarenta ou quarenta e cinco mil réis". ANTONIL, André João. (1982: p. 85).

[142] Nesse sentido, DEGLER, Carl. (1986: p. 44 e 45).

[143] Sérgio Buarque de Holanda informa: "Uma digna ociosidade sempre pareceu mais excelente, e até mais nobilitante, a um bom português, ou a um espanhol, do que a luta insana pelo pão de cada dia". HOLANDA, Sérgio Buarque de. (1995: p. 38 e ss). Gilberto Freyre também reconhece essa característica do povo português. FREYRE, Gilberto. (1947: p. 65). Nessa linha, ainda, BOXER, Charles R. (2000: p. 27 e ss); PRADO JÚNIOR, Caio. (2000: p. 278 e ss).

[144] Poder-se-ia identificar, decerto, a transmissão destas características ao povo brasileiro: aqui, o título de bacharel parece ser suficiente para uma pessoa ser chamada de doutor, em uma clara alusão à importância do saber baseado em diplomas.

[145] Nesse diapasão, PRADO JÚNIOR, Caio. (2000: p. 347 e ss).

desejassem fazê-lo. Dentre as conseqüências desse sistema perverso aponta-se a falta de miscigenação entre brancos e negros, antes da abolição e, conseqüentemente, o acirramento dos conflitos raciais quando os negros se tornaram livres. Diferentemente, no Brasil, uma das conseqüências de os escravos poderem conseguir a liberdade antes da abolição foi a presença de um contingente considerável de negros livres na sociedade, o que certamente favoreceu a miscigenação e diminuiu o impacto causado pela inserção dos negros a disputar as vagas do mercado de trabalho. Observa-se, desse modo, a ampliação do contraste entre as relações raciais desenvolvidas na sociedade brasileira e na norte-americana, o que será de suma importância para o estudo sobre as ações afirmativas. O ódio que se originará do fosso racial instaurado por meio de leis e da jurisprudência, nos Estados Unidos, resultará na formação de duas comunidades distintas, a dos negros e a dos brancos, e, posteriormente, apenas a intervenção governamental, por meio de programas positivos, poderá tentar reverter o sistema segregacionista que fora imposto institucionalmente, conforme veremos melhor a seguir.

1.8. O PROCESSO ABOLICIONISTA BRASILEIRO

À semelhança do que ensejou a opção pela mão-de-obra negra, também os motivos que levaram à abolição do trabalho escravo passam, sobretudo, pelos interesses econômicos. Inicialmente, como peça fundamental do processo emancipatório, cumpre destacar o declínio da produção açucareira.

Com efeito, a expulsão dos holandeses em 1654, aliada ao fim da União Ibérica em 1640,[146] antecipou o enfraquecimento da produção açucareira, pois eram os flamengos os responsáveis pelo refinamento e pela distribuição do produto na Europa. Quando foram expulsos do Brasil,[147] iniciaram forte concorrência a partir da produção do açúcar

---

[146] A União Ibérica teve fim em 1640, com a ascensão de D. João IV ao trono português, iniciando a Dinastia Bragança. Vide nota 55.

[147] Os holandeses dominaram Pernambuco de 1630 a 1654. Antes disso, haviam atacado Salvador, em 1624, mas foram expulsos no ano seguinte. A capitania de Pernambuco, governada por Matias de Albuquerque, não ofereceu a resistência necessária e então os flamengos se estabeleceram. Contaram com a ajuda de espiões que bem conheciam a região, como Antonio Dias e Domingos Fernandes Calabar. O governador não pôde contar com a ajuda da União Ibérica, porque, na Europa, a União estava enfrentando outros conflitos, como a Guerra dos Trinta anos (1618 a 1648). A resistência pernambucana teve fim em 1635, quando os holandeses organizaram a administração. Maurício de Nassau foi nomeado Governador–Geral e permaneceu à frente do governo de 1637 a 1644. Em 1640, com o fim da União Ibérica, realizou-se um acordo entre Portugal e Holanda, estabelecendo uma trégua provisória. O movimento para expulsão dos holandeses foi de iniciativa local, por os pernambucanos estarem descontentes com a nova administração imposta pelo Supremo Conselho, que havia substituído Nassau. A

nas Antilhas, subsidiando o preço para venda na Europa. A concorrência do açúcar antilhano provocou, assim, uma violenta queda do preço do açúcar brasileiro.[148]

Por sua vez, a descoberta das primeiras minas, no Brasil, entre 1693 a 1695, coincidiu com a crise da lavoura açucareira, acarretando grandes transformações para a sociedade. Portugal finalmente realizou o sonho de explorar metais da colônia, o que chegou em boa hora para a decadente economia lusitana, endividada com as guerras da Restauração e cada vez mais dependente da Inglaterra.[149]

Ao contrário dos engenhos de açúcar, a mineração não exigia uma elevada demanda de capital, o que favoreceu os maciços deslocamentos para a região. A procura pelos metais desenvolveu-se de forma mais intensiva em Minas Gerais, Mato Grosso e Goiás, provocando o deslocamento do eixo econômico do nordeste para a região do centro-sul. A procura pelo ouro brasileiro foi tão excessiva que levou Portugal a adotar medidas restritivas quanto à entrada de lusitanos no Brasil, por receio de despovoar importantes regiões da metrópole.[150]

Insurreição Pernambucana teve início em 1645, liderada pelo branco João Fernandes Vieira – natural da Ilha de Madeira –, pelo negro Henrique Dias e pelo índio Felipe Camarão. A primeira batalha, vitoriosa, foi a do Monte das Tabocas, em 1645. Outra vitória aconteceu no Engenho de Casa Forte. Nos Montes Guararapes, foram realizados dois combates, em 1648 e 1649, os pernambucanos vitoriosos em ambos. Henrique Dias, um dos líderes da resistência, recebeu o grau de cavaleiro da Ordem de Cristo pela participação nas Batalhas. Para maiores aprofundamentos sobre o tema, ver em MELLO, José Antônio Gonsalves de. (2001); MELLO, Edvaldo Cabral de. (2003); BOXER, Charles. (2004) e BARLÉU, Gaspar (2005). Nina Rodrigues transcreveu carta que Henrique Dias redigiu aos holandeses, em 1648: "De quatro nações se compõe este regimento: Minas, Ardas, Angolas e Creolos: estes são tão malévolos que não temem nem devem; os Minas tão bravos, que aonde não podem chegar com o braço, chegam com o nome; os Ardas tão fogosos, que tudo querem cortar de um só golpe; e os Angolas tão robustos que nenhum trabalho os cansa. Considerem agora se romperão a toda Holanda homens que tudo romperam". Ver em RODRIGUES, Nina. (1932: p. 56). Os holandeses saíram das batalhas bastante enfraquecidos, tanto que, para a expulsão definitiva, não chegou a haver outros combates de maior importância. Os Fortes holandeses, a partir dessas batalhas, capitularam um a um. Em 1653, Portugal resolveu mandar uma frota de apoio ao Brasil. Os holandeses, em 1654, assinaram a capitulação da Taborda. Apesar de os flamengos terem sido expulsos do Brasil, somente reconheceram a derrota em 1661, quando assinaram um Tratado com Portugal, conhecido como *Paz de Haia*, por meio do qual os lusitanos se comprometeram a pagar 4 milhões de florins para indenizar os holandeses pelas perdas dos domínios brasileiros. Nessa toada, CAPISTRANO DE ABREU, J. (1998: p. 83 e ss); KOSHIBA, Luiz; PEREIRA, Denise Manzi Frayze. (1987: p. 66 a 71).

[148] Sobre a produção de açúcar nas Antilhas, ver em NOVAIS, Fernando. (1995: p. 35 e ss.).

[149] Nesses termos, destaca-se a assinatura de vários tratados de comércio entre Portugal e a Inglaterra, em 1642, 1654 e 1661, culminando com o Tratado de *Methuen*, de 1703, por meio do qual a Inglaterra abriu os portos aos vinhos portugueses e Portugal procedeu de igual modo quanto aos tecidos anglicanos, ocasionando um déficit para a Coroa lusitana, que veio a ser parcialmente sanado com o ouro brasileiro.

[150] KOSHIBA, Luiz; PEREIRA, Denise Manzi Frayze. (1987: p. 92). Em largo resumo, assim ocorreu a organização da atividade mineratória no Brasil: em 1700, foi organizado o Regimento das Minas, por meio do qual a Coroa procurava coordenar a extração dos metais. Criou-se uma entidade administrativa dotada de vastos poderes e independente das demais autoridades coloniais, a Intendência das Minas, com sede em cada capitania que promovesse a extração do

A exploração das minas caracterizava-se pelo baixo nível técnico, sendo feita livremente, a partir das *lavras* – empresas que realizavam extrações intensas, utilizando-se, para tanto, de um grande número de escravos, sob rígido controle dos feitores – e da *faiscação* – extração por meio de pequenas retiradas, feitas por indivíduos isolados ou com poucos ajudantes. O ouro poderia ser localizado na areia ou no cascalho dos rios. Utilizava-se da bateia, que era uma espécie de peneira em forma de cone. À metrópole caberia receber a quinta parte de tudo o que era extraído do solo – o imposto denominado *quinto*, mas, na prática, a mineração possibilitava muito contrabando.

Paradoxalmente, a etapa da mineração do ouro e de outras pedras preciosas foi responsável tanto pela intensificação do trabalho escravo, como pela posterior abolição.[151] Calcula-se que, no século XVIII, o tráfico de escravos atingiu o ponto máximo, ao mesmo tempo em que aumentou o número de negros livres, que conseguiam a alforria por meio do contrabando dos minérios.

A sociedade mineradora era menos aristocratizada do que a sociedade açucareira. A rigidez da sociedade agrária cedeu espaço a uma estrutura flexível, na qual a riqueza móvel garantia a possibilidade de ascensão social.[152] Bem explicou Celso Furtado que a base da economia açucareira era totalmente distinta da mineração. Nesta, os escravos não constituíram a maioria populacional e conseguiram desenvolver certa autonomia, porque em muitos casos negociavam com seus senhores a possibilidade de trabalhar por conta própria, procurando pedras preciosas, em troca do pagamento ao senhor de uma quantia

---

ouro. Se uma mina fosse descoberta, deveria ser comunicada à Intendência, para que se promovesse a exploração. A partir de então, os guarda-mores dividiam a área em lotes: ao descobridor, caberia a escolha do primeiro, ficando o segundo para a Coroa e os demais distribuídos por meio de leilão. Subordinadas à Intendência estavam as Casas de Fundição Real, criadas para controlar o contrabando do quinto. Determinou-se que o ouro descoberto deveria ser fundido em forma de barras, e em seguida marcado com o selo real, para somente então poder circular e ser destinado à exportação. Essa determinação gerou intensos protestos. Objetivando dissuadir as autoridades, as Câmaras Municipais das Minas propuseram o pagamento anual de 30 arrobas fixas, em vez de ter de carimbar o ouro. A exportação ficaria livre, então. A metrópole não aceitou, o que ocasionou diversas revoltas, como a Revolta de Vila Rica (1720). Em 1750, as Casas de Fundição, em obediência às diretrizes fixadas em Portugal com a administração do Marques de Pombal, determinaram que o resultado do imposto deveria atingir a marca de 100 arrobas, e, caso isso não ocorresse, decretar-se-ia a *derrama* – por meio da qual se determinava que a população deveria preencher a cota de 100 arrobas de qualquer jeito. No caos que se propagou, seguiu-se a Inconfidência Mineira (1789), movimento caracterizado pela tensão entre os interesses da camada colonial dominante e a metrópole. Ver em MAXWELL, Kenneth R. (2005).

[151] Conferir em KOSHIBA, Luiz; PEREIRA, Denise Manzi Frayze. (1987: p. 100 e ss); BLACKBURN, Robin. (2003: p. 593).

[152] KOSHIBA, Luiz; PEREIRA, Denise Manzi Frayze. (1987: p. 101). Algumas negras conseguiram obter não somente a liberdade, mas também grande prestígio à época, como Chica da Silva, a partir do relacionamento com senhores brancos.

determinada. Deste modo, ampliou-se a possibilidade de comprar a própria liberdade.[153]

A fase mineratória no Brasil foi intensiva, mas de curta duração. Nem o Brasil, nem mesmo Portugal, chegaram a reter significativamente os ganhos com as descobertas realizadas. Pode-se afirmar que os lucros obtidos com os minérios extraídos foram basicamente para o cofre inglês, de cujo país Portugal estava cada vez mais dependente economicamente. Pouco mais de meio século após o início da mineração, esta fase da economia colonial entrou em declínio. As técnicas de extração eram bastante rudimentares, o que ensejou rápido esgotamento das jazidas. Por sua vez, a metrópole não se preocupou em fornecer subsídios para o desenvolvimento de uma política de extração mais racional, de modo a obter um melhor aproveitamento dos minérios. Ao contrário, a razão que motivou Portugal a fiscalizar a obtenção do ouro foi a avidez por uma maior arrecadação dos impostos.

O declínio da economia mineratória trouxe conseqüências bastante importantes para o estudo das relações raciais brasileiras: o aumento dos negros livres. Isto porque, à época da mineração intensa, houve a aquisição de um maior número de escravos pelos senhores. Todavia, quando das minas não obtiveram mais ouro, os donos dos escravos não mais possuíam condições de mantê-los, por estarem falidos e decadentes. A um número expressivo de negros foi, então, concedida a alforria, prática não usual no que concerne à economia açucareira. Desse modo, observa-se que o declínio da mineração favoreceu o surgimento de uma camada maior na sociedade de negros livres. Calcula-se que, em 1786, a porcentagem de negros livres já chegava a 35% do total de negros no Brasil.[154]

Paralelamente à decadência da mineração no Brasil, na Inglaterra, desenrolava-se a Revolução Industrial e, conseqüentemente, a necessidade de ampliação do mercado consumidor das manufaturas produzidas.[155] Assim, não é de se estranhar o esforço desenvolvido pelo Governo inglês no sentido de quebrar o pacto colonial ainda desenvolvido por Portugal em relação ao Brasil.[156]

---

[153] Ver em FURTADO, Celso. (1970: p. 74 e ss).

[154] KOSHIBA, Luiz; PEREIRA, Denise Manzi Frayze. (1987: p. 100).

[155] Nesse sentido, HOLANDA, Sérgio Buarque de. (1967b: p. 142 e ss).

[156] É importante perceber as razões que propulsionaram a Revolução Industrial levada a efeito na Inglaterra. Uma das causas que garantiram à Grã-Bretanha o pioneirismo na fase industrial foi a acumulação de capital promovida pelo ouro brasileiro, escoado para a Inglaterra devido ao eterno déficit da balança comercial portuguesa, de acordo com os termos do Tratado de *Methuen*. Outro fator relevante foi a importância desempenhada pelo tráfico negreiro no desenvolvimento das cidades inglesas, favorecendo um acúmulo de capital que não encontrara precedentes até então. Nessa toada, Karl Marx, no livro *O Capital*, exemplifica a importância econômica do tráfico negreiro para a Inglaterra: "Na base do tráfico negreiro, Liverpool teve um grande crescimento. O tráfico constituía seu método de acumulação primitiva...Liverpool empregava 15

Além do objetivo de aumentar o mercado consumidor para os produtos ingleses, uma outra razão motivou o empenho da Inglaterra para extinguir mais rapidamente o trabalho escravo: a concorrência da produção residual do açúcar brasileiro com o açúcar inglês cultivado nas ilhas do Caribe,[157] região também chamada de Índias Ocidentais. Nessa área, o trabalho escravo já havia sido abolido e o preço do açúcar era mais elevado porque a mão-de-obra utilizada era livre. Desse modo, fazia-se necessário extinguir a escravidão no Brasil e em Cuba, para se fomentar o comércio açucareiro inglês.[158]

Devido à conjunção desses fatores econômicos, a Inglaterra começou a liderar uma vigorosa campanha para extinção do tráfico de escravos e conseqüente abolição da escravatura. Precisava do trabalhador assalariado para consumir os produtos ingleses – o escravo, por excelência, não era um consumidor –, além de forte impulso para a produção açucareira caribenha.

Se por um lado razões econômicas fizeram o Ocidente adotar a escravidão negra, por outro, foi a ambição por maiores lucros que impulsionou a Inglaterra a se engajar tão avidamente na luta pelo fim

navios no tráfico negreiro, em 1730; 53, em 1751; 74, em 1760; 96, em 1770 e 132 em 1792. A indústria algodoeira têxtil ao introduzir a escravidão infantil na Inglaterra impulsionava ao mesmo tempo a transformação da escravatura negra dos Estados Unidos que, antes, era mais ou menos patriarcal, num sistema de exploração mercantil. De fato, a escravidão dissimulada dos assalariados na Europa precisava fundamentar-se na escravatura, sem disfarces, no Novo Mundo". MARX, Karl. (1968: p. 877/878). A importância do tráfico para que a Inglaterra capturasse os negros e abastecesse principalmente as colônias do sul dos Estados Unidos da América pode ser destacada também a partir das observações de Frank Tannenbaum: "Nos onze anos compreendidos entre 1783 e 1793, Liverpool destinou ao tráfico 878 navios negreiros e embarcou 303.737 negros da África por um valor de 15.186.850 libras. As deduções por distintas comissões e outros embaraços deram a Liverpool um benefício de 12.294.116 dólares, ou 1.700.000 libras por ano. Depois de calcular-se todos os gastos necessários de transporte e seguro, estima-se que havia um ganho de 30% sobre cada escravo vendido. Portanto, Liverpool recebeu uma receita líquida, nos onze anos escravistas, de aproximadamente 2.300.000 libras sobre os 303.737 negros, isto é, uma estimativa anual de 200.000 libras. Na realidade, o lucro anual percebido neste conceito propagou-se por toda a cidade e contribuiu para o sustento da maior parte dos seus habitantes. Em Liverpool, quase todos participavam do tráfico". Tradução livre. TANNENBAUM, Frank. (1992: p. 17 e 18). Fernando Novais destaca, ainda, a organização da *Royal African Company*, em 1663, reorganizada em 1672, pela Inglaterra, como exemplo da importância do tráfico negreiro para os ingleses. NOVAIS, Fernando. (1995: p. 39). Observe-se que, à época, mais da metade dos produtos manufaturados importados de Portugal para o Rio de Janeiro, Bahia e Pernambuco eram britânicos. Ver em BETHELL, Leslie. (2002: p. 259). É curioso perceber que o comércio que a Inglaterra ajudara a promover, porque deveras lucrativo, posteriormente se constituiu em um dos maiores entraves ao escoamento da produção.

[157] Tais como Jamaica, Ilhas de Sotavento, Barbados, Granada e São Vicente. BLACKBURN, Robin. (2003: p. 452).

[158] Assim leciona Leslie Bethell: "Até que a escravidão fosse abolida em Cuba e no Brasil, ou pelo menos até que o comércio de escravos fosse abolido e os fazendeiros cubanos e brasileiros fossem privados da oferta regular de trabalho escravo barato, o açúcar das Índias Ocidentais, que havia muito perdera o seu mercado europeu, não poderia competir em igualdade de condições no mercado doméstico com o produto brasileiro ou cubano, e a Grande Experiência da Emancipação nas Índias Ocidentais, que deveria demonstrar a superioridade do trabalho livre sobre a mão-de-obra escrava, seria irreparavelmente prejudicado". BETHELL, Leslie. (2002: p. 259).

do tráfico. Não é difícil entender as razões pelas quais os antigos partidários da escravidão, de um momento para o outro, viraram abolicionistas.

Paralelamente, àquela época, a dependência da coroa lusitana para com os ingleses aumentava perigosamente. A invasão das tropas napoleônicas em Portugal acarretou a vinda da Família Real para o Brasil, em 1808, o que ocorreu sob a proteção da armada britânica.[159] O reconhecimento da transferência da sede da monarquia portuguesa, de Lisboa para o Rio de Janeiro, fez-se também com a ajuda da Inglaterra. Tais dívidas, no entanto, seriam cobradas posteriormente, mediante a exigência de alinhamento de condutas, em conformidade com os interesses britânicos.[160]

Por sua vez, o deslocamento da sede da monarquia portuguesa para o Rio de Janeiro principiou o processo de independência política do Brasil. De início, houve uma euforia geral na colônia, que passou a ter ares de metrópole.[161] Decerto, durante o chamado "período joanino" (1808 a 1821), várias medidas modernizadoras foram adotadas,

---

[159] Nesse sentido, HOLANDA, Sérgio Buarque de. (1960b: p. 64).

[160] Bethell adverte que os primeiros clamores da Inglaterra para que Portugal extinguisse o trabalho escravo não foram ouvidos. Porém, com a vinda da Família Real, de Lisboa para o Brasil, as coisas mudaram de rumo. Conforme explica: "Dom João estava agora, entretanto, totalmente dependente das tropas e armas britânicas para a defesa de Portugal contra os franceses e da marinha britânica para a proteção do Brasil e do resto do império ultramarino de Portugal. Assim, a Grã-Bretanha estava em posição de fazer a Portugal exigências que não podiam ser facilmente recusadas". BETHELL, Leslie. (2002: p. 26 e ss). Em 1810, o lorde Strangford, representante inglês, e Souza Coutinho, ministro de D. João, assinaram o Tratado de Aliança e Amizade e o Tratado de Comércio e Navegação. Por meio de tais acordos, garantiu-se o reconhecimento e o apoio integral da Coroa Britânica à dinastia Bragança. Por outro lado, também asseguraram à Inglaterra direitos sobre a Ilha da Madeira e a concessão de um porto neutro na Ilha de Santa Catarina. Referidos pactos garantiram, ademais, a liberdade religiosa aos súditos ingleses residentes no Brasil e a adoção do princípio da extraterritorialidade para o julgamento de ingleses que cometessem crimes por aqui – a decisão, condenatória ou não, deveria ser proferida por juízes conservadores nomeados pela Inglaterra. Os privilégios não pararam por aí: tarifas alfandegárias preferenciais foram criadas para os ingleses, de 15%, enquanto os portugueses pagavam 16% e as demais nações, 24%. Além disso, o governo português comprometia-se a abolir gradualmente o tráfico de escravos para o Brasil, ficando de imediato limitado o comércio negreiro às colônias portuguesas na África.

[161] Gilberto Freyre comenta a chegada de Dom João VI ao Rio de Janeiro, destacando a euforia popular: "A presença no Rio de Janeiro de um príncipe com poderes de rei; príncipe aburguesado, porcalhão, os gestos moles, os dedos quase sempre melados de molho de galinha, mas trazendo consigo a coroa; trazendo a rainha, a corte, fidalgos para lhe beijarem a mão gordurosa, mas prudente, soldados que desfilaram em dia de festa diante do seu palácio, ministros estrangeiros, físicos, maestros para lhe tocarem músicas de igreja, palmeiras-imperiais a cuja sombra cresceriam as primeiras escolas superiores, a primeira Biblioteca, o primeiro Banco; a simples presença de um monarca em terra tão republicanizada como o Brasil, com suas Rochelas de insubordinação, seus senhores de engenho, seus Mineiros e seus Paulistas que desobedeciam o Rei distante, que desrespeitavam, prendiam e até expulsavam representantes de Sua Majestade (como os senhores de Pernambuco com o Xumbergas); que já tinham tentado se estabelecer em repúblicas; a simples presença de um monarca em terras tão antimonárquicas nas suas tendências para autonomias regionais e até feudais, veio modificar a fisionomia da sociedade colonial; alterá-la nos seus traços mais característicos". FREYRE, Gilberto. (2000b: p. 33).

como a abertura dos portos às nações amigas – o que ensejou a quebra do pacto colonial, essência do sistema de exploração colonialista – a revogação do Alvará de 1785, que havia proibido a instalação de indústrias no Brasil,[162] a criação da Imprensa, da Casa da Moeda, da Junta do Comércio, do Hospital Militar do Rio de Janeiro, a fundação do Banco do Brasil,[163] a elevação do Brasil a Reino Unido,[164] a liberação para a entrada de estrangeiros imigrantes, com o destaque para a fundação, em 1817, da primeira colônia de suíços em Nova Friburgo, no Rio de Janeiro.[165]

Curiosamente, no Brasil, é a própria metrópole quem estabeleceu os primórdios da autonomia política, ao consolidar na colônia a sede da monarquia. As contradições foram se destacando, ao passo em que a colônia se modernizava, pois a despeito de esta ter virado sede do reino, permanecia ainda dependente. A abertura dos portos quebrou o monopólio do comércio brasileiro com Portugal e a criação da imprensa propiciou a divulgação dos ideais libertários.[166]

Uma vez derrotadas as tropas napoleônicas que haviam invadido Portugal, em 1815, estabeleceu-se em Lisboa um governo provisório, liderado pelo inglês Beresford. Para os portugueses, as razões que levaram a Corte a ser transferida para o Brasil não mais subsistiam. Assim, já em 1820, eclodiu na cidade do Porto a revolução constitucio-

---

[162] O Alvará de 5 de janeiro de 1785 extinguia todas as manufaturas de ouro, prata, seda, algodão, linho e lã porventura existentes em território brasileiro. Era rigorosamente proibido que a colônia pudesse competir com a metrópole na produção das manufaturas. Todavia, a revogação do Alvará não surtiu o efeito esperado, basicamente por duas razões: a escravidão e a competição com a produção inglesa. No Brasil, não havia relevante mercado consumidor para os produtos manufaturados, haja vista que grande parcela da população era composta de escravos. Além disso, o setor de produção das manufaturas carecia de investimentos, já que a preocupação maior era a agricultura. Havia, ainda, a impossibilidade de concorrer com as mercadorias inglesas, por a produção destas já estarem em escala industrial, o que favorecia a redução dos custos.

[163] Sérgio Buarque de Holanda faz uma análise minuciosa dos acontecimentos que precederam a criação do primeiro banco público brasileiro. HOLANDA, Sérgio Buarque de. (1960b: p. 108 e ss).

[164] O Congresso de Viena (1815) não aceitou o Brasil como a sede do Reino lusitano. O reconhecimento da legitimidade dinástica dependia do retorno de D. João à Europa. Para resolver o impasse, elevou-se o Brasil à condição de Reino Unido a Portugal e Algarves.

[165] No plano externo, destacam-se dois acontecimentos: a invasão da Guiana Francesa, em 1809 – como resposta às constantes ameaças de invasão francesa ao território hoje pertencente ao Estado do Amapá. A região foi devolvida à França posteriormente, no Congresso de Viena, em 1815. E, ainda, a anexação da Colônia do Sacramento ao Brasil, em 1816, atualmente Uruguai. O local permaneceu sob comando luso-brasileiro até 1828, quando, para pôr termo ao conflito iniciado em 1825 entre o Brasil e a Argentina acerca do domínio das terras, a região foi então declarada independente, originando o Uruguai.

[166] Tais fatos fizeram eclodir diversas reações nacionalistas, como a Revolução Pernambucana de 1817, movimento que durou 75 dias e reuniu o apoio da Paraíba, do Rio Grande do Norte, de Alagoas e do Ceará. Os revolucionários organizaram uma Junta governativa, composta de representantes da magistratura, do clero, dos militares e dos senhores de engenho, contando ainda com a participação dos liberais ligados às lojas maçônicas Patriotas e Areópago de Itambé.

nalista, quando as Cortes de Lisboa foram instaladas e o retorno do Rei D. João VI a Portugal exigido.[167] Sem reação, D. João VI voltou a Portugal, em 1821, deixando D. Pedro I como Príncipe regente do Brasil.

Múltiplas foram as causas que propiciaram a Revolução do Porto, dentre as quais poderíamos destacar a presença inglesa em Portugal no governo provisório, o prejuízo lusitano com a ruptura do pacto colonial com a principal colônia, o Brasil, a quebra das incipientes manufaturas portuguesas devido à abertura dos portos brasileiros a outras nações e à impossibilidade de os medíocres produtos portugueses concorrerem com o adiantado processo produtivo das manufaturas inglesas.

Observa-se, desse modo, que praticamente as riquezas brasileiras passaram a ter outro dono, a Inglaterra, o que se constituía em razão forte o suficiente para os revolucionários portugueses de 1820 tentarem recolonizar o Brasil. As Cortes de Lisboa lançaram-se, então, na empreitada de tentar retomar os lucros oriundos da sua principal colônia.

Por perceberem a intenção de as Cortes de Lisboa aumentarem a exploração portuguesa no Brasil, diferentes forças políticas congregam-se em torno de D. Pedro I. O movimento de reação culminou com o *Dia do Fico*, em 9/1/1822, quando o regente rompeu com as Cortes, que já haviam enviado ao Rio de Janeiro decretos exigindo o retorno do regente. Em setembro do mesmo ano, formalizou-se a independência brasileira de Portugal e D. Pedro I tornou-se o primeiro Imperador do Brasil.

Paralelamente, continuava a Inglaterra a pressionar Portuugl pelo fim do tráfico: determinações nesse sentido se fizeram constar em diversos tratados.[168] No entanto, com a independência brasileira, a posição da Inglaterra reafirmou-se a partir de novas exigências, desta vez, feitas ao Brasil,[169] como condicionar o reconhecimento da independência ao fim do tráfico negreiro. Iniciou-se, no Brasil, o longo caminho até a verdadeira emancipação.[170]

---

[167] Decreto régio de 7 de março de 1821.

[168] Segundo Gilberto Freyre, foi desta tamanha quantidade de normas simbólicas a pretensamente vincular Portugal ao fim do tráfico de escravos que se originou a expressão "para inglês ver". FREYRE, Gilberto. (2000b: p. 335).

[169] Nesse sentido, HOLANDA, Sérgio Buarque de. (1960b: p. 332 e ss).

[170] Nessa toada, a Constituição de 1824 já não falou de escravidão e o artigo 179 do Código Criminal de 1830 classificava como crime a redução de pessoa livre à condição de escravo. Em 1826, foi assinado Tratado que estipulou prazo de 3 anos para a extinção do tráfico e, finalmente, a Lei Diogo Feijó, de 1831, firmou o compromisso brasileiro. Confira-se: Artigo 2º: "Os importadores de escravos no Brasil incorrerão na pena corporal do artigo cento e setenta e nove do Código Criminal, imposta aos que reduzem à escravidão pessoas livres, e na multa de duzentos mil réis por cabeça de cada um dos escravos importados, além de pagarem as despesas de

Em 1831, D. Pedro I foi praticamente forçado a abdicar do trono, o que fez em favor do filho, D. Pedro II, de apenas seis anos de idade.[171] Aproveitando-se do vácuo no poder, os senhores rurais, últimos interessados no fim do comércio negreiro, sob o qual se embasava a economia brasileira, apropriaram-se do domínio político, o que bem explica a continuação do tráfico, à revelia das intenções inglesas. Todavia, a campanha promovida pela Inglaterra intensificava-se, culminando com o *Bill Aberdeen*, de 1845, que declarava legal o aprisionamento de qualquer navio negreiro pela armada britânica, bem como o julgamento dos traficantes pela marinha inglesa.[172]

Com o perigo iminente de captura dos navios negreiros pela armada britânica, novas técnicas de construção foram implementadas nas embarcações, para obter mais velocidade. Por sua vez, as brutalida-

---

reexportação para qualquer parte da África; reexportação, que o Governo fará efetiva com a maior possível brevidade, contratando com as autoridades africanas para darem um asilo. Os infratores responderão por si, e por todos". No entanto, pouca eficácia teve referido comando normativo, como demonstra o discurso do Deputado Moreira de Barros, na Sessão de 22 de novembro de 1880: "Devemos falar com a maior franqueza porque a questão é grave. Cumpre que se diga: a maior parte dos proprietários, no interesse de evitar dúvidas que de futuro se pudessem dar a respeito, trataram de dar os escravos à matrícula como tendo sido importados antes da lei de 1831". Ver em NABUCO, Joaquim. (2000: p.84).

[171] Várias foram as razões que levaram à abdicação de D. Pedro I, dentre as quais podemos destacar, resumidamente, o fechamento da Assembléia Constituinte em novembro de 1823, a Constituição outorgada de 1824, a violenta repressão à Confederação do Equador, movimento revolucionário nacionalista de Pernambuco, a falência do Banco do Brasil, a guerra contra a Argentina pela antiga Colônia do Sacramento, também conhecida como Guerra da Cisplatina e a intervenção de D. Pedro I na questão sucessória portuguesa em favor da sua filha, o que gerou nos brasileiros o receio de recolonização. Entre a abdicação de D. Pedro I e a antecipação da maioridade de D. Pedro II, ocorrida em 1840, situou-se um dos períodos mais agitados da história brasileira, com diversas revoluções. Ver mais em PRADO JÚNIOR, Caio. (2001: p. 180 e 181).

[172] O Governo Brasileiro protestou com veemência contra o *Bill* de 8 de agosto de 1845. Em nota lançada em 22 de outubro de 1845, alegava-se que a referida norma era contrária ao Direito das Gentes, além de ofender a soberania e a dignidade da Nação. Perdigão Malheiro calcula que entre 1849 a 1851 foram condenadas e destruídas pelo cruzeiro inglês, na forma citada pelo *Bill*, 90 embarcações suspeitas de tráfico. O Governo brasileiro chegou a declarar que não havia calamidade a justificar a quebra da sua soberania e que se veria forçado a pleitear a proteção das embarcações brasileiras a alguma Nação marítima poderosa, como os Estados Unidos. Tais ameaças, no entanto, foram solenemente ignoradas. PERDIGÃO MALHEIRO, Agostinho Marques. (1867: p. 47 e 48). Caio Prado Jr. cita Pereira Pinto, que bradava contra as imposições inglesas: "Cometeram os cruzeiros ingleses as maiores tropelias contra os navios brasileiros; eram estes capturados à vista do alcance das fortalezas e até dentro dos próprios portos, e atenta a dificuldade de os conduzir à Serra da Leoa, ou outra paragem do domínio britânico, os incendiavam em frente das costas do Brasil, como imprestáveis, servindo uma tábua arrancada a esses navios para o corpo de delito no processo de sua inavegabilidade! Apresavam-se embarcações empregadas no comércio de porto a porto do Império, porque conduziam escravos ladinos para serem vendidos em diversas províncias. As povoações de nosso litoral, pequenas e indefesas, eram assaltadas pelos escaleres ingleses, tripulados por homens armados, e as casas de seus pacíficos habitantes, visitadas e varejadas; e se algumas vezes os comandantes das fortalezas brasileiras atiravam contra o cruzeiro inglês que entrava no porto, e dele arrancava navios nacionais, estrondosa celeuma levantava-se contra a autoridade militar que não pudera sofrer impassível o insulto irrogado à soberania do país". Apud PRADO JÚNIOR, Caio. (2001: p. 92).

des cometidas contra os negros embarcados passaram a ser ainda mais terríveis: a descoberta de navios contrabandistas pelas embarcações guarda-costas inglesas levava os traficantes ao extremo de amarrarem os escravos a sacos de pedras e lançá-los ao fundo do mar. Há notícias de navio negreiro que chegou a lançar à morte mais de quinhentos negros, de uma só vez.[173]

Paradoxalmente, as normas contrárias ao tráfico promoveram o seu incremento. Ao perceberem que o fim estava próximo, a aristocracia passou a promover, ainda mais, a importação de negros. De 19.453 escravos importados em 1845, saltaram os números para 50.324, em 1846; em 1847, foi-se ao total de 56.172; em 1848, foram importados 60 mil escravos. Todavia, as constantes expedições da marinha inglesa, aliadas ao contexto internacional favorável ao término deste comércio,[174] fizeram com que finalmente o tráfico entrasse em declínio: em 1849, ingressaram 54 mil negros no país; já em 1850, a quantidade foi de apenas 23 mil.[175] Essa queda deveu-se, também, à Lei Eusébio de Queiroz, promulgada em 1850, que praticamente pôs fim ao já combalido tráfico de escravos para o Brasil. Portugal, país pioneiro no tráfico de escravos, foi o último a abandoná-lo.[176] Com efeito, após a proibição da importação, o fim da legalidade do trabalho escravo no Brasil era apenas uma questão de tempo.

O ciclo econômico do café trouxe fôlego redobrado à causa abolicionista.[177] Diferentemente do que aconteceu com o cultivo do açúcar, a economia cafeeira destacou-se por entrelaçar as etapas de produção e comercialização, o que favoreceu o entendimento do

---

[173] Ver mais em TANNENBAUM, Frank. (1992: p. 27).

[174] Os ideais iluministas contribuíram para que no mundo ocidental se fomentasse o repúdio à adoção da mão-de-obra escrava. Nessa linha, Montesquieu, no Espírito das Leis, dedicou dois capítulos para explicar a razão pela qual a escravidão deveria ser abolida. MONTESQUIEU, Charles Louis de Secondat (1998). No Tratado de Paris, de 1814, e no Congresso de Viena, de 1815, as grandes nações da Europa acordaram em promover a abolição da escravatura – a Inglaterra já havia abolido desde 1807. O Papa Gregório XVI condenava e proibia o tráfico e a escravidão, com a *Bulla memoravel* de 1839. Os Estados Unidos, em 1865, já não mais toleravam o trabalho escravo, conforme veremos melhor a seguir. Àquela época, em toda a América, apenas o Brasil e Cuba, cuja abolição foi em 1880, permaneciam utilizando a mão-de-obra escrava.

[175] PERDIGÃO MALHEIRO, Agostinho Marques. (1867: p. 7); HOLANDA, Sérgio Buarque de. (1995: p. 76); PRADO JÚNIOR, Caio. (2001: p. 91).

[176] Finalmente, uma lei contra o tráfico de escravos foi cumprida no País. Em 1851, importaram-se 3.287 escravos, e, em 1852, apenas 700. De 1853 a 1856 ainda houve mais dois desembarques no Brasil, em Serinhaém e em São Mateus, perfazendo um total de 512 escravos, mas praticamente a maioria conseguiu ser apreendida. PERDIGÃO MALHEIRO, Agostinho Marques. (1867: p. 56); PRADO JÚNIOR, Caio. (2001: p. 91).

[177] A planta foi introduzida, no País, por Francisco de Melo Palheta em 1727. O êxito do cultivo pode ser explicado devido à grande aceitação do produto no mercado europeu, às condições geofísicas favoráveis no Brasil, ao declínio das lavouras tradicionais e à disponibilidade de capital interno para investimento na lavoura, haja vista o excedente dos valores disponíveis a partir da proibição do tráfico de escravos. HOLANDA, Sérgio Buarque de. (1971: p. 87).

sistema cafeeiro como um todo.[178] Com efeito, os produtores de café precisavam ficar a par de questões como terras para desenvolver o plantio, recrutamento de mão-de-obra, coordenação do escoamento, transporte interno,[179] comercialização nos portos, interação com o governo.[180] Em decorrência, originou-se uma classe de empresários locais que se ocupava de abastecer o mercado interno, principalmente o Rio de Janeiro. Relembre-se que, nessa época, início do século XIX, a Corte portuguesa estava estabelecida no Brasil, trazendo consigo os hábitos aristocráticos, dentre os quais o costume de degustar o café.

Inicialmente, a plantação se desenvolveu na região conhecida como Vale do Paraíba, cultivada pelos barões do café.[181] Para tanto, aproveitaram-se dos recursos abundantes e já não mais utilizados devido à decadência da mineração.[182] Em passo seguinte, já em meados do século XIX, os pequenos comerciantes que participavam da distribuição do café começaram também a produzi-lo, originando a segunda fase da economia cafeeira, no Oeste paulista.

Se na época do cultivo inicial da planta os barões do café puderam contar com o excedente da mão-de-obra escrava da região mineratória, logo essa questão se tornou um problema para a incipiente burguesia cafeeira, pois com o fim do tráfico negreiro, a possibilidade de adquirir mais escravos estava descartada.[183] A par desse aspecto, o tráfico

---

[178] A economia cafeeira distinguia-se da açucareira por diversos motivos. O cultivo do café demandava um menor investimento de capital, uma vez que o equipamento utilizado era mais simples e a planta permitia uma cultura permanente. Além disso, a plantação realizou-se com capital interno, e, ao menos inicialmente, contava com o excedente dos escravos que já não eram mais necessários para a mineração. Outra diferença fundamental entre os dois tipos de economia é que, em relação ao açúcar, a etapa de produção era diferenciada da fase de distribuição. Conforme já vimos, à Holanda cabia o refino e a distribuição do açúcar pela Europa, e, quando da expulsão dos flamengos, esse papel veio a ser desempenhado por Portugal. A ausência de participação dos senhores de engenho na etapa da comercialização, por serem responsáveis apenas pela produção, fez com que eles não conseguissem obter uma visão holística e precisa dos próprios interesses. As decisões mais importantes relativas ao produto, como preço final e possibilidade de ampliação do mercado consumidor, eram tomadas justamente na fase em que os senhores de engenho não participavam. Bem explicou Celso Furtado: "Compreende-se, portanto, que os antigos empresários hajam involuído numa classe de rentistas ociosos, fechados num pequeno ambiente rural, cuja expressão final será o patriarca bonachão que tanto espaço ocupa nos ensaios dos sociólogos nordestinos do século XX". FURTADO, Celso. (1970: p. 115).

[179] Os interesses dos produtores de café em facilitar o escoamento da produção levaram a pressões constantes para que o governo flexibilizasse as normas relativas à construção das ferrovias, realizada, muitas vezes, a partir de investimentos dos particulares. Nesse tom, HOLANDA, Sérgio Buarque de. (1971: p. 92); PRADO JÚNIOR, Caio. (1999: p. 89 e 90).

[180] O que facilitará o aparecimento da República Café com Leite, de 1894 a 1930. Ver mais em FURTADO, Celso. (1970: p. 116 e 117).

[181] Essa fase perdurou do final do século XVIII até aproximadamente 1880. À época, a expressão *o Brasil é o Vale*, bem resumia a importância que o cultivo do café conferiu ao local. Nessa linha, HOLANDA, Sérgio Buarque de. (1971: p. 90).

[182] FURTADO, Celso. (1970: p. 114).

[183] Como observa Sérgio Buarque de Holanda, o escravo se tornava cada vez mais caro e difícil de ser adquirido. Entre 1876 e 1880, o preço passou de um conto e quinhentos até três contos. HOLANDA, Sérgio Buarque de. (1967b: p. 176).

interno dos negros estava praticamente inviabilizado, com as altas taxas cobradas pelos governos das províncias açucareiras[184] e os fazendeiros não conseguiam obter um número de escravos nascidos no Brasil em quantidade razoável para atender à demanda de trabalho, conforme já explicado anteriormente. Como disse Celso Furtado, "eliminada a única fonte importante de imigração, que era a africana, a questão da mão-de-obra se agrava e passa a exigir urgente solução".[185]

A solução encontrada para resolver o problema da escassez da mão-de-obra na lavoura cafeeira foi a adoção do trabalhador imigrante europeu.[186] A imigração passou a ser amplamente subsidiada e estimulada, os gastos com transportes e com a instalação eram financiados pelo Governo, que chegava até a promover obras para poder oferecer trabalho aos estrangeiros.[187] Partia-se da premissa de que o trabalhador europeu seria mais preparado para atender às necessidades nacionais na lavoura de café.

A imigração era feita por meio de contratos subsidiados pelas províncias e realizados entre os grandes produtores de café e os trabalhadores europeus. Nesse contrato, os imigrantes vendiam antecipadamente a própria força de trabalho, obrigando-se, ainda, a não abandonar a fazenda antes de quitada a dívida de financiamento da passagem.[188] Essa idéia foi, na verdade, uma adaptação do sistema dos

---

[184] Para se ter uma idéia, em 1842, o imposto cobrado em Pernambuco para a saída dos escravos era de 5$000 (cinco mil réis); já em 1859, o mesmo imposto passou a valer 200$000 (duzentos mil réis). COSTA, Emília Viotti da. (1999: p. 300).

[185] FURTADO, Celso. (1970: p. 119).

[186] Gorender menciona a intensa expansão dos cafezais – somente no estado de São Paulo, o número de cafeeiros em produção, de 1880 a 1902, passou de 105 milhões a 685 milhões – como uma das causas a ensejar o fluxo ininterrupto de imigrantes para o Brasil. GORENDER, Jacob. (1990: p. 196). Sérgio Buarque alerta que as fazendas de café do Oeste paulista foram mais receptivas às inovações tecnológicas relativas ao cultivo da planta do que as lavouras do Vale da Paraíba. Desse modo, sugere o historiador que, nas regiões mais dinâmicas, como a do Oeste paulista, cujos métodos de produção foram modernizados, evoluiu-se para o trabalho livre, realizado pelo imigrante europeu. Enquanto isso, a maioria dos barões do café, no Vale da Paraíba, não modernizaram as técnicas de cultivo, permanecendo atrelados às antigas formas de extração e ao trabalho escravo. HOLANDA, Sérgio Buarque de. (1967b: p. 174 e ss).

[187] O governo da província de São Paulo, identificado com os interesses dos cafeicultores do Oeste paulista, procurou incentivar a vinda do trabalhador imigrante. Em 30 de março de 1871, promulgou-se uma lei provincial, autorizando a emissão de apólices até seiscentos contos de réis, para auxiliar as despesas dos fazendeiros com as passagens dos europeus. Em 1871, fundou-se a Associação Auxiliadora da Colonização e Emigração para a Província de São Paulo, formada pelos grandes fazendeiros do Oeste paulista. Posteriormente, criou-se a Sociedade Promotora da Imigração, visando a atrair colonos para a lavoura. Panfletos sobre a província de São Paulo foram publicados em alemão, italiano e português, e então distribuídos na Europa. HOLANDA, Sérgio Buarque de. (1967b: p. 177 e 280). Nessa linha também explica Caio Prado, quando aduz: "A imigração européia não foi assim entre nós fato espontâneo e natural, como aquela que na mesma época se verificou nos Estados Unidos. Aqui ela foi provocada, estimulada, planificada e deliberadamente promovida". PRADO JÚNIOR, Caio. (1999: p. 101).

[188] Assim explica Celso Furtado: "o custo real da imigração corria totalmente por conta do imigrante, que era a parte financeiramente mais fraca. O Estado financiava a operação, o colono hipotecava o seu futuro e o de sua família, e o fazendeiro ficava com todas as vantagens".

indentured servant,[189] que fora utilizado quando da imigração dos colonos ingleses para as colônias do norte dos Estados Unidos, conforme veremos melhor posteriormente.

Ao lado dos subsídios garantidos pelo governo brasileiro, outros fatores também explicam a emigração em massa dos europeus no final do século XIX. A Europa estava enfrentando diversos conflitos, como os que resultaram na Unificação Alemã, concluída em 1871 e na Unificação Italiana, realizada em 1870.[190]

O resultado dessa política imigratória foi o aumento espantoso de europeus no Brasil: somente em São Paulo, o número de colonos subiu de 13 mil, na década de 1870, para 184 mil, nos dez anos seguintes e para 609 mil, no último decênio do século. Do total, mais de 70% eram provenientes da Itália.[191] Nesse contexto, a manutenção do escravo passou a ser considerada obstáculo ao desenvolvimento, entrave ao progresso do Brasil. Entretanto, mesmo com a adoção paulatina do trabalho imigrante pela burguesia cafeeira, os barões do café do Vale do Paraíba pressionavam pela permanência do trabalho escravo,[192] porque acreditavam que, sem tal estrutura de mão-de-obra, não haveria condições de a lavoura subsistir.[193]

À época da campanha abolicionista, a população escrava estava concentrada, basicamente, nas três maiores províncias produtoras de

---

FURTADO, Celso. (1970: p. 126). Os protestos da comunidade européia com o regime de quase servidão a que os imigrantes eram submetidos não tardaram a aparecer. O caso foi apresentado à Sociedade Internacional de Emigração de Berlim, na qual se denunciava a situação análoga à de escravos vivida pelos imigrantes alemães, àquela época. A mesma coisa ocorreu por parte do governo italiano. Nessa toada, ver em COSTA, Emília Viotti da. (1998: p. 169 e 170).

[189] Algo como *trabalhadores temporários*. Destaque-se, ainda, que aos imigrantes era oferecida hospedagem gratuita por oito dias, na Hospedaria dos Imigrantes, quando chegavam às províncias. HOLANDA, Sérgio Buarque de. (1967b: p. 280).

[190] HOLANDA, Sérgio Buarque de. (1967b: p. 177).

[191] Conforme FURTADO, Celso. (1970: p. 128); HOLANDA, Sérgio Buarque de. (1995: p. 54 e ss).

[192] Celso Furtado advertiu sobre as dificuldades que os senhores do café sentiam para compreender a separação dos aspectos exclusivamente econômicos dos sociais, no que tange à escravidão. Para muitos, a extinção dessa forma de trabalho representaria uma perda de riquezas sem precedentes no País. Outros, entretanto, conseguiam alcançar as mudanças positivas que ensejariam a adoção do trabalho assalariado. E assim explicou: "A abolição da escravatura, à semelhança de uma 'reforma agrária', não constitui, per se, nem destruição nem criação de riqueza. Constitui simplesmente uma redistribuição da propriedade dentro de uma coletividade. A aparente complexidade desse problema deriva de que a propriedade da força de trabalho, ao passar do senhor de escravos para o indivíduo, deixa de ser um ativo que figura numa contabilidade para constituir-se em simples virtualidade". FURTADO, Celso. (1970: p. 137).

[193] Sérgio Buarque transcreveu carta de Rodrigues de Azevedo, Barão do café e fazendeiro do Vale da Paraíba, a Francisco de Paula Rodrigues Alves, um ano antes da abolição. Por meio dela, reclamava da pressão que a burguesia cafeeira fazia para a abolição do trabalho escravo: "Não vejo razão para se querer impor-nos uma opinião que não temos e um procedimento igual ao daqueles que sendo ricos podem dispensar certos serviços que nós não estamos em condição de fazê-lo. Se acham que presentemente o trabalho escravo já não remunera o produtor e é um ônus para os que dele se utilizam, que libertem os seus os que assim pensam, independente de Lei, mas não venham obrigar aos que de modo contrário e por necessidade divergem de semelhante inteligência a terem igual procedimento". HOLANDA, Sérgio Buarque de. (1967b: p. 175).

café – São Paulo, Rio de Janeiro e Minas Gerais. Não é de se estranhar, portanto, que a abolição da escravatura tenha ocorrido inicialmente nas regiões em que inexistia um número expressivo de escravos: as províncias do norte/nordeste do país, como o Amazonas e o Ceará, em 1884.[194]

A fim de ganhar tempo, para atender aos reclamos dos cafeicultores e já utilizando legislação simbólica, a Princesa Isabel, regente de D. Pedro II, sancionou a Lei nº 2.040, de 28/9/1871, conhecida como Lei do Ventre Livre, por meio da qual se determinava que os escravos nascidos a partir daquela data seriam considerados livres. Liberdade relativa, diga-se de passagem, porquanto caberia ao senhor escolher entre libertar o negro e receber indenização do Estado, no valor de 600 mil réis ou então permanecer com o escravo até que este completasse 21 anos.[195] Necessário destacar que o escravo poderia comprar a própria liberdade, mediante a formação de um pecúlio, conforme previsto no artigo 4º da lei.

Referida norma conseguiu apenas postergar um pouco o debate sobre a abolição definitiva da escravatura, que retornou com todo o vigor por volta de 1880. A camada dominante, então, por ter interesse em manter a escravidão, logo providenciou outra norma, objetivando afastar o problema da pauta de discussões. E assim surgiu a Lei Saraiva Cotegipe, também conhecida como Lei do Sexagenário – Lei nº 3.270, de 28/9/1885, legislação de pouquíssima eficácia, uma vez que a grande maioria dos escravos não conseguia sobreviver até os 60 anos. Relembre-se que a expectativa de vida dos brasileiros, naquela época, era de pouco mais de 30 anos.[196]

Observa-se que, de certo modo, o movimento abolicionista nasceu a partir da insuficiência numérica de escravos para atender à demanda de trabalho. Isto porque, se em 1850 a quantidade de escravos representavava 31% da população total, já em 1887 eram apenas 5%.[197] O Império não teve a iniciativa para promover a abolição, ela veio aos poucos, a partir dos particulares. Quando finalmente a Princesa Isabel[198] assinou a Lei Áurea, em 1888, havia poucos escravos no Brasil,

---

[194] Nesse diapasão, HOLANDA, Sérgio Buarque de. (1967b: p. 156); SKIDMORE, Thomas. (1976:p. 59).

[195] De acordo com Sérgio Buarque de Holanda, a maioria dos senhores preferiu a cláusula da prestação de serviços, por meio da qual permaneciam com os escravos, aproveitando-se dos serviços, até que estes completassem vinte e um anos. HOLANDA, Sérgio Buarque de. (1967b: p. 183).

[196] Sérgio Buarque de Holanda adverte ser de dez anos a duração média de trabalho de um escravo negro. HOLANDA, Sérgio Buarque de. (1960a: p. 190).

[197] PRADO JÚNIOR, Caio. (2001: p. 99).

[198] D. Pedro II havia adoecido e viajado à Europa, em 23 de junho de 1887, para tentar recuperar-se. Somente iria retornar ao Brasil após a abolição da escravatura, em julho de 1888. Nessa linha, CALMON, Pedro. (1959d: p. 1805); HOLANDA, Sérgio Buarque de. (1972: p. 287 e 353).

comparativamente. Não foram razões humanitárias que promoveram o fim da escravidão. A necessidade de resolver o problema da mão-de-obra para a lavoura cafeeira sobrepôs-se aos ideais abolicionistas de justiça e de igualdade.[199]

Importante destacar, no entanto, que no Brasil a abolição da escravatura não foi precedida de guerras nem conflitos. Do contrário, foi permeada por sentimentos de exaltação nacionalista.[200] Decretou-se, no País, feriado por cinco dias, para comemorar o progresso atingido pela civilização brasileira, e a Princesa Isabel foi agraciada com o título de "A Redentora".[201]

Os negros recém-egressos da escravidão conseguiram trabalhar nas lavouras cafeeiras. No entanto, não se pode olvidar que enquanto escravos, os negros viveram todo o processo produtivo à parte das questões relativas à acumulação de riquezas. E, quando da abolição da escravatura, ainda não haviam formado uma consciência sobre a necessidade de gerar excedente de valor. Bem explica esse fenômeno

---

[199] Aproximadamente 90% dos negros já eram livres em 1887. Nessa linha, HASENBALG, Carlos A. (1979: p. 164); ANDREWS, George Reid. (1998: p. 93 a 147).

[200] Eis o teor da carta da Princesa Isabel aos pais, escrita em Petrópolis e datada de 13 de maio de 1888: "Meus queridos e bons pais. Não sabendo por qual começar hoje: mamãe por ter tanto sofrido estes dias; papai, pelo dia que é, escrevo a ambos juntamente. É de minha cama que o faço, sentindo necessidade de esticar-me depois de muitas noites curtas, dias aziagos e excitações de todos os gêneros. O dia de trás-ontem foi um dia de amargura para mim e direi de todos os brasileiros e outras pessoas que os amam. Graças a Deus desde ontem respiramos um pouco e hoje de manhã as notícias sobre papai eram muito tranqüilizadoras. Também foi com o coração mais aliviado que perto de uma hora da tarde partimos para o Rio a fim de eu assinar a Grande Lei, cuja maior glória cabe a papai que há tantos anos esforça-se para um tal fim. Eu também fiz alguma coisa e confesso que estou bem contente de ter também trabalhado em idéia tão humanitária e grandiosa. A maneira pela qual tudo se passou honra nossa pátria e tanto maior júbilo me causa. Os nossos autógrafos da lei e o decreto foram assinados às 3 e meia em público na sala que precede à grande sala do trono passado a arranjar depois de sua partida. O paço (mesmo as salas) e o largo estavam cheios de gente, e havia grande entusiasmo, foi uma festa grandiosa, mas o coração apertava-se me lembrando que papai aí não se achava! Discursos, vivas, flores, nada faltou, só a todos faltava saber papai bom e poder tributar-lhe todo o nosso amor e gratidão. Às quatro e meia embarcávamos de novo e em Petrópolis novas demonstrações nos esperavam, estes estando também contentes com as notícias de manhã de papai. Chuvas de flores, senhoras e cavaleiros armados de lanternas chinesas, foguetes, vivas. Queriam puxar meu carro, mas eu não quis e propus antes vir a pé com todos da estação. Assim o fizemos, entramos no paço para abraçarmos os meninos e continuamos até a igreja do mesmo feitio que viemos da estação. Um bando de ex-escravos fazia parte do préstito armado de archotes. Chuviscava e mesmo choveu, mas nessas ocasiões não se faz caso de nada. Na igreja tivemos nosso mês de Maria sempre precedido do terço dito em intenção de papai e de mamãe. Não são as orações que têm faltado; por toda a parte se reza e se manda rezar, e esta manhã, nas irmãs, tivemos uma Comunhão por intenção de papai. Comungamos nós dois e umas quarenta senhoras. Boas noites, queridos, queridíssimos!! Saudades e mais saudades!!! 16 de maio – tudo está em festa pela lei, coincidindo com estas as melhoras de papai. Já estivemos hoje no Paço da Cidade para receber comissões e a uma missa na Igreja do Rosário mandada dizer pela irmandade dos pretinhos por intenção de papai. Reina entusiasmo grande por toda a parte. Adeus meus queridos e bons pais, aceitem mil abraços e beijos saudosíssimos e deitem-nos sua bênção. Sua filhinha que tanto os ama. Isabel, Condessa d'Eu". *Apud* BONAVIDES, Paulo; AMARAL, Roberto. (2002: p. 785 e 786).

[201] CALMON, Pedro. (1959d: p. 1810). Calmon menciona, ainda, que à Princesa foi entregue a Rosa de Ouro, pelo Papa de então.

Celso Furtado, ao mencionar que os ex-escravos não possuíam uma noção sobre a necessidade de acumulação de bens, o que fez com que seus desejos se limitassem praticamente à sobrevivência. E, nesse sentido, desenvolve: "Para bem captar esse aspecto da questão é necessário ter em conta alguns traços mais amplos da escravidão. O homem formado dentro desse sistema social está totalmente desaparelhado para responder aos estímulos econômicos. Quase não possuindo hábitos de vida familiar, a idéia de acumulação de riqueza é praticamente estranha. Demais, seu rudimentar desenvolvimento mental limita extremamente suas 'necessidades'. Sendo o trabalho para o escravo uma maldição e o ócio um bem inalcançável, a elevação de seu salário acima de suas necessidades – que estão definidas pelo nível de subsistência de um escravo – determina de imediato uma forte preferência pelo ócio".[202] A conseqüência da alienação cultural a que os negros foram impostos forçosamente pelo Estado foi perversa: o ex-escravo acreditava que a maior riqueza que poderia possuir seria o ócio ou, quando muito, o trabalho apenas na quantidade necessária – dois ou três dias na semana – para alcançar a subsistência. Com isso, retardou-se a integração do negro à sociedade.

Por seu turno, é importante destacar que ao escravo liberto não foi concedido qualquer tipo de benefício ou de assistência governamental. Após séculos de escravidão física, não houve qualquer incentivo para que conseguissem prosperar sozinhos. Decerto, a igualdade jurídica, sob a ótica estritamente formal, não os tornou cidadãos. A situação econômica de inferioridade, desse modo, perpetuou-se, já que abandonados à própria sorte, tiveram de batalhar para conseguir a inserção no mercado de trabalho. Dificilmente, no entanto, a competição seria equilibrada com o imigrante europeu,[203] pois além de para estes ter havido grandes estímulos do governo, o negro não conseguira formar, durante a escravidão, uma consciência sobre o valor econômico de seu trabalho.

Nesses termos, as conseqüências perversas do descaso estatal para com os negros não serão sentidas apenas por seus descendentes

---

[202] FURTADO, Celso. (1970: p. 140). Nessa linha, também leciona Florestan Fernandes, que, ao explicar as conseqüências da abolição da escravatura, percebeu que o negro: "não sabia avaliar corretamente a natureza e os limites das obrigações decorrentes do contrato de trabalho. Este era visto como se perpetuasse a escravidão por outros meios e como se, ao vender sua força de trabalho, o trabalhador vendesse, simultaneamente, a sua pessoa". FERNANDES, Florestan. (1977: p. 116 e ss). Emília Viotti da Costa, sobre o tema, afirmou: "Como pretender que homens que plantavam o suficiente para sobreviver, que viviam ao 'Deus dará', se submetessem, em troca de parcos salários, ao penoso trabalho exigido nas fazendas? Trabalhar como assalariado na grande lavoura significava, para eles, equiparar-se à condição de escravos. Preferiam viver ao léu, sem eira nem beira". COSTA, Emília Viotti da. (1999: p. 311). Também HOLANDA, Sérgio Buarque de. (1967b: p. 187).

[203] O Censo brasileiro de 1890 registrou índice de alfabetização de apenas 12,5% entre a população nativa, em comparação com 41,7% da população estrangeira imigrante.

diretos, mas se perpetuará nas gerações futuras, ocasionando o chamado efeito transgeracional da injustiça de origem. Tal conseqüência, de profunda relevância para o estudo das ações afirmativas, revelará a contínua e permanente vinculação, no Brasil, entre a cor negra e a situação de miséria e de opressão econômica, conforme analisaremos melhor adiante.

Em suma, pode-se concluir que a abolição da escravatura não ensejou mudanças significativas no sistema de produção já existente, mas o Brasil progrediu bastante a partir da adoção do trabalho assalariado, realizado, em sua maioria, por trabalhadores europeus. É que ao desenvolver-se o sistema da parceria, ou do arrendamento, provocava-se o trabalhador a dar o máximo de si, aumentando a produção e, conseqüentemente, a riqueza do País.[204]

---

[204] Quanto melhor fosse a colheita do café, mais receberiam os trabalhadores. Sérgio Buarque afirma que, de maneira geral, o colono recebia de quarenta a cinqüenta mil réis anuais para tratar de 1000 pés de café, e de 300 a 600 réis por alqueire de café colhido. Desse modo, não é difícil entender as razões segundo as quais a adoção do trabalho imigrante europeu ensejou uma produção pelo menos duas vezes maior do que a da época do trabalho escravo. HOLANDA, Sérgio Buarque de. (1967b: p. 285).

2. A formação do consciente coletivo negro brasileiro

2.1. O QUILOMBO DOS PALMARES

Para entender a história do negro no Brasil, faz-se mister também analisar de que maneira se revoltaram contra a escravidão e, assim, observar a origem dos movimentos sociais favoráveis à inclusão dos negros na sociedade, os quais, em última escala, culminam nos atuais pleitos de programas de ações afirmativas.

A luta dos negros contra o trabalho escravo manifestou-se por diversas formas, como fugas, suicídios, abortos e banzos. Quando conseguiam escapar das senzalas, os escravos reuniam-se em núcleos, também denominados de mocambos. A reunião destes formavam os quilombos, que se constituíram, assim, na forma organizada de resistência à escravidão.[205]

Cada quilombo era governado por um chefe e subordinado ao chefe geral de todos os quilombos, o Zumbi. Um dos principais quilombos foi o de Palmares, pela capacidade de resistência e pelo número de foragidos que agregava. Calcula-se que, somente no Quilombo de Palmares, havia cerca de 20.000 habitantes, em 1670.[206] Situado, à época, ao sul de Pernambuco, região conhecida como *Serra da Barriga* e atualmente pertencente ao Estado de Alagoas, o Quilombo dos Palmares caracterizava-se por ser de difícil acesso, cercado por

---

[205] RAMOS, Arthur. (1942: p. 56). Diversos foram os quilombos existentes no Brasil. Destacam-se, na Bahia, os do Rio Vermelho (1632), do Itapicuru (1636), do Mocambo (1646), do Orobó (1796) e do Urubu (1826). Em Minas Gerais, o do Rio das Mortes (1751); no Maranhão, o do Cumbe (1839). Ver mais em CARNEIRO, Edison. (1988: p. 14).

[206] MATTOSO, Kátia M. de Queirós.(1990: p. 160); RAMOS, Arthur. (1942: p. 56). Bem resume a importância de Palmares Décio Freitas (1982: p. 12), a saber: "Na história das revoltas escravas brasileiras, a de Palmares ocupa lugar ímpar. Não foi apenas a primeira, mas, também, a de maior envergadura. No decurso de quase um século, os escravos da então capitania de Pernambuco resistiram às investidas das expedições continuamente enviadas por uma das maiores potências coloniais do mundo. Projeta-se como o acontecimento dominante da história pernambucana na segunda metade do século XVII e como um dos mais sérios problemas que a administração colonial lusitana teve de enfrentar no Brasil. Pois inúmeras vezes a coroa admitiu francamente que a extinção de Palmares teve uma importância comparável à expulsão dos Holandeses".

palmeiras e com relevo acidentado.[207] Nos quilombos, os negros viviam livres, formando comunidades agrícolas. Plantavam principalmente milho, feijão, batata-doce, mandioca, banana e cana-de-açúcar.

O primeiro chefe dessa comunidade foi Ganga-Zumba, que morreu assassinado em 1678. Sucedeu-lhe o legendário Zumbi,[208] conhecido como Zumbi dos Palmares. Sobre a vida dele, sabe-se pouco. Nasceu em Palmares, em 1655, mas fora capturado e criado por um padre português até a adolescência, quando fugiu para o quilombo.[209]

Os quilombos desenvolveram-se principalmente na época da dominação holandesa em Pernambuco, de 1630 a 1654, quando os portugueses deixaram de caçar os escravos fugitivos.[210] Retomado o controle da colônia, uma das primeiras providências da metrópole foi tentar combater os mocambos.[211]

As dificuldades de a metrópole destruir os quilombos deveram-se a vários fatores, dentre os quais a complexidade de acesso e a colaboração de brancos abolicionistas, que avisavam aos foragidos dos ataques, fornecendo-lhes também munição para armas.[212] Após anos de tentativas infrutíferas e contínuas expedições, o governo de Pernambuco finalmente conseguiu destruir o Quilombo de Palmares[213] pelo exército liderado pelo bandeirante Domingos Jorge Velho,[214] em 1693. Zumbi havia conseguido escapar, mas, traído posteriormente, foi capturado e morto, em 20 de novembro de 1695.[215] Perdigão Malheiro[216] afirma que

---

[207] CAMPOS, Raymundo Carlos Bandeira. (1983: p. 55); WEHLING, Arno. (1999: p. 74).

[208] O termo *Zumbi* significa principal divindade, senhor imortal. Ver em CALMON, Pedro. (1959c: p. 867).

[209] GOMES, Flávio. (2005: p. 138).

[210] CALMON, Pedro. (1959c: p. 855 e ss); CARNEIRO, Edison. (1988: p. 15).

[211] O Alvará de 10 de março de 1682 tratava sobre como deveriam ser capturados os negros fugidos para os quilombos. Autorizava-se o uso de armas de fogo na captura dos escravos, conclamavam-se os moradores próximos à região a ajudar na procura e determinava-se que os escravos, ao serem resgatados, não mais poderiam permanecer no Brasil, devendo ser expulsos.

[212] A quantidade de entradas que se fez em Palmares é imprecisa. Edison Carneiro fala seguramente de 17 expedições, enquanto Décio Freitas contabiliza de trinta a quarenta marchas contra Palmares. CARNEIRO, Edison. (1988: p. 43); FREITAS, Décio. (1982: p. 13).

[213] O Governador de Pernambuco, João da Cunha Souto-Maior, contratou os serviços do bandeirante Domingos Jorge Velho, em ato de 3 de março de 1687, prometendo pólvora, chumbo, seiscentos alqueires de farinha entre milho e feijão, mil cruzados de fazenda, armas de fogo, petrechos de campanha, dispensa de impostos e concessão de sesmarias nas terras de Palmares. Observa-se, desse modo, como era importante para a província a destruição do quilombo. O Governador concedeu, também, poderes para que Domingos Jorge Velho prendesse moradores dos arredores suspeitos de contribuir com o quilombo.

[214] Apenas uma curiosidade no que diz respeito a Domingos Jorge Velho. O bandeirante não falava português, precisando de intérprete para proceder às negociações com o governo quanto à captura de Zumbi. Àquela época, o tupi era a língua mais falada no Brasil. Darcy Ribeiro lembra que o predomínio do tupi foi até meados do século XVIII. RIBEIRO, Darcy. (1995: p. 122). Também em CALMON, Pedro. (1959c: p. 928).

[215] HOLANDA, Sérgio Buarque de. (1960a: p. 26).

[216] Conforme PERDIGÃO MALHEIRO, Agostinho Marques. (1867: p. 23).

foi preciso empregar quase 8.000 homens para debelar a resistência do quilombo.

2.2. O MOVIMENTO NEGRO ORGANIZADO NO BRASIL

No que concerne à organização urbana dos negros, podemos destacar a revolta malês como uma das primeiras modalidades de resistência organizada.[217] O termo "malês", à época, significava os africanos mulçumanos, especialmente os *hauçás*.[218] A revolta ocorreu na Bahia, em 1835, e por meio dela se intentava implementar a *Jihad*[219] no Brasil, qual seja, a guerra santa travada pelos povos muçulmanos contra os infiéis de qualquer raça ou origem. Destaque-se para o fato de os africanos das tribos muçulmanas, diferentemente das demais tribos situadas na África, serem alfabetizados e possuírem uma das mais organizadas estruturas políticas, à época.

Antes da revolta de 1835, os escravos islâmicos já haviam demonstrado organização suficiente para promover uma conspiração, em 1807, e algumas rebeliões, em 1809, 1813 e 1816. Houve, ainda, insurreições dos negros nagôs nos anos de 1826, 1827, 1828 e 1830.[220] Sobre tais levantes, no entanto, as informações disponíveis são escassas, como bem atestou Nina Rodrigues.[221]

Apesar de a revolta malês ter durado apenas algumas horas, o historiador João José dos Reis lhe atribui considerável importância, porquanto se constituiu na mais séria manifestação realizada por escravos urbanos na América: mais de quinhentas pessoas foram punidas, com sanções diversas como penas de morte, prisões, deportações e açoites.[222]

Posteriormente às revoltas na Bahia, já no início do século XX, algumas organizações foram fundadas em prol da causa negra, como a Sociedade Beneficente Treze de Maio e o Grêmio Recreativo e Cultural. No entanto, poucas instituições chegaram a ter maior representatividade, transformando-se a maioria em centros destinados a promover bailes.[223] A situação mudou de figura com a fundação do periódico *O Clarim da Alvorada*, idealizado por Jaime Aguiar e José Correia Leite, em 1924, quando surgiu no cenário nacional um veículo para discussão

---

[217] RAMOS, Arthur. (2001: p. 67).
[218] Povo muçulmano do norte da Nigéria, sul do Níger e norte dos Camarões.
[219] Ver em SILVA, Alberto da Costa e. (2002: p. 9 a 33); RODRIGUES, Nina. (1932: p. 59 a 110).
[220] CARNEIRO, Edison. (1988: p. 31).
[221] RODRIGUES, Nina. (1932: p. 67).
[222] REIS, João José. (2003: p. 9).
[223] Ver em FERNANDES, Florestan. (1964: p. 337).

de temas relevantes para a causa negra. O jornal difundia a idéia de que a união da raça se fazia necessária para poder iniciar os pleitos por melhorias nas condições de vida.

Entretanto, pode-se considerar como principal marco do movimento negro a criação, em 1931, da Frente Negra Brasileira – FNB. Fundada e sediada em São Paulo, próxima à Praça da Sé, a organização objetivava promover a paulatina integração do negro na sociedade e conscientizá-lo sobre a importância do exercício de seus direitos.[224]

A Frente Negra fundou escola para capacitação, promovia bailes organizados pela equipe *Rosas Negras*, composta por associadas, e se constituía em um verdadeiro ponto de encontro para discussões, lazer e cultura.[225] Os membros divulgavam suas idéias no jornal *A Voz da Raça*. Havia, ainda, assistência judiciária para os negros que dela necessitassem.

A Frente conseguiu uma mobilização nacional que até então nenhuma outra organização em prol dos negros havia alcançado.[226] Contava com filiais espalhadas em diversos estados da federação, chegando a possuir mais de 6 mil membros efetivos, somente em São Paulo.[227]

Em 1936, a Frente transformou-se em partido político, e, em 2 de dezembro de 1937, com a formação do Estado Novo, a organização foi extinta, tal como foram todos os demais partidos políticos. Criou-se, a partir daí, a União Negra Brasileira, no mesmo local em que atuava a FNB, mas esta nova entidade não conseguiu angariar simpatizantes

---

[224] O primeiro presidente da entidade foi Arlindo Veiga dos Santos, militante que, posteriormente, foi acusado de demonstrar certa simpatia ao integralismo. A primeira edição do jornal *A Voz da Raça*, que circulou no dia 18/3/1933, vem com o lema da Ação Integralista Brasileira: "Deus, Pátria e Família" junto ao termo "Raça". Nesse sentido, ver em LUCRÉCIO, Francisco. (1998: p. 41). A escolha de Arlindo Veiga dos Santos para presidente gerou distúrbios e tensões entre os participantes, muitos dos quais não concordavam com a sua inclinação integralista, como atestou Renato Moreira: "A identificação da orientação da Frente com os ideais direitistas fica bem evidenciada através do fato – ocorrido mais tarde, quando da realização do Primeiro Congresso da Ação Integralista – de haver Arlindo Veiga dos Santos feito um discurso no qual hipotecava solidariedade da Frente e dos seus 200.000 negros. O grupo do *Clarim*, percebendo desde já a intenção dos irmãos Veiga dos Santos de fazer dos demais elementos simples caudatários de seus ideais, assumiu uma atitude vigilante e independente em relação aos acontecimentos". Apud FERNANDES, Florestan. (1964: p. 354). Nesse sentido, também as observações feitas por GUIMARÃES, Antônio Sérgio Alfredo. (2002: p. 87).

[225] Regina Pahim Pinto informa que a Frente Negra era formada pelos seguintes departamentos: instrução e cultura, musical, esportivo, médico, imprensa, artes e ofícios, dramático, jurídico-social, doutrinário campanha da boa vontade e comissão de moços. Oferecia, ainda, os serviços de barbearia, cabeleireiro, jogos, oficinas de costura, posto de alistamento eleitoral, gabinete dentário, caixa beneficente e cruzada feminina. Apud MOTTA, Placidino Damaceno. (1998: p. 105).

[226] Uma das maiores conquistas do movimento foi garantir que os negros pudessem participar da Guarda Civil Brasileira, que na época pagava salário bastante razoável. Getúlio Vargas autorizou o ingresso de mais de duzentos negros na Guarda Civil, em 1933. LUCRÉCIO, Francisco. (1998: p. 55).

[227] Sobre o tema, ver em NASCIMENTO, Elisa Larkin. (2003: p. 231 e ss).

suficientes para prosperar, transformando-se, posteriormente, em clube dançante e recreativo – o Clube Recreativo Palmares.[228]

Apesar de a Frente Negra não ter conseguido atingir todos os objetivos a que se propôs, teve importância ímpar na formação do movimento negro nacional. A entidade demonstrou capacidade de organização de idéias e de finalidades, além de ter elevado a moral e a auto-estima dos seus membros na medida em que lhes garantia capacitação intelectual, artística e profissional, promovendo, ainda, assistência jurídica e econômica aos mais carentes.

Nesse contexto, outra importante forma de organização foi a criação do Teatro Experimental do Negro – TEN –, em 1944, idealizado e representado pela intelectualidade negra da época, como Abdias do Nascimento, Alberto Guerreiro Ramos, Ruth de Souza, Haroldo Costa e Solano Trindade. Os organizadores, ressentindo-se da falta de representatividade de negros nos palcos brasileiros, resolveram fundar um grupo de teatro que objetivasse a formação de atores e dramaturgos negros no País.[229]

O TEN também procurava "ensejar espaços de conquista de auto-estima às mulheres afro-descendentes inferiorizadas pelo padrão exclusivista e eurocentrista de beleza",[230] uma vez que "desde a mais tenra idade a criança brasileira aprende que ser negro é sinônimo de ser feio, fato que interfere de maneira profunda na construção da auto-estima, no processo de aprendizagem e no desenvolvimento da personalidade do afro-descendente".[231] O grupo organizou, ainda, o jornal

---

[228] Sobre o assunto ver em BARBOSA, Aristides. (1998: p. 25 a 34).

[229] Abdias do Nascimento explicou que a consecução de um projeto desse porte implicava também a formação de futuros artistas, alfabetizando-os e ensinando-os acerca da participação da raça negra no desenvolvimento social. Várias montagens foram realizadas com temática afro-brasileira, utilizando-se de negros como protagonistas. Ver mais em NASCIMENTO, Elisa Narkin; NASCIMENTO, Abdias do. (2000: p. 206 a 210).

[230] NASCIMENTO, Elisa Larkin. (2003: p. 297).

[231] NASCIMENTO, Elisa Larkin. (2003: p. 297). Nesse sentido, o TEN promovia concursos de beleza para eleger a negra mais bela, como o *Rainha das Mulatas* e o *Boneca de Piche*. PINTO, Luís A. Costa. (1998: p. 251). No entanto, parece-nos, pelo menos, curioso, o fato de o fundador do Teatro Experimental do Negro, Abdias do Nascimento, após tantos anos de luta pela valorização da estética africana e da afirmação da necessidade de a mulher negra resgatar a auto-estima, condenando vorazmente a adoção da estética européia nos concursos de beleza, tenha alfim optado por se casar com uma branca, norte-americana, de cabelos e olhos claros, justamente a autora do livro em questão, Elisa Larkin do Nascimento. Tal paradoxo se ressalta principalmente após a análise das observações de Abdias do Nascimento, sempre contrárias à valorização da beleza de padrões europeus. Confira-se com as suas palavras: "O teatro rebolado sempre incluiu negras e mulatas rebolativas em seu elenco, mas, quando é hora de falar em 'beleza brasileira', os juízes sempre assumem gostos helênicos. Importam da Europa e da Grécia Antiga os padrões do que é bonito. Pura alienação cultural". Abdias prossegue com mais divagações sobre o tema, dizendo que a adoção da estética do *louro dos olhos azuis* "reflete uma alienação estética, um autodesprezo, uma atitude de subserviência, na qual renunciamos a um critério comunitário e imediato do belo e do excelso em favor de um critério estranho à vida nacional". Apud NASCIMENTO, Elisa Larkin. (2003: p. 299 e 300).

Quilombo: Vida, Problemas e Aspirações do Negro,[232] que teve dez números, circulando entre dezembro de 1948 a julho de 1950. O periódico patrocinou a organização de duas Convenções Nacionais do Negro, a primeira em São Paulo, em 1945, e a segunda no Rio de Janeiro, em 1946. Por sua vez, em 1949, o Teatro organizou a Conferência Nacional do Negro, no Rio de Janeiro, cujo objetivo era o de alertar a população para a discriminação racial no País. E, em 1950, realizou o I Congresso do Negro Brasileiro, também no Rio de Janeiro.[233]

Destaquem-se para as diversas polêmicas originadas no referido Congresso. Com efeito, em 29 de agosto de 1950, houve uma mesa redonda cujo tema era: "Há um problema do Negro no Brasil?". Concedida a palavra ao congressista negro Romão da Silva, este se pronunciou afirmando não existir no Brasil justificativa para a formação de organizações específicas para promover a defesa dos negros, porque no País não havia preconceito em razão da cor. O problema, para ele, era social. Assim foram as suas palavras: "(...) há, de fato, interpretação errônea com referência às organizações de homens de cor no Brasil. De fato, não se justifica, num país onde todo o pobre branco é negro, que nele se reúnam pessoas para construírem fortalezas e sociedades independentes, que nada mais farão que atiçar o ódio daqueles que nos são contrários por índole, por formação ou por preconceito. Afirmo que não há preconceito de cor no Brasil. (...) A prova é que nos morros existem negros e brancos misturados. Estamos aqui para estudar desajustamentos sociais, desajustamentos que têm causas, que têm raízes num passado remoto e que precisam ser analisados. Sou contra!".[234]

---

[232] Destaque-se para o fato de, recentemente, os números do jornal *Quilombo* terem sido republicados, reunidos em uma única edição fac-símile. Ver em QUILOMBO. (2003).

[233] Há sobre esse ponto certa controvérsia. Isto porque Gilberto Freyre já havia organizado, em 1934, o I Congresso Afro-Brasileiro, no Teatro Santa Isabel/Recife, do qual participaram Melville Herskovits, Arthur Ramos, Édison Carneiro, Luís da Câmara Cascudo, Rodolfo Garcia, Jorge Amado, Mário de Andrade, dentre outros. Nesse sentido, ver CHACON, Vamireh. (1993 p. 255 e ss). No entanto, Abdias do Nascimento não reconheceu a validade do Congresso promovido por Freyre, porque, segundo ele, havia sido "acadêmico", "distante da cooperação e da participação popular". Para Abdias, o primeiro Congresso dos negros havia sido o organizado por ele mesmo. NASCIMENTO, Abdias do. (1982: p. 91); NASCIMENTO, Elisa Larkin. (2003: p. 269).

[234] *Apud* NASCIMENTO, Abdias do. (1982: p. 315). Após muita confusão, Romão da Silva explicou o pronunciamento anterior: "É muito séria a afirmativa de que não há preconceito de cor no Brasil. É muito séria porque, para prová-la, teremos que arrostar com a responsabilidade de uma análise minudente do problema, nos seus aspectos sociais e psicológicos (...). Quando dizemos que não há preconceito de cor no Brasil, queremos dizer que, em nosso país, não existe distinção de castas e nem há fundamento histórico que justifique essa distinção. Nós vimos que o próprio português não negou a raça negra. Alguns dizem que o português procurava a mulher negra para explorá-la, mas posso provar que o português era assimilável a nós, que não alimentava preconceito de cor. O português reconhecia os seus filhos espúrios, seus bastardos, e os criava como a seus próprios filhos. Deles faziam doutores, não os abandonando. É um aspecto psicológico muito interessante de ser observado. Pode-se dizer que há hotéis que não aceitam negros, mas isso é um caso, dentro de uma cidade imensa. Para impedir esse atentado à

A desordem que se sucedeu à apresentação de Romão da Silva foi tamanha que o Presidente da Mesa, Édison Carneiro, foi deposto e substituído pelo sociólogo L. A. Costa Pinto. As trocas de insultos e agressões, no entanto, ainda continuaram durante algum tempo. A situação ficou tão descontrolada que o novo presidente da mesa iniciou a apresentação exigindo respeito, educação e serenidade dos participantes.

Posteriormente, já na sessão solene de encerramento do Congresso, houve a leitura de uma *Declaração dos Cientistas*, assinada por alguns dos participantes do evento, o que provocou a ruptura entre os signatários da declaração e os não-signatários, estes por entenderem que a *Declaração dos Cientistas* poderia ser interpretada de forma contrária à *Declaração de Princípios* que havia sido lida no início do Congresso. Darcy Ribeiro queria retirar da ata do Congresso as confusões e trocas de insultos que se iniciaram a partir de então, aparentemente sem sucesso. Os registros permaneceram e podem ser encontrados nos livros que se publicaram sobre o tema.[235]

Elisa Nascimento, ao interpretar o conflito interno no Congresso, procurou explicar o ocorrido alegando a *ignorância* do grupo que assinou a *Declaração dos Cientistas* sobre o tema. Alegou que tanto Darcy Ribeiro, como L. A. da Costa Pinto não haviam pesquisado suficientemente a causa do negro. O detalhe é que esse mesmo autor, Costa Pinto, havia sido escolhido pelo projeto financiado pela UNESCO, na década de 50, para escrever sobre as relações raciais no Rio de Janeiro, o que deu ensejo ao livro *O negro no Rio de Janeiro*, conforme veremos melhor adiante. Mas, nas palavras de Elisa: "Nenhum desses dois cientistas sociais havia produzido trabalho significativo no campo dos estudos do 'negro'. Ribeiro pesquisava o índio. Costa Pinto, [era] autor de uma obra controvertida na sociologia (...)".[236]

Elisa prosseguiu dizendo que os conflitos se iniciaram porque no Congresso estavam participando dois grupos distintos: o de Darcy Ribeiro, que possuía orientações marxistas e não acreditava que os negros pudessem apresentar reivindicações legítimas, e o de Abdias do Nascimento, formado, em suas palavras, "por um grupo de intelectuais negros que propugnava por um enfoque acadêmico crítico, porém independente da 'linha correta' ideológica marxista, ligado e capaz de dar

---

democracia, é necessário apelarmos para as leis e os homens da lei devem vir ao nosso encontro. É preciso ver, também, por que a proibição daquele negro entrar no hotel. É preciso ver a questão social, o aspecto social. Porque, num hotel de luxo, não é só o negro que deixa de entrar, também o branco pobre não entra. O preconceito existe, então, contra o branco que é pobre. Se houvesse, no Brasil, preconceito de cor, seria como nos Estados Unidos, que o negro, nem com todo o dinheiro do mundo, se atreve a pisar na Quinta Avenida". Apud NASCIMENTO, Abdias do. (1982: p. 317).

[235] NASCIMENTO, Abdias do. (1982: p. 311 a 334 e p. 396).

[236] NASCIMENTO, Elisa Larkin. (2003: p. 266). Sobre essa *obra controvertida* esclareceu Elisa tratar-se de acusação de *plágio* no livro "Lutas de Família". (2003: p. 280).

suporte à articulação pelo movimento social de seus próprios rumos".[237]

Findo o Congresso, L. A. Costa Pinto publicou o resultado da pesquisa no livro *Relações Raciais no Rio de Janeiro*. Por ter adotado tese contrária à esposada normalmente pelas organizações negras – ao tempo em que reconhecia a existência de forte preconceito e discriminação raciais no Brasil – Costa Pinto sofreu represálias e acusações públicas por parte de Abdias do Nascimento.[238] Tais denúncias, entretanto, não ficaram sem resposta. À época, Costa Pinto fez veicular em jornal: "Duvido que haja biologista que depois de estudar, digamos, um micróbio, tenha visto esse micróbio tomar da pena e vir a público escrever sandices a respeito do estudo do qual ele participou como material de laboratório".[239]

Ainda no ano de 1950, determinado acontecimento antecipou a tomada de posição do governo brasileiro. A dançarina e coreógrafa norte-americana Katherine Dunham foi impedida de se estabelecer com seu grupo no Hotel Esplanada, em São Paulo, aparentemente por ser negra. Tal manifestação de preconceito gerou forte mobilização social,[240] culminando com a elaboração de lei que, pela primeira vez, criminalizou o preconceito de cor no Brasil – a Lei Afonso Arinos, de 3/7/1951.[241]

---

[237] NASCIMENTO, Elisa Larkin. (2003: p. 267 e 268).

[238] Como, por exemplo, as manifestações "Nós, os negros e a Unesco", publicada no periódico *Panfleto*, n° 5, Rio de Janeiro, set. 1953, p. 23; além de "A UNESCO e as relações de raça", *Panfleto*, n° 14, Rio de Janeiro, dez. 1953. NASCIMENTO, Elisa Larkin. (2003: p. 280). Uma das prováveis explicações para a perseguição contra Costa Pinto por Abdias do Nascimento, à época do Congresso, pode decorrer do fato de Costa Pinto ter afirmado que o TEN, que fora idealizado por Abdias, ter se constituído de um movimento da classe média negra, deixando à margem a classe negra operária. PINTO, Luís A. Costa. (1998: p. 249 e ss).

[239] Apud NASCIMENTO, Elisa Larkin. (2003: p. 274).

[240] O episódio desencadeou repúdios veementes por parte da imprensa, que se manifestou sobre o caso de maneira aviltosa, por meio de expressões como "impressão de revolta", "repugna a todos nós, como cristãos e latinos", "caso triste", "insulto às tradições brasileiras", "verdadeira surpresa". Ver mais em FERNANDES, Florestan. (1964: p. 727); NASCIMENTO, Elisa Larkin; NASCIMENTO, Abdias. (2000: p. 212). Gilberto Freyre, em 17 de julho de 1950, proferiu discurso exaltado na Câmara dos Deputados, intitulado *Contra o Preconceito de Raça no Brasil*, no qual condenou com veemência o episódio ocorrido em São Paulo, relativo à dançarina Katherine Dunham. Assim se expressou: "Sr. Presidente, se é certo que um hotel da capital de São Paulo recusou acolher como seu hóspede a artista norte-americana Katherine Dunham por ser pessoa de cor, o fato não deve ficar sem uma palavra de protesto nacional nesta Casa. Pois entre nossas responsabilidades de representantes da Nação Brasileira está a de vigilância democrática da qual tanto se fala hoje nos discursos, mas que nem sempre é praticada nos momentos precisos. Este é um momento – o ultraje à artista admirável cuja presença honra o Brasil – em que o silêncio cômodo seria uma traição aos nossos deveres de representantes de uma nação que faz do ideal, se não sempre da prática, da democracia social, inclusive a étnica, um dos seus motivos de vida, uma das suas condições de desenvolvimento". FREYRE, Gilberto. (1950: p. 195).

[241] Abdias do Nascimento alegou que a lei não teve qualquer eficácia e que pouco contribuiu para impedir a discriminação racial. A despeito de criticar a lei, paradoxalmente afirmou que apesar de o parlamentar Afonso Arinos não ter mencionado, o texto que o inspirou no projeto na verdade foi a proposta apresentada pela Convenção Nacional do Negro, a qual havia sido organizada por Abdias. Elisa Larkin Nascimento, em defesa de Abdias, escreveu sobre o

Ainda sobre o desenvolvimento do movimento negro, ressalte-se o surgimento, em 1978, do Movimento Negro Unificado – MNU, com o objetivo de incentivar a elaboração e a implementação de políticas favoráveis à causa negra, além de ajudar no desenvolvimento de uma identidade negra nacional. À época da criação, o grupo procurava difundir a temática do negro entre aqueles que combatiam a ditadura militar. O MNU permanece ativo com um dos maiores movimentos negros brasileiros até hoje.[242]

Percebe-se que desde a origem dos Quilombos até os dias atuais, diversas foram as organizações criadas com o intuito de promover a integração do negro na sociedade. Séculos de luta, nesse sentido, não foram em vão. Os resultados são múltiplos e constantes, desde as mais diversas leis e programas de governo que visam a combater a discriminação e o racismo, a promoção do resgate da auto-estima da raça, a formação de uma consciência coletiva de tolerância na sociedade, além de medidas positivas de integração do negro nas áreas menos representadas.

Nessa linha, paradigmáticas foram as conquistas efetivadas pelo movimento negro na Assembléia Constituinte. À época, os parlamentares Carlos Alberto Caó, Benedita da Silva e Paulo Paim organizaram discussões no Congresso Nacional[243] a fim de inserir o crime de

---

Deputado Afonso Arinos: "Dada a posição do deputado contra as associações negras, que julgava racistas, é previsível a não lhes dar visibilidade. Trata-se de mais uma das formas de escamotear o protagonismo afro-brasileiro: atribuem-se suas conquistas a líderes brancos da sociedade dominante, num hábito que chamaria de 'síndrome Princesa Isabel'". NASCIMENTO, Elisa Larkin; NASCIMENTO, Abdias. (2000: p. 259 a 260). Eis o teor da Lei Afonso Arinos, nº 1.390/50: Artigo 1º: "Constitui contravenção penal, punida nos termos desta Lei, a recusa, por parte de estabelecimento comercial ou de ensino de qualquer natureza, de hospedar, servir, atender ou receber cliente, comprador ou aluno, por preconceito de raça ou de cor. Parágrafo único. Será considerado agente da contravenção o diretor, gerente ou responsável pelo estabelecimento. Artigo 2º: Recusar alguém hospedagem em hotel, pensão, estalagem ou estabelecimento da mesma finalidade, por preconceito de raça ou de cor. Pena: prisão simples de três meses a um ano e multa de Cr$5.000,00 (cinco mil cruzeiros) a Cr$20.000,00 (vinte mil cruzeiros)". A lei tipificava, ainda, as seguintes condutas: recusar a venda de alimentos devido ao preconceito de cor, recusar a inscrição de aluno em estabelecimento de ensino, obstar o acesso a cargos públicos e negar emprego em autarquias, sociedades de economia mistas, empresas concessionárias de serviço público e empresas privadas.

[242] Sobre o tema, ver em SANTOS, Hélio. (2000: p. 64 e ss). Antônio Sérgio Guimarães resumiu os objetivos principais do movimento negro unificado: "Em sua agenda política estavam três alvos principais: a)a denúncia do racismo, da discriminação racial e do preconceito de que eram vítimas os negros brasileiros; b)a denúncia do mito da democracia racial, como ideologia que impedia a ação anti-racialista; c)a busca de construção de uma identidade racial positiva: através do afro-centrismo e do quilombismo, que procuram resgatar a herança africana no Brasil (invenção de uma cultura negra)". GUIMARÃES, Antônio Sérgio Alfredo. (2002: p. 160).

[243] Antônio Sérgio Guimarães analisa os principais pleitos dos movimentos negros no Brasil: "Uma pequena lista das reivindicações do movimento negro, nos últimos 15 anos, dá uma idéia de sua abrangência e radicalismo. Em primeiro lugar, o movimento recusou a data oficial de celebração da incorporação dos negros à nação brasileira, o 13 de maio, data da abolição da escravidão, passando a festejar o 20 de novembro, dia da morte de Zumbi, que chefiou a resistência do Quilombo dos Palmares em 1695. Em segundo lugar, passou a reivindicar uma

racismo na Constituição e, ainda, considerá-lo imprescritível, o que de fato não encontra precedente em nossa História Constitucional.[244]

Atualmente, pode-se afirmar que o movimento negro brasileiro encontra-se cada vez mais forte e organizado. Pouco a pouco, novas entidades vêm surgindo e alçando maior ou menor relevo nacional. Segundo Hélio Santos,[245] no ano de 2000, os bancos de dados do Núcleo de Estudos Interdisciplinares do Negro Brasileiro da USP já possuíam cadastradas mais de 1.300 entidades destinadas à promoção do negro na sociedade.[246]

---

mudança completa na educação escolar, de modo a extirpar dos livros didáticos, dos currículos e das práticas de ensino os estereótipos e os preconceitos contra os negros, instilando, ao contrário, a auto-estima e o orgulho negros. Em terceiro lugar, exigiu uma campanha especial do governo brasileiro que esclarecesse a população negra (pretos e pardos) de modo a se declarar 'preta' nos censos demográficos de 1991 e 2000. Em quarto lugar, reclamou e obteve a modificação da Constituição para transformar o racismo em crime inafiançável e imprescritível, tendo, posteriormente, conseguido passar legislação ordinária regulamentando o dispositivo constitucional. Em quinto lugar, articulou uma campanha nacional de denúncias contra a discriminação racial no país, pregando e alcançando, em alguns lugares, a criação de delegacias especiais de combate ao racismo. Finalmente, concentra-se, hoje em dia, em reclamar do governo federal a adoção de políticas de ação afirmativa para o combate das desigualdades raciais". GUIMARÃES, Antônio Sérgio Alfredo. (2002: p. 105 e 106). Jacob Gorender descreve as comemorações do centenário da abolição da escravatura, promovidos pelo Movimento Negro Unificado: "Em São Paulo, (...) um grupo queimou um boneco de pano representativo da princesa Isabel, na praça que leva o seu nome. Em Salvador, também o retrato da princesa foi queimado. Mobilizados pelo MNU e por blocos de música afro-brasileira, milhares de negros desfilaram (...) com o tema central 'Cem anos sem Abolição'. No Recife, membros de entidades negras promoveram o enterro simbólico do parque 13 de Maio e mudaram seu nome para 20 de novembro (...) escolhido pelo MNU". GORENDER, Jacob. (1990: p. 8).

[244] Nas Constituições Brasileiras, a palavra "raça" aparece a partir da Carta de 1934. Em 1937, desaparece, retornando em 1946. Em 1967 e 1969, fala-se que o "preconceito racial será punido pela lei", mas em nenhum momento se determinou a imprescritibilidade deste crime, o que somente veio a ocorrer em 1988. Ao lado apenas da ação de grupos armados contra a ordem constitucional e o Estado, o crime de racismo é um dos únicos imprescritíveis no Direito brasileiro. Não temos no País a tradição de qualificar os crimes como imprescritíveis, mesmo porque a prescritibilidade funciona, no Brasil, como uma garantia do cidadão, na medida em que concede um prazo para que o Estado exerça o direito de punir. No Direito Internacional, somente os crimes considerados gravíssimos, como genocídio e crimes de guerra, possuem também a característica da imprescritibilidade. Sem dúvida, tornar o crime de racismo uma conduta imprescritível revelou uma demonstração de força sem precedentes do movimento negro organizado no Brasil. Nessa linha, SANTOS, Christiano Jorge. (2001: p. 151 a 158).

[245] Ver em SANTOS, Hélio. (2000: p. 70 e ss); SILVA, Nelson Fernandes Inocêncio da. (2001: p. 39). Sobre organizações específicas para as mulheres, ver em ROLAND, Edna. (2000: p. 237 a 244).

[246] A título exemplificativo, poder-se-ia mencionar algumas entidades. Na área artística, temos o Grêmio Recreativo da Arte Negra Escola de Samba Quilombo, o Olodum e o bloco Ilê Aiyê, dentre outras. Por outro lado, podem-se ainda destacar os Agentes Pastorais Negros – APNs – , espalhados por todo o Brasil, representando o engajamento da Igreja Católica em relação à questão; o Centro de Defesa do Negro no Pará – Cendepa; o Centro de Cultura Negra – CCN, no Maranhão; o Movimento Negro da Amazônia – Moam; o Instituto de Mulheres Negras do Amapá – IMENA; o Instituto de pesquisa e preservação da cultura e religiosidade Afro-brasileira *oju oba ominira*, em Brasília/DF; os Trabalhos e Estudos Zumbi – TEZ, em Campo Grande/MS; o Núcleo de Pesquisa sobre Africanidades e Afrodescendências – ÍFARADÁ – UFPI, no Piauí; a União de Cultura Negra em Santa Catarina – UNIAFRO, em Santa Catarina; no Rio de Janeiro o Instituto de Pesquisa da Cultura Negra – IPCN, a CRIOLA e o Centro de Articulação de

Desse modo, dificilmente poder-se-ia imaginar que a situação do negro no Brasil de hoje é de desamparo institucional. Pela quantidade de organizações cadastradas com o objetivo de lutar por essa causa, o que se observa é uma grande força política e institucional a se movimentar pela inclusão do negro na sociedade hodierna.

Populações Marginalizadas – CEAP – e, em São Paulo, destaca-se a Fala Preta! – Organização de Mulheres Negras, a Thema Educação – Projeto educacional para negros e estudantes de baixa renda, a Sociedade Cultural Missões Quilombos, o Geledés – Instituto da Mulher Negra, a Sociedade Afro-Brasileira de Desenvolvimento Sóciocultural – AFROBRAS. Sobre esta, uma curiosidade. Em 13 de maio de 2003, a AFROBRÁS lançou a Faculdade Zumbi dos Palmares, cuja missão é a inclusão dos negros ao ensino superior, o que decorrerá das diversas parcerias já efetivadas com várias instituições, como a Faculdade Metodista de São Paulo e Metodista de Piracicaba, a Universidade Santo Amaro, a Universidade Paulista e a Fundação Coca-Cola, com sede em Atlanta, Estados Unidos, a qual irá repassar cerca de US$ 25 mil por ano à instituição, durante 10 anos. Outra parceria realizada foi com o Consórcio Mississipi, que reúne quatro universidades para negros norte-americanos, visando ao intercâmbio de professores e de alunos. José Vicente, reitor da Faculdade Zumbi dos Palmares, esclareceu que o imóvel provisório para funcionamento da instituição foi cedido pelo Governo do Estado de São Paulo. Segundo informa o endereço eletrônico da AFROBRAS, a mensalidade custa aproximadamente R$260,00 (duzentos e sessenta reais). O primeiro curso ministrado foi o de Administração, em duas especializações: Administração Geral e Administração Financeira. Em 2006, a Universidade já contava com mais duas especializações: Comércio Eletrônico e Comércio Exterior. O 1º exame vestibular aconteceu em novembro de 2003 e foram reservadas 50% das 120 vagas para afro-descendentes. As aulas tiveram início em março de 2004. Disponível em: (http://www.afrobras.org.br). Acesso em: 20 out. 2006.

3. Primeiros estudos sobre as relações raciais no Brasil

3.1. A IMPORTÂNCIA DE GILBERTO FREYRE E *CASA-GRANDE & SENZALA* – O CONTEXTO NO QUAL SE INSERE

A primeira fase de estudos sobre as relações raciais no País ficou decididamente marcada pela genialidade de Gilberto Freyre, e é por isso que se dedica parte deste trabalho à análise das suas obras. Isto porque, a despeito de vários outros autores contemporâneos ou anteriores a Freyre terem desenvolvido estudos sobre as relações raciais no Brasil, a magnitude do trabalho freyriano merece uma reflexão autônoma e pontual.

Revolucionário, criativo, inovador, os adjetivos são insuficientes para resumir essa personalidade ímpar, que nadou contra a corrente ao tentar desenvolver a idéia da miscigenação como a nota essencial a distinguir o povo brasileiro. Bem definiram tal momento dos estudos brasileiros Sérgio Buarque de Holanda e Caio Prado Júnior, ao se referirem a "Gilberto Freyre e a geração de 30". Antes dessa etapa, a maior parte dos estudos sobre raça no Brasil se baseava em premissas pseudocientíficas sobre a inferioridade da raça negra, conforme veremos a seguir.[247]

A importância de *Casa-Grande & Senzala* não pode ser observada exclusivamente a partir de seu conteúdo. É que além de ter se constituído em um livro revolucionário, tanto por causa do enfoque dado a temas muitas vezes já discutidos no Brasil, tanto pela adoção de uma linguagem comum, vulgar até, o fato é que as maiores contribuições

---

[247] Nesse sentido, afirma Antônio Sérgio: "Com a aparição de Casa-grande & Senzala, em 1933, iniciou-se uma grande mudança no modo como a ciência e o pensamento social e político brasileiros encaravam os povos africanos e seus descendentes, híbridos ou não. Gilberto Freyre, ao introduzir o conceito antropológico de cultura nos círculos eruditos nacionais e ao apreciar de modo profundamente positivo a contribuição dos povos africanos à civilização brasileira, foi um marco do deslocamento e do desprestígio que sofreram, daí em diante, o antigo discurso racialista de Nina Rodrigues, e, sobremodo, a continuada influência que a escola de medicina legal italiana ainda exerce nos meios médicos e jurídicos nacionais". GUIMARÃES, Antônio Sérgio Alfredo. (1999b: p. 148).

que a obra trouxe à cultura nacional foram a de libertar o futuro do País das previsões pessimistas até então realizadas e a de inserir o negro no papel de sujeito – em vez de mero objeto – na formação do povo brasileiro, junto ao índio e ao português.[248]

O ensaio procurou resgatar a auto-estima do povo brasileiro ao analisar a diversidade da formação social como motivo de orgulho e força. Em vez de reservar o destino do Brasil ao subdesenvolvimento, como era lugar comum entre os escritores da época, Gilberto Freyre inovou ao afirmar o caráter positivo da mistura das raças. Desse modo, libertou-nos das amarras que impediam a expectativa de um Brasil melhor.

Com efeito, a obra de Freyre possui o mérito de procurar redimir os brasileiros do complexo de terem nascido no País,[249] ao tempo em que analisa a influência das raças na formação da sociedade como algo positivo e peculiar do Brasil. O texto, na verdade, é uma apologia à miscigenação e, pela primeira vez, alternou o papel comumente destinado ao negro na literatura de então, elevando-o à condição de protagonista, e não mero espectador dos acontecimentos. Nesse sentido, tais foram as palavras de Freyre: "Todo brasileiro, mesmo o alvo, de cabelo louro, traz na alma, quando não na alma e no corpo (...) a sombra, ou pelo menos a pinta, do indígena e do negro. Na ternura, na mímica excessiva, no catolicismo em que se deliciam os nossos sentidos, na música, no andar, na fala, no canto de ninar menino pequeno, em tudo que é expressão sincera de vida, trazemos quase todos a marca da influência negra".[250]

---

[248] A junção dos três elementos na formação do povo brasileiro foi estudada pelo antropólogo Roberto Da Matta sob o título *A Fábula das Três Raças*. Segundo o autor, a fábula é a mais poderosa força cultural do Brasil, permitindo pensar o País como um todo, integrando a sociedade e individualizando a cultura. DAMATTA, Roberto. (1987: p. 58 a 85).

[249] Até os notórios críticos de Gilberto Freyre, como Fernando Henrique Cardoso, cuja tese de doutorado focou-se na dura crítica ao *mito da democracia racial* e rural ocorrida no Rio Grande do Sul – ver em CARDOSO, Fernando Henrique. (2003a: p. 132 a 139) –, destacam a importância de Gilberto Freyre para a construção da identidade nacional. Assim se expressou recentemente Cardoso, na apresentação à última edição de *Casa-Grande & Senzala*: "De alguma forma Gilberto Freyre nos faz fazer as pazes com o que somos. Valorizou o negro. Chamou atenção para a região. Reinterpretou a raça pela cultura e até pelo meio físico. Mostrou, com mais força do que todos, que a mestiçagem, o hibridismo e mesmo (mistificação à parte) a plasticidade cultural da convivência entre contrários não são apenas uma característica, mas uma vantagem do Brasil. E acaso não é essa a carta de entrada do Brasil em um mundo globalizado no qual, em vez da homogeneidade, do tudo igual, o que mais conta é a diferença, que não impede a integração nem se dissolve nela?" CARDOSO, Fernando Henrique. (2003b: p. 28). Nesse sentido, também é o pensamento de respeitado estudioso em matéria racial, Carlos Hasenbalg, o qual admite o mérito da obra *Casa-Grande & Senzala* para o estudo das relações entre as raças no Brasil: "No fim do século passado, todos os diagnósticos baseados no racismo científico diziam: 'este país não pode ir adiante, não pode progredir, por causa da composição racial da sua população'. O que Freyre fez foi dizer: não, espera aí, a miscigenação é ótima, a miscigenação é o caldeamento das raças". HASENBALG, Carlos A.; MUNANGA, Kabengele; SCHWARCZ, Lília Moritz. (1998: p. 26).

[250] FREYRE, Gilberto. (2002: p. 343).

Para se compreender o mérito deste majestoso estudo sobre os trópicos, é preciso observar o contexto que precedeu a publicação. Os livros anteriores à *Casa-Grande & Senzala* revelavam uma extrema melancolia, os autores enfadonhamente repetiam o desastre do destino brasileiro e creditavam a derrota especialmente à miscigenação entre as três raças. Garantiam que o resultado da composição do que acreditavam ser o *índio preguiçoso*, o *negro inferior* e o *português ignorante* não poderia ser diferente do que a criação de um povo mole, lento, subdesenvolvido, incapaz de superar as adversidades e de construir uma nação vigorosa. Retratavam um Brasil miserável, destinado ao subdesenvolvimento e ao fracasso.

Para citar apenas alguns exemplos, podemos começar a situar o contexto anterior à *Casa-Grande* a partir da publicação de *A Poesia Popular no Brasil*, de Sylvio Romero.[251] Um dos fundadores da Escola do Recife e conterrâneo de Tobias Barreto, assim se expressou o sergipano: "É uma vergonha para a ciência do Brasil que nada tenhamos consagrado de nossos trabalhos ao estudo das línguas e das religiões africanas. Quando vemos homens, como Bleek, refugiar-se dezenas e dezenas de anos nos centros da África somente para estudar uma língua e coligir uns mitos, nós, que temos o material em casa, que temos a África em nossas cozinhas, como a América em nossas selvas e a Europa em nossos salões, nada havemos produzido neste sentido! É uma desgraça. Bem como os portugueses estanciaram dois séculos na Índia e nada ali descobriram de extraordinário para a ciência, deixando aos ingleses a glória da revelação do sânscrito e dos livros *brahmínicos*, tal nós vamos levianamente deixando morrer os nossos negros da Costa como inúteis, e iremos deixar a outros o estudo de tantos dialetos africanos, que se falam em nossas senzalas! O negro não é só uma máquina econômica, ele é antes de tudo um objeto de ciência".

Observa-se, com esse trecho, a incapacidade de os autores da época enxergarem o negro como um dos sujeitos da história brasileira, sendo-lhe sempre relegada posição secundária, acessória, como se de um objeto se tratasse.

Ainda no século XIX, José Bonifácio, na obra *Projetos para o Brasil*, observou os índios como um povo "naturalmente melancólico e apático, estado de que não sai senão por grande efervescência das paixões, ou pela embriaguez; a sua música é lúgubre, e sua dança mais ronceira e imóvel que a do negro".[252] E Paulo Prado, em *Retratos do Brasil*, publicado originariamente em 1928, insurgiu-se contra a consciência de que o País formava um paraíso tropical e de alegria e afirmou ser o

---

[251] ROMERO, Sylvio. (1879: p. 99).

[252] SILVA, José Bonifácio de Andrada e. (1998: p. 126). E, à folha 133, completa: "Os índios do Brasil (...) são preguiçosos, dorminhocos, pesados e voluptuosos".

Brasil uma das nações mais atrasadas do continente, empestada por vícios, com uma elite despreparada e ignorante. E assim aduziu: "A Colônia, ao iniciar-se o século de sua independência, era um corpo amorfo, de mera vida vegetativa, mantendo-se apenas pelos laços tênues da língua e do culto. População sem nome, exausta pela verminose, pelo impaludismo e pela sífilis, tocando dois ou três quilômetros quadrados a cada indivíduo, sem nenhum ou pouco apego ao solo nutridor; país pobre sem o auxílio humano, ou arruinado pela exploração apressada, tumultuária e incompetente de suas riquezas minerais; cultura agrícola e pastoril limitada e atrasada (...). Indigência intelectual e artística completa, em atraso secular, reflexo apagado da decadência da mãe-pátria; facilidade de decorar e loquacidade derramada, simulando cultura; vida social nula porque não havia sociedade, com as mulheres reclusas como mouras ou turcas; vida monótona e submissa, sem os encantos que a poetizam(...)".[253]

Nas páginas finais do livro, arremata: "Dos agrupamentos humanos de mediana importância, o nosso país é talvez o mais atrasado. O Brasil, de fato, não progride: vive e cresce, como cresce uma criança doente, no lento desenvolvimento de um corpo mal organizado (...).[254] A cultura intelectual não existe, ou finge existir em semiletrados mais nocivos do que a peste. Não se publicam livros porque não há leitores, não há leitores porque não há livros. (...). Um vício nacional, porém, impera: o vício da imitação. Tudo é imitação, desde a estrutura política em que procuramos encerrar e comprimir as mais profundas tendências da nossa natureza social, até o falseamento das manifestações espontâneas do nosso gênio criador".[255]

E ainda há mais. Outros escritos revelaram, ainda, a vontade de por critérios aparentemente científicos procurar comprovar a inferioridade da raça negra. Nesse sentido, J. B. de Sá Oliveira, quando escreveu *Craniometria Comparada das Espécies Humanas na Bahia sob o ponto de vista Evolucionista e Médico-legal*, em 1895, e ainda o médico legista Nina Rodrigues, com a obra *Os Africanos no Brasil*, recentemente reeditado, parte do estudo desenvolvido pelo autor entre 1890 a 1905, que se intitulara *O Problema da Raça Negra na América Portuguesa*.

Em 1932, Homero Pires publicou os manuscritos do médico legista Nina Rodrigues, que havia falecido antes de terminar o livro. Surgiu, assim, a obra *Os Africanos no Brasil*. Acompanhado de grande interesse nacional, o texto é considerado, até hoje, um dos grandes estudos sobre a influência da raça negra na formação do povo brasileiro.

---

[253] PRADO, Paulo. (1999: p. 160 e 161).
[254] Idem. (1999: p. 199).
[255] Idem. (1999: p. 203 e 204).

Em sua pesquisa, Nina Rodrigues difundiu a idéia de que a maior desgraça brasileira havia sido a miscigenação das raças, o que debilitara o povo, tornando-o fraco. Considerou que o negro é uma espécie inferior, com propensões genéticas à criminalidade, e que a participação deste como elemento étnico do Brasil garantiu-nos posição de extrema desvantagem em comparação com outros países. Não satisfeito, citou ainda o exemplo dos Estados Unidos, onde apesar de também haver negros, a miscigenação não somente era desestimulada, como controlada por parte do Estado. E aduziu: "Se conhecemos homens negros ou de cor de indubitável respeito, não há de obstar esse fato o reconhecimento desta verdade – que até hoje não puderam os Negros se constituir em povos civilizados".[256] Em outro momento, afirmou: "A Raça Negra no Brasil, por maiores que tenham sido os seus incontáveis serviços à nossa civilização, por mais justificadas que sejam as simpatias de que a cercou o revoltante abuso da escravidão, por maiores que se revelem os generosos exageros dos seus turiferários, há de constituir sempre um dos fatores da nossa inferioridade como povo".[257] E, por fim, concluiu: "O que importa ao Brasil determinar é o quanto de inferioridade lhe advém da dificuldade de civilizar-se por parte da população negra (...)".[258]

Nina acreditava que os negros cometiam crimes porque não se constituíam em uma raça civilizada, de tal modo que não se poderia esperar deles uma conduta de discernimento entre o certo e o errado. Julgava que os negros conservavam os instintos africanos, vindo daí sua ferocidade, impulsões sexuais e tendência à embriaguez. Ao final da obra, arrematou, citando o professor Morselli:[259] "Nenhum antropologista poderá jamais admitir uma igualdade de capacidade evolutiva entre o branco e o negro. O mais humanitário dos antiescravistas jamais poderá cancelar as diferenças biológicas entre os homens. (...). O Negro principalmente é inferior ao Branco, a começar da massa encefálica que pesa menos e do aparelho mastigatório que possui caracteres animalescos, até às faculdades de abstração, que nele é tão pobre e tão fraca. Quaisquer que sejam as condições sociais em que se coloque o Negro, está ele condenado pela sua própria morfologia e psicologia a jamais poder se igualar ao Branco. Para que se pudesse verificar tal acontecimento histórico-antropológico, fora mister uma circunstância bem improvável, senão impossível: a perda, por parte do Branco, da sua capacidade de adaptação progressiva. Só uma parada da civilização

---

[256] RODRIGUES, Nina. (1932: p. 13).
[257] Idem. (1932: p. 17).
[258] Idem. (1932: p. 391).
[259] Idem. (1932: p. 396 e 397); ver também SILVA JR., Hédio. (2000: p. 364 e 365).

européia e Anglo-Americana daria tempo aos Negros para na sua lentíssima e não espontânea evolução, atingir-nos e igualar-nos".

A despeito do conteúdo preconceituoso e discriminatório do livro, o prestígio do autor pode ser sentido até hoje, na medida em que sua obra foi reeditada recentemente e seu nome intitula hospital, museu, instituto médico legal, e até uma cidade no Maranhão, dentre outras instituições.[260] Por outro lado, a obra de Nina Rodrigues também se constituía em leitura obrigatória dos organizadores da Frente Negra Brasileira, como se percebe dos depoimentos dos seus membros: "Eu lia muito o Nina Rodrigues. Esse assunto de negro a gente conhecia por causa do Nina Rodrigues, do Oliveira Vianna, do Manuel Querino. Sempre existiu uma trilogia de intelectuais no Brasil: os que exaltam a posição do lusitano, o negro e o índio".[261]

Outro famoso autor da época, Oliveira Vianna, ao publicar *Raça e Assimilação*, em 1932, acreditava que a miscigenação com o povo africano fora um grande mal para o Brasil, porque enfraquecera o povo brasileiro. Destacou: "Sob o ponto de vista biológico, o estrangeiro, mesmo naturalizado, é sempre um organismo em crise de adaptação (...). Ora, nem sempre o seu organismo tem a plasticidade adaptativa que se refletem nas variações dos índices de morbidade, de mortalidade, de longevidade de cada indivíduo, de cada raça, de cada etnia".[262] E continuou: "Estes, entretanto, nos chegam, civilizados ou semi-bárbaros (...), carregando usos estranhos, costumes, tradições, modalidades folclóricas de todo o gênero; em suma, formas novas de civilização, que, entrando em conflito entre si ou com a nossa, substituindo-se, superpondo-se ou interdifundindo-se, estão alterando profundamente as camadas tradicionais da nossa sedimentação cultural".[263]

E é nesse contexto em que se reafirmava a mediocridade do povo, a insipiência das instituições e a fraqueza das relações sociais que surgiu Gilberto Freyre, com uma ousadia de percepção que o tornou praticamente um redescobridor do Brasil. Com efeito, Freyre rompeu com velhos pensamentos preconceituosos e reducionistas e aclamou a participação do negro e do índio no processo de formação do caráter nacional.[264]

---

[260] Arthur Ramos, reverenciado como um dos maiores antropólogos sobre os negros brasileiros, sentia uma admiração inconteste por Nina Rodrigues. Tal fato pode ser demonstrado a partir de diversos trechos dos livros escritos por Arthur, como, por exemplo: "No próprio Congresso Afro-brasileiro de Recife, não se homenageou, como era de esperar-se, o nome do grande mestre baiano. Desde 1926, na Bahia, venho reivindicando os trabalhos de Nina Rodrigues". RAMOS, Arthur. (1935: p. 6).

[261] Depoimento de Francisco Lucrécio, que ingressou na FNB em 1931 e fez parte da Diretoria. LUCRÉCIO, Francisco. (1998: p. 57).

[262] OLIVEIRA VIANNA. (1932: p. 130 e 131).

[263] Idem. (1932: p. 167).

[264] Nesse sentido, Aldo Rebelo bem resumiu a contribuição intelectual de Gilberto Freyre: "Gilberto Freyre não foi um navegador. Antes, foi cartógrafo. Os caminhos que traçou permite-

Na obra *Casa-Grande & Senzala*, Gilberto revelou a presença do negro em diversas facetas da nossa cultura, como na música, na dança, no vocabulário e na culinária. De igual maneira procedeu com os índios, explicando a origem do nosso hábito de dormir em redes, de se pintar, de tomar banho diariamente, bem como a valorização das ervas, da cor vermelha e dos remédios caseiros.

Em vez de aclamação social, as obras de Freyre despertaram ondas de protestos em todas as camadas. Por conta da linguagem vulgar, recebeu o título de *pornógrafo do Recife* e a Igreja Católica repudiava constantemente as suas publicações, consideradas atentatórias à moral e aos bons costumes. Foi tachado de anticatólico, comunista, anarquista, agitador, antilusitano, africanista, dentre outras alcunhas.[265]

O pensamento exposto por Gilberto Freyre encontra resistências até hoje, aparentemente pelo fato de não ter situado o problema racial no Brasil como um problema exclusivamente de cor ou por não ter sido partidário da revolta dos negros contra os brancos.[266] O que torna as críticas ainda mais pitorescas, decerto, é o fato de serem formuladas, em sua maioria, por representantes da raça negra, justo a raça a que Gilberto fez questão de homenagear, por haver lhe conferido importância nunca dantes exposta com tanta franqueza. Nessa linha, bem demonstrou Darcy Ribeiro, no texto *Gilberto Freyre – Uma Introdução à Casa-Grande & Senzala*:[267] "Com efeito, o que mais provocou a sensação e surpresa aos primeiros leitores de *Casa-Grande & Senzala* foi o

---

nos ir onde ele não alcançou, não quis, ou não desejou chegar. Identificou nossa árvore genealógica de povo, não apenas genética, mas cultural, comportamental, psicológica, desvendando os pontos incógnitos de nossa trajetória de forma a fazer-nos compreender o estágio atual de nossa existência". REBELO, Aldo. (2000a: p. 17). Por sua vez, ao introduzir a tradução norte-americana de Casa-Grande & Senzala, Tannenbaum bem ressaltou que coube a Gilberto Freyre o mérito de transformar a imagem que o Brasil faz de si mesmo. E complementou: "Isso implica uma realização momumental. Só em raríssimos casos é que se pode dizer que um só homem, no curso de sua própria vida, fosse capaz de mudar a auto-imagem de um povo e logo o de um país tão grande e tão populoso. A diferença entre o Brasil da década dos vinte e o de hoje é que os brasileiros descobriram-se a si próprios. Somente para dar um exemplo, a *Gabriela*, de Jorge Amado, não poderia ter sido escrita antes de *Casa-Grande & Senzala*". TANNENBAUM, Frank. (1963: p. XI).

[265] SILVA, Sílvia Cortez. (2002: p. 206).

[266] Usualmente Freyre tecia considerações sobre as diferenças entre o sistema de segregação institucionalizada, operada nos Estados Unidos, e o racismo praticado no Brasil. Nesses termos, afirmava: "Não é que inexista preconceito de raça ou de cor conjugado com o preconceito de classes sociais no Brasil. Existe. Mas ninguém pensaria em ter Igrejas apenas para brancos. Nenhuma pessoa no Brasil pensaria em leis contra os casamentos inter-raciais. Ninguém pensaria em barrar pessoas de cor dos teatros ou áreas residenciais da cidade. Um espírito de fraternidade humana é mais forte entre os brasileiros que o preconceito de raça, cor, classe ou religião. É verdade que a igualdade racial não se tornou absoluta com a abolição da escravidão. (...). Houve preconceito racial entre os brasileiros dos engenhos, houve uma distância social entre o senhor e o escravo, entre os brancos e os negros (...). Mas poucos aristocratas brasileiros eram rígidos sobre a pureza racial, como era a maioria dos aristocratas anglo-americanos do Velho Sul". FREYRE, Gilberto. (1963a: p. 8 e 82).

[267] FREYRE, Gilberto. (2002: p. 38).

negrismo de Gilberto Freyre. Ele vinha dizer – ainda que em linguagem meio desbocada, mas com todos os ares de cientista viajado e armado de erudições múltiplas – que o negro – no plano cultural e de influência na formação social do Brasil – fora não só superior ao indígena (...), mas até mesmo ao português, em vários aspectos da cultura material e moral, principalmente da técnica e da artística".

Causa certa perplexidade o fato de alguns dos intelectuais do movimento negro acusarem Freyre de haver difundido no Brasil o *mito da democracia racial*, qual seja, a lenda de que no País o preconceito racial não existe e que as relações entre as raças são perfeitas e harmônicas. Na verdade, esclareça-se, em nenhuma passagem do livro *Casa-Grande & Senzala* Gilberto usou a expressão *democracia racial*.[268] Sobre isso, o antropólogo Hermano Vianna ousou dizer que há, no País, um mito sobre o mito da democracia racial.[269]

Nessa linha, a vida de Gilberto Freyre, após a obra *Casa-Grande*, passou a ser um eterno explicar-se. Incansavelmente, repetia que não fora criador do mito da democracia racial e que o fato de seus livros terem reconhecido a intensa miscigenação entre as raças no Brasil não significava decerto a ausência de preconceito ou de discriminação. Exemplo de desabafo contrário à acusação de ter criado a idéia de equilíbrio racial no Brasil pode ser extraída da entrevista realizada com o autor em 15/3/1980. À pergunta: "Até que ponto nós somos uma democracia racial?", formulada pela jornalista Lêda Rivas, Freyre respondeu:

> "(...) Democracia política é relativa. (...). Sempre foi relativa, nunca foi absoluta (...). Democracia plena é uma bela frase (...) de demagogos, que não têm responsabilidade intelectual quando se exprimem sobre assuntos políticos. (...). Os gregos, aclamados como democratas do passado clássico, conciliaram sua democracia com a escravidão. Os Estados Unidos, que foram os continuadores dos gregos como exemplo moderno de democracia no século XVIII, conciliaram essa democracia também com a escravidão. Os suíços, que primaram pela democracia direta, até há pouco não permitiam que mulher votasse. São todos exemplos de democracias considerados, nas suas expressões mais puras, relativas. (...). O Brasil (...) é o país onde há uma maior aproximação à democracia racial, quer seja no presente ou no passado humano. Eu acho que o brasileiro pode, tranqüilamente, ufanar-se de chegar a este ponto. Mas é um país de democracia racial perfeita, pura? Não, de modo algum. Quando fala em democracia racial, você tem que considerar [que] o problema de classe se mistura tanto ao problema de raça, ao problema de cultura, ao problema de educação. (...) Isolar os exemplos de democracia racial das suas circunstâncias políticas, educacionais, culturais e sociais, é quase impossível. (...). É muito difícil você encontrar no Brasil [negros] que tenham atingido [uma situação igual à dos brancos em certos aspectos(...). Por quê? Porque o erro é de base. Porque depois que o Brasil fez seu festivo e retórico 13 de maio, quem cuidou da educação do negro? Quem cuidou de integrar esse negro liberto à sociedade brasileira? A Igreja? Era inteiramente ausente. A República? Nada. A nova expressão de poder econômico do Brasil, que sucedia ao poder patriarcal agrário,

---

[268] Bem reconheceu tal fato Antônio Sérgio Guimarães, que, ao analisar as origens da expressão *democracia racial* no Brasil, creditou a Roger Bastide a primeira utilização do termo. GUIMARÃES, Antônio Sérgio Alfredo. (2002: p. 138).

[269] VIANNA, Hermano. (2000: p. 20).

e que era a urbana industrial? De modo algum. De forma que nós estamos hoje, com descendentes de negros marginalizados, por nós próprios. Marginalizados na sua condição social. (...). Não há pura democracia no Brasil, nem racial, nem social, nem política, mas, repito, aqui existe muito mais aproximação a uma democracia racial do que em qualquer outra parte do mundo".[270]

O fato de não haver se filiado à corrente maniqueísta esposada por alguns dos líderes negros talvez tenha custado muito caro ao sociólogo. Mas a verdade é que Freyre bem conhecia a realidade estadunidense, a tal ponto de não poder associá-la, nem aproximá-la, da realidade brasileira.[271]

Por outro lado, é importante destacar que Gilberto não via a relação entre os escravos e os senhores de forma suave, como muitos leitores poderiam pensar. *Casa-Grande & Senzala* bem descreveu as barbaridades cometidas contra os escravos, como se percebe da seguinte passagem: "Sinhás-moças que mandavam arrancar os olhos de mucamas bonitas e trazê-los à presença do marido, à hora da sobremesa, dentro de compoteiras de doces e boiando em sangue ainda fresco. Baronesas já de idade que por ciúme ou despeito mandavam vender mulatinhas de quinze anos a velhos libertinos. Outras que espatifavam a salto de botina dentaduras de escravas; ou mandavam-lhes cortar os peitos, arrancar as unhas, queimar a cara ou as orelhas. Toda uma série de judiarias. O motivo, quase sempre, o ciúme do marido. O rancor sexual. A rivalidade de mulher com mulher".[272]

---

[270] Apud CRUZ, Levy. (2002: p. 6 e 7). No mesmo sentido, FREYRE, Gilberto. (2003: p. 334 e ss). Ao prefaciar a obra *Religião e Relações Raciais*, de René Ribeiro, Gilberto Freyre mais uma vez afirmou: "Tão extremada é tal interpretação como a dos que pretendam colocar-me entre aqueles sociólogos ou antropólogos apenas líricos para quem não houve jamais entre os portugueses, nem há entre brasileiros, preconceito de raça sob nehuma forma. O que venho sugerindo é ter sido quase sempre, e continuar a ser, esse preconceito mínimo entre portugueses – desde o contato dos mesmos como os negros e da política de assimilação, do Infante – e brasileiros, quando comparado com as outras formas cruas em vigor entre europeus e entre outros grupos. O que daria ao Brasil o direito de considerar-se avançada democracia étnica como a Suíça se considera – e é considerada – avançada democracia política, a despeito do fato, salientado já por mais de um observador, de haver entre os suíços não raros seguidores de (...) idéias políticas de antidemocracia". FREYRE, Gilberto. (1956: p. 21 e 22).

[271] Por cultuar certa resistência precoce à língua pátria, Gilberto fora primeiro alfabetizado em inglês, aos oito anos de idade e, após concluir os estudos, em 1917, no então colégio Americano Gilreath – atualmente, Colégio Americano Batista, em Recife/PE – seguiu para o bacharelado na Universidade de Baylor – *College of Liberal Arts* – e, em seguida, mestrado em Columbia. É que os colégios batistas haviam se estabelecido em Recife também com o intuito de recrutar estudantes brilhantes e financiar-lhes os estudos nos Estados Unidos. Chacon afirmou que Freyre havia sido enviado a tal país para se tornar missionário, idéia abraçada pelos pastores batistas. Mas que o "choque final e devastador da sua fé batista ocorreu na volta, ao passar por 'uma cidade ou vila chamada Waxahaxie (...)'", quando então descreveu: "Um cheiro intenso de carne queimada, no que fora informado, com relativa simplicidade, tratar-se de 'um negro, que os *boys* acabaram de queimar'". E prosseguiu Freyre: "Seria exato? Seria mesmo o odor de um negro queimado? Não sei – mas isto sim me arrepiou e muito. Nunca pensei que tal horror fosse possível nos Estados Unidos de agora. Mas é. Aqui se lincha, se mata, se queima negro. Não é fato isolado, acontece muitas vezes". CHACON, Vamireh. (1993: p.56).

[272] FREYRE, Gilberto. (2002: p. 392).

Observa-se, nesses termos, que a obra vem sendo tratada com certa impropriedade ao ser erigido como o anátema da sociologia no Brasil. Hermano Vianna reconheceu a desonestidade de interpretação conferida às obras freyrianas, afirmando: "Como dizer que Casa-Grande & Senzala criou uma imagem idílica da sociedade brasileira se, logo no prefácio de sua primeira edição, aprendemos que senhores mandavam 'queimar vivas, em fornalhas de engenho, escravas prenhes, as crianças estourando ao calor das chamas', ou ouvimos a história de um senhor que na tentativa de dar longevidade às paredes de sua casa-grande, 'mandou matar dois escravos e enterrá-los nos alicerces'? (...) Que paraíso tropical é esse? Que democracia racial é esta?".[273]

[273] O texto irônico e por vezes sarcástico do autor revela uma preocupação que nem todos os críticos possuem – a necessidade de ir às fontes primárias. Muitos autores repetem de forma incansável que Gilberto Freyre inventou uma *democracia racial* – que de fato nunca existiu no Brasil – sem nunca terem lido as obras freyrianas. Como observou Vamireh Chacon: "Gilberto Freyre nunca pretendeu ter sido um paraíso a escravidão brasileira, muito ao contrário do que lhe atribuem, por falta ou deformação de leitura". CHACON, Vamireh. (2001: p. 45). No mesmo sentido, esclareceu Vianna: "Gilberto Freyre defende a tese da 'democracia racial' brasileira em 'Casa-Grande & Senzala'. Leia novamente a afirmação anterior. Soa estranha? Traz alguma novidade? Poderia ter sido escrita de muitas outras maneiras. Por exemplo: 'Casa-Grande & Senzala' apresenta o mito da 'democracia racial' brasileira. Ou ainda: o Brasil de 'Casa-Grande & Senzala' é uma 'democracia racial'. Nada estranho, não é? Nem as aspas que isolam, funcionando como um cordão sanitário, a expressão 'democracia racial'. Hoje em dia ninguém é louco a ponto de escrever que o Brasil é realmente uma democracia racial. Seria linchado em praça pública. As aspas estão ali para dizer que os autores das afirmações anteriores não acreditam no mito. Quem acredita? Quem acreditou? A frase 'hoje em dia ninguém é louco a ponto de escrever que o Brasil é realmente uma democracia racial', no seu todo uma declaração bem boba para prender a atenção do leitor, pressupõe ironicamente que em algum lugar do passado houve loucos que escreveram tal barbaridade. Se houve, entre eles não estava o Gilberto Freyre de 'Casa-Grande & Senzala'. A expressão 'democracia racial', com aspas ou sem aspas, não aparece nesse livro. Alguém já tinha dito isso para você? É bem provável que não. Mas é a mais pura verdade: em nenhum dos capítulos de 'Casa-Grande & Senzala', incluindo as notas volumosas desses capítulos, está impressa a expressão 'democracia racial'. Quem escreve que 'Gilberto Freyre defende a tese da 'democracia racial' brasileira em 'Casa-Grande & Senzala', leva o leitor a acreditar que a expressão 'democracia racial' é usada explicitamente nesse livro e que seu uso seria aí defendido como traço fundamental da sociedade brasileira. Leia 'Casa-Grande & Senzala' (coisa que muita gente não faz justamente por acreditar que é o texto fundador do mito da 'democracia racial'): você verá que não é esse o caso". VIANNA, Hermano. (2000: p. 20 a 22). Incrivelmente, no Brasil, parece que somente são aplaudidas as análises das relações raciais brasileiras feitas por brasilianistas, isto é, por estrangeiros que procuram estudar o Brasil. Em se tratando de valorizar o que é próprio, parece que alguns brasileiros se ressentem da mentalidade de colônia. Em comentário publicado na Coluna do Jornal O Globo, de 19 de outubro de 2003, sobre livro lançado por norte-americano, Edward Telles, analisando o racismo no Brasil, assim se expressou o jornalista Élio Gaspari: "Vem aí um livraço. É 'Racismo à brasileira', do professor americano Edward Telles, da Universidade da Califórnia, em Los Angeles. Será um demarcador no debate do período pós-blablablá da questão racial brasileira. Ele trata do puro, velho e verdadeiro racismo nacional. Aquele que se disfarçou de branqueamento e democracia racial. Telles localiza na década de 90 o colapso dessas teorias de conveniência e saúda a entrada dos negros no debate. O livro deixa a impressão de que o andar de cima gosta de transformar a questão racial brasileira num eterno seminário em torno da obra de Gilberto Freyre ou de quem quer que seja, desde que os negros fiquem calados". GASPARI, Élio. (2003). Curioso é destacar que o mesmo colunista, ao interpretar a obra de Freyre, classificou-a de premonitória, muito antes do surgimento do teste de DNA e da decodificação do genoma humana, por haver destacado a grande miscigenação que permeou a sociedade brasileira. Escreveu o colunista: "A

Ainda nesse sentido, em outra obra, *O Escravo nos Anúncios de Jornais Brasileiros do Século XIX*, Gilberto escreveu sobre as mutilações que os escravos sofriam por parte de alguns senhores: "Havia senhores mais exigentes. Não se contentavam com castigos tão suaves. Empregavam contra os negros as navalhas seguidas da salgadeira, o suplício dos insetos, o das urtigas, o da roda d'água, o de pingos às costas em carne viva dos escravos de cera e de lacre; o de queimar o corpo do negro com água fervendo. Havia senhores que mandavam amarrar os punhos do escravo, por meio de cordas, a traves altas; depois untar o corpo nu, de mel ou salmoura, a fim de que os insetos viessem picar e ferretear aquela carne inerme".[274]

Relembre-se, por fim, que até as últimas palavras, *Casa-Grande & Senzala* alardeia a crueldade com que eram tratados os negros. Tal fato, no entanto, em nada se assemelha à visão paradisíaca de democracia racial que os críticos de Gilberto teimam em vislumbrar em suas obras.[275]

3.2. A CORDIALIDADE DO HOMEM BRASILEIRO – SÉRGIO BUARQUE DE HOLANDA E *RAÍZES DO BRASIL*

Ao lado do mito da democracia racial, que alguns creditam erroneamente a Gillberto Freyre, outro ponto deveras combatido por alguns integrantes do movimento negro é a idéia de prevalência da cordialidade do povo brasileiro.[276] Por isso, combatem também Sérgio Buarque de Holanda, por acreditarem que coube a este a tentativa de difundir a idéia de amabilidade e de solidariedade intrínsecas entre os brasileiros, o que os incapacitaria, portanto, de promover a segregação racial.

A idéia de *homem cordial*, no entanto, não surgiu com Sérgio Buarque de Holanda. Trata-se de uma expressão empregada origina-

---

revista 'Ciência' que chegará às bancas nos próximos dias traz um artigo fenomenal. Cinco pesquisadores dos departamentos de bioquímica e biologia da Universidade Federal de Minas Gerais qualificaram uma parte do processo de miscigenação da população brasileira. (...). A partir do exame do DNA de uma amostra de 200 homens e mulheres brancos de regiões e origens sociais diversas, demonstraram que, de acordo com os marcadores utilizados, de cada cem pessoas brancas só 39 têm apenas linhagem exclusivamente européia. As demais têm a marca da miscigenação (33% de índios e 28% de africanos). A predominância da marca indígena deve-se ao fato de que por mais de um século a miscigenação deu-se sem a presença negra. Há mais gente com um pé na cozinha do que com os dois na sala. (...). É a comprovação científica daquilo que Gilberto Freyre formulou em termos sociológicos". Ver mais em GASPARI, Élio. (2000).

[274] FREYRE, Gilberto. (1963b: p. 200).
[275] Idem. (2002: p. 514).
[276] Atualmente, a idéia é reforçada com a propaganda que se faz sobre as ações do Governo Lula, na medida em que se utiliza como marketing político o *slogan* "O melhor do Brasil é o brasileiro".

riamente por Ribeiro Couto, e somente então desenvolvida no capítulo cinco de *Raízes do Brasil*, de autoria de Sérgio Buarque de Holanda. Tal obra, publicada três anos após *Casa-Grande & Senzala*, em 1936, portanto, procurou analisar o modo de viver específico do brasileiro, observando as peculiaridades do povo, a torná-lo distinto das demais comunidades no mundo. Esmiuçou as conseqüências de termos sido colonizados por uma sociedade patrimonialista, a portuguesa, e o modo pelo qual isso iria afetar as relações sociais e raciais desenvolvidas no Brasil.

Nesses termos, o livro buscou caracterizar o processo de transição vivido pela sociedade brasileira, da colônia à república. Objetivou identificar as *raízes* às quais estava atrelada a sociedade, contextualizá-las e assim imprimir prováveis idéias de futuro. Freqüentemente o autor promoveu a confrontação entre o passado e o presente, procurando, ainda, traçar um paralelo entre as colonizações realizadas por Portugal e pela Espanha e o modo como isso influenciou as relações sociais futuras nas sociedades que se formaram em suas respectivas colônias.

A importância e o brilho da obra podem ser aferidos pelas palavras do prefácio, escrito por Antonio Candido:[277] "Os homens que hoje estão um pouco para cá ou um pouco para lá dos cinqüenta anos aprenderam a refletir e a se interessar pelo Brasil sobretudo em termos de passado em função de três livros: *Casa-Grande & Senzala*, de Gilberto Freyre, publicado quando estávamos no ginásio; *Raízes do Brasil*, de Sérgio Buarque de Holanda, publicado quando estávamos no curso complementar; *Formação do Brasil Contemporâneo*, de Caio Prado Júnior, publicado quando estávamos na escola superior. São estes os livros que podemos considerar chaves, os que parecem exprimir a mentalidade ligada ao sopro de radicalismo intelectual e análise social que eclodiu depois da Revolução de 30 e não foi, apesar de tudo, abafado pelo Estado Novo".

A reflexão acerca das origens da sociedade brasileira decorreu da adoção de uma metodologia maniqueísta. Assim, o autor relacionou e comparou idéias díspares, como, por exemplo, trabalho e aventura, rural e urbano, liberalismo e caudilhismo, cordialidade e polidez, de modo que o texto foi dividido em sete capítulos: *Fronteiras da Europa, Trabalho e Aventura, Herança Rural, O Semeador e o Ladrilhador, O Homem Cordial, Novos Tempos* e *Nossa Revolução*.

Assim chegamos ao famoso capítulo do homem cordial, na expressão usada por Ribeiro Couto e adotada por Sérgio Buarque. É preciso destacar, inicialmente, que, para o autor, a expressão não significa bondade, mas o fato de as relações sociais desenvolvidas por brasilei-

---
[277] HOLANDA, Sérgio Buarque de. (1995: p. 9).

ros se basearem pela emoção e pela passionalidade. Dessa forma, o autor acredita que, no Brasil, predomina o comportamento de aparência afetiva, opondo-se aos ritualismos da polidez ou da civilidade. A cordialidade, todavia, não pressuporia atitudes benevolentes, mas expressaria emoções impulsivas, como tentativa de reconstruir o ambiente familiar nas outras esferas sociais. Como exemplo, cita Holanda a constante necessidade de o brasileiro usar diminutivos, caracterizando o desejo de estabelecer intimidade com o interlocutor, bem como a aversão às hierarquias, o desapego à autoridade e o desagrado das relações impessoais e distantes.

A terceira e quarta edições do livro trazem como apêndice artigo publicado por Cassiano Ricardo,[278] intitulado *Variações sobre o Homem Cordial*. Inicialmente identificado como fonte de embate e de divergência ao pensamento desenvolvido por Sérgio Buarque de Holanda, o que se percebe no artigo de Cassiano Ricardo é que tal autor procurou intensificar a idéia de que os brasileiros agem sempre com brandura, o que esquadrinharemos a seguir.

Cassiano iniciou o embate à expressão *homem cordial* argumentando que Sérgio enunciava o *homem cordial* como o contrário de polido, e que este não seria o melhor conceito porque, na linguagem, *cordial* identificava-se justamente com polidez, em vez de *homem de coração*. Por certo, afirmou, a melhor contribuição que os brasileiros davam ao mundo não seria a cordialidade, mas sim a bondade. E prosseguiu, procurando identificar o que julga ser os traços específicos da nossa cultura: "Não temos que enfrentar, por exemplo, o preconceito racial, como acontece com o americano do norte. O problema das minorias raciais e culturais é quase inexistente entre nós. Gilberto Freyre, em seu livro *O Mundo que o Português Criou*, salienta este aspecto de tamanha importância à compreensão do problema da nossa formação social, apontando o português – capaz de realizar o intercruzamento desde que foram estabelecidos os primeiros contatos com o nativo – como causa eficiente da ausência do problema das minorias no Brasil. Entre nós não existiram os muros do *ghetto* nem as limitações do Harlem. Não damos margem a uma psicologia racial, criadora de estereótipos negativos que, por sua vez, mantenham o preconceito".[279]

Nessa linha, Cassiano Ricardo destacou que o termo cordial não conseguia abranger em toda a extensão a bondade que seria peculiar ao povo brasileiro, mas que caracterizaria uma pessoa convencional, educada, diplomática, cortês, formalista, em suma, justamente o contrário do que identificaria o nosso povo, segundo o autor.

---

[278] Originariamente publicado na Revista Colégio, n° 2, São Paulo, em julho de 1948. Ver em HOLANDA, Sérgio Buarque de. (1963: p. 189 a 210).

[279] RICARDO, Cassiano. Apud HOLANDA, Sérgio Buarque de. (1963: p. 206).

Tais argumentos induziram Sérgio Buarque a precisar, em texto intitulado *Carta a Cassiano Ricardo* situado no apêndice da 4ª edição de Raízes do Brasil,[280] que a expressão *cordialidade* havia sido utilizada no sentido de *oriundo do coração*, o que pode acontecer tanto para bons ou maus sentimentos. Aduziu, ainda, que a cordialidade não se coadunaria em uma virtude definitiva e independente das transformações sociais. Do contrário, seria um retrato das condições particulares do modo de vida colonial e agrícola. As previsões do autor sobre a manutenção da cordialidade no povo brasileiro, no entanto, não eram otimistas. Nessa toada, acreditava que a progressiva urbanização que estava a assolar o Brasil terminaria por extingui-la, levando-o a lamentar, por fim, que "às vezes receio sinceramente que já tenha gasto muita pena com esse pobre defunto (o homem cordial)".[281]

3.3. OS ESTUDOS PATROCINADOS PELA UNESCO NA DÉCADA DE 50

Paralelamente aos estudos de Sérgio Buarque de Holanda e de Gilberto Freyre, também na década de 30, mais precisamente entre 1935 a 1937, o professor da Universidade de Chicago e da Universidade de São Paulo, Donald Pierson, procedeu a uma análise sobre as relações raciais na Bahia, chegando à conclusão de que inexistia, no País, preconceito racial, afirmando existir preconceito apenas quanto às classes sociais.[282] O trabalho foi publicado no Brasil, pela primeira vez, em 1942, no qual Pierson afirmou: "Existe preconceito no Brasil, mas é preconceito antes de classe que de raça, apesar de estar, até certo ponto, ligado à cor. É a espécie de preconceito que se pode encontrar dentro do próprio grupo negro nos Estados Unidos".[283]

A repercussão do trabalho de Pierson, aliada aos estudos de Gilberto Freyre sobre os benefícios da miscigenação brasileira, propiciaram a formação de um errôneo imaginário de que não haveria problemas raciais no Brasil. Nesse contexto, a recém-criada UNESCO resolveu patrocinar um longo estudo sobre as relações entre as raças no

---

[280] HOLANDA, Sérgio Buarque de. (1963: p. 211 a 213). A Carta a Cassiano Ricardo também fora publicada na Revista Colégio, nº 3, São Paulo, setembro de 1948.

[281] HOLANDA, Sérgio Buarque de. (1963: p. 213).

[282] Degler observa que Donald Pierson havia ficado deslumbrado ao constatar que, no Brasil, a cor não impedia os negros de ingressarem em determinados estabelecimentos, como restaurantes, bares e hotéis. Ao constatar a capacidade de *embranquecimento* do dinheiro e da educação, terminou por concluir que inexistiam problemas raciais no Brasil. Degler explica que isso decorre do fato de os pesquisadores norte-americanos estarem acostumados à situação rígida de casta nos Estados Unidos, onde nenhum dinheiro do mundo faria os negros ingressarem nos locais que lhes fossem proibidos. DEGLER, Carl N. (1986: p. 107).

[283] PIERSON, Donald. (1945: p. 421).

Brasil.[284] Tal análise objetivava aprender o modo como nossa sociedade conseguia conviver com as mais diferentes culturas, de forma tolerante e diversificada, para tentar aplicar nosso modelo de boas relações na sociedade européia do pós-guerra.[285]

Empreenderam-se pesquisas em diversas cidades brasileiras. Charles Wagley – antropólogo da Universidade de Columbia, nos Estados Unidos – coordenou o projeto em diversas cidades, como em Salvador e nas comunidades da Amazônia. Para tanto, foi auxiliado por Thales de Azevedo, Marvin Harris, Benjamin Zimmerman, dentre outros. Em Recife, o estudo ficou a cargo de René Ribeiro, e, no Rio de Janeiro, a pesquisa foi efetuada por Luís A. Costa Pinto. No município paulista de Itapetinga, os estudos ficaram por conta de Oracy Nogueira. Na cidade de São Paulo, o trabalho ficou sob a responsabilidade do sociólogo francês Roger Bastide e do professor paulista Florestan Fernandes. Todos os autores, à unanimidade, reconheceram a existência de preconceito no Brasil, mas as conclusões sobre o assunto foram bastante variadas.

Dentre as pesquisas efetuadas, podemos destacar, pela originalidade, a desempenhada por Oracy Nogueira.[286] A despeito de o autor reconhecer a existência de preconceito racial no Brasil, advertiu que tal constatação não era suficiente, porque era preciso saber de que maneira o preconceito se operava. Propôs-se, assim, a analisar as diferenças entre os tipos de preconceito existentes no Brasil e nos Estados Unidos, para saber se as distinções eram de intensidade ou também de substância.[287]

Desse modo, o autor distinguiu o preconceito em duas categorias distintas, às quais denominou: *preconceito racial de marca* e *preconceito racial de origem*. O preconceito seria de *marca* quando se exercia em relação à aparência, aos traços físicos, ao fenótipo, à fisionomia do indivíduo; por outro lado, o preconceito seria de *origem* quando, para que se efetivasse, bastaria a suposição de que a pessoa teria um ancestral de determinado grupo étnico ou racial.[288]

Com efeito, o autor enumerou doze distinções entre os tipos de preconceito desenvolvidos em tais categorias, sendo os primeiros

---

[284] A presença, na UNESCO, de Arthur Ramos – famoso antropólogo brasileiro que estudou as relações raciais – facilitou a escolha do Brasil para sediar as pesquisas. PINTO, Luís A. Costa. (1998: p. 21).

[285] Nesse sentido, MAGGIE, Yvonne; REZENDE, Cláudia Barcellos. (Org.). (2002: p. 11); SKIDMORE, Thomas. (2001a: p. 178 e ss).

[286] As conclusões a que Oracy chegou em relação ao município de Itapetinga foram inicialmente publicadas no livro coordenado por Roger Bastide e Florestan Fernandes. BASTIDE, Roger; FERNANDES, Florestan. (Dir.). (1955). Posteriormente o trabalho foi editado em livro próprio, NOGUEIRA, Oracy. (1998).

[287] NOGUEIRA, Oracy. (1985: p. 78). Neste livro, estão os ensaios de Oracy Nogueira, que até então estavam dispersos em livros e revistas.

[288] NOGUEIRA, Oracy. (1985: p.79).

aspectos relativos ao que chama de preconceito de marca e, os segundos, relativos ao preconceito de origem:[289]

a) quanto ao modo de atuar – preterição, no preconceito de marca X exclusão incondicional, no de origem. Assim explica o autor: "Um clube recreativo, no Brasil, pode opor maior resistência à admissão de um indivíduo de cor que à de um branco; porém se o indivíduo de cor contrabalançar a desvantagem da cor por uma superioridade inegável, em inteligência ou instrução, em educação, profissão e condição econômica, ou se for hábil, ambicioso e perseverante, poderá levar o clube a lhe dar acesso. (...). Nos Estados Unidos, ao contrário, as restrições impostas ao grupo negro, em geral, se mantêm, independentemente de condições pessoais como a instrução, ocupação. Tanto a um negro portador do Ph.D. (doutor em filosofia, título altamente respeitado naquele país) como a um operário, será vedado residir fora da área de segregação, recorrer a certos hospitais, freqüentar certas casas de diversões, permanecer em certas salas de espera, em estações, em aeroportos, utilizar-se de certos aposentos sanitários, fontes de água, etc. Ainda que varie de uma região para outra e, mesmo, de uma localidade para a outra, a amplitude de situações em que se impõem restrições";[290]

b) quanto à definição de membro – fenótipo X ascendência;[291]

c) quanto à carga afetiva – intelectivo e estético X emotivo e integral. Desse modo, o preconceito no Brasil não impediria relações de amizade ou relacionamentos amorosos, enquanto que nos Estados Unidos o preconceito assume caráter de ódio contra a raça, a pretender segregar os negros dos brancos em locais de lazer, de educação, de emprego;[292]

d) quanto ao efeito sobre as relações interpessoais – haveria relações de amizade entre raças X tabus e sanções;

e) quanto à ideologia – assimilacionista e miscigenacionista X segregacionista e racista;

f) quanto à distinção entre as minorias – prevalece o dogma da cultura sobre o de raça X prevalência do dogma da raça;

g) quanto à etiqueta – controla-se o comportamento do grupo discriminador X controle do grupo discriminado;[293]

---

[289] NOGUEIRA, Oracy. (1985: p. 79 a 91).

[290] NOGUEIRA, Oracy. (1985: p. 79).

[291] Essa diferença será melhor desenvolvida na parte do trabalho em que se explicam os sistemas de classificação racial: o sistema birracial norte-americano e o multirracial brasileiro.

[292] NOGUEIRA, Oracy. (1985: p. 83).

[293] Dentre outras explicações, o autor aduziu que, no Brasil, os brancos procuram não conversar sobre assuntos raciais na frente de negros, e quando se referem a estes, usam o termo *moreno*, enquanto que, nos Estados Unidos brancos exigem que os negros a eles se refiram como *misters*. NOGUEIRA, Oracy. (1985: p. 86).

h) quanto ao efeito sobre o grupo discriminado – intermitente X contínuo;[294]

i) quanto à reação do grupo discriminado – individual X luta coletiva;

j) quanto ao efeito da variação proporcional do contingente minoritário – o preconceito aumenta quanto menor for o número de negros na localidade[295] X o preconceito é maior quanto maior for o número de negros;

l) quanto à estrutura social – a probabilidade de ascensão social é proporcional à aparência negra X castas;

m) quanto ao tipo de movimento político a que inspira – luta de classes X luta de raça.

Certamente, algumas das conclusões a que Oracy Nogueira chegou poderiam ser refutadas hodiernamente pelos estudiosos sobre a temática racial, como por exemplo quando o autor afirma que o preconceito no Brasil inspira apenas uma luta de classes, ou então que o negro brasileiro somente se entende como representante de uma raça quando sofre discriminação. Mas o seu estudo se reveste da mais alta relevância porque, a despeito de ter sido efetuado na década de 50, muito das suas conclusões ainda permanecem válidas, além de revela-

---

[294] O autor acredita que, no Brasil, o negro somente se conscientiza da própria cor nos momentos em que sofre preconceito. Já nos Estados Unidos, há uma luta perene em se auto-afirmar sujeito de direitos, os negros se colocam sempre em atitudes defensivas, a partir de uma postura ultra-sensível às questões raciais. Os negros estadunidenses vivem em um estado quase que permanente de conflito. Oracy conta uma observação feita por um intelectual norte-americano, em tom de brincadeira, de que nos Estados Unidos, bastaria o comentário "que noite escura!" para o negro se ofender. NOGUEIRA, Oracy. (1985: p. 88). Degler menciona uma campanha liderada pelos negros norte-americanos, em 1920, para que a palavra *negro* fosse escrita sempre, em qualquer situação ou contexto, com letra maiúscula. DEGLER, Carl. (1986: p. 277).

[295] Sobre esse ponto, converge Degler, quando afirma que, no Brasil, o preconceito contra os negros é maior nos locais em que são minorias, como no Sul, e diminui nos locais em que são maiorias, como no Nordeste. Deste modo, aduz: "De uma forma geral, os estudiosos que, como Pierson, destacam a ausência de preconceito racial ou de cor no Brasil, retiram suas conclusões de evidências colhidas principalmente no Nordeste, na Bahia e em Pernambuco, em particular. Não é acidental, também, o fato de Gilberto Freyre (...) ser de Recife, Pernambuco. Por outro lado, aqueles que diminuíram ou negaram a democracia racial no Brasil, como Florestan Fernandes e Roger Bastide, fizeram suas pesquisas em São Paulo". Tradução livre. DEGLER, Carl. (1986: p. 100). Nesse sentido, Antônio Sérgio Guimarães comenta que os resultados aos quais chegaram as diferentes gerações de sociólogos dependiam do local em que a análise era realizada: "Nos estudos realizados na Bahia, mas também no Recife e no norte do país, teriam sido preservadas as conclusões principais dos estudos pioneiros de Freyre e Pierson, segundo as quais o preconceito racial era fraco, senão inexistente no Brasil. Nos estudos realizados em São Paulo, mas também no Rio e no sul do país, ter-se-ia chegado fartamente ao aparecimento de tensões raciais crescentes e se chegado ao diagnóstico do Brasil como um país onde o preconceito mais forte é negado, mas existiria o 'preconceito de não ter preconceito', ou o criptomelanismo, para usarmos seja a expressão de Bastide e a de Fernandes (...), seja a de Costa Pinto". GUIMARÃES, Antônio Sérgio Alfredo. (1999a: p. 76). Também Gilberto Freyre aponta diferenças entre o preconceito racial nos lugares em que a colonização portuguesa fora maciça, como no Nordeste, e a discriminação praticada contra os negros em locais nos quais ocorreu a intensa imigração de alemães, poloneses, italianos e japoneses, como em São Paulo. Ver mais em FREYRE, Gilberto. (2003: p. 122 e ss).

rem uma análise comparativa entre as relações raciais desenvolvidas no Brasil e nos Estados Unidos, de importância elementar quando dos estudos sobre as ações afirmativas – haja vista a pretensão de muitos para que se implemente acriticamente, no Brasil, o modelo adotado pelos norte-americanos.

Na cidade de São Paulo, por sua vez, a pesquisa foi realizada por Roger Bastide e Florestan Fernandes, os quais procuraram analisar de que forma o preconceito se desenvolvera na sociedade antes da abolição da escravatura, para, em seguida, observar o progresso das relações raciais após a abolição. Com base nessa perspectiva dialética, os autores concluíram pela permanência do preconceito racial no Brasil, a atuar de acordo com os propósitos das classes dominantes, para a manutenção dos privilégios destas.

Consoante os pesquisadores, a continuidade do preconceito decorreu da disputa que havia sido instalada entre brancos e negros, após a abolição, no mercado de trabalho[296] – no caso, especificamente, nas lavouras de café.[297] Com efeito, o estudo buscou demonstrar que, na década de 50, ainda estavam presentes alguns folclores na maneira segundo a qual a sociedade paulista observava o negro: "a) etiologicamente[298] inferior ao branco; b) biologicamente superior ao branco; c) socialmente inferior ao branco".[299]

Em relação ao ponto *a*, Florestan acredita que tenha se alastrado pelo consciente nacional um ciclo de lendas religiosas relativas à formação das raças, de modo que a pele escura do negro significaria um castigo do Diabo, ou, então, uma maldição de Caim. Já em relação à questão biológica, os negros seriam superiores, porque segundo o pensamento difundido na sociedade, teriam mais resistência física, seriam mais fortes e capacitados para os trabalhos pesados, e essas assertivas poderiam ser comprováveis por meio dos adágios populares, como *Negro é como gato, tem sete vidas*, ou *Negro é vaso ruim, não quebra*; *Trabalhar é para negro*, dentre outras manifestações.

A formação do pensamento social em relação à inferioridade social do negro, para os autores, também seria demonstrável a partir de alguns ditos populares: *Negro quando não suja na entrada, suja na saída*;

---

[296] FERNANDES, Florestan. (1978: p. 17 e ss).

[297] Destaquem-se as observações de Antônio Sérgio Guimarães sobre os estudos dos representantes da Escola Paulista: "Ao contrário de algumas interpretações apressadas que ainda hoje se fazem, Fernandes não responsabiliza o passado pela persistência do preconceito, mas vai justamente buscar as causas deste em fatores do presente, como a competição entre brancos e negros no mercado de trabalho e a defesa de privilégios estamentais". GUIMARÃES, Antônio Sérgio Alfredo. (1999a: p. 81).

[298] A Etiologia é a ciência que procura estudar a origem das coisas. FERREIRA, Aurélio Buarque de Holanda. NOVO AURÉLIO.

[299] FERNANDES, Florestan. (1955: p. 111 e ss).

Negro não nasce, aparece; Negro não casa, se ajunta; Negro não bebe água, negro bebe pinga.[300]

Florestan Fernandes afirmou que o surgimento do mito da democracia racial decorreu da necessidade de a nova ordem burguesa generalizar esse *estado de espírito farisaico* e, ainda, isentar "o branco de qualquer obrigação, responsabilidade ou solidariedade morais, de alcance social e de natureza coletiva, perante os efeitos sociopáticos da espoliação abolicionista e da deterioração progressiva da situação socioeconômica do negro e do mulato".[301] Assim, devido à difusão desse mito, criou-se no imaginário coletivo o pensamento de que não existem problemas relativos ao negro, de que os negros estão totalmente satisfeitos com as condições em que vivem e que inexistem quaisquer tipos de problemas de justiça social em relação ao negro, além do que já fora resolvido a partir da abolição da escravatura.[302]

O trabalho de Florestan e de Bastide afirma, ademais, que a abolição da escravatura, no Brasil, somente se realizara do ponto de vista formal, porque praticamente os negros ainda estavam aprisionados às mesmas condições dantes estabelecidas. Entretanto, acreditavam que novas perspectivas estariam por vir, a partir da industrialização, uma vez que esta promovera a abertura para o ingresso do negro nas classes sociais mais elevadas e a possibilidade de estes alcançarem a segunda abolição, a começar da aquisição de posições em classes sociais que lhes eram negadas.

As pressões do mercado de trabalho, afirma Florestan, "abriram a ordem social competitiva ao negro e ao mulato",[303] de modo que estes então passam a buscar a integração ao sistema de classes. Todo o ciclo de mudanças promovido com a industrialização e a diminuição das correntes imigratórias para o Brasil foi importante, porque possibilitou a preparação do negro "para conhecer e reagir ao mundo em que vivia", exsurgindo daí uma contra-reação ao preconceito de cor. Assim, a convergência de tais fatores "ofereceram ao negro a probabilidade de irromper na cena histórica como 'gente', como novos pontos de apoio societário para competir individualmente com o 'branco' e, quem sabe, para propugnar coletivamente o advento da Segunda Abolição".[304]

O professor de São Paulo admite, no entanto, que essas transformações ainda não se operaram de maneira satisfatória no sistema. Apesar de os negros sofrerem contínuas pressões para se integrarem às classes mais abastadas, e aspirarem a essa integração, mecanismos de

---

[300] FERNANDES, Florestan. (1955: p. 111 e ss).
[301] Idem. (1978: p. 255).
[302] Idem. (1964: p. 230).
[303] Idem. (1964: p. 732 e ss).
[304] Idem. (1964: p. 734).

bloqueio ainda existem na sociedade de forma a banir o seu ingresso. Explica: "O dilema racial brasileiro constitui um fenômeno social de natureza sociopática e só poderá ser corrigido através de processos que removam a obstrução introduzida na ordem social competitiva pela desigualdade racial".[305]

Decerto, as correções dessas distorções são necessárias não apenas para os negros, mas para todos aqueles que fazem parte da sociedade. Trata-se de um interesse primordial para o equilíbrio do sistema, para a normalidade de funcionamento das relações sociais e o aprimoramento do sistema democrático, na medida em que a sociedade deve espelhar a participação de todos de forma mais ou menos igualitária. Com efeito, o ritmo de crescimento econômico produzido no Brasil a partir da industrialização não foi acompanhado da proporcional inserção do negro no mercado de trabalho, porque enquanto o ritmo da economia é intenso, a velocidade da integração do negro à sociedade é lenta, posto requerer prévio e intenso preparo educacional, além de tempo para se operarem as mudanças, a partir de investimentos maciços no sistema de educação pública.

Não se pode olvidar, contudo, que as constatações construídas pelo professor remontam às décadas de 50 e 60. A situação hoje em dia parece-nos diferente da situada quando do início dos estudos sobre as relações raciais do professor Florestan Fernandes. E um dos indícios para essa afirmação é que atualmente há espaço na sociedade para a discussão sobre a adoção ou não de cotas para negros nas universidades estaduais e federais e em concursos públicos. E o melhor. A prova de que a sociedade se encontra mais madura para o combate à discriminação e ao preconceito é que grandes nomes que formam a elite intelectual do País acredita na viabilidade da adoção dessas medidas. Várias autoridades do governo, no âmbito de qualquer um dos três Poderes, já direcionaram o pensamento e o discurso no sentido de serem favoráveis à adoção de ações afirmativas para os afro-descendentes. Sem dúvida, isso se constitui em um forte e decisivo indício de que a forma de pensar as relações raciais no País está mudando, mesmo porque essa direção é consentânea com o aprimoramento das instituições de participação democrática em uma sociedade plural como a nossa.

Assim, há fortes indícios de que as relações raciais no Brasil passaram por uma melhora substancial. Os mecanismos de reação societária se aprimoraram, e, atualmente, o controle da sociedade pela própria sociedade desenvolve-se de maneira muito mais eficiente. A fiscalização passa a ser dupla: do branco em relação a si mesmo e do negro em relação ao branco. As formas de controle multiplicam-se. A

---

[305] FERNANDES, Florestan. (1964: p. 735).

Igreja Católica,[306] que durante muito tempo se absteve de garantir a proteção aos negros, atualmente reconhece os erros cometidos no passado, pede desculpas aos negros pela histórica omissão e participa do movimento negro organizado com os Agentes Pastorais Negros, que desde 1998 vêm desenvolvendo projetos para inserção dos negros à sociedade.

Atitudes de discriminação racial, que já seriam observadas na década de 50 com certo repúdio, agora contam com novos mecanismos de combate, seja por meio de leis que criminalizaram as condutas discriminatórias, seja porque se formou no consciente coletivo a intolerância à discriminação. De outro lado, o movimento negro está cada dia mais organizado e combativo. Atualmente, há, no País, mais de 1.200 organizações cadastradas que procuram combater o preconceito, conforme já mencionamos.

Neste trabalho, alguns estudos foram analisados com maior vagar devido ao impacto que os textos produziram no cenário nacional. Entretanto, é preciso reconhecer, e destacar, que atualmente vários outros autores se sobressaem no exame das relações raciais no Brasil, como Roberto Da Matta, Yvonne Maggie, Carlos Hasenbalg, Nelson do Valle Silva, Antônio Sérgio Alfredo Guimarães, dentre outros. A despeito de não procedermos a uma análise autônoma dos estudos desenvolvidos por cada um desses autores, procuraremos expor, ao longo do trabalho, a forma de pensar desses cientistas sociais.

3.4. A NECESSIDADE DOS MITOS – A FUNÇÃO DA DEMOCRACIA RACIAL DE GILBERTO FREYRE E DO HOMEM CORDIAL DE SÉRGIO BUARQUE DE HOLANDA

Ainda que se discorde tanto da existência da democracia racial, como do homem cordial no Brasil, não se pode negar a importância oriunda da fixação desses mitos. Com efeito, o Dicionário Aurélio define o mito como uma "narrativa de significação simbólica, transmitida de geração em geração e considerada verdadeira ou autêntica dentro de um grupo, tendo a forma de um relato sobre a origem de determinado fenômeno ou instituição e pelo qual se formula uma explicação da ordem natural e social e de aspectos da condição humana".[307]

A importância do mito da democracia racial no Brasil exsurge à medida que serve, quando menos, para fixar a expectativa de conduta

---

[306] Sobre o tipo de controle exercido pela Igreja Católica, ver em BASTIDE, Roger. (1955b: p. 177 a 186).

[307] FERREIRA, Aurélio Buarque de Holanda. NOVO AURÉLIO.

a ser seguida pelo homem médio que compõe a sociedade.³⁰⁸ Gera nas pessoas a expectativa – ainda que não corresponda totalmente à realidade – de que não há preconceito racial, de modo que qualquer conduta desviante desse padrão passa a ser observada com desprezo e antipatia. O mito, então, funcionaria como um desejo da sociedade de que se venha a concretizá-lo, e não simplesmente como uma mentira.

No Brasil, diferentemente do que aconteceu nos Estados Unidos, a força do mito da democracia racial fez com que jamais se tolerasse qualquer tipo de limitação de direitos baseado na raça, como, por exemplo, determinações de que restaurantes, parques ou escolas fossem reservados apenas para brancos. Neste País, não há qualquer proibição de que os negros dividam com os brancos a vizinhança em prédios luxuosos ou, então, que compartilhem da pobreza nas favelas. Essa, talvez, seja uma das funções do mito: incentivar, no imaginário social, a intolerância à discriminação. Manifestações isoladas de preconceito, por outro lado, sempre existirão, em qualquer sociedade, porque não se pode dominar a esfera do pensamento individual, mas as leis e os costumes sociais devem agir incessantemente para tentar combater que o preconceito se propague e se transforme em discriminação.³⁰⁹

Assim também parece entender Roberto Da Matta, que, em debate realizado sobre as diferenças do sistema adotado no Brasil e nos Estados Unidos, expressou a necessidade de aprofundar a discussão, no Brasil, sobre a democracia racial, a fim de "ressaltar o fato de que a idéia de que temos uma 'democracia racial' é algo respeitável. Quanto mais não seja, porque, apesar do nosso tenebroso passado escravocrata, saímos do escravismo com um sistema de preconceito, é certo, mas sem as famosas 'Leis Jim Crow' americanas, que implementavam e, pior que isso, legitimavam o racismo, por meio da segregação no campo legal. Não se trata – convém enfatizar para evitar mal-entendidos – de utilizar a expressão no seu sentido mistificador, mas de resgatá-la como um patrimônio (...)".³¹⁰

---

³⁰⁸ Nesse sentido, Antônio Sérgio Guimarães reconhece a nova função do mito da democracia racial no pensamento científico nacional: "Na academia brasileira, o 'mito' passa agora a ser pensado como chave para o entendimento da formação nacional, enquanto as contradições entre discursos e práticas do preconceito racial passam a ser estudadas sob o rótulo mais adequado (ainda que altamente valorativo) de 'racismo'". GUIMARÃES, Antônio Sérgio Alfredo. (2002: p. 165).

³⁰⁹ O Presidente norte-americano Dwight Eisenhower observava que as leis não podem mudar os corações dos homens. DEGLER, Carl. (1986: p. 127). Adaptando-se, poder-se-ia afirmar que as leis podem até combater a discriminação, mas dificilmente o preconceito. E, novamente, citamos Degler, quando afirma: "Para usar uma terminologia antiga que expressa a opinião: é da natureza humana ter preconceito contra aqueles que são diferentes, mas é obrigação de uma sociedade civilizada controlar ou cercear o comportamento que pode resultar dessa tendência, por mais natural que ele possa ser'". Tradução livre. DEGLER, Carl. (1986: p. 290).

³¹⁰ DA MATTA, Roberto. (1997: p. 74).

Essa forma de pensar a realidade brasileira também ressoa Peter Fry, quando este, mesmo observando a existência de preconceito no País, afirma: "nem por isso precisamos descartar a 'democracia racial' como ideologia falsa. Como mito, no sentido em que os antropólogos empregam o termo, é um conjunto de idéias e valores poderosos que fazem com que o Brasil seja o 'Brasil', para aproveitar a expressão de Roberto Da Matta".[311]

Ainda nesse mesmo sentido pode-se destacar a pesquisa realizada no Distrito Federal pelo professor Jessé Souza para aferir quais eram os valores políticos e os preconceitos dos seus habitantes.[312] O resultado destacou nítida diferença entre o pensamento da classe mais abastada e o da classe mais pobre, no sentido de ser maior entre os mais pobres o preconceito relativo às mulheres, aos nordestinos, aos pobres e aos homossexuais, diminuindo o preconceito à proporção que a renda aumentava. Por sua vez, no que concerne ao preconceito de cor, tal foi o único cujo repúdio, de forma explícita e majoritária, distribuiu-se entre todas as classes, sem diferença.

A partir dessa experiência, concluiu o renomado professor: "A democracia racial é, em alguma medida, um projeto acalentado por todos os extratos sociais. A sua distribuição entre as várias classes sociais, em um contexto de extrema divisão socialmente determinada com relação a outros preconceitos e valores sociais básicos, mostra, sobretudo, sua função de cimento ideológico da unidade comunitária. Poucos são os valores que logram essa posição, e sua força é enorme, visto que se referem à auto-estima e à necessidade de identidade de todo um povo. Não aproveitar o potencial desses mitos responsáveis pela coesão social é pouco sábio. Negá-los como pura mentira é menos do que sábio, é perigoso. É escolher o isolamento do discurso do ressentido que se apóia na instável eficiência do aproveitamento político do complexo de culpa".[313]

Relevante apontar, também, alguns dos dados obtidos na pesquisa feita em 1995 pela Folha de São Paulo e pelo Datafolha. Nesta, constatou-se que apesar de 89% dos brasileiros admitirem a existência de preconceito no Brasil, apenas 10% revelavam ser, eles próprios, preconceituosos. E, dentre esses 10%, apenas 3% afirmaram sentir forte preconceito. Curiosamente, os negros demonstraram também sentir preconceito contra os brancos: 57% dos pardos, 57% dos negros e 65% dos brancos afirmaram existir preconceito dos negros em relação aos brancos. Dos negros, 12% revelaram ser, eles mesmos, racistas contra

---

[311] FRY, Peter. (1995/1996: p. 134). No mesmo sentido, NOGUEIRA, Oracy. (1985: p. 26).

[312] SOUZA, Jessé. (1997: p. 32).

[313] Idem. (1997: p. 34).

os brancos. Supreendentemente, o número de indivíduos que se considera racista é maior entre os negros do que entre os brancos.[314]

Mais recentemente, a Fundação Perseu Abramo, em parceria com a fundação Rosa Luxemburgo Stiftung, patrocinou nova pesquisa, com o mesmo cientista responsável pela pesquisa anterior – Gustavo Venturi – intitulada *Discriminação Racial e Preconceito de Cor no Brasil*. Os dados da pesquisa foram divulgados em 22 de novembro de 2003 e a conclusão foi a de que os brasileiros estão ainda menos preconceituosos do que em 1995. Agora, 96% dos brasileiros declaram não ter preconceito, de modo que apenas 4% revelam ser preconceituosos. A metodologia de pesquisa utilizada foi a mesma da enquete anterior, de 1995. Segundo Gustavo Venturi, o preconceito no Brasil está diminuindo por vários fatores, podendo-se destacar: a mudança com que a mídia vem tratando o negro, uma vez que as novelas e os programas televisivos já mostram negros de classes média e alta na televisão, também como protagonistas; o fato de já existir um setor forte e em crescente expansão relativo a revistas[315] e a produtos de beleza destinados especificamente aos negros, com conseqüente publicidade nesse sentido; as iniciativas do governo em inserir o papel do negro na história e na formação do Brasil, como disciplinas obrigatórias para o ensino médio e fundamental; além da atuação do movimento negro organizado.[316]

O fato de o mito da democracia racial impedir que se proliferem condutas discriminatórias não quer dizer que ao mesmo tempo exclua da sociedade pensamentos preconceituosos contra os negros. É por isso que se torna necessário, nesse ponto, refletirmos acerca da diferença entre preconceito e discriminação.

Etimologicamente, preconceito significa uma opinião formada antecipadamente, um prévio conceito, uma idéia preconcebida, sem que tenha ocorrido maior ponderação em relação ao tema. Todas as pessoas possuem *pré-conceitos* acerca dos fatos da vida, desenvolvidos a partir das experiências de cada um. Refratários à escolha consciente e refletida, os preconceitos existem em nossos pensamentos como conseqüência das nossas pré-compreensões e da hierarquia de valores que elegemos para reger nossas condutas. Assim, a discussão sobre o preconceito dificilmente encontrará a distância própria à reflexão científica, porque presume diferentes pirâmides valorativas e experiências diversas.

---

[314] VENTURI, Gustavo; TURRA, Cleusa. (Org.). (1995: p. 13, 71, 90 e 99).

[315] Nesse sentido, destaque-se a revista Raça Brasil, com tiragem mensal e estimativa de 242.000 leitores.

[316] Ver mais em LAJE, Amarílis. (2003).

No entanto, ter um preconceito não quer dizer discriminar, conduta esta condenável tanto no plano da moral, do social, como do jurídico, porque significa separar, distinguir, segregar, sem que haja fundamento racional para tanto. A maior parte dos preconceitos repousa no âmbito das idéias, da reserva mental, não chegando sequer a ser externada. Conforme já ensinara o brocardo latino, *Cogitationis poenam nemo patitur*: ninguém sofre pena pelo ato de pensar. Com efeito, o preconceito somente se torna punível quando posto em prática, quando gera discriminação, porquanto esta, segundo Bobbio, "se revela uma diferenciação injusta e ilegítima, porque vai contra o princípio fundamental de justiça, segundo a qual devem ser tratados de modo igual aqueles que são iguais".[317]

Ainda nessa linha, ao escrever sobre a discriminação, Bobbio[318] desenvolveu a idéia de que ela passa por diversas fases. Na primeira, haveria a construção de um mero juízo de fato, constatando a diversidade entre as pessoas e os grupos humanos, o que não revelaria uma conduta reprovável. A segunda etapa inicia-se a partir da criação de um juízo valorativo, por meio do qual aqueles que foram considerados diferentes passam a ser observados a partir de códigos binários, como superior e inferior, bons e maus. O terceiro momento, decisivo, demonstraria a vontade de um grupo de dominar o outro, supostamente inferior. Desta concepção de superioridade/inferioridade é que nasceria a percepção tanto de que os melhores deveriam dominar os piores, ou, do contrário, de que os superiores deveriam ajudar os inferiores.

Nesses termos, há de se destacar par ao fato de que, no Brasil, não existem exemplos significativos de organizações racistas que tenham por objetivo o extermínio ou a expulsão do grupo negro como componente nacional.[319] Não existe no País, sequer, uma organização racista relevante. Não há notícia de nenhum grupo nacional cujo objetivo declarado seja o de expulsar os negros do País e de exercer o domínio a partir de um governo somente de brancos e para brancos, nos moldes, por exemplo, da Ku Klux Klan, entidade nacional norte-americana cuja

---

[317] BOBBIO, Norberto. (2002: p. 107).

[318] Ver em BOBBIO, Norberto. (2002: p. 108 e ss).

[319] Não deixa de ser interessante a observação feita por Carl Degler sobre o uso do termo *minha nega* no Brasil. O professor acredita que o uso dessa expressão revela, quando menos, um dos contrastes entre as relações raciais no Brasil e nos Estados Unidos. Aqui, existe um sentido afetivo, bem como nas expressões *minha neguinha, meu pretinho*, ainda que utilizada por pessoas brancas. Se um branco chamar alguém de *niger*, nos Estados Unidos, tal fato revela um alto grau de ofensividade. Assim se expressa Degler: "No Brasil, a expressão *minha nega*, que significa literalmente 'minha pequena negra', é usualmente utilizada por um homem branco, quando fala com sua esposa ou com sua amante. A expressão tem uma conotação afetiva, amorosa e simpática. Para qualquer um que seja familiarizado com as relações raciais nos Estados Unidos, tal modo de utilizar a palavra *Negro* não é apenas desconhecida, mas, sobretudo, inconcebível. A expressão *minha nega*, todavia, é apenas o início dos contrastes entre as relações raciais no Brasil e nos Estados Unidos". Tradução livre. DEGLER, Carl. (1986: p. 3).

atuação até os dias atuais vem sendo respaldada e declarada constitucional por meio de decisões da Suprema Corte estadunidense, como representação do legítimo direito à liberdade de expressão, conforme melhor detalharemos posteriormente.

No Brasil, do contrário, pode-se afirmar que institucionalmente há manifesto repúdio a qualquer ataque à dignidade do povo negro. Combate-se a todo o tempo a discriminação, seja por meio da educação, seja com programas de governo e propagandas, tudo objetivando a criação de um pensamento plural, tolerante, livre de preconceitos, consolidando desde as gerações mais jovens a idéia de que há heróis[320] de todas as raças e que se deve promover sempre a integração de culturas distintas. Não é à toa que na pesquisa realizada recentemente pela *Folha de S. Paulo* e pelo Datafolha, 64% dos negros e 84% dos pardos brasileiros afirmaram nunca terem sido discriminados no País.[321]

A sociedade como um todo precisa trabalhar com a maior intensidade possível no combate aos preconceitos que possam se resvalar perniciosos à convivência. Ainda que as pessoas não os extirpem da mente, que ao menos tenham claro em suas consciências de que qualquer prática discriminatória irá ensejar resposta imediata. Os três Poderes da República, individualmente e reunidos, devem demonstrar eficiência no combate às atitudes segregacionistas, tanto por meio de leis e de decisões judiciais, como por meio de programas de governo que associem o pensamento oficial à prática de punição das condutas discriminatórias, ensejando nos indivíduos a expectativa de que essas condutas não ficarão impunes.

---

[320] Sobre isso, ver a Lei n° 9.315, de 20/11/1996, que prevê a inscrição do nome de Zumbi dos Palmares no *Livro dos Heróis da Pátria*, em comemoração ao tricentenário da sua morte. Referido livro encontra-se em Brasília, no Panteão da liberdade e da democracia. Por seu turno, a Lei n° 9.125, de 7/11/1995, institui o ano de 1995 como o *Ano Zumbi dos Palmares*, em homenagem ao tricentenário de sua morte. Cumpriu-se, assim, a determinação prevista na Constituição Federal, por meio do artigo 215, § 2°: "A lei disporá sobre a fixação de datas comemorativas de alta significação para os diferentes segmentos étnicos nacionais". Também a Lei n° 10.639, de 9/1/2003, por meio da qual se alterou a Lei de Diretrizes e Bases para a Educação Nacional, acrescendo-lhe os seguintes artigos: "Artigo 26-A: Nos estabelecimentos de ensino fundamental e médio, oficiais e particulares, torna-se obrigatório o ensino sobre História e Cultura Afro-Brasileira. §1° O conteúdo programático a que se refere o *caput* deste artigo incluirá o estudo da História da África e dos Africanos, a luta dos negros no Brasil, a cultura negra brasileira e o negro na formação da sociedade nacional, resgatando a contribuição do povo negro nas áreas social, econômica e política pertinentes à História do Brasil. §2°: Os conteúdos referentes à História e Cultura Afro-Brasileira serão ministrados no âmbito de todo o currículo escolar, em especial nas áreas de Educação Artística e de Literatura e História Brasileiras. Art. 79-B. O calendário escolar incluirá o dia 20 de novembro como 'Dia Nacional da Consciência Negra'". A norma regulamenta a previsão inserida no §1°, do artigo 242, do texto constitucional, a saber: "O ensino de História do Brasil levará em conta as contribuições das diferentes culturas e etnias para a formação do povo brasileiro".

[321] VENTURI, Gustavo; TURRA, Cleusa. (Org.). (1995: p. 72).

E é nesse sentido que deve ser compreendida a importância da fixação do mito da democracia racial no consciente coletivo brasileiro. Desse modo, o mito servirá como freio na conduta humana, fixando o paradigma do comportamento que se espera do homem médio e o modelo da atitude e das reações que devem ser tomadas e seguidas. Assim, caso alguém expresse o preconceito por meio de palavras, discriminando, por exemplo, os negros, a sociedade irá responderá à ação mediante desprezo, e os Poderes Públicos aplicarão as sanções cabíveis.[322] O indivíduo isolado não encontrará apoio em seu pensamento, porque apesar de podermos mencionar exemplos de discriminações ocorridas no Brasil, não existe aqui um racismo coletivo, ou um pensamento social generalizado discriminatório.[323] Como expõe Marvin Harris: "O preconceito racial, no Brasil, em outras palavras, não é acompanhado pela segregação racial e discriminação sistemáticas".[324]

O fato de existir, no Brasil, um mito sobre a democracia racial não significa que defensores desta desconheçam a existência de preconceito no País, como sugere Carlos Hasenbalg.[325] Para este autor, a ideologia da democracia racial difundir-se-ia a partir da idéia de que o preconceito e a discriminação inexistiriam no Brasil e que haveria iguais oportunidades para brancos e para negros. Afirma que tal ideologia produz um *senso de alívio* entre os brancos, na medida em que não precisariam reconhecer suas manifestações discriminatórias, e que a assunção desse mito no País possui a força de emanar verdadeiros mandamentos de conduta, que chegam a ser enumerados pelo autor: "(1) Em nenhuma circunstância deve ser admitido que a discriminação racial existe no Brasil; e (2) Qualquer expressão de discriminação racial que possa aparecer deve ser sempre atacada como não-brasileira".[326]

Tal assertiva, no entanto, não encontra respaldo em grande parte da doutrina nacional. Mesmo os autores que defendem a força do mito da democracia racial reconhecem a existência de preconceito e de discriminação no País, mas em escala menor. Não se pode olvidar que a demonstração de dados estatísticos a revelarem a situação perene de

---

[322] Exemplo de repúdio a todo tipo de discriminação e manifestação de racismo no Brasil foi dado pelo Supremo Tribunal Federal, em histórico julgamento ocorrido em 17/09/2003, na Questão de Ordem do Hábeas Corpus nº 82.424/RS, relator o ministro Moreira Alves. Na hipótese, o Tribunal decidiu que escrever, editar, divulgar e comerciar livros "fazendo apologia de idéias preconceituosas e discriminatórias" contra a comunidade judaica também se constituia em crime de racismo sujeito às cláusulas de inafiançabilidade e imprescritibilidade, isso mesmo sem haver, no Brasil, relevante passado de discriminação contra os judeus.

[323] Costa Pinto sobre isso já escrevera: "Não existe, no Brasil, uma filosofia racista definida e forte dando apoio e sanção moral à discriminação racial". PINTO, Luís A. Costa. (1998: p. 294).

[324] Tradução livre. HARRIS, Marvin. (1974: p. 60 e 61). Há versão para o português da primeira edição desta obra, a saber: HARRIS, Marvin. (1967).

[325] HASENBALG, Carlos A. (1979: p. 237 e ss).

[326] HASENBALG, Carlos A. (1979: p. 242).

inferioridade do negro, especialmente no nível educacional e de renda, pode ter diversas explicações possíveis, a partir de múltiplas variáveis, sendo o racismo apenas uma dessas causas.

Com efeito, a adoção de dados estatísticos deve ser feita com a cautela própria que norteia o pensamento científico. De modo algum os números podem ser interpretados como prova irrefutável da existência de uma sociedade racista e segregatória. Nessa linha, o sociólogo Levy Cruz bem destacou a impropriedade da simples transformação de números em afirmações generalizadas. Afirmou: "As argumentações contra a democracia racial brasileira podem ser classificadas em duas vertentes de crítica: a vertente preconceito e discriminação[327] e a vertente desigualdades sociais. (...). A segunda vertente – a da desigualdade racial – é também antiga no meio da sociedade, especialmente entre os militantes de movimentos sociais anti-racistas, mas tomou ares científicos com os trabalhos de Carlos Hasenbalg, que dedica diversos deles ao tema, a partir de 1979, com a utilização de dados censitários e outros dados quantitativos. Tudo se resume, no entanto, em mostrar desigualdades entre as raças – na renda, na educação, na saúde, na mortalidade, no emprego etc. Nelson do Valle Silva, trabalhando também com o mesmo tipo de dados quantitativos, e às vezes em co-autoria com Hasenbalg, é outro cientista social que tem tratado de, caracterizando a democracia racial brasileira como mito, procurar 'desmistificá-la' com dados estatísticos sobre as desigualdades existentes na sociedade brasileira. Nesses estudos sobre desigualdades, a relação dessa variável com discriminação é mais mencionada do que comprovada. (...). Tais estudos são perfeitamente válidos em caracterizar as inegáveis desigualdades existentes na sociedade brasileira. O problema desse enfoque é tomar como causa das desigualdades apenas a discriminação racial, inclusive sem comprovar adequadamente a relação entre as variáveis supostamente envolvidas".[328]

Desse modo, atribuir toda a culpa das desigualdades sociais sofridas pelo negro ao preconceito e à discriminação parece-nos uma redução simplista do problema. Acreditamos que tais fatores, a despeito de não poderem ser desconsiderados, não podem ser interpretados como as causas exclusivas da relativa falta de representatividade dos negros nas camadas sociais mais elevadas. Pensar dessa maneira seria atribuir ao preconceito racial, no Brasil, um peso maior do que efetivamente possui, além de adotar uma resolução minimalista para a questão.

---

[327] Para Levy Cruz, essa vertente vem sendo analisada desde as décadas de 20 e 30 no Brasil, mas muitos autores ainda insistem em atribuir o pioneirismo às obras de Florestan Fernandes e Roger Bastide, da década de 50. Ver em CRUZ, Levy. (2003: p. 11).

[328] CRUZ, Levy. (2003: p. 12).

Nesse sentido são as conclusões obtidas com a já mencionada pesquisa nacional sobre preconceito racial no Brasil: "Esta pesquisa apresenta, de certa forma, uma radiografia da 'democracia racial' brasileira. Ela mostra que a grande maioria dos brasileiros não acredita nela e, ao mesmo tempo, procura praticá-la ou ao menos dar a impressão de que o faz. Impressiona a homogeneidade nestas crenças e práticas. Negros, pardos, brancos e outros não se distinguem, quase, tanto na convicção de que o brasileiro tem preconceito de cor – branco contra preto, preto contra branco –, quanto na negação de que ela ou ele pessoalmente sejam preconceituosos. E para tornar o quadro ainda mais enigmático, poucos são os negros e pouquíssimos são os pardos que dizem já terem sido discriminados (...). Ao menos no nível verbal, a democracia racial tem sua existência confirmada (...). Em suma, no referente à raça, o brasileiro é politicamente correto. O que significa que há condições muito favoráveis de combate à discriminação racial, onde quer que ela se manifeste".[329]

Parece-nos, quando menos, – na medida em que os próprios negros, em sua maioria, afirmam que nunca foram alvos de discriminação – que há, no Brasil, um *mito* sobre o mito da democracia racial no sentido de que, talvez, se queira fazer crer que o País cultiva um preconceito racial maior do que o existente na realidade.

A análise dessa questão revela-se de suma importância para este trabalho. Isto porque, se o problema fosse exclusivamente, ou eminentemente, racial, como aconteceu nos Estados Unidos com a adoção do sistema segregacionista institucionalizado, conforme veremos adiante, tal poderia ser mais facilmente combatido, a partir de programas afirmativos em que a raça fosse o único critério eleito. Acontece que há fortes indícios, colhidos da história nacional, de que a cor não se constituiu no motivo maior a impedir a ascensão na sociedade. Cargos públicos, mandatos eletivos e posições sociais de destaque já haviam sido garantidos aos negros ao longo da história, como já vimos anteriormente. Em nenhum momento houve a adoção de um sistema institucionalizado no qual se proibisse a convivência de negros com brancos. Do contrário, a composição social brasileira sugeriu, e sugere, uma intensa miscigenação.

Dessarte, ainda que se reconheça a existência do preconceito e da discriminação, o mito da democracia racial pode ser construtivo, no sentido de gerar uma expectativa nas pessoas de conduta a ser seguida. Nessa toada, um dos corolários da idéia de *homem cordial* é a intolerância, demonstrada pela sociedade brasileira, às manifestações preconceituosas. Repudia-se, aqui, qualquer intenção de discriminar,

---

[329] VENTURI, Gustavo; TURRA, Cleusa. (1995: p. 79 e 80).

independentemente de quem as tenha manifestado.[330] E pretender vincular o Poder Público à adoção de medidas afirmativas em favor de certa minoria apenas por se reconhecer que, em relação a tal minoria, existe preconceito e discriminação no País, seria o mesmo de instituir programas positivos em favor de homossexuais, nordestinos, mulheres, índios, negros, nortistas, dentre outras relevantes minorias que existem no Brasil, desconhecendo que o preconceito pode advir dos indivíduos mesmos que compõem tal minoria, em relação às outras das quais não fazem parte.

Acontece que a instituição de programas positivos não deve decorrer da simples constatação de preconceito, mas da comprovação de que o preconceito, ao se transformar em discriminação, se constituiu em considerável e manifesta barreira a impedir o acesso a determinadas posições sociais, relegando as vítimas a conviverem em guetos de marginalização. Do contrário, se acaso o Poder Público resolvesse instituir plano de governo destinado a beneficiar todos os que são vítimas de preconceito, teríamos a esdrúxula situação de conviver com cotas, por exemplo, para portugueses, por serem objetos de piadas maldosas. Da mesma forma, também os homossexuais ou nordestinos. Tais exemplos, por teratológicos, levam-nos, decerto, a questionar a solidez dos motivos.

---

[330] Como exemplo dessa intolerância brasileira aos intolerantes, poderíamos mencionar a reação da sociedade em geral ao pronunciamento do então Ministro da Segurança Alimentar José Graziano, realizado em 7 de fevereiro de 2003, na Federação das Indústrias de São Paulo – FIESP, ao vincular a violência do Estado de São Paulo à presença dos nordestinos: "Temos de criar empregos [no nordeste], temos de gerar oportunidades de educação lá, temos de gerar cidadania lá, porque se eles, nordestinos, continuarem vindo para cá [São Paulo], nós vamos ter que continuar andando de carro blindado". In: Graziano comete gafe e liga nordestinos à violência. O Estado de São Paulo, 8 de fevereiro de 2003.

4. A colonização inglesa e a formação dos Estados Unidos da América

4.1. OS DIFERENTES TIPOS DE COLONIZAÇÃO – AS COLÔNIAS DO NORTE E AS COLÔNIAS DO SUL

É chegado o momento de esquadrinharmos a forma como se procedeu à colonização nos Estados Unidos, para escancarar as diferenças existentes entre tal modelo e o sistema adotado no Brasil e, assim, analisarmos a possibilidade de implementarmos, aqui, o modelo pensado alhures, no que concerne às ações afirmativas.

Com efeito, algumas formas de dominação destoaram do sentido do sistema colonial mercantilista. Um desses exemplos foi a colonização desenvolvida no norte dos Estados Unidos. Na terminologia usada por Leroy-Beaulieu,[331] no clássico trabalho *De la colonisation chez les peuples modernes*, praticou-se, em tal região, a *colonização de povoamento*, por as famílias imigrantes terem se estabelecido com o intuito de permanência.

Iniciada a partir de 1607 – *settlement* de Virgínia e fundação de *Jamestown*[332] –, a emigração dos ingleses pode ser explicada por diversos fatores. Um deles é que o processo de desenvolvimento do capitalismo trouxe a necessidade ora de abastecer de matéria-prima as manufaturas da nascente indústria têxtil inglesa – o que provocou verdadeira revolução comercial, pois os campos outrora reservados à agricultura passaram a ser destinados à criação de ovelhas e à conseqüente produção de lã – ora de aumentar a eficiência da produção agrícola –, a chamada agricultura científica, por meio da qual se ampliavam as áreas destinadas ao plantio e se cercavam as terras, de modo a delimitar a propriedade e evitar o ingresso de animais. O fenômeno do cercamento dos campos trouxe em seu bojo a expulsão de

---

[331] Apud NOVAIS, Fernando A. (1986: p. 34); PRADO JÚNIOR, Caio. (2001: p. 30).

[332] Conforme KIRKLAND, Edward C. (1941: p. 29 e ss); PRADO JÚNIOR, Caio. (2000: p. 26 e ss); HISTÓRIA EM REVISTA. (1992a: p. 98 e ss).

milhares de camponeses, que formaram, então, a principal corrente migratória para as novas terras descobertas.

A aristocracia contava para tanto com o apoio do Parlamento Inglês. Durante o século XVIII, foram promulgadas as *leis de cercamento*, por meio das quais se determinava a redistribuição das terras, favorecendo os maiores proprietários, o que provocou a retirada substancial dos trabalhadores rurais.[333]

Outra razão para a emigração foi o período de perseguição religiosa iniciado na Inglaterra a partir da contra-reforma católica à religião protestante. A emergência desses conflitos favoreceu a fuga dos descontentes para a América, que se estabeleceram nos locais em que o clima temperado assemelhava-se ao de costume. Assim, às colônias do norte seguiram tanto os ingleses fugitivos das tensões e das perseguições iniciadas com a reforma religiosa, como aqueles que sofreram os reveses do cerceamento dos campos, o que deu ensejo a um tipo de sociedade em muito parecida com a que viviam na Europa. Como afirma Julius Isaac na obra *Economics of Migration*:[334] "A Inglaterra poderia suportar o envio de muitos emigrantes ao além-mar sem arriscar a ampla oferta de mão-de-obra barata para a própria indústria nacional. As mudanças na organização agrícola, especialmente os cercamentos, criaram na Inglaterra um excedente na população rural que reduziu os salários aos níveis de subsistência e forneceu uma larga reserva no mercado de trabalho".

Observa-se, desse modo, que o início da colonização nos Estados Unidos não decorreu da necessidade de abastecer o comércio europeu, mesmo porque, devido à similitude do clima, não havia motivação para que se estabelecesse, naquela região, a produção para o mercado externo. Por conseguinte, o desenvolvimento das treze colônias, entre 1607 a 1763, ocorreu sem que houvesse grande interferência por parte da metrópole. Tal fato pode ser explicado por uma conjugação de fatores: os interesses ingleses estavam mais voltados para as colônias situadas em clima tropical e as constantes guerras inglesas contra a França e a Holanda.[335] Dessarte, a produção nas colônias norte-ameri-

---

[333] Sobre o tema, ver BURNS, Edward McNall. (2001: p. 418 e ss).

[334] Apud FURTADO, Celso. (1970: p. 21). Tradução livre.

[335] Em 1763, com o fim da Guerra dos Sete Anos (1756–1763) entre a França e a Inglaterra, esta, a despeito de ter sido vitoriosa, encontrava-se bastante endividada. Para levantar receita, a metrópole criou uma série de tributos e majorou os já existentes, forçando os colonos a arcar com parte da dívida existente. Assim, em 1764, o Parlamento Britânico aprovou a Lei do Açúcar e, em 1765, a Lei do Selo. Em 1767, a Lei *Townshend* instituiu impostos sobre chumbo, vidro, papel, tinta, chá e ferro. O descontentamento dos colonos foi geral, as tensões se multiplicaram e, de maneira simplificada, pode-se afirmar que desta forma se iniciou a luta pela independência das treze colônias, que durou de 1776 a 1783. Tais colônias, a despeito de terem características bastante distintas e que futuramente ensejariam conflitos internos, naquele momento se uniram para lutar pelo mesmo objetivo: a aquisição da liberdade. Sobre o tema, ver em KOSHIBA, Luiz; PEREIRA, Denise Manzi Frayze. (1987: p. 119 a 124); HISTÓRIA EM REVISTA. (1992a: p. 97 a 121).

canas visou ao mercado interno e desenvolveu-se por meio da policultura, em pequenas propriedades, utilizando-se da força de trabalho dos imigrantes. Formou-se, com isso, um forte mercado interno que proporcionou o desenvolvimento do comércio e das manufaturas.

Em passo seguinte, por observar a inviabilidade da produção em larga escala de produtos tropicais nas colônias, até a metrópole passou a incentivar a manufatura nas colônias do norte dos produtos que, embora produzidos na Europa, não encontravam eco na Inglaterra. Dessa maneira, não teria de importá-los de outros países e, assim, pagar pesados impostos.[336] Ademais, as próprias colônias, cientes da necessidade de produzir para evitar ao máximo a importação de bens, iniciaram a defesa da incipiente formação industrial. Nesse sentido, por exemplo, Massachusetts promulgou lei em 1655, obrigando todas as famílias lá situadas a produzirem os tecidos de que precisavam os habitantes, visando a impedir as importações. Outras colônias proibiram a exportação de matérias-primas, para que fossem transformadas pela manufatura local, como, por exemplo, o couro.[337]

Observa-se, dessa forma, que os emigrantes europeus buscaram a construção de uma nova sociedade, que pudesse lhes oferecer tolerância religiosa e perspectivas de crescimento, o que não mais encontravam nas terras de origem. Por outro lado, diferentemente do que aconteceu em Portugal, que não possuía excedente populacional apto a emigrar para o Brasil e em cuja sociedade não havia se desenvolvido uma ética do trabalho, na Inglaterra as modificações sociais fizeram com que houvesse um número expressivo de pessoas dispostas a embarcar para as novas terras, de modo que, nelas, a escravidão não fora a mão-de-obra adotada por excelência.

Destaque-se, por oportuno, que nem todos os emigrantes da Europa conseguiam suportar os custos do transporte e os gastos para implementar a mudança para o novo mundo, o que foi sanado a partir das relações trabalhistas conhecidas como *indentured servant*.[338] Tais relações poderiam ser de dois tipos: na primeira, os trabalhadores emigrantes contratavam previamente a venda do trabalho com os colonos já estabelecidos nos Estados Unidos durante um período de

---

[336] Relembre-se, a título comparativo, que, no Brasil, era rigorosamente proibida a produção de qualquer bem manufaturado, por meio do Alvará de 5 de janeiro de 1785.

[337] Nesse sentido, explica Celso Furtado: "As medidas restritivas com respeito à produção manufatureira, que a Inglaterra impunha às suas colônias, na época mercantilista, tiveram de ser aplicadas de forma muito especial nos Estados Unidos, pelo simples fato de que o sistema de agricultura de exportação não dera resultado nas colônias do norte. A relação dessas colônias com a Metrópole evoluíra num sentido distinto. (...). As linhas gerais da política inglesa passaram a ser as seguintes: fomentar nas colônias do norte aquelas indústrias que não competissem com as da Metrópole, permitindo a esta reduzir suas importações de outros países. (...)".. FURTADO, Celso. (1970: p. 102).

[338] Algo como trabalhadores temporários.

tempo, a fim de arcar com as despesas próprias de passagem e da família. Na segunda, os futuros habitantes eram levados para a América em barcos controlados por armadores e, ao chegar, teriam de arrumar um local para trabalhar e, assim, pagar a própria passagem e a dos familiares.[339] O emigrante que tivesse interesse em se estabelecer nas novas terras admitia submeter-se a um regime de servidão temporária por um prazo entre cinco e sete anos e, em troca, obtinha o pagamento da passagem, a manutenção e, ao final, uma indenização ou um pequeno pedaço de terra.[340]

A adoção desse tipo de mão-de-obra, no entanto, trouxe perversas conseqüências para a metrópole. Isto porque quando o servo recobrava a liberdade, mais facilmente se convertia em proprietário e passava a competir com o senhor para o qual trabalhara anteriormente.[341] Esta foi uma das razões pelas quais, posteriormente,[342] se adotou o trabalho escravo nas colônias do sul dos Estados Unidos, conforme veremos a seguir.

Com efeito, a colonização efetuada nas províncias do norte em muito se distinguiu da realizada no sul. Como vimos, as condições geográficas e climáticas fizeram com que, naquela região, prevalecesse o cultivo de produtos similares aos europeus, o que explicou a relativa falta de interesse da Inglaterra naquela parte da América. Por outro lado, àqueles que emigraram com o intuito de explorar, o sul se mostrava um grande atrativo, porque lá predominou o sentido da colonização mercantilista, a partir da produção de mercadorias tropicais, como o açúcar, o tabaco, o algodão. Diferentemente do que aconteceu no norte da América setentrional, nas colônias tropicais surgiu uma sociedade inteiramente nova, constituída pela aristocracia rural, cujo sistema econômico em muito se assemelhou à colonização portuguesa no Brasil. No sul, a inexistência de uma camada intermediária entre os senhores e os escravos dificultou sobremaneira a existência do comércio e da manufatura. Não houve a formação de um mercado interno que promovesse o escoamento da produção. Pacto colonial, latifúndio, monocultura, escravidão: eis os elementos desse sistema que nos fora tão familiar.

Por sua vez, a independência das treze colônias, efetuada em 1776, gerou conseqüências que acentuaram ainda mais as disparidades existentes entre as então colônias do norte e as do sul. Os suprimentos

---

[339] Ver em KIRKLAND, Edward C. (1941: p. 36 e ss).

[340] Sobre esse ponto, FURTADO, Celso. (1970: p. 21); JERSEN, Merrill. (1972: p. 30 a 45); HARRIS, Marvin. (1974: p. 83).

[341] Nessa linha, KIRKLAND, Edward C. (1941: p. 75).

[342] Inicialmente, mesmo nas colônias do sul, adotou-se o regime da servidão branca temporária. Somente no século XVII os escravos principiaram a chegar nos Estados Unidos, e, apenas no século XVIII, vão constituir 25% da população. HARRIS, Marvin. (1974: p. 83 e 84).

ingleses foram cortados por anos a fio, o que incentivou bastante as incipientes manufaturas nos estados do norte, as quais, durante o período colonial, haviam acumulado a experiência técnica necessária. Agora, era chegada a hora de colocar em prática o processo de produção, o que aconteceu principalmente na área têxtil, utilizando-se para tanto do algodão e da matéria-prima produzidos pelos estados do sul. As diferenças se ampliaram e geraram paradoxos inconciliáveis, que viriam a se constituir no cerne da Guerra Civil, conforme veremos a seguir.

4.2. O PROCESSO ABOLICIONISTA NORTE-AMERICANO

4.2.1. Antecedentes da Guerra Civil

A questão primeira a ensejar a Guerra de Secessão foi a temática escravista. Mas, no conjunto, tratava-se de um verdadeiro choque entre duas civilizações que, apesar de se localizarem no mesmo país, possuíam modos de pensar e de viver completamente diferentes. Enquanto os estados do norte se caracterizavam pela modernidade e pela industrialização, nos estados do sul predominava o pensamento rural, de uma sociedade aristocrática.

Uma das maiores preocupações dos senhores agrícolas sulistas era a possibilidade da libertação dos escravos. Segundo acreditavam, a insurgência de tal fato poderia gerar conseqüências desastrosas e arruinar as plantações de algodão do local, destruindo a economia sulina. Para justificar a manutenção do trabalho escravo, propagavam ideais de superioridade racial, equiparando os negros aos bárbaros, aos inimigos da sociedade civilizada, afirmando serem os afro-descendentes os inimigos internos do país.[343]

Alguns acontecimentos propiciaram o aumento das tensões relativas ao fim do trabalho escravo. Em 1819, o Estado do Missouri pleiteou o ingresso na União como estado escravocrata. Ocorre que, à época, havia um certo equilíbrio entre o número de estados escravagistas e não-escravagistas, e nenhum dos dois lados queria ficar sub-representado. Finalmente, em 1820 firmou-se acordo – o *Acordo de Mississipi* – entre os estados escravagistas e os abolicionistas, no sentido de delimitar a linha fronteiriça para utilização desse tipo de mão-de-obra. Com a promulgação da Constituição do Estado do Missouri seria proibida qualquer introdução adicional de escravos e os filhos dos escravos a partir de então seriam livres. Assim surgiu o Compromisso de Missouri, que determinava também que somente os estados situa-

---
[343] FRANKLIN, John Hope. (1999: p. 126).

dos abaixo do paralelo 36°40' poderiam fazer uso da escravidão. Muitos abolicionistas, aproveitando-se da delimitação, davam cobertura aos escravos, incentivando-os para que fugissem e então fixassem residência acima do paralelo.[344]

As idéias abolicionistas passaram a ser difundidas por diversos meios. Em 1831, fundou-se o jornal semanal *The Liberator*, com repercussão considerável e que entusiasticamente combatia a escravidão. Já em 1853, foi lançada a obra *A Cabana do Pai Tomás*, de Harriet Beecher Stowe, romance abolicionista que obteve grande repercussão, vendendo aproximadamente 300.000 exemplares, somente no primeiro ano.

As aquisições territoriais decorrentes da Guerra contra o México (1846-1848), como a Califórnia e o Sudoeste do atual território norte-americano, acirraram os conflitos entre os ideais libertários e os escravagistas. Os representantes do norte queriam que os novos estados não adotassem o regime servil. Já os senhores agrícolas do sul buscavam aumentar o número dos estados escravistas e angariar apoio para a causa. A crise aumentou quando a Califórnia requereu, em 1849, o ingresso na União como estado não-escravista, a despeito de estar situada abaixo do paralelo firmado pelo Compromisso de Missouri. O sucesso da intenção californiana fez gerar um precedente – o Compromisso Clay, de 1850 –, por meio do qual se determinava que cada estado poderia, autonomamente, decidir sobre a adoção ou não do trabalho escravo.[345]

4.2.2. O caso *Dred Scott v. Standford* – 60 U.S 393 (1857)

Para muitos constitucionalistas norte-americanos, a decisão da Suprema Corte no caso *Dred Scott v. Standford*[346] foi o verdadeiro estopim para o início da guerra civil. Por meio dessa decisão judicial, o Tribunal não só resolveu o caso concreto, mas foi além, declarando a inconstitucionalidade de quaisquer normas estaduais que estabelecessem a proibição do trabalho escravo dentro dos limites da circunscrição territorial.

Ainda hoje a decisão no caso Dred Scott suscita discussões e fomenta um dos principais debates do Direito Constitucional moderno: teria o Poder Judiciário legitimidade para intervir em questões eminen-

---

[344] Ver em SYRETT, Harold C. (Org.). (1995: p. 139 e 140).

[345] Compromisso Clay de 1850. Artigo 1°: "Resolve que a Califórnia, com fronteiras apropriadas, deve ser admitida, em virtude de sua solicitação, como Estado desta União, sem a imposição, por parte do Congresso, de qualquer restrição no tocante à exclusão ou à introdução da escravatura no interior das citadas fronteiras. Artigo 8°: Resolve que o Congresso não tem o poder de promover nem obstruir o comércio de escravos entre os Estados escravocratas, mas que a admissão ou exclusão de escravos trazidos por um deles para outro depende exclusivamente das leis particulares de cada um". SYRETT, Harold C. (Org.). (1995: p. 186 e 187).

[346] Ver em EHRLICH, Walter. In: HALL, Kermit L. (Ed.) (1999: p. 277 a 279); GEORGE, Robert P. (2000: p. 64 a 89); SYRETT, Harold C. (Org.). (1995: p. 196 a 200).

temente políticas? Ou o fato de seus membros não terem sido eleitos democraticamente os impediriam de ingressar nessa esfera? Com efeito, grandes constitucionalistas do Direito norte-americano, dentre os quais Cass Sunstein,[347] advertem para as conseqüências prejudiciais que decisões político-jurídicas podem assumir, quando os juízes se imiscuem em temas estritamente políticos. Robert George, prefaciando o livro *Great Cases in Constitucional Law,* assim resumiu a questão: "A maioria no caso Dred Scott errou, de acordo com Sunstein, não (ou não somente) porque eles ficaram do lado errado do problema da escravidão, mas porque eles tentaram resolver por um comando judicial uma questão que, no final, somente poderia ser resolvida politicamente ou pela força das armas".[348]

Vamos à análise do caso, um dos mais polêmicos na história da Suprema Corte norte-americana e decerto um dos mais importantes julgamentos já realizados.

Nascido na Virgínia, em 1799, Dred Scott era um escravo negro de St. Louis, Missouri, que havia sido levado pelo dono para Illinois e, de lá, para Wisconsin. Em tais lugares, a escravidão era proibida. O dono de Dred morreu em 1843, mas o escravo continuou trabalhando para a esposa do dono, a senhora Emerson. Em 1846, ao retornarem ao estado de origem, Missouri, onde era permitida a escravidão, Scott ingressou com uma ação judicial pleiteando que lhe fosse reconhecida a liberdade, já que residira em solo livre, baseando-se, para tanto, na determinação que previa: *once free, always free* – uma vez livre, sempre livre. O caso foi julgado pela primeira vez em 1847, mas, por o convencimento do juiz ter sido baseado em um testemunho indireto sobre os fatos, a decisão foi anulada e deu ensejo a um novo julgamento, ocorrido em 1850, desta feita garantindo a liberdade ao escravo.

Esse lapso temporal entre o primeiro e o segundo julgamento foi determinante para o desenrolar da causa. Durante os três anos em que não ficara decidido se Dred era ou não um homem livre, os salários que obteve dos serviços prestados a terceiros ficaram sob depósito judicial. Nesse meio tempo, a senhora Emerson se casou novamente e se mudou para a região conhecida como Nova Inglaterra, transferindo ao irmão John Stanford a gestão dos negócios. Este, então, objetivando a propriedade dos valores guardados, apelou à Corte estadual, visando a reverter a decisão de primeiro grau que concedera liberdade ao escravo. A Corte Estadual concedeu-lhe o ganho da causa.

Desta decisão, recorreu Dred Scott à Suprema Corte. Stanford contra-argumentou, afirmando que o escravo não era cidadão, e que, portanto, não teria o direito de interpor recursos no âmbito federal.

---

[347] Sobre o tema, ver em SUNSTEIN, Cass. (2001: p. 61 e ss).

[348] GEORGE, Robert P. (2000: p. 8). Tradução livre.

Além disso, afirmou que as leis proibitórias da escravidão em alguns estados norte-americanos eram contrárias ao direito de propriedade e, dessa forma, também contrárias à Constituição. Aduziu, ainda, que o governo federal não poderia privar os proprietários de seus pertences sem o devido processo legal. Observa-se, desse modo, que a questão deixou de ser se o Estado do Missouri poderia ou não aprisionar uma pessoa que fora livre, mas se, em algum momento, Dred chegou a ter a almejada liberdade.

O resultado foi perverso para Dred Scott: a Suprema Corte manteve a escravidão por 7 votos a 2. O voto do Presidente, Roger B. Taney, foi o condutor da maioria. Em seu voto, Taney determinou que um negro até poderia ser considerado cidadão em algum estado específico, mas que isso não o tornava cidadão dos Estados Unidos a ponto de ter o direito de recorrer nas cortes federais. Por outro lado, advertiu que o recurso de Dred, para ver sua liberdade reconhecida no estado de Missouri, não merecia prosperar, porque ele nunca chegara a ser um homem livre.

Dessa forma, no segundo caso relativo ao controle de constitucionalidade das normas,[349] a Corte declarou que o Congresso excedera à autoridade delegada pela Constituição quando proibiu ou aboliu a escravidão nos estados, pois a Casa Legislativa não possuía legitimidade para promulgar normas contrárias à proteção constitucional da propriedade. O compromisso de Missouri, formulado em 1820, era, assim, inconstitucional. Determinou Taney:[350]

> Se a Constituição reconhece o direito de propriedade do dono sobre um escravo, e não faz distinção entre esse tipo de propriedade e outra qualquer possuída por um cidadão, nenhum tribunal, que aja sob a autoridade dos Estados Unidos, seja ele legislativo, executivo ou judiciário, tem o direito de fazer tal distinção, ou de negar-lhe o benefício das estipulações ou garantias fornecidas para a proteção da propriedade privada contra os abusos do governo. Ora (...), o direito de propriedade sobre um escravo é distinto e expressamente afirmado na Constituição. O direito de negociá-lo, como um artigo comum de mercadoria e de propriedade, foi garantido aos cidadãos dos Estados Unidos, em todos os Estados que o desejem, por vinte anos. E o governo, em termos expressos, é obrigado a protegê-lo em todo o tempo futuro, se o escravo escapar do dono. E nenhuma palavra da Constituição dá ao Congresso um poder maior sobre a propriedade escrava, ou justifica o fato de ter uma propriedade desse gênero menos proteção do que qualquer outra. O único poder conferido é o que se associa ao dever de guardar e proteger o dono em seus direitos. Feitas essas considerações, opina o tribunal que a Lei do Congresso que proibia um cidadão de ter e possuir propriedades desse gênero no território dos Estados Unidos ao norte da linha supramencionada, não sendo autorizada pela Constituição, é, portanto, nula, e que nem o próprio Dred Scott, nem ninguém da sua família, foram libertados por terem sido transportados para esse território; mesmo que tivessem sido levados para lá pelo dono, com a intenção de ali residir permanentemente.

---

[349] *Dred Scott* foi o primeiro caso em que a Suprema Corte colocou em prática a doutrina de controle de constitucionalidade das leis estaduais, dantes elaborada no caso *Marbury v. Madison*. 5 U.S (1803).

[350] SYRETT, Harold C. (Org). (1995: p. 199 e 200).

Cass Sunstein[351] advertiu para as graves conseqüências desse julgamento. Se o Tribunal tivesse optado apenas por decidir o caso concreto, declarando a incompetência da Corte para conhecer da matéria – por já ter fixado entendimento de que o escravo Scott não era cidadão, e que, portanto, não poderia demandar diante de Tribunal Federal – resolveria a causa sem ter de se intrometer em questões morais ou políticas. Mas assim não procedeu a Corte. E, da maneira como agiu, acirrou os conflitos entre os abolicionistas dos estados do norte e os latifundiários escravagistas dos estados do Sul, deflagrando, então, a Guerra Civil.

4.2.3. A Guerra de Secessão[352]

O resultado do julgamento do caso Dred agitou a corrente abolicionista, receosa das conseqüências da decisão judicial favorável à permanência da escravidão. Assim, logo em 1860, os abolicionistas conseguiram eleger Abraham Lincoln, do Partido Republicano, como Presidente dos Estados Unidos.

A resposta à vitória de um abolicionista na presidência dos Estados Unidos também não tardou a surgir, apesar de Lincoln ter assumido postura moderada no que se relacionava ao tema da escravidão.[353] Na verdade, para os estados sulistas era completamente inaceitável o fim do trabalho escravo, ainda que para tanto tivessem de se desligar da União. E assim foi feito: em 20/12/1860, a Carolina do Sul proclamou a separação dos demais estados que formavam os Estados Unidos, no que foi acompanhada por mais sete entes federativos – Geórgia, Alabama, Flórida, Mississipi, Louisiana, Virgínia e Texas.

Em passo seguinte, os estados separatistas se juntaram e realizaram um congresso em Montgomery, Alabama, em 8/2/1861, quando decidiram fundar outra união: a dos Estados Confederados da América. Jefferson Davis foi nomeado o novo Presidente, sendo vice Alexander Stephens. Outra Constituição foi redigida – com previsão expressa sobre a impossibilidade de lei posterior tentar abolir a escravidão – e a nova capital foi fixada em Richmond, na Virgínia.

A resistência não demorou a aparecer. Se em relação ao término da escravatura as atitudes de Lincoln eram brandas, o mesmo não pode ser dito quanto à sua preocupação em manter a União nos moldes

---

[351] SUNSTEIN, Cass. (2000: p. 64 a 89).

[352] Sobre o tema, ver em ROBERTSON, William Spence. (1941: p. 120 a 200); ARRUDA, José Jobson. (1990: p. 177 a 184); HISTÓRIA EM REVISTA. (1992b: p. 131 a 161).

[353] Destaque-se que, mesmo admitindo a abolição da escravatura, Lincoln não aceitava a igualdade entre os negros e brancos. Com efeito, em Peoria, Illinois, em 1854, Lincoln proferiu discurso no qual reconhecia que os seus sentimentos não permitiriam que a liberdade dos negros implicasse a equiparação com os brancos. FRANKLIN, John Hope. (1999: p. 171).

originais. Diante da quebra do pacto federativo pelos estados separatistas do sul, Lincoln manifestou reação imediata, bem demonstrada no discurso proferido, à época:

> Não tenho nenhum propósito, nem direto nem indireto, de interferir na instituição da escravidão nos estados em que ela existe. Acredito não ter nenhum direito legítimo de fazê-lo, e nenhuma inclinação para fazê-lo. Por outro lado, se os Estados Unidos não forem um governo propriamente dito, mas apenas uma associação de Estados ligados por simples contrato, podem, como contrato, ser pacificamente desfeitos por algo menos do que todas as partes que o fizeram? Uma das partes de um contrato pode infringi-lo – quebrá-lo, por assim dizer – mas não serão necessárias todas elas para rescindi-lo legalmente? (...) Seguem-se dessas opiniões que nenhum Estado, por sua própria iniciativa, pode legalmente sair da União, que as ordenações e resoluções nesse sentido são juridicamente nulas e que os atos de violência, dentro de qualquer Estado ou Estados contra a autoridade dos Estados Unidos, são insurrecionais ou revolucionários, de acordo com as circunstâncias.[354]

Destaque-se para o fato de os estados confederados do sul encontrarem-se em situação de inferioridade tanto de homens – contavam com apenas um terço da população do país – como de armas. A potência industrial do norte garantia ampla superioridade à União. Àquela época, o norte fabricava 97% das armas, bem como os tecidos e as botas. Além disso, os estados do norte haviam desenvolvido melhores condições para o transporte das tropas, por meio de ferrovias, estradas e canais.[355] Em suma, havia no norte um forte parque industrial, uma ampla malha ferroviária e um crescente poderio naval, determinantes para a vitória nas batalhas seguintes.

Mesmo em situação de desvantagem, foram os estados confederados que iniciaram a ofensiva, em 12/4/1861, bombardeando o forte *Sumter*, sob comando do General Lee. O norte logo ofereceu defesa, com a liderança do General Ulisses Grant.

Em 22/9/1862, Lincoln, em clara manobra política, proclamou que, a partir de 1/1/1863,[356] ficaria abolida a escravidão nos estados confederados. Com isso objetivava incitar a criação de uma guerra interna, dentro da Guerra Civil, desta feita entre os ex-escravos e os senhores agrários do sul, além de procurar obter a simpatia da Europa, que já apoiava, em larga medida, a abolição da escravatura.

Após inúmeras batalhas e sucessivas derrotas, os estados sulistas pediram os termos da rendição, em 9/4/1865. As conseqüências da guerra foram desastrosas: saldo de mais de 600 mil mortos e o sul completamente devastado. Destaque-se que a quantidade de mortos e

---

[354] Apud SYRETT, Harold C. (Org). (1995: p. 212 e 213).

[355] HISTÓRIA EM REVISTA. (1992b: p. 141).

[356] Proclamação: "Eu, Abraham Lincoln, presidente dos Estados Unidos (...), ordeno e declaro que todas as pessoas mantidas como escravos dentro dos designados Estados e partes de Estados são livres, e o serão daqui por diante; e que o governo executivo dos Estados Unidos, incluindo suas autoridades militares e navais, reconhecerá e manterá a liberdade das mencionadas pessoas". Apud SYRETT, Harold C. (Org). (1995: p. 220).

feridos na Guerra de Secessão não encontrou precedentes até hoje nos Estados Unidos. À época, o total equivaleu a 2% da população, enquanto que em toda a Segunda Guerra Mundial a baixa de norte-americanos atingiu a proporção de 0,28% da população e na Guerra pela Independência morreram 4.000 pessoas.[357]

Entretanto, em 14/4/1865, Lincoln foi assassinado, com um tiro na cabeça proferido por John Wilkes Booth, simpatizante da causa sulista. Assumiu a presidência o vice, Andrew Johnson, que continuou no intento de abolir o trabalho escravo, o que de fato veio a ocorrer em 18/12/1865, com a publicação da 13ª emenda à Constituição.

Há de se destacar que a abolição da escravatura nos Estados Unidos concedeu ao negro a igualdade perante a lei, mas, na prática, o negro não possuía o mesmo *status* de cidadão que o branco. Isto porque a sociedade estadunidense não estava preparada para aceitar o ingresso do negro em situação de igualdade com os brancos. Conforme já analisado, diferentemente do que aconteceu no Brasil, nas colônias do sul dos Estados Unidos praticamente inexistia possibilidade de os escravos adquirirem liberdade antes da abolição, o que desmotivou a paulatina integração do negro à sociedade. Assim, quando a abolição ocorreu, um grande contingente de ex-escravos passou a disputar com os brancos o mercado de trabalho. Tal fato, aliado à gravidade dos efeitos da Guera Civil, propiciou o surgimento de organizações racistas de extrema violência, como a Ku Klux Klan e o Conselho dos Cidadãos Brancos. Os negros passaram a ser vistos no sul dos Estados Unidos como a razão para explicar as mazelas que os estados estavam enfrentando. Foram considerados os verdadeiros *bodes expiatórios* para a convulsão e o colapso na qual se transformara a economia agrícola sulista no pós-guerra civil.

Desse modo, a despeito de terem adquirido a liberdade, os negros precisaram, ainda, enfrentar o crescente ódio dos brancos, que além de culpá-los pela Guerra,[358] viam-nos como concorrentes para os postos

---

[357] BURT, Robert A. (2000: p. 296).

[358] O segundo discurso de posse de Abraham Lincoln, proferido em 4 de março de 1865, bem demonstrou que a razão para o conflito havia sido a permanência, ou não, da escravidão negra no país: "(...) Ambas as partes reprovavam a guerra, mas uma delas preferiu fazer a guerra a deixar a nação sobreviver, e a outra preferia aceitar a guerra a deixá-la perecer. E a guerra veio. Um oitavo de toda a população era formada de escravos de cor, não distribuídos de um modo geral pela União, porém localizados na sua parte meridional. Tais escravos constituíam um interesse peculiar e poderoso. Todos sabiam que esse interesse, de certo modo, foi a causa da guerra. Fortalecê-lo, perpetuá-lo e ampliá-lo era o objetivo pelo qual os insurrectos pretendiam dividir a União, nem que tivessem que recorrer à guerra, ao passo que o governo não reclamava outro direito que o de restringir sua difusão territorial. Nenhuma das partes esperava que a guerra tivesse a magnitude ou a duração que já atingiu. Nem previa que a causa do conflito pudesse cessar quando cessasse o próprio conflito ou mesmo antes disso. Cada qual buscava um triunfo mais fácil e um resultado menos fundamental e assombroso. Ambas lêem a mesma Bíblia, rezam para o mesmo Deus, e cada qual invoca Sua ajuda contra a outra. Parece estranho que homens se atrevam a pedir a ajuda de um Deus justo para arrancar o pão do suor do rosto de

de trabalho cada vez mais escassos devido às altas taxas de desemprego ocasionadas pelo fim do conflito. Essa inesperada competição no mercado de trabalho fez explodir a revolta e a violência contra os negros no país. Assim, entre 1882 a 1903, mais de dois mil negros morreram linchados pelos brancos, sendo que, somente em 1890, foram quase 200 execuções.[359] As autoridades públicas não procediam às punições cabíveis e se utilizavam de teorias sobre a inferioridade da raça negra para poder justificar a segregação que se iniciava, conforme esquadrinharemos a seguir.[360]

4.3. O SISTEMA DE SEGREGAÇÃO INSTITUCIONALIZADA

4.3.1. A segregação por meio de leis – o sistema *Jim Crow*

O regime de segregação imposto aos negros em diversas cidades e estados do sul dos Estados Unidos ficou conhecido como sistema *Jim Crow*. Pode-se afirmar que a discriminação não ocorreu esporadicamente, do contrário, foi institucionalizada e estimulada pelo Governo, sendo posta em prática por meio de leis, de atos administrativos e da jurisprudência da Suprema Corte.

Talvez este seja um dos capítulos no qual fica ainda mais clara a diferença das relações raciais existentes no Brasil e nos Estados Unidos. No Brasil, a difusão do mito da democracia racial, a despeito de não corresponder inteiramente à realidade, colaborou para que fosse criado, no consciente coletivo, a idéia de ser incorreto apoiar a discriminação, de modo que a própria sociedade atua como censora das condutas dos demais. Nos Estados Unidos, ao revés, a cada dia um dos Poderes do Estado praticava e institucionalizava a discriminação, passando a mensagem de que não somente era correto discriminar, mas, sobretudo, era legal e legítimo.

---

outros homens, mas não julguemos para não sermos julgados. As preces de nenhuma das partes poderiam ser atendidas. A de nenhuma delas o foi plenamente. O Todo-Poderoso tem seus próprios desígnios. 'Ai do mundo por causa dos escândalos; porque é inevitável que venham escândalos, mas ai do homem pelo qual vem o escândalo'. Se supusermos que a escravidão americana é um desses escândalos que, segundo a providência de Deus, é inevitável que venha, mas que, tendo continuado através do tempo prescrito, Ele agora deseja eliminar, e dá, tanto ao Norte quanto ao Sul, esta guerra terrível como a desgraça devida àqueles por cujo intermédio veio o escândalo, discerniremos nisso algum afastamento dos atributos divinos que os crentes num Deus vivo sempre Lhe atribuem? Esperamos com otimismo e pedimos com fervor que o poderoso flagelo da guerra passe depressa. Entretanto, se Deus quiser que continue até perder-se toda a riqueza acumulada pelos duzentos e cinqüenta anos de labuta não premiada do escravo, e até que cada gota de sangue arrancada com o chicote se pague com outra arrancada com a espada, como foi dito há três mil anos, assim se dirá 'os juízos do Senhor são totalmente verdadeiros e justos'". SYRETT, Harold C. (Org). (1995: p. 222).

[359] DEGLER, Carl. (1986: p. 95).

[360] SKIDMORE, Thomas. (2001a: p. 154).

Inicialmente, deve-se explicar a origem do termo *Jim Crow*. Em 1843, na Virgínia, formou-se um grupo composto de quatro artistas brancos, chamados *Virginia Minstrels*. Durante uma apresentação na cidade de Nova Iorque, os componentes do grupo pintaram a pele de preto e realizaram um número de canto – com forte sotaque sulista – e dança, no que acreditavam estarem imitando os negros.[361] Esse show fez um grande sucesso e, a partir daí, o grupo passou a excursionar pelas demais cidades. Uma das músicas possuía refrão que terminava com a expressão *Jim Crow*.[362] Daí em diante, as normas que vedavam o exercício de muitos direitos aos negros norte-americanos ficaram conhecidas como *Leis Jim Crow*, e, posteriormente, tal expressão serviu para designar todo o sistema de segregação oficial estadunidense.

Durante décadas, a segregação institucionalizada prevaleceu no sul dos Estados Unidos. Por meio dela, os negros foram proibidos de freqüentar as mesmas escolas que os brancos, proibidos de ter propriedades, de viver em certas vizinhanças, de obter licenças para trabalhar em algumas profissões, de casar com brancos, de se tornarem cidadãos, no sentido de poderem votar e ser votados, de testemunharem, de serem servidos dentro das lanchonetes, de beberem nos mesmos bebedouros, dentre outras restrições. Como afirmou o historiador Chin: "Para muitos americanos, desde o hospital onde nasceram até o cemitério onde foram enterrados, todas as principais instituições sociais eram rigidamente segregadas pela raça".[363]

O sistema *Jim Crow* estabeleceu uma mensagem de inferioridade, fixando espaços diferenciados para negros e brancos. Originou-se da necessidade de controle pelos brancos daquela massa de negros livres competindo com eles no mercado de trabalho, uma vez extinta a escravidão. Por sua vez, as decisões da Suprema Corte contribuíram para a consolidação do sistema segregacionista, na medida em que reconheciam como legítimas e constitucionais as leis que determinavam a separação.

A conseqüência desse perverso sistema não poderia ter sido diferente: a criação de duas sociedades paralelas, a dos brancos e a dos negros, que não podiam dirigir nas mesmas estradas, sentar nas mesmas salas de espera, usar os mesmos banheiros ou piscinas, comer nos mesmos restaurantes, ou assistir a peças nos mesmos teatros. Aos negros, era vedado o acesso a parques, praias e hospitais.[364]

---

[361] DAVIS, Ronald. (2003). O grupo apresentava uma visão estereotipada dos negros: abobados, infantis, ineficientes, preguiçosos, ridículos e alegres. Ver também em DAVIS, F. James. (2001: p. 51).

[362] Eis o refrão da música: "Weel about and turn about And do jis so, Eb'ry time I weel about And jump Jim Crow".

[363] Tradução livre. CHIN, Gabriel J. (Ed.). (1998a: p. XV).

[364] Ver mais exemplos em DAVIS, F. James. (2001: p. 52 e ss).

Tamanho é o grau de incredulidade sobre a adoção desse sistema, que se faz necessário hoje transcrever algumas das ementas das leis que existiram naquela época, até mesmo para que seja escancarada a brutal diferença entre o sistema de discriminação norte-americano e o preconceito existente no Brasil. Eis alguns exemplos de leis segregacionistas do Estado do Alabama: *"Enfermeiras* – Nenhuma pessoa ou corporação pode requerer uma enfermeira para trabalhar em departamentos ou quartos em hospitais, tanto públicos como privados, nos quais homens negros estejam estabelecidos; *Ônibus* – Todas as estações de passageiros neste Estado operados por empresa de transporte motor devem ter salas ou pontos de espera separados e tíquetes de janela separados para os brancos e raças de cor; *Estradas de Ferro* – O condutor de cada trem de passageiros é autorizado e solicitado a designar cada passageiro ao carro ou à divisão do carro, quando for separado por divisória, e designar à qual raça o passageiro pertence; *Restaurantes* – Será ilegal conduzir um restaurante ou outro lugar que sirva comida na cidade no qual brancos e pessoas de cor sejam servidos no mesmo cômodo, a não ser que os brancos e as pessoas de cor estejam efetivamente separados por uma sólida divisória estendida desde o chão até a distância de 2 metros ou mais e a não ser que seja providenciada uma entrada separada na rua para cada compartimento; *Piscinas e Casas de Bilhar* – Será ilegal para um negro e um branco jogarem juntos, ou na companhia um do outro, qualquer jogo na piscina ou de bilhar; *Banheiros Masculinos* – Todos os empregadores de homens brancos ou negros devem providenciar para cada homem branco ou negro acessos razoáveis e separados para o banheiro".[365]

Por sua vez, na Flórida: *"Casamentos entre Raças* – Todos os casamentos entre uma pessoa branca e um negro ou então entre uma pessoa branca e um negro descendente até a quarta geração, inclusive, são por meio desta lei para sempre proibidos; *Educação* – As escolas para crianças brancas e as escolas para crianças negras devem ser administradas separadamente". Já no Arizona: *"Casamentos entre Raças* – O casamento de uma pessoa de sangue Caucasiano com um Negro, Mongol, Malaio ou Hindu são nulos e devem ser evitados".[366]

Esses são apenas alguns poucos exemplos dos temas versados em leis segregacionistas. Destaque-se, ainda, que em relação a muitos outros temas também proliferavam proibições, distribuídas nos mais diversos estados do sul, como Virgínia, Oklahoma, Texas, Carolina do Sul e Mississipi, como coabitação, reformatórios, hospitais para doentes mentais, enterros, barbeiros, beisebol amador, bebidas, ingressos

---

[365] Tradução livre. Disponível em: (http://www.nps.gov/malu/documents/jim_crow_laws.htm). Acesso em: 5 maio 2003.
[366] Idem.

para circo, moradia, instituições para cegos, prisões, livrarias, bebedouros, pesca, cabines de telefones, custódia de crianças, cemitérios.[367]

A segregação estava em toda a parte e alcançava praticamente qualquer atividade social. Segundo Nancy Shuker, "se uma família negra sulista resolvesse fazer uma viagem de carro para outra cidade, tinha que planejar cuidadosamente seus roteiros, a fim de que suas paradas coincidissem com os lugares onde tivessem amigos ou parentes, pois nenhum hotel, ou motel, em todo o sul dos Estados Unidos, aceitava negros".[368]

Tamanho era o grau de segregação pela qual passaram os negros no pós-Guerra Civil dos Estados Unidos que muitos norte-americanos achavam que não valia a pena o esforço, nem o custo, de vir a educá-los. Bem resumiu esse problema o professor de história norte-americana da Universidade de Chicago, John Hope Franklin: "O apoio público às escolas segregadas era a verdadeira síntese da discriminação. Preponderava o ponto de vista de que virtualmente tudo o que se gastasse com as escolas para negros era um desperdício, não só por serem os negros incapazes de aprender alguma coisa importante, mas porque o próprio esforço para educá-los lhes daria falsas noções das suas capacidades e os estragaria para o seu lugar na sociedade".[369]

4.3.2. A segregação por meio da Jurisprudência da Suprema Corte norte-americana

4.3.2.1. O caso Pace v. Alabama 106 U. S 313 (1879)

Como destacado, a segregação entre negros e brancos também foi apoiada pelo judiciário norte-americano, em seus diferentes níveis. No caso *Pace*, a discussão girava em torno da constitucionalidade ou não de lei do Estado do Alabama por meio da qual se proibiam os casamentos inter-raciais e se fixavam sanções para as pessoas casadas da mesma raça que cometessem adultérios com pessoas de raça distinta. Se o casal fosse da mesma raça e cometesse adultério com uma pessoa de raça igual, a punição seria uma multa de U$ 100 e uma possível condenação de até seis meses. Mas se a pessoa com quem se traísse fosse de raça diferente da do casal, a punição seria muito mais rígida, de dois anos de prisão.

Na visão dos *Justices* que compunham a Suprema Corte, o caso não revelava discriminação, não havendo sequer tratamento diferenciado destoante da cláusula de igual proteção de todos segundo as leis,

---
[367] Ver em FRANKLIN, John Hope. (1999: p. 175 e ss).

[368] SHUKER, Nancy. (1987: p. 15).

[369] FRANKLIN, John Hope. (1972: p. 178).

prevista na emenda 14ª à Constituição dos Estados Unidos.[370] Isso porque, conforme ressaltou a unanimidade do Tribunal, a aplicação da norma se fazia indistintamente, para as duas raças: se um dos cônjuges, em um casal de negros, resolvesse cometer adultério com um branco, a mesma norma seria aplicada. Por oportuno, destaque-se que a Suprema Corte partiu da premissa de constitucionalidade da proibição do casamento inter-racial.[371]

4.3.2.2. Os casos United States v. Cruikshank 92 U. S 542 (1875); United States v. Harris 106 U.S 629 (1883) e o Civil Rights Cases – 109 U.S 3 (1883)

Por meio do julgamento desses casos, a Suprema Corte fixou o entendimento no sentido de que as emendas 14ª e 15ª[372] à Constituição somente protegiam os cidadãos contra atos estatais e não em relação às condutas praticadas por particulares. Essa forma de interpretar a Constituição acarretou a não-aplicação aos negros de diversas normas da época da reconstrução que visavam, sobretudo, a protegê-los diante da discriminação praticada tanto por indivíduos isolados, como por organizações particulares, como a Ku Klux Klan, além de prevenir os crimes raciais.

No julgamento do caso *United States v. Cruikshank*,[373] em 1875, a Suprema Corte declarou a inconstitucionalidade da Lei de Execução, de 1870, que estabelecia uma série de direitos civis para proteger os negros de ações discriminatórias praticadas pelo Estado ou por particulares. E, ao decidir o caso *United States v. Harris*,[374] em 1883, o Tribunal Maior também declarou ser inconstitucional o *Ku Klux Klan Act*, de 1871 – por meio do qual se proibiam manifestações racistas. Ainda que de maneira incipiente, a Suprema Corte demonstrava o propósito de conceder interpretação bastante restrita ao direito de igual proteção da lei previsto na emenda 14ª, quando aplicado aos negros.

---

[370] EMENDA XIV (1868). Seção 1ª. Todas as pessoas nascidas ou naturais dos Estados Unidos e sujeitas à sua jurisdição são cidadãos dos Estados Unidos e do Estado onde tiverem residência. Nenhum Estado poderá fazer ou executar leis restringindo os privilégios ou as imunidades dos cidadãos dos Estados Unidos; nem poderá privar qualquer pessoa de sua vida, liberdade, ou bens sem processo legal, ou negar a qualquer pessoa sob sua jurisdição a igual proteção das leis. (...).Seção 5ª. O Congresso terá competência para executar, com legislação apropriada, as disposições deste artigo. (...).

[371] O tema da vedação dos casamentos inter-raciais somente foi decidido pela Corte em 1967, quando invalidou lei que proibia o matrimônio entre as raças, reconhecendo ser um direito básico personalíssimo escolher *quando, se*, e *com quem* se casar. Caso *Loving v. Virginia*, 388 U.S. 1. (1967).

[372] EMENDA XV (1870). Seção 1ª. O direito de voto dos cidadãos dos Estados Unidos não poderá ser negado ou cerceado pelos Estados Unidos, nem por qualquer Estado, por motivo de raça, cor ou de prévio estado de servidão. Seção 2ª. O Congresso terá competência para executar este artigo, com legislação apropriada.

[373] *United States v. Cruikshank*, 92 U.S 542 (1875).

[374] *United States v. Harris*, 106 U.S 629 (1883).

Estes foram os principais casos julgados à época da reconstrução, mas o tema da eficácia horizontal dos direitos fundamentais e suas implicações quanto aos problemas raciais somente veio a ser efetivamente enfrentado quando do julgamento do *Civil Rights Cases*, em 1883.[375] Com efeito, discutiu-se nesse caso se o Ato dos Direitos Civis de 1875, por meio do qual se previam iguais direitos em acomodações, vantagens, facilidades e privilégios em hospedarias, transportes públicos terrestres ou marítimos, teatros, e outros lugares de entretenimento público, independentemente da raça do indivíduo, violava ou não a 14ª emenda.

O julgamento do *Civil Rights Cases* evidenciou o conflito entre as diferentes correntes de pensamento dos *Justices*. A visão conservadora adotava entendimento restrito, no sentido de a 13ª emenda ter apenas abolido a escravidão, mas não equiparado os negros aos brancos, e que a emenda 14ª os protegia somente da discriminação estatal. Assim, nenhuma lei poderia fixar regras de conduta para particulares, fundamentando-se na 14ª emenda. A posição liberal, por sua vez, acreditava que as emendas protegiam os negros de qualquer tipo de manifestação preconceituosa, pouco importando quem as executasse, se particulares ou o Estado.

O *Justice* Bradley formulou o pensamento majoritário e, por 8 votos a 1, prevaleceu o entendimento conservador de que a emenda 14ª apenas protegia os cidadãos da discriminação estatal (a discriminação realizada entre o Estado e o indivíduo, mas não entre esses). Segundo esse entendimento, a Lei dos Direitos Civis de 1875 se constituía em uma tentativa indevida de o Congresso regular as relações privadas e que, portanto, era inconstitucional. O Tribunal entendeu que a 14ª emenda não proibia os atos discriminatórios praticados por indivíduos particulares, mas apenas os praticados por atos do Governo. Assim, não só os particulares seriam livres para aceitarem ou não a presença de negros em seus estabelecimentos, como seria possível a existência de leis prevendo a segregação, pois tais regulavam contatos interpessoais.[376]

A partir dessa decisão, assentou-se na Suprema Corte o entendimento de que o dever de proteção dos direitos fundamentais previstos

---

[375] Sobre a eficácia horizontal dos direitos fundamentais e a evolução do tratamento na doutrina e na jurisprudência norte-americanas, ver em KAUFMANN, Rodrigo de Oliveira. (2003).

[376] Ver mais em WILLIAMS, Jerre S. (1957: p. 155). O *Justice* Harlan elaborou o pensamento distoante. Para ele, a interpretação que deveria ser conferida à Lei dos Direitos Civis de 1875 era mais ampla, pois a 13ª emenda não havia somente abolido a escravidão, mas sobretudo expurgado do sistema jurídico qualquer prática discriminatória que pudesse ser exercida em razão da raça. Nesse sentido, a emenda teria permitido a aprovação de leis voltadas também para os particulares. Por essa manifestação se reconheceu, pela primeira vez, a possibilidade de particulares terem de respeitar os direitos fundamentais de terceiros, da mesma maneira que o Estado.

na Constituição e emendas vinculava apenas entidades governamentais e não os entes privados. Apenas a 13ª emenda, por meio da qual se aboliu a escravidão, estava direcionada a particulares.[377]

Nessa linha, a discriminação praticada contra os negros e os conseqüentes prejuízos daí emanados seriam conflitos particulares, que não envolveriam o Estado, não estando sujeitos, portanto, à regulação emanada do Congresso. A Corte entendeu que o poder conferido ao Congresso pela 5ª Seção da emenda 14ª à Constituição não poderia ser exercido no sentido de estender aos particulares as previsões constantes na 1ª Seção da mesma emenda. Essa interpretação restritiva da Corte permaneceu válida durante grande parte do século XIX, frustrando a expectativa daqueles que acreditavam que as emendas do período da reconstrução iriam finalmente pôr a termo o passado de segregação sofrido pelos negros, na medida em que garantiriam a igualdade de todos perante a lei. Abriu-se, assim, a porteira para a segregação institucionalizada e essa prática se dissiminará por todo o território estadunidense, especialmente a partir do caso que se constituiu em verdadeiro divisor de águas no estudo da discriminação, o famoso *Plessy v. Ferguson*, conforme veremos adiante.

4.3.2.3. O caso Plessy v. Ferguson – 163 U.S 537 (1896)

Neste caso, a Suprema Corte declarou a constitucionalidade do Estatuto da Lousiana de 1890, por meio do qual se determinava que o

---

[377] Aos poucos o Tribunal foi alargando o conceito de *Estado*, ampliando a noção do sujeito ativo que poderia vir a ofender os direitos dos cidadãos. Concebendo a teoria do *State Action*, a Corte reconheceu que algumas atividades, ainda que exercidas por particulares, possuíam caráter eminentemente público, o que equivaleria a uma função estatal. Portanto, suas condutas poderiam ser limitadas pelas restrições estabelecidas pelos direitos fundamentais. Sobre o assunto, esclareceu Nowack e Rotunda: "A frase 'ação estatal' é imprópria porque a questão aparece de uma maneira idêntica quando o governo federal ou seus agentes estão envolvidos no caso. Se uma pessoa, ou agência, está sob a alegação de ter violado alguma determinação constitucional ou um estatuto de direitos civis, dirigido ao governo federal, deve-se procurar saber, se, no caso, o acusado exerce uma suficiente ação governamental a ponto de sujeitar-se a tais limitações. De qualquer modo, todos os problemas relativos à existência de uma ação governamental – local, estadual ou federal – que estariam sujeitando um indivíduo a restrições constitucionais, vêm sob o título de 'ação estatal'". Tradução livre. NOWACK, John E.; ROTUNDA, Ronald D. (1995: p. 470 e 471). Ainda sobre o tema, Kathleen Sullivan e Gerald Gunther esclarecem: "Iniciando na década de 40, enquanto inativo o poder do Congresso em relação à Décima Quarta Emenda (por razões políticas, bem como obstáculos constitucionais), a Corte começa a expandir as fronteiras do conceito de Ação Estatal". Tradução livre. SULLIVAN, Kathleen M.; GUNTHER, Gerald. (2001: p. 870). Também Bilbao Ubillos, comentando o desenvolvimento da *State Action* nos Estados Unidos, aduziu: "A redação literal de algumas das cláusulas constitucionais mais conhecidas não deixa muita margem ao intérprete. Observem-se os termos em que se formula a proibição da primeira seção da Décima Quarta Emenda: *No State shall(...); nor shall any State deprive any person of live, liberty or property, without due process of law(...)* É o Estado o único destinatário do mandato". UBILLOS, Juan María Bilbao. (1997: p. 2). Para mais esclarecimentos, ver ainda em KAUFMANN, Rodrigo de Oliveira. (2003); TRIBE, Laurence H. (1985: p. 246 a 266); VIEIRA DE ANDRADE, José Carlos. (2001: p. 212 a 236); SULLIVAN, Kathleen M.; GUNTHER, Gerald. (2001: p. 866 a 904).

transporte por estradas de ferro deveria ser feito por meio de acomodações *iguais, mas separadas*[378] para os brancos e para as pessoas de cor. Assim, seria perfeitamente constitucional que os negros fossem barrados, se porventura quisessem viajar nas áreas destinadas aos brancos, porque o princípio da igualdade não significava que as raças devessem compartilhar do mesmo espaço físico. Analisemos a questão.

Plessy, aparentemente branco, era considerado negro pelo Código da Louisiana, que adotava a regra do *one drop rule*, segundo a qual uma gota de sangue negro enegrecia o descendente – trata-se da classificação birracial, que será analisada posteriormente. Com efeito, Plessy detinha 1/8 de ascendência negra, mas 7/8 de caucasiana. Por acreditar que a maioria do sangue branco lhe tornava um homem branco, recusara-se a viajar no vagão destinado apenas a negros, o que resultou em sua prisão. O caso foi levado à Corte de Louisiana, quando se argumentou pela inconstitucionalidade do Estatuto diante das emendas 13ª e 14ª da Constituição dos Estados Unidos.

A Corte estadual rejeitou os motivos de Plessy e este, então, recorreu à Suprema Corte. No entanto, o Tribunal Maior entendeu que a emenda 13ª apenas protegia os negros da escravidão e que tal não significava a proibição para que organizações privadas ou indivíduos promovessem distinções baseadas na cor. Alfim, o Tribunal reconheceu que a distinção fora efetuada visando a estabelecer maior conforto para as pessoas, no sentido de que a segregação racial terminaria por preservar a paz, além de promover a ordem pública.[379]

A importância da conclusão da Suprema Corte neste caso pode ser mensurada pela amplitude que conferiu ao sistema *Jim Crow*. Assim, observa-se que, apesar de a doutrina de "iguais, mas separados" ter sido aplicada no caso Plessy apenas no que tange a acomodações em transportes públicos, posteriormente sustentou e abalizou o alastramento da segregação em escolas públicas e demais setores sociais, pos-

---

[378] De maneira incipiente, a doutrina de *iguais, mas separados* já havia sido tratada pela Suprema Corte do Estado de Massachusetts, no caso *Roberts v. City of Boston*. A questão foi trazida ao Tribunal estadual pela não-admissão de uma criança negra na escola mais próxima à sua casa, sob o fundamento de que o colégio era reservado apenas para brancos. Havia uma norma estadual que previa que todas as crianças deveriam ir à escola mais perto das suas residências, mas a Corte interpretou que tal determinação deveria ser cumprida levando em consideração a cor de cada aluno. Assim, se a escola mais próxima do domicílio do aluno fosse reservada apenas para brancos, o estudante deveria estudar na escola mais próxima que fosse reservada para negros, mesmo que isso significasse a travessia de todo o estado.

[379] Destaque-se que, mais uma vez, o *Justice* Harlan teve opinião distoante. Na sua opinião, com as emendas 13ª e 14ª, a Constituição norte-americana passou a ser cega à cor dos cidadãos e não mais tolerava classificações entre eles. Em suas palavras: "Em respeito aos direitos civis, todos os cidadãos são iguais perante a lei. O mais humilde é colega do mais poderoso..".. Ver em BURNS, W. Haywood. (1964: p. 18); NOWACK, John E.; ROTUNDA, Ronald D. (1995: p. 650). Tradução livre.

sibilitando, ainda, que os proprietários de negócios privados estabelecessem novas exigências relativas à segregação.[380]

4.3.2.4. Os casos Cumming v. Richmond County Board of Education – 175 U.S 528 – (1899) e Berea College v. Kentucky – 211 U. S 45 (1908)

Em 1879, o Conselho Diretor da Augusta, na Geórgia, fundou a primeira escola pública de segundo grau somente para negros no Estado. A escola funcionou até 1897, quando foi fechada, sob o argumento de que os valores gastos para o funcionamento daquela escola seriam necessários para investimentos na educação primária dos negros. Os parentes dos estudantes prejudicados, então, processaram a escola, argumentando que, segundo a doutrina estabelecida três anos antes, no caso *Plessy v. Ferguson*, os negros eram iguais aos brancos, mas deveriam estudar em escolas separadas. Como isso poderia acontecer se a única escola pública do local havia sido fechada? E, se havia escolas fundadas exclusivamente para o ensino de estudantes brancos, por que o mesmo não poderia ocorrer em relação aos negros?

Foi assim, então, que o caso *Cumming v. Richmond County Board of Education* chegou à Suprema Corte. Todavia, a Corte Maior não o conheceu sob o fundamento de que não havia clara demonstração de desrespeito ao direito fundamental de igual proteção sob as leis, previsto na 14ª emenda. O *Justice* Harlan, pela Corte, determinou que os requerentes provassem que a decisão de fechar a escola havia sido tomada exclusivamente por questões raciais, e que, como essa prova não havia sido realizada de maneira irrefutável, o caso não merecia ser conhecido. Percebe-se, dessa forma, o tímido resguardo que a Corte Suprema conferia aos direitos dos negros, esquivando-se, no mais das vezes, a reconhecê-los como sujeitos de alguma proteção.

Por sua vez, no caso *Berea College*, a Corte manteve a multa imposta pelo Estado de Kentucky a determinado colégio particular, por a direção deste haver permitido que estudantes brancos e negros estudassem juntos. O Tribunal Superior entendeu que diferentes raças até poderiam estudar na mesma escola, mas desde que em horários ou lugares diferentes, em conformidade com a previsão inserida na lei estadual, que era constitucional, portanto.

---

[380] NOWACK, John E.; ROTUNDA, Ronald D. (1995: p. 650). Tradução livre.

5. Os movimentos raciais nos Estados Unidos

5.1. ORGANIZAÇÕES CONTRÁRIAS AOS NEGROS

Dentre as organizações contrárias aos negros que se formaram nos Estados Unidos, podemos destacar pela relevância e pela quantidade de membros o Conselho de Cidadãos Brancos e a Ku Klux Klan. Esta se caracterizava por ser a organização mais violenta e agressiva no combate à integração do negro na sociedade.[381] O nome da organização vem do grego *Kyklos*, que significa círculo, um dos símbolos mais antigos de unidade. A sílaba *Klan* foi inserida por referência à ascendência escocesa dos fundadores.[382]

Também conhecida como *Império Invisível do Sul*, a organização possui uma rígida hierarquia na distribuição dos cargos entre seus membros, divididos entre o *Grande Cíclope* – o Presidente, o *Grande Mago* – o Vice-Presidente e o *Grande Turco* – auxiliar do Presidente. Outros ainda formavam os *falcões negros*, responsáveis pela segurança da organização.[383] Os participantes da seita usam capuzes cônicos e longos mantos brancos, para dificultar-lhes o reconhecimento.

---

[381] Ainda hoje é possível fazer parte da Ku Klux Klan, desde que alguns requisitos sejam preenchidos. Há várias páginas na internet sobre a organização, porque há representações da Klan em diversos estados norte-americanos. Para o ingresso na ordem, o endereço eletrônico da organização no Estado do Alabama – (http://www.kukluxklan.net). Acesso em: 21 out. 2003 – fornece algumas dessas condições, a saber: "Associação no Klan – 1. Afiliar-se ao AWK é possível apenas para aqueles brancos qualificados que preencham os nossos requisitos. Nós não aceitamos Negros, Mexicanos, Judeus, Asiáticos, ou quaisquer mestiços ou miscigenados entre estes e brancos.(...) 4. Associar-se aos Cavaleiros Brancos do Alabama da Ku Klux Klan é possível apenas para os Brancos, arianos, não–judeus, caucasianos, teutônicos, pessoas descendentes de europeus. O termo 'Branco' ou 'Ariano' inclui todos os descendentes brancos europeus, inclusive os Irlandeses, Ingleses, Escoceses, Holandeses, Alemães, Escandinavos, Italianos, Franceses, Austríacos, Poloneses, Eslavos, Russos, etc. Os termos 'Brancos' ou 'Arianos' não se referem a Asiáticos, Africanos, Judeus, do Oriente Médio, Caribenhos, Sul Americanos, Latinos, Hispânicos, Mexicanos, ou Ilhéus do Pacífico ou a qualquer miscigenação entre estes e os brancos. Australianos e descendentes de Africanos do Sul são aceitos desde que sejam descendentes de nações brancas européias". Tradução livre. Pela internet pode-se escolher os 100 melhores endereços eletrônicos da KKK existentes. Disponível em: (http://www.mysticknights.org). Acesso em: 26 set. 2003.

[382] WADE, Wyde Craig. (1987: p. 33); SIMS, Patsy. (1996: p. 3).

[383] WADE, Wyde Craig. (1987: p. 34).

Inicialmente, a Ku Klux Klan – também conhecida como Klan ou KKK – fora idealizada como uma instituição de *Cavalheirismo, Humanidade, Misericórdia e Patriotismo*, visando à proteção dos fracos, inocentes e indefesos contra as indignidades, segundo os termos da sua Constituição.[384] Surgiu inicialmente em 1866, no Tennessee, criada por seis ex-oficiais do Exército da Confederação do Sul, que havia sido derrotado na Guerra Civil. Nessa época, a organização não objetivava disseminar violência ou ódio contra os negros. Seu surgimento decorreu de suposta brincadeira promovida entre amigos, que se empolgaram com o caráter místico das vestes e da hierarquia dos cargos. Porém, da vontade de assustar, ao tentarem se passar por fantasmas dos combatentes do Exército da Confederação, à violência contra os negros, não houve muita demora e logo a Klan deu início à onda de medo e de terror.[385]

A primeira fase da Klan teve vigência curta, até 1871. Isto porque, logo em 1870, o então Presidente Ulisses Grant sancionou uma série de leis sobre os direitos civis, como o *Enforcement Act* e a *Ku Klux Klan Act*, quando várias pessoas da organização foram julgadas e condenadas por promoverem atos discriminatórios contra os negros. Tais fatos enfraqueceram a organização, ao menos temporariamente. No entanto, por volta de 1915, a entidade ressurgiu na Geórgia, com mais ódio e força, desta feita liderada por William J. Simmons, pastor que se inspirou na obra de Thomas Dixon, *The Clansman – an Historical Romance of Ku Klux Klan*, de 1905, e no filme baseado neste romance, *The Birth of a Nation* – de David W. Griffiths, de 1915.[386] Tais obras foram estrondosos sucessos à época e funcionaram como poderosos instrumentos para propaganda e exaltação da Ku Klux Klan, levando-a a possuir, já na década de 20, aproximadamente 5 milhões de membros no país, dentre os quais o futuro Presidente Harry Truman (1945-1953), governadores, prefeitos, senadores e outras autoridades.[387]

---

[384] Ku Klux Klan – Organização e Princípios (1868). In: SYRETT, Harold C. (Org). (1995: p. 225).

[385] Nesse sentido, WADE, Wyde Craig. (1987: p. 31); SIMS, Patsy. (1996: p. 3).

[386] O historiador John Hope Franklin, ao resumir o filme, apontou que os negros foram descritos como arrogantes e presunçosos na história da reconstrução. O personagem principal do filme, Ben Cameron, havia se tornado líder da Ku Klux Klan para vingar seu povo, os brancos do sul, da opressão promovida pelos negros. Os negros investiam violentamente contra as mulheres brancas indefesas, o que levou a irmã de Ben a saltar de um penhasco, cometendo suicídio, para poder se livrar das insinuações do negro Gus. O ápice do filme ocorreu quando a branca Elsie Stoneman pediu para o chefe da Liga Negra, Silas Lynch, livrar o irmão dela do furor da milícia negra, que o havia sitiado em uma cabana. Lynch, então, exigiu que, em troca, Elsie se tornasse sua esposa. A insólita situação somente foi resolvida quando os membros do clã, liderados por Ben Cameron, puseram em fuga a milícia negra, libertando Elsie e matando Gus. Por fim, ocorreu o casamento de Elsie com Ben, o que representou a união dos brancos do norte com os do sul. FRANKLIN, John Hope. (1999: p. 30). O sucesso do filme o transformou em peça de teatro e promoveu o acirramento do ódio racial. Destaque-se para o fato de o filme ter sido exibido na Casa Branca, em 18 de fevereiro de 1915, por determinação de Woodrow Wilson, então Presidente dos Estados Unidos, que havia sido colega de Dixon na Universidade.

[387] SIMS, Patsy. (1996: p. 2).

A essa época, a Klan já se caracterizava pelo emprego de violência gratuita, moral e física, contra os negros. Em um primeiro momento, utilizava-se de técnicas intimidatórias contra seus alvos, como o ato de contornar a residência de famílias negras com o carro repleto de membros encapuzados, além de espalhar cartazes com desenhos de negros enforcados, ou, ainda, incendiar cruzes nos jardins das residências destes, objetivando intimidá-los, e, com isso, obter a acomodação e o silêncio. Em passo seguinte, apelou para a violência física, bombardeando residências, principalmente as dos líderes negros, ou então os lugares por eles freqüentados, como as Igrejas Batistas.

Outra instituição criada contra os negros foram os Conselhos dos Cidadãos Brancos – *White Citizens Council*. Surgiram como um dos representantes da Ku Klux Klan, ajudando a reforçar a segregação dos negros durante as décadas de 50 e 60 e, tal como a KKK, também visavam a impedir a integração do negro à sociedade.

O primeiro dos Conselhos foi organizado em Indianola, no Estado do Mississipi em 1954, porém, diferentemente da KKK, não se utilizava de armas ou da violência, mas atuava a partir da propaganda e da pressão política, por meio de panfletos, livros, programas de rádio e palestras. Nas palavras de John Hope Franklin, constituíam-se na "Ku Klux Klan da zona residencial".[388]

Os Conselhos tornaram-se tão eficazes em suas manifestações contrárias aos negros que na maioria das cidades sulistas não chegaram sequer a conhecer oposição. Por meio da pressão silenciosa, fizeram com que os legislativos estaduais sulistas aprovassem diversas resoluções, leis e emendas constitucionais visando a obstruir a eficácia da decisão no caso *Brown v. Board of Education*, cuja análise faremos adiante.

Paradoxalmente, no entanto, o Tribunal que deveria ser o paladino da igualdade entre os cidadãos e da justiça na comunidade, muitas vezes se furtou à responsabilidade de minimizar as conseqüências do ódio racial propagado por tais organizações e, em nome de garantir uma pretensa proteção à liberdade de expressão, concedeu verdadeiro beneplácito para o funcionamento de tais entidades, especialmente a Ku Klux Klan, que continuou a operar de maneira violenta e ameaçadora.[389] Passemos, então, à análise de alguns casos decididos pela Corte, quando se colocou em jogo a atuação de tais organizações racistas.

---

[388] FRANKLIN, John Hope. (1999: p. 60).

[389] Bem reconheceu o fato o Professor de Direitos Humanos Kevin Boyle, que afirmou: "Os Estados Unidos continuam privilegiando o livre discurso, incluindo o discurso de ódio, em relação a outros valores, diferentemente do que acontece em outros países". BOYLE, Kevin. (2001:p.489). Tradução livre. Nesse sentido, confira-se com os seguintes julgamentos, em que a Suprema Corte norte-americana privilegiou a liberdade de expressão mesmo diante de discurso de ódio: caso TERMINIELLO *v.* CHICAGO 337 U.S. 1 (1949); caso TEXAS *v.* JOHNSON 491 U.S. 397 (1989).

5.1.1. O caso *R.A.V v. City of Saint Paul* – 505 U.S 377 (1992)

Alguns adolescentes resolveram queimar cruzes no jardim da casa vizinha, onde morava uma família de negros. Eis o caso *R.A.V. v. City of Saint Paul*, que chegou à Suprema Corte em recurso formulado pelos adolescentes, condenados que foram nas instâncias inferiores. A Corte Maior entendeu que a lei da cidade de Saint Paul, por meio da qual se tipificava como crime a exposição, pública ou privada, de símbolos, objetos, grafites, aí incluindo cruzes em chamas ou a suástica nazista, que, baseadas na raça, cor, credo, religião ou gênero, pudessem gerar raiva, alarde ou ressentimento em outras pessoas, era inconstitucional. Considerou que a referida lei poderia ocasionar restrição demasiada à liberdade de manifestação de pensamento, prevista na 1ª emenda à Constituição.

O *Justice* Scalia proferiu o julgamento pela Corte. Em seu voto, declarou que a norma era inconstitucional porque procurava limitar os discursos que contivessem uma mensagem de ódio em relação à raça, ao gênero ou à religião, mas a discrimação não adviria apenas dessas formas, e as pessoas que quisessem discriminar outras poderiam fazê-lo por diversas razões, como filiação política, sindical, ou opção sexual.

5.1.2. O caso *Capitol Square Review Bd. v. Pinette* – 515 U. S 753 (1995)

Certa lei da cidade de Columbus, capital do Estado de Ohio, determinava que a praça da sede do Governo se constituía em um fórum para discussões de temas públicos. Para discuti-los em praça pública, os interessados deveriam preencher um formulário e atender a critérios politicamente neutros, regulamentados pela Junta Administrativa. A discussão nesse caso era saber se a Ku Klux Klan, sob o argumento da liberdade de expressão, teria direito a deixar na referida praça um dos seus símbolos característicos – a cruz – durante o período natalino.

A Corte estadual decidira que a Klan teria direito a erigir a cruz no local, alegando que a proibição nesse sentido iria contrariar a *establishment clause* – cláusula constitucional norte-americana a proibir o Congresso de instituir normas oficializando, ou discriminando, qualquer religião.

A Junta Administrativa recorreu à Suprema Corte, alegando que a proximidade da praça com a sede do governo poderia causar nos transeuntes a falsa impressão de que a administração estadual endossava a religião cristã, já que a Ku Klux Klan se aproveita de símbolo cristão para fazer sua propaganda ideológica. Entretanto, o Tribunal entendeu que era possível fazer a distinção entre uma manifestação privada, ainda que próxima à sede do governo, e o pensamento apoiado e confirmado pela administração. A praça, publicamente conhecida como um espaço reservado para a manifestação de pensamento, bem como a livre expressão religiosa, era aberta a todos, em termos iguais.

O *Justice* Scalia proferiu o julgamento pela Suprema Corte, entendendo que o fato de a Junta deter legitimidade para requerer informações daqueles que quisessem aproveitar o espaço da praça, não lhes garantia o direito de banir ou de restringir a liberdade de expressão. Dessa forma, considerou excessiva a intervenção da Junta decorrente da possível confusão que terceiros pudessem vir a fazer entre a manifestação do particular e o pensamento oficial do governo. E assim concluiu a Corte: "A expressão religiosa não viola a cláusula constitucional de liberdade religiosa quando (1) é puramente privada e (2) ocorre em um fórum público tradicional ou designado, publicamente anunciado e aberto a todos em iguais termos. As condições para uso foram satisfeitas neste caso, e então o Estado não deve banir a cruz dos réus da praça na qual fica a sede do governo. O julgamento da Corte de Apelação é confirmado".[390]

Ressaltem-se, ainda, as razões do voto proferido pelo *Justice* Thomas, quando procedeu à análise do significado da cruz para a referida organização racista: "Eu me filio à conclusão da Corte de que a exclusão promovida pela recorrente [Junta Administrativa da Praça do Governo] quanto à cruz da Ku Klux Klan não pode ser justificada pela cláusula constitucional que veda ao Estado promover ou excluir uma religião. Mas o fato de a questão legal trazida a este Tribunal envolver tal cláusula não pode conduzir nenhum de nós a pensar que a elevação da cruz pela Ku Klux Klan seja um símbolo puramente religioso. Essa elevação da cruz é um ato político, não um ato cristão. Há poucas dúvidas de que o principal objetivo da Klan seja promover um governo branco racista nos Estados Unidos. Na cerimônia da Klan, a cruz é um símbolo da superioridade branca e um instrumento de intimidação e de moléstia para as minorias raciais, Católicos, Judeus, Comunistas e quaisquer outros grupos odiados pela Klan. A cruz associa-se à Klan não por causa da devoção religiosa, mas por causa da prática Klaniana de incendiar cruzes. O ato de incendiar cruzes era totalmente desconhecido para a primeira Ku Klux Klan, a que emergiu nos Estados do Sul durante a Reconstrução. Essa prática parece ter sido um produto de Thomas Dixon, cujo livro *The Clasman* transformou-se na história do filme *O Nascimento de uma Nação*. (...). No livro, o ato de queimar cruzes é pego de empréstimo de um 'ritual escocês antigo' (Dixon aparentemente acreditava que os membros da Ku Klux Klan, na época da

---

[390] Tradução livre.

Reconstrução, eram 'a reencarnação das almas dos membros da tribo da antiga Escócia') que a Klan usa para celebrar a execução do primeiro escravo. Apesar de a cruz ter obtido um significado religioso durante a década de 20, quando a Klan se juntou a certos sacerdotes brancos sulistas, no período do pós-guerra a cruz reverteu à sua função original, como um instrumento de intimidação".[391]

Observa-se, desse modo, que, mesmo reconhecendo a verdadeira intenção da Ku Klux Klan de propagar a mensagem política de ódio racial a partir da apropriação de um dos símbolos do cristianismo e o caráter intimidatório da prática de queimar cruzes, ainda assim o Tribunal decidiu que seria uma exacerbação da Corte Estadual reprimir a liberdade de manifestação da Klan.[392]

5.1.3. O caso *Virginia v. Black et al.* (2003)[393]

Recentemente, outro caso relativo à queima das cruzes da Ku Klux Klan foi julgado pela Suprema Corte norte-americana. Desta feita, o Tribunal finalmente reconheceu a possibilidade de uma norma limitadora da atuação da Klan ser declarada constitucional. Trata-se do caso *Virginia v. Black et al.* A Corte procedeu à análise da constitucionalidade de uma lei do Estado da Virgínia, por meio da qual se incriminava o ato de queimar cruzes em auto-estradas, em propriedades de terceiros ou em outros lugares públicos, desde que a conduta tivesse evidente conteúdo intimidatório, observável à primeira vista.

Com efeito, a Corte Estadual deixara de condenar diversas pessoas com base nessa lei, por entender que o caso não se distinguia de *R. A. V v. City of Saint Paul*, e que da mesma forma, também a norma da Virgínia seria inconstitucional, diante da 1ª emenda. Entretanto, neste caso a Suprema Corte conseguiu enxergar algumas diferenças em relação ao caso mencionado por reconhecer que a rotina de incendiar cruzes nos Estados Unidos estava intrinsecamente relacionada às atividades da Ku Klux Klan, em tentativa de intimidar e de ameaçar, com claro propósito de transmitir mensagens de ódio.

O Colegiado entendeu que a liberdade de manifestação de pensamento não possuía caráter absoluto e que os governos poderiam

---

[391] Tradução livre. TEXT OF U.S. SUPREME COURT DECISION. (1995: p. 955 e 956).

[392] O professor Kevin Boyle comenta a tendência norte-americana de proteger o direito de liberdade de manifestação de pensamento, ainda que consubstanciada em discurso de ódio, a partir de caso ocorrido na década de 70, na cidade de Sokie, em Illinois. Na hipótese, o Partido Nazista havia planejado realizar comício nesta pequena cidade, que possuía grande população judia. A Corte Estadual manteve o direito de o Partido marchar pela cidade, com base na 1ª emenda, e um juiz do 7º Circuito proferiu a seguinte afirmação: "É melhor permitir àqueles que pregam o ódio racial que espalhem o seu veneno em retórica, a ter de ficar apavorado ao embarcar na rota perigosa de permitir que o governo decida o que os cidadãos podem falar e ouvir". Tradução livre. BOYLE, Kevin. (2001: p. 499).

[393] Decidido em 7 de abril de 2003, ainda sem número de catalogação.

regular restrições a certas modalidades de expressão das idéias. Em tese, a 1ª emenda permitiria ao Estado da Virgínia declarar ilegal a queima das cruzes que tivesse a intenção de intimidar, desde que a intenção pudesse ser comprovada de plano. Segundo os Juízes de última instância, a questão se distinguia do caso *R.A.V*, porquanto neste a cidade de Saint Paul havia tipificado como crime apenas condutas *baseadas na raça, cor, credo, religião ou gênero* e, no caso em exame, pouco importava se o indivíduo que queimasse as cruzes tivesse agido por causa da raça, do sexo, da religião ou da filiação política, sindical ou opção sexual da vítima, desde que a atitude tivesse caráter indubitável de intimidação. Nesses termos, no caso *Virginia* a Corte terminou por anular a condenação de um dos réus, por manter a condenação em relação a outro, e por devolver o caso de outros dois à Corte estadual, para que esta emitisse pronunciamento explícito acerca da delimitação do conteúdo intimidatório comprovável *à primeira vista*.

Observa-se, desse modo, o uso de jogos de palavras e expressões pela Corte Maior estadunidense para justificar seus posicionamentos. Não há uma linha clara de pensamento no Tribunal e tal característica será ainda mais marcante quando da análise dos casos envolvendo ações afirmativas, conforme veremos adiante.

5.2. O MOVIMENTO NEGRO ORGANIZADO

Se de um lado foram fortes as organizações contrárias aos negros, sob outro ângulo também se deve reconhecer a intensidade da resistência encontrada. Decerto não foram poucas as entidades criadas com o objetivo de proteger os negros norte-americanos, mas a comunhão de intenções esteve longe de significar a concordância quanto aos meios empregados para atingir tais objetivos.

Inicialmente, podemos destacar a criação da Liga Afro-Americana, em 1890, que contou com mais de 140 representantes de vinte e um estados norte-americanos.[394] Dentre os membros da Liga, merece destaque William E. B. Du Bois, o qual, insatisfeito com a postura pouco agressiva da entidade, resolveu fundar, em 1909, outra organização, a Associação Nacional para o Progresso das Pessoas de Cor – *National Association for the Advancement of Colored People* ou NAACP –, que veio

---

[394] FRANKLIN, John Hope. (1999: p. 177). Degler adverte que, durante o período da escravidão, os negros nos Estados Unidos não realizaram revoltas organizadas, diferentemente do que aconteceu no Brasil, com os quilombos, as revoltas dos escravos na Bahia, no início do século XIX, também no Rio de Janeiro e em Minas Gerais. Ressalta que não houve revoltas relevantes nem mesmo durante a Guerra Civil, quando, por razões circunstanciais, o controle em relação aos escravos fora diminuído. DEGLER, Carl. (1986: p. 47).

a se constituir na principal organização militante pela causa negra nos Estados Unidos.³⁹⁵

Se nos primórdios da fundação a NAACP era reconhecida pelas posições radicais, aos poucos a organização se aperfeiçoou e abarcou militantes das mais diferentes esferas da sociedade, a partir de uma elaborada rede burocrática. Nos idos de 1920, a organização possuía mais de 400 representações pelo país, e, na década de 60, esse número passou a ser de 1.200.³⁹⁶ Constituiu-se no maior movimento nacional a favor dos negros, especialmente no que concerne ao combate contra a discriminação realizada institucionalmente, pleiteando iguais oportunidades de emprego e de educação, além da efetivação do direito ao voto.

A NAACP operou com rígido sistema hierárquico e organizacional, distribuindo suas atividades entre vários departamentos, como a Secretaria Executiva, o Departamento de Relações Públicas, de Pesquisas Especiais, de Afiliadas, Religioso, além do Departamento Legal, este tendo obtido grande sucesso nas causas perante a Suprema Corte, conforme veremos posteriormente.³⁹⁷

Outra organização relevante a favor da causa negra adotava postura semelhante ao sionismo, ao defender a criação de um Estado, na África, para o qual fossem todos os negros da América. Marcus Mosiah Garvey, jamaicano, era o líder desse movimento, a Associação para o Melhoramento Universal dos Negros – *Universal Negro Improvement Association*, ou U. N. I. A, fundada em 1914 e que conseguiu angariar dois milhões de membros. Essa estrutura foi importante porque atingiu a massa negra, até então não-praticante da militância. Um dos principais colaboradores foi Earl Little, pastor da Igreja Batista. No entanto, em 1927, Garvey foi preso e deportado, o que ensejou o enfraquecimento momentâneo da organização, a qual, no entanto, mantém-se ativa até os dias atuais.

Por sua vez, os negros islâmicos também organizaram entidades que se destacaram na defesa dos seus direitos. Dentre tais, mencione-se a *Black Muslims* – *Muçulmanos negros*. Criada em Detroit em 1930 e liderada por Elijah Poole, a organização conseguiu reunir mais de 100.000 membros na década de 60, disseminando doze mandamentos, dentre os quais se sobressaem comandos de segregação contra os brancos: "Separe-se do seu opressor; Pare de forçar a sua presença em locais em que você não é bem-vindo; Faça de sua própria vizinhança

---

³⁹⁵ Ver em FRANKLIN, John Hope. (1972: p. 171 a 195); BURNS, W. Haywood. (1964: p. 11 a 36).

³⁹⁶ BURNS, W. Haywood. (1964: p. 19).

³⁹⁷ Durante a década de 60, a NAACP foi duramente criticada, pois mesmo após cinqüenta e três anos da sua fundação, nunca tivera presidente que, pelo menos aparentemente, fosse negro, o que se constituía num paradoxo de difícil explicação. Nessa linha, BURNS, W. Haywood. (1964: p. 31 a 36).

um local decente para viver; Não procure misturar seu sangue por meio da integração racial".[398] Nessa linha, os historiadores Link e Catton comentam que "o mais significativo era, sim, o fato da mensagem baseada firmemente sobre o racismo militante no ódio pelo homem branco poder ter atraído um tão elevado número de entusiastas".[399]

Referida organização ganhou destaque sobretudo a partir das pregações de um dos seus seguidores – Malcolm Little, posteriormente conhecido como Malcolm X,[400] cujo pai, Earl Little, morto por integrantes da Ku Klux Klan, havia ajudado a organização nacionalista dos negros, a U.N.I.A, atuando com Garvey.

Malcolm X[401] converteu-se ao islamismo na prisão, após ter levado uma vida criminosa, tornando-se um dos principais porta-vozes da Organização. Pleiteava a reparação do Governo pelos duzentos anos de trabalhos negros involuntários, além de demandar terras, ferramentas e programas para subsidiar a produção dos negros durante vinte e cinco anos. Posteriormente, Malcolm rompeu com Elijah Muhammad, por acreditar que este não colocava em prática os preceitos disciplinadores do islamismo em sua inteireza. Este racha, no entanto, lhe custaria a vida: três membros dos muçulmanos negros foram os acusados pelo assassinato de Malcolm X, em 1965.

Havia, ainda, organizações com tendências marxistas, como *As Panteras Negras – Black Panthers* – fundada em 1966 por Huey Newton e Bobby Seale, em Oakland, na Califórnia. Seu objetivo era o de lutar contra o domínio dos brancos e do capitalismo, até implementar o socialismo revolucionário, nos moldes da então União Soviética.

Outro grupo criado para lutar em favor dos negros foi o Congresso de Igualdade Racial – *Congress of Racial Equality* – CORE –, liderado por James Farmer. Tal organização passou a promover, na década de 60, viagens entre os estados do sul dos Estados Unidos, intitulando-se *Os Cavaleiros de Liberdade*. Para tanto, fretavam ônibus e paravam sempre que houvesse locais de segregação.

---

[398] Tradução livre. Apud BURNS, W. Haywood. (1964: p. 65).

[399] LINK, Arthur. S.; CATTON, William B. (1965: p. 1.294).

[400] Os integrantes do movimento islâmico negro, no intuito de demonstrar rejeição ao que entendiam ser um símbolo da sociedade opressora dos brancos – o nome de batismo, por ser um registro cristão – substituíam o patronímico pela letra *X*, cujo som significava *Ex*, no sentido de algo que deixara ter validade. Essa mudança poderia, eventualmente, gerar confusões, quando os membros da entidade tivessem o primeiro nome igual. Por isso, muitos participantes da organização incluíram um prefixo numérico antes da letra *X*, surgindo nomes como *John 3X*, *Louis 15X*. Sobre isso, ver BURNS, W. Haywood. (1964: p. 67).

[401] Malcom X pregava o ódio aos brancos, por acreditar que estes jamais aceitariam conviver em uma sociedade multirracial. Reivindicava a autogestão do povo negro. Assim dizia: "Nenhum homem branco realmente quer que os homens negros tenham os seus direitos". Tradução livre. Apud BURNS, W. Haywood. (1964: p. 64).

No Alabama, uma parte desse grupo foi espancada e o ônibus foi destruído pela Ku Klux Klan, com a aquiescência do Governador, que acreditava serem os viajantes perturbadores da paz. Os funcionários brancos dos hospitais estaduais recusaram-se a prestar socorro às vítimas. Foi necessário que o então Secretário de Justiça Robert Kennedy – irmão do Presidente John Kennedy – utilizasse tropas federais para impedir mais violência.[402]

No entanto, pode-se afirmar que a maior liderança da causa negra foi exercida por Martin Luther King, cuja atuação teve início a partir de um famoso episódio de discriminação legal. No dia 1º de dezembro de 1955, uma costureira negra chamada Rosa Parks,[403] ao utilizar-se do transporte público em Montgomery, no Estado do Alabama, recusou-se a ceder o lugar para um passageiro branco, o que ensejou a sua prisão. Martin Luther King, então pastor de uma Igreja local, resolveu organizar um boicote pacífico contra as empresas de ônibus que adotavam a segregação em seus assentos, aconselhando os negros a não mais usarem esse tipo de transporte. As empresas de ônibus foram praticamente à falência. O boicote, que durou mais de um ano, somente se encerrou quando, por meio de decisão judicial, pôs-se fim à segregação nos transportes públicos.

Assim teve início a Associação para Melhoramentos de Montgomery, cuja índole pacifista se caracterizava pela insurreição sem violência e cuja liderança revelou ao mundo a atuação impecável de Martin Luther King, que combinava a pregação de ativista com o cristianismo e a ética de Gandhi.

King nasceu em 15 de janeiro de 1929 e foi o segundo filho do Reverendo Martin e de Alberta King. Formou-se em teologia e em sociologia e obteve grau de doutor pela Universidade de Boston, onde conheceu Coretta Scott, com quem se casou e teve quatro filhos. Martin alcançou projeção nacional a partir do êxito do boicote às empresas de ônibus, quando foi convidado para presidir a Conferência da Liderança Cristã Sulina – SCLC. Em janeiro de 1960, deixou o Alabama, onde era pastor da Igreja Batista,[404] e mudou-se para Geórgia, Atlanta, local em que a SCLC tinha sede.

King liderou diversas manifestações pacíficas em favor da causa negra. Dentre tais, poder-se-ia destacar a prática dos *Sit ins – Sente-se*! Essa modalidade de protesto procurava combater as normas que determinavam que os negros não poderiam ser atendidos nos balcões

---

[402] SHUKER, Nancy. (1987: p. 58 e 59).

[403] Rosa Parks faleceu recentemente, no final de 2005, aos 92 anos.

[404] A religião mostrou-se uma importante forma de organização dos protestos, porque das Igrejas se originaram os maiores líderes do movimento negro norte-americano. Ver sobre isso em GREENE, Kathanne W. (1989: p. 20 e 21).

das lanchonetes e que deveriam requerer o pedido em janelas laterais do estabelecimento. Além disso, referidas normas previam, ainda, que os negros deveriam ser servidos em copos e pratos de papel, pois os de louça eram reservados apenas para brancos.[405]

Os *Sit-ins!* tiveram início em 1º de fevereiro de 1960, em Greensboro, na Carolina do Norte, quando um grupo de quatro estudantes negros ingressou em uma lanchonete, sentando-se nos bancos reservados aos clientes em atendimento, sendo-lhes recusado o serviço. Não obstante a negativa, os jovens mantiveram-se sentados, aguardando por tempo indeterminado. Eis, em suma, a essência da prática dos *Sit-ins*: os negros simplesmente ignoravam a segregação e, pacientemente, aguardavam ser atendidos, ainda que para tanto sujeitando-se às humilhações dos brancos, que jogavam sal e açúcar na cabeça dos negros. Martin Luther King estimulava e organizava essa prática, ajudando os estudantes a fundar a Comissão Estudantil de Coordenação Não-Violenta – *Student Non-Violent Coordinating Comitee* – SNCC.[406] Rapidamente, a idéia se propagou pelos Estados Unidos, e posteriormente, episódios desse tipo de manifestação se estenderam para outras esferas sociais, como piscinas públicas, teatros e bibliotecas, ensejando mais de 24 mil prisões, entre os anos de 1960 a 1963.[407]

Certo do caminho que escolhera, Martin retornou ao Alabama, para a cidade de Birmingham, considerada por ele um dos locais de maior racismo. Assim, em 1963, lançou estrondosa campanha contra a segregação, o que motivou a sua prisão, junto com outras centenas de manifestantes. Na ocasião, Martin escreveu a famosa *Carta de uma Prisão de Birmingham*,[408] que viria depois a se tornar o manifesto pelos Direitos Civis. O Presidente John Kennedy teve de intervir para conseguir retirá-lo da prisão.

A estada na prisão não arrefeceu os ânimos do ativista. Assim, em 28 de agosto do mesmo ano, Martin organizou o fretamento de 21 trens e cerca de 100 ônibus para conduzir aproximadamente 250 mil pessoas[409] até Washington, dentre brancos e negros. Isto porque, quando da campanha presidencial, o então candidato e agora Presidente John Kennedy havia feito a promessa de que medidas antisegregação seriam tomadas, o que motivou os manifestantes a irem a Washington cobrá-

---

[405] Nessa linha, SHUKER, Nancy. (1987: p. 15).
[406] PUCKREIN, Gary A. (1986: p. 7); BURNS, W. Haywood. (1964: p. 44).
[407] BURNS, W. Haywood. (1964: p. 40 a 43); BERUTTI, Eliane Borges. (1997: p. 98).
[408] Eis alguns trechos da carta: "A injustiça em algum lugar é uma ameaça à justiça em toda parte. Estamos apanhados em uma inevitável rede de mutualidade, unidos em um único tecido do destino. Tudo aquilo que afete diretamente alguém, afeta a todos indiretamente. (...). Eu me oponho fervorosamente à tensão violenta, mas há um tipo de tensão construtiva, não-violenta, que é necessária para o crescimento". PUCKREIN, Gary A. (1986: p. 14).
[409] Ver em FRANKLIN, John Hope. (1999: p. 342); GREENE, Kathanne W. (1989: p. 21).

las. É preciso destacar que John Kennedy havia conseguido se eleger devido ao apoio expressivo da comunidade negra, que o havia favorecido com 75% dos votos.[410] Já os eleitores brancos haviam se dividido, de maneira mais ou menos igualitária, entre os candidatos, à época, Nixon e Kennedy.

Ao chegar a Washington, Martin Luther King proferiu o célebre discurso – *Eu tenho um sonho*, que posteriormente se tornou verdadeiro mantra dos Direitos Civis:[411] "Eu tenho um sonho: que um dia, nas colinas vermelhas da Geórgia, os filhos de ex-escravos e os filhos de ex-senhores de escravos possam se sentar juntos à mesa da fraternidade. (...) Eu tenho um sonho: que um dia meus quatro filhos vivam num país onde não sejam julgados pela cor de sua pele, mas pelo seu caráter. (...) Quando deixarmos que a liberdade ecoe em cada cidadezinha e em cada cabana, em todos os Estados e em todas as cidades, poderemos apressar a chegada do dia em que todos os filhos de Deus, negros e brancos, judeus e gentios, protestantes e católicos, poderão se dar as mãos e cantar juntos as palavras do velho *spiritual* negro: Livres finalmente! Livres finalmente! Graças a Deus Todo-Poderoso, estamos livres finalmente!"

Em represália aos manifestantes, a Ku Klux Klan promoveu a explosão de diversas bombas, sendo que uma delas em uma igreja batista na cidade de Birmingham, o que provocou a morte de quatro meninas negras, entre 11 e 14 anos. Tal fato foi considerado um dos crimes mais chocantes da história dos Estados Unidos e ensejou a alcunha de *Bombingham* para a cidade.[412]

Um ano após organizar a marcha para Washington, Martin recebeu o Prêmio Nobel da Paz. E, no ano seguinte, 1965, organizou a Marcha de Selma, em que almejava a concessão do direito de voto aos negros. No entanto, sob alegação de ter organizado passeata sem autorização, Martin terminou sendo preso, juntamente com mais 250 pessoas.

---

[410] Ver em SHUKER, Nancy. (1987: p. 56); BURNS, W. Haywood. (1964: p. 26).

[411] SHUKER, Nancy. (1987: p. 11).

[412] A despeito de o atentado ter promovido uma comoção nacional, as investigações não avançaram em um primeiro momento, por determinação do então diretor do FBI, Edgar Hoover, que decidira arquivar o processo. O caso somente foi reaberto na década de 70, levando à condenação de Robert Chambliss, conhecido como *Bob Dinamite*, em 1977. Chambliss morreu na prisão, durante o cumprimento da pena perpétua, em 1985. Em 1993, quando todos acreditavam que os outros três acusados – Thomas Blanton, Bobby Frank Cherry e Herman Cash – escapariam por falta de provas, agentes do FBI e membros da comunidade negra encontraram fitas gravadas nas quais Blanton admitia ter participado do atentado. O Juiz do caso aceitou as fitas como provas e, com base nelas, Blanton foi condenado. Em 2001, o júri do Estado do Alabama condenou-o à prisão perpétua. Em 1994, morreu Herman Cash, que nem chegou a ser indiciado. O julgamento quanto à participação de Bobby Cherry teve início, mas devido ao precário estado de saúde em que se encontrava, o caso foi arquivado.

Mesmo na cadeia, King conseguiu organizar outras manifestações de repúdio ao sistema discriminatório, o que ensejou a prisão de mais e mais simpatizantes da causa. Dessa forma, logo em fevereiro de 1965, já havia 5.000 negros encarcerados. Uma delegação enviada pelo Congresso conseguiu libertar King da prisão, sob fiança.[413]

Não satisfeito, já em março de 1965 Martin Luther King preparou uma grande marcha, que intencionava partir da cidade de Selma à de Montgomery, ambas situadas no Estado do Alabama. No dia 7 de março, conhecido como domingo sangrento, 600 manifestantes encontraram-se na Igreja Batista de Selma para iniciar a caminhada. Entretanto, apenas seis blocos adiante do início do percurso, foram surpreendidos por tropas montadas que os impediram de prosseguir. A repressão mostrou-se de uma violência estarrecedora: os negros foram atacados por bombas de gás, chicotadas, tubos de borrachas e cassetetes. Dentre outras aberrações, arremessaram uma menina negra por um vitral da Igreja Batista.[414]

A notícia do brutal combate alastrou-se e, em vez de dissipar os manifestantes, angariou mais pessoas para se juntarem à causa dos negros. Com efeito, em 9 de março, diante da proibição emanada do então Governador George Wallace, no sentido de não admitir a manifestação, Martin liderou passeata simbólica, marcada pela oração de joelho no meio das ruas. Não se olvide que o lema de campanha de eleição do referido Governador havia sido *Segregação para sempre*.[415]

A restrição imposta pelo então líder do Poder Executivo local foi derrubada por um juiz federal e, assim, a marcha até a capital do Estado do Alabama pôde finalmente começar, em 21 de março. No caminho, milhares de simpatizantes foram se juntando à passeata, de modo que quando da chegada a Montgomery, em 25 de março, já havia mais de 25 mil manifestantes, que somente pararam na porta da Assembléia Legislativa do referido Estado.

O esforço da caminhada não foi em vão. Aproximadamente cinco meses após essa marcha, em 6 de agosto de 1965, o Presidente Lyndon Johnson assinou a lei sobre os direitos de voto, o *Voting Rights Act*,[416] que implicou a efetivação da 15ª Emenda. Antes dessa lei, os negros não conseguiam exercer a cidadania em sua plenitude, porque inúmeras barreiras haviam sido criadas para impedir o acesso dos negros aos

---

[413] SHUKER, Nancy. (1987: p. 79).

[414] Idem. (1987: p. 80).

[415] Em discurso proferido em 1963, assim se expressou Wallace: "Do berço da Confederação, o verdadeiro coração do grande Sul anglo-saxão, eu traço a linha divisória no pó e desafio a tirania. E digo: Segregação agora! Segregação amanhã! Segregação para sempre!". Apud SHUKER, Nancy. (1987: p. 76 e contra-capa).

[416] Sobre o tema, ver mais em PUCKREIN, Gary A. (1986: p. 10); SHUKER, Nancy. (1987: p. 78 a 81); (). Acesso em: 23 out. 2003.

direitos políticos, como a necessidade de pagamento de impostos para votar, além de ser necessário que o eleitor se submetesse a testes de leituras e de alfabetização. A historiadora Nancy Shuker, nesse sentido, é categórica: "os papéis a serem preenchidos eram longos e o eleitor em potencial podia ser desqualificado pelo menor erro. A falta de um ponto no 'i', por exemplo, era suficiente para invalidar uma inscrição".[417]

A paulatina conquista de melhorias para a causa negra motivava o ativista a ampliar o objeto do seu combate. Com efeito, nesse sentido deve ser entendida a participação de King também nas manifestações favoráveis aos mais pobres. Assim, logo no início de 1968, Martin resolveu organizar a Marcha dos Pobres sobre Washington. No entanto, a ocorrência de uma rebelião dos lixeiros, em Memphis, no Tennessee, fê-lo adiar a passeata dos pobres para prestar-lhes solidariedade, o que terminou lhe custando a vida. No dia 4/4/1968, com apenas 39 anos de idade, Martin Luther King morreu assassinado no balcão do Motel Lorraine, com um tiro na garganta disparado por James Earl Ray, um foragido da penitenciária de Missouri.[418]

A onda de violência que se seguiu ao assassinato de King foi praticamente incontrolável. Em Chicago, Washington, Detroit, Nova York, Boston e em Memphis, tropas federais precisaram ser chamadas para conter os ânimos da população revoltada.[419] Mais de 150 cidades ficaram em chamas e cobertas de sangue. O funeral, realizado em Atlanta, reuniu 100 mil pessoas.[420] A perda foi irreperável e as demandas se acirraram a partir de então.

5.2.1. A grande virada no sistema *Jim Crow*

Como visto, inúmeras foram as manifestações favoráveis ao fim da segregação institucionalizada. Milhares de pessoas foram mortas, feridas e presas, com o objetivo de ao menos colocar em prática o princípio da igualdade formal, no sentido de que todos são iguais perante a lei. As diversas organizações criadas em prol dos negros combatiam ferozmente a hemenêutica de que seria possível conjugar o princípio da igualdade com a separação institucional, conforme já havia sido decidido pela Corte Maior no caso *Plessy v. Ferguson*, em

---

[417] SHUKER, Nancy. (1987: p. 78).

[418] Em 1965, outro líder negro desponta, Jesse Jackson, aliado a Martin Luther King. Jackson torna-se um dos diretores da SCLC e, em 1971 funda o PUSH – *People United to Save Humanity* – Pessoas Unidas para Salvar a Humanidade.

[419] SHUKER, Nancy. (1987: p. 85).

[420] Em 1983, a data de nascimento de Martin Luther King – 15/01 – foi transformada em feriado nacional, pelo então Presidente Ronald Reagan. Dos líderes políticos, somente George Washington, Abraham Lincoln e Martin Luther King possuem datas comemorativas nos Estados Unidos. Sobre o tema, ver em MARIZ, Vasco. (2000); PUCKREIN, Gary A. (1986: p. 10).

1896. Finalmente, em 1954, a partir do caso *Brown v. Board of Education* – 347 U.S 483 – houve a reviravolta no entendimento dantes esposado.

Com propriedade, atribui-se à NAACP papel decisivo na guinada da posição estatal. Apoiada por 350.000 membros, a organização conduziu a ofensiva para acabar com a segregação nos Estados Unidos. Das 46 apelações que promoveu para a Suprema Corte, contestando o entendimento de *iguais, mas separados*, obteve vitória em 42.[421] O caso *Brown* foi apenas um, dentre os diversos casos semelhantes promovidos pela NAACP no sentido de combater a segregação na esfera educacional, desde a década de 30. Vários foram os recursos interpostos de decisões de Cortes Estaduais, como a do Kansas, Carolina do Sul, Virginia e Delaware. Pouco antes do caso *Brown*, a Suprema Corte já sinalizara que novos ventos principiavam a oxigenar a luta pela democracia racial, sem que, no entanto, motivassem a revisão da doutrina de "iguais, mas separados". Nessa toada, confira-se com os julgamentos de *Missouri ex rel. Gaines v. Canada 305 U.S 337 (1938)*, *Sweatt v. Painter 339 U.S 629 (1950) e McLaurin v. Oklahoma State Regents for Higher Education 339 U.S 637 (1950)*.

Com efeito, a resolução deste último caso mencionado, o *McLaurin v. Oklahoma State Regent for Higher Educations*, trouxe novo fôlego para a esperança de que novos tempos estavam porvir. O problema enfrentado pelo Tribunal Superior consistia em decidir se certa Universidade, inicialmente destinada para brancos, após admissão de um único estudante negro, poderia conceder-lhe tratamento diferenciado em relação aos demais alunos, somente por causa da cor.

A questão chegou à Corte Maior por meio de recurso interposto por um estudante negro da cidade de Oklahoma, cuja admissão no curso de doutorado em educação decorrera de decisão judicial, já que ainda permanecia válida a doutrina de *iguais, mas separados*. Para dar cumprimento à referida decisão, o Estado de Oklahoma procedeu a modificações na legislação que regulava o ingresso dos estudantes, para que a Universidade pudesse admitir negros como alunos. Tais alterações, no entanto, estabeleceram que a admissão do estudante deveria obedecer à segregação entre brancos e negros, ainda que dentro da Universidade.

Assim, dentre as providências determinadas pela Universidade, destaque-se a ordem de que o negro deveria sentar-se em uma cadeira própria, cercada por uma grade, em que fosse afixada a seguinte frase "Reservada para negros". O assento deveria se situar na ante-sala contígua à sala de aula. Ainda segundo o regulamento, o aluno somente poderia estudar no mezanino da biblioteca e não nas mesas da sala regular de leitura, e, ainda assim, deveria sentar-se em uma

---

[421] LINK, Arthur. S.; CATTON, William B. (1965: p. 1.282).

cadeira especialmente designada. No restaurante, o estudante deveria fazer as refeições em horários diferentes dos brancos, em uma mesa destinada para negros. Tais limitações, apesar de parecerem desarrazoadas, convergiam para a linha de pensamento consolidada anteriormente pela Suprema Corte, ao julgar o caso *Plessy*.

Insurgindo-se contra tais determinações, o estudante resolveu recorrer à Corte Estadual. Esta, entretanto, sustentou não ter havido qualquer violação ao direito de igual proteção sob as leis, prevista na 14ª emenda, sendo tais limitações perfeitamente constitucionais. Em passo seguinte, o aluno apelou à Corte Suprema. Ao apresentar defesa, a Universidade alegou a inexistência de provas aptas a demonstrar que os lugares designados para o negro fossem piores do que os reservados aos brancos, única hipótese a ensejar mudança no regulamento da Universidade.

Entretanto, de maneira supreendente, a Suprema Corte decidiu a causa favoravelmente à pretensão do aluno, pondo um fim às limitações. A despeito de, em tal julgamento, não ter revisto a doutrina do *equal, but separated*, a Corte entendeu que a decisão do Tribunal Estadual havia ferido até mesmo a igualdade formal, nos termos em que esquadrinhada no caso *Plessy*. Considerou, ademais, que as restrições impostas ao estudante prejudicavam seu aprendizado, além de impedir o engajamento em discussões, a troca de pontos de vista e o aprendizado da profissão. A partir de tal decisão, ainda que sem querer, os juízes da Suprema Corte selaram o destino do sistema *Jim Crow* e da doutrina do *equal, but separated*, que veio a ser definitivamente revista no caso *Brown*, conforme veremos a seguir.

5.2.1.1. O caso Brown v. Board of Education – 347 U.S 483 (1954)

O início do julgamento do caso *Brown* remonta à presidência do *Justice* Vinson na Corte Suprema, mas este não estava totalmente convencido da necessidade de modificar o entendimento estabelecido pelo Tribunal anteriormente, o que propiciou o arrastamento da conclusão sobre o caso. No entanto, Vinson subitamente faleceu, o que propiciou a chegada do *Justice* Earl Warren na presidência (1953-1969). A fatalidade do destino ensejou, a partir de então, uma fase de grande ativismo judicial da Suprema Corte.

Com efeito, a partir de um voto de apenas dez páginas, o *Justice* Warren revolucionou o modo de o Judiciário pensar as relações raciais, iniciando uma nova era sobre o tema nos Estados Unidos. Na decisão, Warren ressaltou a importância do caso para combater as medidas de segregação impostas na área da educação e destacou os efeitos perversos da discriminação contra os negros, especialmente nas crianças. Nesses termos, aduziu:

Separá-las [as crianças negras] das outras crianças de idade e de qualificações similares somente por causa da raça, cria um sentimento de inferioridade em sua posição na comunidade que pode afetar seus corações e mentes em uma maneira que pode jamais ser desfeita. Os efeitos dessa separação nas oportunidades educacionais foram bem demonstrados no julgamento de um caso pela Corte do Kansas, a qual, no entanto, sentiu-se compelida a decidir contra o pedido dos negros: "Segregação entre crianças brancas e de cor nas escolas públicas tem um efeito maligno sobre as crianças de cor. O impacto é maior quando tem o encorajamento da lei; a política de separação das raças é usualmente interpretada como se denotasse a inferioridade do grupo negro. O senso de inferioridade afeta a motivação da criança para aprender. A segregação com o encorajamento da lei, então, tende a retardar o desenvolvimento mental e intelectual das crianças negras e a privá-las de alguns dos benefícios que receberiam acaso o sistema educacional fosse racialmente integrado".[422]

Os votos que se seguiram ao de Warren basearam-se em pesquisas feitas por sociólogos, antropólogos, psicólogos e psiquiatras, todas com resultados conclusivos sobre a irreparabilidade dos prejuízos sofridos pelas crianças negras a partir da segregação. Finalmente, o Tribunal concluiu que, em se tratando de educação pública, a doutrina de *iguais, mas separados* não teria mais lugar. E, ao sustentar que, na esfera educacional, "separados" nunca poderia ser considerado "igual", a Corte conferiu novo sentido à cláusula de igual proteção segundo as leis, prevista na 14ª emenda. No entanto, por saber que não haveria contexto social apto a absorver as consequências decorrentes desse julgamento, os juízes evitaram tecer considerações sobre o sistema segregacionista, limitando-se a destrinchá-lo no caso concreto.

Apenas um ano após o julgamento do caso *Brown*, a Suprema Corte já se via compelida a novamente ter de se manifestar sobre a questão, no caso que ficou conhecido como *Brown II*.[423] A demanda decorreu de pleito formulado pela NAACP para que a Corte se manifestasse sobre os termos em que deveria ter início o fim da era de segregação, ou seja, como seria efetivada a decisão anterior, proferida no caso *Brown*.

Desse modo, o Tribunal Maior entendeu que a ruptura com a doutrina separatista deveria ocorrer de maneira lenta, paulatina e gradual, mas, de maneira ambígua, não fixou prazo, nem etapas, a serem cumpridas. Diante da complexidade dos efeitos que a transição para um sistema livre de segregação poderia ocasionar, a Corte atuou com receio, apenas requerendo às autoridades legais responsáveis pela educação pública que promovessem o desmantelamento da estrutura separatista o mais breve possível. Aos juízes de primeiro grau e às Cortes locais, desse modo, caberia a análise quanto à boa-fé demonstrada pelas autoridades administrativas para dar efetividade à decisão da Corte Suprema.

No entanto, a decisão da Corte no caso *Brown II* encontrou massiva resistência nas escolas públicas estaduais. Segundo Nowack e

---

[422] Tradução livre.

[423] *Brown v. Board of Education II*, 349 U.S 294 (1955).

Rotunda, as tentativas de obstacular o cumprimento do julgado incluíram omissão, o desafio a líderes negros e a promulgação de novas leis estaduais, ainda com intuito segregacionista.[424]

Uma das principais contendas relativas à negativa de vigência da decisão do caso *Brown II* envolveu o Governador do Arkansas – Orval Faubus – e o Presidente Eisenhower.[425] Com efeito, para dar cumprimento à decisão da Suprema Corte no caso *Brown*, o Conselho de Educação da cidade de Little Rock, no Arkansas, formulou plano de ação que somente seria posto em prática em setembro de 1957, no *Central High School*. Entretanto, quando do início do Plano, sob o argumento de que a perturbação da ordem era iminente, o Governador resolveu impedir o ingresso de nove estudantes negros na escola e para tanto contou com a ajuda da Polícia Estadual. Por três semanas consecutivas, houve tentativas frustradas de negociações com o Governador por parte do Presidente da República, da NAACP e da comunidade negra, até que a questão foi decidida pela Corte Federal local, no sentido de que a determinação do Chefe da Administração Pública não possuía fundamento plausível.

O Governador, então, decidiu retirar a força policial. Mas quando os nove alunos negros finalmente conseguiram entrar na escola, um grupo de estudantes brancos revoltados ateou fogo em cruzes, forçando os negros a se retirarem. No dia seguinte, Eisenhower despachou tropas federais para conter os ânimos da população.

No final do ano letivo, para aliviar as tensões existentes na comunidade, o Conselho de Educação da cidade ajuizou um pedido na Corte Federal local para que a escola dispusesse do prazo de dois anos e meio para concretizar a decisão da Suprema Corte. À decisão concessiva, seguiu-se apelação formulada pela NAACP à Corte Suprema. Eis os antecedentes do caso *Cooper v. Aaron* – 358 U.S.1. (1958).

Cooper v. Aaron foi, de fato, o primeiro teste de efetividade da ruptura com o sistema educacional segregacionista imposto a partir do caso *Plessy*. Questionava-se se era possível o adiamento de boa-fé do programa integracionista e se o governo e as leis estaduais precisavam observar imediatamente a decisão da Corte Suprema ou se poderiam fixar prazos para tanto.

Ao perceber que, no caso, estava em jogo a própria credibilidade do Tribunal, a Corte Suprema atuou com rigor, consignando que o desrespeito às decisões emanadas da Corte significaria a ruptura da

---

[424] NOWACK, John E.; ROTUNDA, Ronald D. (1995: p. 666). O dia do julgamento do caso *Brown* ficou conhecido como "Segunda-feira negra". Em referência, o juiz da Corte do Mississipi, Thomas Brady, escreveu livro com mesmo título, no qual afirmou que a decisão da Corte Suprema havia sido uma tragédia, por possibilitar a miscigenação, e que Deus havia concedido aos brancos o direito de manterem o sangue puro e sem misturas. Ver em DAVIS, F. James. (2001: p. 17).

[425] Ver em LINK, Arthur. S.; CATTON, William B. (1965: p. 1286); NOWACK, John E.; ROTUNDA, Ronald D. (1995: p. 666).

própria ordem constitucional e que nenhum tipo de atraso ou prorrogação para promover a integração dos negros nas escolas seria admissível, ainda que de boa-fé. O Tribunal, então, garantiu o ingresso às nove crianças negras, que não poderiam ser prejudicadas no exercício do direito à educação por problemas gerados pelo governo. O Estado de Arkansas, em represália, fechou as quatro escolas secundárias de *Little Rock*, que somente vieram a ser reabertas em 1960.

As tentativas de dificultar a execução de *Brown II* se fizeram tão presentes naquela época que o Superior Tribunal passou a não mais exigir o prévio esgotamento das instâncias administrativas para que os casos relativos à segregação em escolas públicas fossem conhecidos pelas Cortes federais.[426]

Pode-se afirmar que a paciência da Corte quanto à matéria chegou efetivamente ao fim em 1969, quando decidiu o caso *Alexander v. Holmes County Board of Education*.[427] Na hipótese, ao rever decisão do Quinto Circuito, por meio da qual se garantia mais tempo para que a Junta Administrativa da Escola pusesse termo à segregação entre os alunos, a Suprema Corte decidiu: "A Corte de Apelação deveria ter negado todos os pedidos para obtenção de mais tempo, porque constitucionalmente não seriam mais permitidas as contínuas operações contrárias à integração com base no preceito 'o mais breve possível' das escolas segregatórias. Sob explícitas determinações desta Corte, a obrigação de cada distrito escolar é de acabar com o sistema dualista de uma vez e operar, a partir de agora, e daqui por diante, apenas escolas unitárias".[428]

Apesar de o caso *Brown* somente ter-se aplicado à educação, rapidamente casos envolvendo a segregação em outros setores da sociedade foram levados a julgamento pela Suprema Corte. Entretanto, as decisões proferidas praticamente envolveram apenas instalações públicas ou quase-públicas.[429] Confira-se com os seguintes julgamentos e os respectivos âmbitos de atuação: parques,[430] praias públicas,[431] ônibus,[432] pistas de atletismo,[433] restaurantes de aeroporto,[434] salas de tribunal[435] e auditórios municipais.[436]

---

[426] Confira-se, nesse sentido, com o caso *McNeese v. Board of Education, 373 U.S 668 (1963).*
[427] *Alexander v. Holmes County Board of Education,* 396 U. S. 19 (1969).
[428] Tradução livre.
[429] Sobre a vinculação de entidades privadas, vide nota 377 ao trabalho.
[430] *Muir v. Louisville Park Theatrical Ass'n,* 347 U.S 971 (1954).
[431] *Mayor of Baltimore v. Dawson,* 350 U.S 877 (1955).
[432] *Gayle v. Browder,* 352 U.S 903 (1956).
[433] *State Athletic Com'n v. Dorsey,* 359 U.S 533 (1959).
[434] *Turner v. City of Memphis,* 369 U.S 350 (1962).
[435] *Johnson v. Virginia,* 373 U.S 61 (1963).
[436] *Schiro v. Bynum,* 375 U.S 395 (1964).

/ SEGUNDA PARTE

As Ações Afirmativas

1. O surgimento das Ações Afirmativas nos Estados Unidos

Na primeira parte deste trabalho observou-se que, nos Estados Unidos, mesmo com a abolição da escravatura, não se concedeu ao negro a possibilidade de inserção na sociedade como um igual. A despeito de a 14ª emenda versar sobre a igual proteção perante as leis, logo se verificou que a doutrina da igualdade seria mitigada em relação aos negros, conforme se estabeleceu no caso *Plessy v. Ferguson*, no qual a Suprema Corte fixou o entendimento de que a doutrina da igualdade permitiria a separação daqueles que pertencessem a raças diferentes.

Como visto, antes mesmo do caso *Plessy*, o Tribunal já havia sustentado, na decisão do *Civil Rights Cases*, que o conteúdo da 14ª emenda somente proibia a discriminação se esta fosse efetuada por atos do governo, mas não se fosse por meio de atos de cidadãos privados. Nesse diapasão, ficou estabelecido que os particulares poderiam continuar praticando a segregação.

Assim, durante décadas, a contratação de negros para exercer determinados empregos simplesmente não foi efetivada por particulares, que somente os contratavam para exercer funções subalternas.[437]

Com o fim da Segunda Guerra Mundial, principiou-se, nos Estados Unidos, a quebra de barreiras no que tange à segregação. As medidas surgiram principalmente para poder acomodar os negros nos espaços por eles já alcançados, quando conseguiram arrumar empregos devido ao grande vazio ocasionado no mercado de trabalho com a ida dos brancos norte-americanos para a guerra. Os negros não puderam participar da ofensiva norte-americana contra o avanço do nazismo na Europa porque, dentre as inúmeras proibições do sistema *Jim Crow*, estava a de que os negros não poderiam ingressar no Exército.[438] Esta limitação somente foi revertida em 1948, quando o Presidente Truman emitiu um decreto presidencial por meio do qual pôs a termo

---

[437] Sobre o tema, ver em CHIN, Gabriel J. (Ed.). (1998a: p. XV).

[438] Ver em BITTKER, Boris I. (1998: p. 50 e ss). Já no final da Segunda Guerra Mundial, alguns poucos negros, relativamente, conseguiram ingressar na ofensiva norte-americana, para reforçar as forças de combate. De qualquer modo, foram mantidos em batalhões segregados, não podendo lutar ao lado de soldados brancos.

a proibição de os negros servirem nas Forças Armadas. Posteriormente, em 1952, o mesmo governo – sinalizando no sentido de que mudanças estavam porvir – assinou um *amicus curiae*[439] em favor do fim da segregação entre brancos e negros na esfera educacional, no caso *Brown v. Board of Education*.

Somente em 1954, a partir do julgamento do caso *Brown*, criaram-se as condições para que se vislumbrasse a extinção do sistema discriminatório nos Estados Unidos. Os efeitos da decisão foram aos poucos revertendo a segregação institucionalizada, ao menos na esfera pública ou institucional. As modificações foram paulatinas, haja vista a massiva resistência encontrada. Várias Igrejas e sinagogas foram bombardeadas quando tentaram abrir as portas à participação dos negros. A Ku Klux Klan incendiava as cruzes em claro sinal de ameaça àqueles que procuravam evitar a segregação. A intimidação era constante e incansável. E, mesmo em 1964, dez anos após o julgamento de Brown, ainda havia decisões sendo proferidas sobre a constitucionalidade ou não das medidas que promoviam a separação entre negros e brancos.[440]

Percebe-se, desse modo, que as modificações no sistema *Jim Crow* surgiram com muita luta. As décadas de 60 e de 70 foram marcadas pelo auge do movimento negro organizado, com Martin Luther King, Malcolm X, as Panteras Negras e, ainda, as manifestações contínuas das organizações Associação Nacional para o Progresso das Pessoas de Cor, os Mulçumanos Negros, a Associação de Melhoramentos de Montgomery, a Comissão Estudantil de Coordenação Não-Violenta, o Congresso de Igualdade Racial, o Movimento Cristão do Alabama pelos Direitos Humanos, dentre outras diversas entidades a favor dos negros.

É bem verdade que os principais líderes negros, como Martin Luther King – Presidente da Conferência da Liderança Cristã Sulina –, Roy Wilkins – Presidente da Associação Nacional para o Progresso das Pessoas de Cor – e James Farmer – Diretor Nacional do Congresso da Igualdade Racial, não apoiavam uma política de cotas para integração racial. Os interesses desses grupos restringiam-se à adoção de uma política não-segregacionista, o que efetivamente foi realizado nos governos de John Kennedy e Lyndon Johnson.[441]

---

[439] Por meio de uma petição de *Amicus Curiae*, ou Amigo da Corte, possibilita-se que terceiros interessados com o resultado da causa ingressem no processo para argumentar pela plausibilidade ou não da tese que estiver sendo discutida. Com isso, amplia-se a participação democrática da sociedade na resolução das questões trazidas à Suprema Corte e a decisão final a ser proferida, em tese, contemplou os mais variados argumentos relativos à matéria.

[440] Como, por exemplo, no caso *Schiro v. Bynum*, 375 U.S 395 (1964).

[441] James Farmer insistentemente nega apoio a políticas integracionistas para negros por meio de cotas. Ver mais em SKRENTNY, John David. (1996: p. 3).

Em meados da década de 60, após a Suprema Corte ter direcionado para o fim da segregação entre brancos e negros, a política posta em prática primeiro por Kennedy, e depois seguida por Johnson, procurou modificar o sistema legal até então imposto aos afro-descendentes, proibindo a discriminação.

Assim, cumprindo as promessas feitas quando da campanha presidencial, o Presidente Kennedy resolveu criar a Comissão para a Igualdade de Oportunidades de Emprego – *Equal Employment Opportunity Comission* – EEOC –, em 6 de março de 1961,[442] por meio da Ordem Executiva nº 10.925. Referida comissão objetivava identificar as políticas segregacionistas governamentais, no fito de revisá-las. De uma postura segregacionista estatal, intentava-se a implementação de uma política neutra, que deixasse de considerar a raça como fator de segregação. Observa-se, desse modo, que a despeito de se ter utilizado a expressão *Ação Afirmativa* em tal Ordem Executiva, seu conteúdo inicial era o de tão-somente combater a discriminação.

Com efeito, na Seção 201 de tal Ordem Executiva, determinava-se que o principal fundamento da Comissão seria o de fazer um exame minucioso e uma análise das práticas de emprego do Governo, ao mesmo tempo em que se recomendariam medidas afirmativas adicionais a serem observadas pelos departamentos executivos e pelas agências, a fim de realizar completamente a política nacional de não-discriminação. Por sua vez, na subparte *A* da Ordem, estabeleceu-se que todos os contratos governamentais deveriam incluir a previsão de que as empresas contratadas pelo Executivo comprometer-se-iam a não mais discriminar qualquer empregado, ou aspirante ao emprego, por razões de raça, credo, cor ou origem nacional. Assim, a contratada deveria utilizar-se de ações afirmativas para assegurar que os candidatos pertencentes às minorias fossem contratados e que, durante a relação empregatícia, não haveria qualquer distinção dos empregados, ou dos candidatos aos empregos, quanto à raça, ao credo, à cor, ou à origem nacional. Semelhante postura também era exigida quando das promoções, rebaixamentos ou transferências, recrutamentos ou anúncios de recrutamento, dispensas ou rescisões, índices de pagamento e outras formas de compensação, além de seleções para treinamento, inclusive quanto a aprendizes.

---

[442] A expressão ação afirmativa foi usada pela primeira vez na Lei das Relações de Trabalho Nacionais, de 1935, por meio da qual se determinava que o empregador que estivesse promovendo a discriminação contra os negros deveria parar de promovê-la, além de efetuar *ações afirmativas* para inserir as vítimas da segregação nos cargos que estariam ocupando se não tivessem sido discriminados. A despeito de a expressão ter conhecido exemplo na década de 30, apenas a partir de Kennedy o termo passou a ser utilizado dentro de um contexto de luta pelos direitos civis, inicialmente como uma medida de combate à discriminação e, posteriormente, objetivando a inclusão das minorias. Ver mais em SKRENTNY, John David. (1996: p. 6 e ss).

Fora dada a largada para o início de um movimento contrário à discriminação dos negros. Somente uma resposta do governo poderia fazer frente à segregação institucionalizada. A imposição de programas positivos para proibir a discriminação contra os negros na sociedade decorreu da necessidade de demonstrar que o novo governo que se iniciava, com John Kennedy, não mais compactuava com a sangrenta política de segregação.

Pouco mais de dois anos após os primeiros passos rumo às ações afirmativas, percebendo a reduzida eficácia da Ordem Executiva anterior, Kennedy novamente se reuniu com membros do Governo para estudar outras formas de combater a discriminação. As conclusões obtidas neste encontro foram escritas em um memorando e indicavam a necessidade de diminuir a segregação imposta aos negros, pois as revoltas aumentavam e propiciavam fugir ao controle estatal. Entretanto, a legislação que chegou efetivamente a ser proposta – e que viria posteriormente a se constituir na Lei dos Direitos Civis de 1964 – não interferia decisivamente nas relações empregatícias a ponto de determinar a inclusão das minorias, apenas proibia a discriminação. À época, tais foram as palavras do Procurador-Geral sobre o projeto de lei em comento: "Era o mínimo que seria exigido para superar os obstáculos de tirar as pessoas das ruas e de manter a situação sob controle".[443]

Com o assassinato de Kennedy, em 22/11/1963, assumiu o poder o Vice-Presidente Lyndon Johnson, que procurou continuar a política *color-blind* do antecessor. Foram promulgadas, a partir de então, uma série de leis que visavam a combater a discriminação, como os já mencionados *Civil Rights Act* de 1964 – Lei dos Direitos Civis,[444] por meio da qual se proibiu formalmente a segregação em diversas áreas sociais, incluindo acomodações públicas, escolas, programas de governo e emprego, e o *Voting Rights Act* de 1965 – Lei sobre os direitos de voto, que implicou a efetivação da 15ª Emenda, na medida em que garantiu aos negros o direito de votar e de ser votado.

No governo de Lyndon Johnson, o movimento contrário à discriminação e à pobreza dos negros ganhou fôlego.[445] O Presidente justificou a permanência dessa política a partir da necessidade de quebrar as

---

[443] Tradução livre. SKRENTNY, John David. (1996: p. 80).

[444] O Título II proibia a discriminação em lugares de acomodação pública, como teatros, arenas esportivas, hotéis, restaurantes, postos de gasolina, lojas e estabelecimentos comerciais. O Título VII vedava a discriminação por raça, sexo, religião, origem nacional, cor, pelos empregadores e tornava permanente a Comissão de Oportunidade Igual de Empregos – *Permanent Equal Employment Opportunity Comission* –, objetivando eliminar práticas ilegais de segregação. SYRETT, Harold C. (Org). (1995: p. 337 e 338).

[445] Não se pode olvidar, contudo, que uma das explicações para o fato de Johnson ter promulgado tantas leis implementando direitos civis foi a necessidade de desviar a atenção da sociedade norte-americana para o contexto interno, haja vista a massiva remessa de soldados, em tal período de governo, para combater na Guerra do Vietnã.

muralhas até então impostas pelas leis e pelas práticas de governo, por meio das quais se demarcava a condição dos indivíduos pela cor da própria pele.[446] Com efeito, em discurso proferido na Universidade de Howard, em 4 de junho de 1965, Johnson afirmou a intenção de combater as desigualdades provocadas pelo sistema segregacionista, mas sem, contudo, anunciar qualquer medida que visasse à integração dos negros, permanecendo com a política que apenas vedava a discriminação. Nessa toada, aduziu: "Você não pode pegar uma pessoa que durante anos esteve acorrentada e libertá-la, trazendo-a para a linha de partida de uma corrida e dizer: 'você está livre para competir com todos os outros' e ainda acreditar que sua atitude é completamente justa. Desse modo, não é suficiente apenas abrir os portões da oportunidade. Todos os nossos cidadãos precisam ter a capacidade de atravessar os portões".[447]

Ainda no ano de 1965, Lyndon B. Johnson, seguindo a linha da política iniciada por Kennedy de não-discriminação, utilizou a expressão *Ação Afirmativa* na Ordem Executiva n° 11.246, para determinar que o Executivo estadunidense deveria condicionar a celebração de qualquer contrato com particulares ao cumprimento de práticas não-discriminatórias.

Como se observa dos textos das Ordens Executivas n° 10.925 e 11.246, os governos de Kennedy e Johnson não iniciaram as ações afirmativas conforme as entendemos hoje. Originalmente, o conceito de ação afirmativa significava uma política institucionalizada de combate à discriminação e não medidas de inclusão propriamente ditas. É que, à época, acreditava-se que o simples fato de o governo deixar de apoiar a discriminação, em uma sociedade desenvolvida sob os auspícios do sistema *Jim Crow*, já sinalizava vultosos ganhos para a comunidade negra. Confira-se com os termos da Ordem Executiva n° 11.246, em muito semelhante à Ordem n° 10.925.[448]

---

[446] É preciso destacar que muitos estudiosos sobre as questões raciais nos Estados Unidos da América acreditam que a política segregacionista posta em prática por meio do sistema *Jim Crow* constituiu-se tão-somente numa evolução natural da forma como a sociedade observava o negro, após a abolição da escravatura. Confira-se com o discurso de Lyndon Johnson, o mesmo que havia sido pronunciado na Universidade de Howard, no qual afirma que a escravidão e a segregação impostas por meio de um sistema institucionalizado pertencem a uma mesma teia, de modo que um ocasiona o outro, e por meio da qual ambos se renovam. Na verdade, nós, brasileiros, sabemos que uma coisa não necessariamente quer dizer a outra. Sabemos que a despeito de termos conhecido durante séculos a escravidão negra, não institucionalizamos, posteriormente, a discriminação. E se os norte-americanos muitas vezes se furtam à análise da realidade circundante, antes de proceder a afirmativas genéricas, não podemos agir da mesma maneira, especialmente quando se trata da resolução de um tema tão complexo e peculiar como é o da necessidade de cada país adotar ou não programas afirmativos. Ver a íntegra do discurso em CHIN, Gabriel J. (Ed.). (1998a: p. 21 a 26).

[447] Tradução livre. CHIN, Gabriel J. (Ed.). (1998a: p. 21 a 26); também em CRUZ, Álvaro Ricardo de Souza. (2003: p. 169 e 170).

[448] "Ordem Executiva n° 11.246. Parte I – Não-discriminação nos Empregos Públicos. Seção 101. A política do Governo dos Estados Unidos é a de garantir iguais oportunidades nos empregos

É importante destacar que, mesmo com a adoção dessas medidas visando a combater a discriminação, a miscigenação entre negros e brancos permanecia sendo uma coisa inaceitável na sociedade. Como bem demonstra o professor John Hope Franklin, ao comentar a repercussão dessas normas: "A miscigenação seguiu sendo inconcebível para a maioria dos norte-americanos brancos – e, na realidade, para muitos norte-americanos negros – e uns vinte estados perseveraram na aplicação de leis contrárias ao casamento entre negros e brancos".[449]

No entanto, uma série de eventos principiou a mudança de direção das políticas relativas aos negros. Percebeu-se que apenas proibir a discriminação efetuada pelo governo e apoiada por parte da sociedade branca deixou de ser suficiente. Refresquemos a memória para os fatos: em 1963, a explosão de uma bomba em uma Igreja Batista matou 4 crianças negras. Kennedy, primeiro defensor de políticas reservadas para os negros, morreu brutalmente assassinado no mesmo ano. Também em 1963, o líder da NAACP, Medgar Evers, foi assassinado, a tiros, pelo racista branco Byron Beckwith, o qual, julgado por duas vezes, conseguira a absolvição do júri predominantemente branco.[450] Por sua vez, um pouco antes da assinatura da Lei dos Direitos Civis, em 1964, eclodiram diversas manifestações raciais, principalmente no norte dos Estados Unidos. No mesmo ano, James Farmer, Diretor Nacional do Congresso Nacional de Igualdade Racial – CORE –, foi preso, junto com outras 293 pessoas, por haver organizado passeata pacífica no intuito de sensibilizar a opinião pública para a causa negra. Finalmente, ao ser libertado, ameaçou que aquele seria o maior e mais

---

federais para todas as pessoas qualificadas, a de proibir discriminação nos empregos por causa da raça, religião, cor ou nacionalidade, e a de promover a realização plena das iguais oportunidades de governo por meio de um programa contínuo e positivo em cada departamento executivo e nas agências. A política de oportunidades iguais aplica-se a cada aspecto da política e da prática dos empregos federais. Parte II – Não-discriminação nos empregos dos contratos e subcontratos governamentais. Subparte B – Termos do Contratante. Seção 202. Com exceção dos contratos isentos de acordo com a Seção 204 desta Ordem, todas as agências governamentais contratantes devem incluir em todos os contratos oficiais daqui por diante realizados as seguintes provisões: 'Durante o cumprimento deste contrato, o contratado concorda com o seguinte': (1) O contratado não vai proceder à discriminação de nenhum empregado ou candidato por causa da raça, religião, cor ou nacionalidade. O contratado vai realizar ações afirmativas para assegurar aos candidatos e aos empregados durante o emprego que não haverá considerações sobre sua raça, religião, cor ou nacionalidade. Tais ações deverão incluir, mas não apenas ser reduzidas, às seguintes áreas: relações de empregos, promoções, rebaixamentos ou transferências, recrutamentos ou anúncios de recrutamento, dispensas ou rescisões, índice de pagamento e outras formas de compensação, seleções para treinamento, inclusive quanto a aprendizes. Os contratados concordam em afixar em locais visíveis, acessíveis aos empregados e aos candidatos ao emprego, as observações a serem seguidas de agora em diante pelos escritórios contratados e as provisões desta cláusula não-discriminatória". Tradução livre.

[449] FRANKLIN, John Hope. (1972: p. 183).

[450] A condenação somente veio a ocorrer em 1994, quando um terceiro júri foi realizado. O assassino então foi condenado à prisão perpétua.

quente verão que o país já havia tido, e complementou: *"Now is time for anger"* – "Agora é o tempo do ódio".[451]

Mesmo após a aprovação da Lei dos Direitos Civis, de 1964, irromperam manifestações de violência, principalmente no Harlem, em Nova Iorque. A situação ficou incontrolável até mesmo para os líderes dos movimentos negros, que não conseguiam mais dirigir os revoltosos. Motins pipocaram no Brooklyn, em Nova Iorque, na Filadélfia, em Nova Jersey, em Paterson, em Dixmoor e em Rochester. Nesta cidade, foi necessária a intervenção da Guarda Nacional para restabelecer a ordem. Centenas de pessoas foram mortas, feridas e presas em tais rompantes. Calcularam-se os prejuízos materiais em mais de um milhão de dólares.[452] Emergiram movimentos radicais a favor dos negros, intitulados *Black Power* – Poder Negro[453] e *Guetto Revolts* – Revolta dos Guetos.

Sobre a violência e a magnitude que havia tomado conta das ruas dos Estados Unidos na década de 60, Skrentny afirma: "Assim era vida em meados da década de 60 na América urbana. As violências negras misteriosas continuavam explodindo em centenas de cidades pela América, aparentemente ao acaso. Doug McAdam, em um dos poucos estudos do movimento de direitos civis que vão além da legislação promulgada em 1964 e em 1965, contou 290 'explosões hostis' no período de 1966 a 1968. 169 pessoas foram assassinadas na violência, 7.000 ficaram feridas, e mais de 40.000 foram presas. E esta projeção é conservadora. A Câmara de Compensação sobre a Desordem Civil na Universidade de Brandeis registrou 233 desordens somente em 1967, e 295 desordens nos primeiros quatro meses de 1968. McAdam afirma que 'não seria um exagero sustentar que o nível de desafio aberto para a ordem econômica e política estabelecidas foi maior durante este período do que em qualquer outro da história desse país, salvo a Guerra Civil'".[454]

No verão de 1967, explodiram mais eventos ligados aos conflitos raciais, difundindo o medo, o terror e a confusão na sociedade. A situação se agravava porque a polícia respondia com intensa brutalidade, matando e machucando seriamente os manifestantes, o que acirrava ainda mais o caos social instalado. O Presidente Johnson recebia

---

[451] SKRENTNY, John David. (1996: p. 71).

[452] Nessa linha, Skrentny comenta a influência dos motins urbanos na guinada de posição governamental. SKRENTNY, John David. (1996: p. 70 e ss).

[453] O movimento *Black Power* não foi endossado pelo principal líder negro, Martin Luther King, líder pacifista que acreditava que quem avalizasse o *Poder para os Negros*, estaria confundindo os aliados, isolando a comunidade negra e favorecendo o discurso preconceituoso e discriminatório dos brancos. Entretanto, na convenção nacional do CORE, em julho de 1966, adotou-se o *slogan Black Power*. Atribui-se ao movimento a preferência para utilização do termo *black*, para se referir aos negros, em vez de *negro*.

[454] Tradução livre. SKRENTNY, John David. (1996: p. 70 e ss).

relatórios semanais sobre os conflitos. Para se ter uma idéia da magnitude da questão, o problema racial foi capa da Revista *Time* por três semanas consecutivas. Por sua vez, em 31 de julho de 1967, a capa do *U.S News and World Report* teve a seguinte manchete "Os Estados Unidos serão capazes de se auto-governarem?".[455]

Sem saber o que fazer para conter os ânimos da população, mesmo porque o movimento negro dissipava-se em várias lideranças distintas, com pleitos os mais diversos, Johnson resolveu criar uma Comissão Nacional Consultiva da Desordem Civil – *National Advisory Comission on Civil Disorders* –, também conhecida como *Kerner Comission*, em homenagem ao seu Presidente, Otto Kerner.[456] A missão institucional da referida Comissão era a de identificar as raízes do problema racial no país e a de tentar encontrar mecanismos aptos e rápidos para a solução dessas questões.

No relatório final apresentado sobre o tema, a Comissão concluiu que, nos Estados Unidos, estavam se desenvolvendo duas sociedades diferentes, tanto quanto à composição, como quanto às oportunidades: uma de negros e outra de brancos. Tais foram as palavras da Comissão: "Essa é a nossa conclusão básica. Nossa nação está se movendo na direção de duas sociedades, uma negra e uma branca, separadas e desiguais".[457] E recomendou, assim, que o governo desse início a amplos programas sociais, como de educação, habitação, emprego e treinamento.[458]

A Comissão identificou que as reações vigorosas aos tumultos do verão de 1967 só contribuíram para aumentar o fosso que separava os brancos dos negros. Urgia a necessidade de um comprometimento nacional para acabar com a discriminação, a exigir de cada cidadão norte-americano novas atitudes, compreensões e, acima de tudo, boa-vontade para com os negros. Assim ficou estabelecido no relatório: "Violência e destruição precisam acabar – nas ruas dos guetos e na vida das pessoas. Segregação e pobreza criaram nos guetos raciais um ambiente destrutivo totalmente desconhecido para a maioria dos americanos brancos. O que os brancos americanos nunca entenderam completamente – e que os negros não conseguirão nunca esquecer – é que a sociedade branca está profundamente relacionada com o gueto.

---

[455] Tradução livre. SKRENTNY, John David. (1996: p. 73).

[456] Otto Kerner era o Governador do Illinois. A comissão ainda era composta pelo Prefeito de Nova Iorque, John Lindsay, pelo Presidente do Sindicato dos Trabalhadores de Aço, pelo Chefe de Polícia de Atlanta, pelo Presidente do Conselho das Indústrias de Litton, pelo Diretor Executivo da NAACP, pela Conselheira de Comércio de Kentucky e por quatro congressistas.

[457] Tradução livre. Ver relatório em CHIN, Gabriel J. (Ed.). (1998a: p. 35 e 36).

[458] PUCKREIN, Gary A. (1986: p. 13). Com efeito, antes mesmo de a Comissão sugerir a existência de duas sociedades diferentes nos Estados Unidos, o professor John Hope Franklin, em artigo publicado em 1965, cujo título era *Os dois mundos raciais: uma visão histórica*, já antevira o problema. FRANKLIN, John Hope. (1999: p. 164 a 187).

Instituições brancas criaram-no, instituições brancas mantiveram-no e a sociedade branca tolera-o. É chegada a hora de provocar uma mudança, a partir dos propósitos do nosso comando para a principal questão inacabada neste país. É chegada a hora de adotar estratégias de ação que irão produzir um rápido e visível progresso".[459]

As manifestações dos negros tornaram-se ainda mais violentas a partir do assassinato, em 1968, do líder Martin Luther King, quando este preparava uma grandiosa manifestação contra a pobreza – a Marcha dos Pobres,[460] conforme visto anteriormente. Não fora coincidência o título escolhido para publicação, em 1968, do livro sobre a temática racial nos Estados Unidos, de Garry Wills – "A Segunda Guerra Civil – Armando-se para o final dos tempos".[461] A Ku Klux Klan atuava ferozmente para impedir o crescimento social dos negros, com técnicas de intimidação e de terror. Houve a explosão da revolta e da fúria dos afro-descendentes nos Estados Unidos, por acreditarem que seriam mais uma vez abandonados e relegados à política separatista. A comoção foi geral e despertou a consciência não apenas dos negros, mas de todo o país.

Por sua vez, na esfera judicial, quatorze anos após a decisão do caso *Brown*, em 1968, a Corte ainda discutia a velocidade com que a extinção da política segregacionista deveria ser colocada em prática. Havia sido pequeno o progresso realizado diante da decisão do caso *Brown*, porque muitos governadores simplesmente se recusavam ou adiavam ao máximo a extinção do modelo segregacionista. Finalmente, em 1969, a Suprema Corte determinou que o fim da separação nas escolas públicas deveria ser realizado de uma vez por todas e que não toleraria mais a demora.

O governo estadunidense compreendeu, já então no governo de Richard Nixon (1969-1974), que não bastava o mero comprometimento oficial com as políticas de combate à discriminação. Era preciso fazer mais. Haviam sido criadas as condições específicas e propícias para o desenvolvimento de uma política afirmativa inclusiva, por meio da qual se reconhecia a necessidade de serem adotadas medidas positivas para inserir os negros em determinados setores da sociedade, sob pena de, em assim não o fazendo, propiciar o surgimento da segunda guerra civil norte-americana.

Conforme já esquadrinhado, os motins urbanos ocorridos na década de 60, aliados ao relativo fracasso das medidas antidiscriminatórias, provocaram o ambiente necessário ao surgimento de uma política afirmativa cujo objetivo maior era o de tentar eficazmente

---

[459] Tradução livre.
[460] SHUKER, Nancy. (1987: p. 84).
[461] *The Second Civil War: Arming for Armageddon.* Tradução livre.

promover a integração. Todavia, é importante observar que a política desenvolvida por Nixon não se fez acompanhar da construção de uma teoria pela concretização do princípio da igualdade ou pela efetivação da justiça. Do contrário, as medidas implementadas objetivavam diminuir a quantidade de conflitos e evitar que os próprios brancos pudessem sofrer mais danos, físicos ou materiais. Nessa seara foi a justificativa de Nixon sobre a concessão de algumas vantagens para os negros: "Pessoas que possuírem as próprias casas não irão incendiar a nossa vizinhança".[462]

Com efeito, a política até então imposta por Kennedy e Johnson, de combate à pobreza dos negros e à discriminação, não havia sido suficiente para melhorar as condições vividas pelos negros. As desvantagens a que estavam submetidos não foram heranças apenas da escravidão, mas, sobretudo, conseqüências do racismo institucionalizado proporcionado pela atuação conjunta da sociedade e dos poderes que compunham o governo.

Sob a administração de Nixon, as ações afirmativas iniciaram uma nova fase, sobretudo a partir de decisões da Suprema Corte e da criação de agências governamentais para implementação das medidas. Todavia, essa nova fase trouxe em seu bojo o reforço da consciência de grupo das minorias, além de vigorosas e retumbantes críticas. A regulamentação dos programas positivos não ficou a cargo do Congresso norte-americano, mas sim das agências governamentais, que não realizaram a publicidade necessária dos programas para garantir o apoio da opinião pública.

Nixon incumbiu a Secretaria do Trabalho de elaborar projeto para tornar efetivas as previsões constantes do item VII, da Lei dos Direitos Civil de 1964. A pasta possuía um orçamento bilionário, obtido com as concessões e os contratos públicos elaborados pelo governo. Assumindo que não bastava apenas proibir a discriminação, os contratos administrativos passaram então a oferecer vantagens para aqueles que cumprissem metas específicas e determinadas pelo governo. As empresas que firmassem contratos com a administração deveriam observar as famosas cotas na contratação de empregados. Tais números foram fixados a partir da proporção que aquelas minorias representavam em cada comunidade. Esse trabalho ficou conhecido como *Philadelphia Plan* – Plano Filadélfia, inserido no ordenamento jurídico em 1971 por intermédio do *Office of Federal Contract Compliance* – Departamento de Cumprimento dos Contratos Federais – OFCC. Posteriormente, o bom resultado do Plano estendeu a fixação das cotas a todas as empreiteiras contratadas pelo governo federal.

---
[462] Tradução livre. Apud SKRENTNY, John David. (1996: p. 101).

Na década de 70, eclodiram ações afirmativas no âmbito estadual, municipal, em empresas privadas, no comércio, no sistema educacional e em associações. Desde a menor empresa até a maior instituição, as medidas positivas haviam praticamente dominado o sistema social norte-americano.[463] Proliferaram normas por meio das quais se determinava a fixação de metas a serem atingidas, o combate ao preconceito e o avanço da integração de diversos grupos minoritários. A título exemplificativo, podem-se destacar as seguintes: *Equal Employment Opportunity Act*, de 1972; o *Higher Education Act*, também de 1972, em relação às mulheres; o *Rehabilitation Act* de 1973, quanto aos deficientes físicos e o *Veterans Readjustment Act* de 1974, em relação aos veteranos da Guerra do Vietnã.[464]

Sob o comando de Jimmy Carter, continuaram a proliferar ações afirmativas. Com efeito, em 13/5/1977, o Congresso Nacional promulgou o *Public Works Employment Act*, também conhecido como *The Fullilove Program*, por meio do qual se previu que cota de 10% das concessões governamentais deveria ser garantida às empresas cujos donos representassem minorias – norte-americanos descendentes de africanos, hispânicos, orientais, indianos, esquimós e aleútes.[465] Tais empresas seriam consideradas minoritárias se pelo menos 50% do capital social pertencesse a grupos com tais características.

Pode-se afirmar que até a década de 80 proliferaram medidas afirmativas, cuja eficácia, muitas vezes, decorreu das decisões proferidas pela Suprema Corte. No entanto, a partir dos governos Reagan (1981–1989) e Bush (1989–1993) tais programas foram sendo reduzidos sensivelmente. Este retrocesso também se fez perceptível nas decisões emanadas da Suprema Corte, uma vez que os *Justices* nomeados por Reagan e Bush alinhavam-se ao pensamento dos governantes, ou seja, pela necessidade de restringir as medidas.

Com efeito, durante a campanha presidencial, Reagan já havia sinalizado postura contrária à adoção de medidas afirmativas. Acreditava que esses programas representavam uma intervenção indevida do Estado na economia, o que, em seu governo, não mais seria admissível.[466] Além disso, explicava Reagan que, ao favorecer a integração das minorias, terminava-se por afastar os homens brancos das oportunidades, o que não deixava de ser também uma discriminação.

Paradoxalmente, porém, ao assumir o mandato, Reagan chegou a adotar algumas medidas que visavam a beneficiar as minorias, como a

---

[463] Sobre isso, ver em GRAHAM, Hugh Davis. (1998: p. 72 a 84).

[464] Ver em MENEZES, Paulo Lucena de. (2001: p. 94 e 95).

[465] Povos nativos das Ilhas Aleútas – localizadas em região próxima ao Alasca.

[466] Sobre a evolução das ações afirmativas no governo Reagan, ver em MENEZES, Paulo Lucena de. (2001: p. 114 e ss).

Ordem Executiva nº 12.432, de 1983, por meio da qual se exigiu o aumento da participação de grupos minoritários nas subcontratações do governo. Mas a nomeação de William Bradford Reynolds – ferrenho opositor das ações afirmativas – como chefe do Departamento de Justiça foi crucial para a redefinição dessas políticas.[467]

Por sua vez, já no governo Bush, se a aprovação pelo Congresso norte-americano da nova lei de Direitos Civis, em 1991, pôde ser considerada um avanço na defesa das minorias, a resistência criada ao desenvolvimento de programas de ações afirmativas foi bem delimitada a partir da nomeação de Clarence Thomas para uma das vagas da Suprema Corte, substituindo o *Justice* Marshall, franco defensor das medidas. Clarence Thomas havia se destacado no governo Reagan na Comissão para Iguais Oportunidades de Empregos, adotando uma política restritiva quanto à concessão de benefícios para as minorias raciais, a despeito de ser, ele mesmo, um negro.[468]

Nesse mesmo ano de 1991, a Revista *Newsweek* e o Instituto de Pesquisas *Gallup* procederam a uma enquete para detectar a aprovação da sociedade norte-americana às políticas afirmativas para negros. A seguinte pergunta foi realizada: "Você acredita que, por causa do passado de discriminação contra o povo negro, negros qualificados devem receber um tratamento preferencial sobre brancos igualmente qualificados, em questões como ingresso em universidades ou admissão em empregos?" A resposta foi negativa: 72% dos brancos e 42% dos negros manifestaram-se contrários à idéia.[469]

Atualmente, a adoção de ações afirmativas vem se enfraquecendo nos Estados Unidos.[470] A limitação pode ser observada tanto por meio da política restritiva desenvolvida no atual governo de George W. Bush, como também pela eleição do exame judicial rigoroso no que tange às medidas positivas no âmbito do Judiciário, conforme explicaremos melhor posteriormente. Além disso, a sociedade organizada vem se manifestando com freqüência no sentido de não mais suportar políticas de benefícios para grupos determinados, observando-as com aversão. Como exemplo, poderíamos citar lei de 1996, do Estado da Califórnia, por meio da qual se determinou que nenhuma instituição

---

[467] Em 2 de abril de 1985, o Departamento de Justiça anunciou que várias dezenas de cidades, condados e estados deveriam rever os programas afirmativos já em andamento, a fim de acabar com as metas numéricas estabelecidas e cotas determinadas para promover o aumento da participação de negros, mulheres ou hispânicos. Ver mais em ROSENFELD, Michel. (1991: p. 339).

[468] Nesse sentido, MENEZES, Paulo Lucena de. (2001: p. 135 e ss).

[469] Ver mais em SKRENTNY, John David. (1996: p. 5).

[470] Nesse sentido, aduziu Dworkin: "Escritores conservadores e políticos têm atacado esta política de ação afirmativa desde o início, mas o programa enfrenta, agora, o maior de todos os perigos já encarados – em duas frontes, política e legal". Tradução livre. DWORKIN, Ronald. (2000: p. 386).

estadual poderia discriminar ou garantir preferências para qualquer indivíduo, tomando por base raça, sexo, cor, grupo étnico ou origem nacional, em setores públicos como empregos, educação ou contratos. Medida similar também foi adotada por Washington, em 1998, e em outros estados norte-americanos.[471] Por sua vez, em 1996, no caso *Hopwood v. Texas*, a Corte de Apelação do Quinto Circuito declarou a inconstitucionalidade do programa de ingresso da Faculdade de Direito de Austin, da Universidade do Texas, por este considerar a raça como um critério relevante para admissão dos alunos na Faculdade. Nessa toada, bem explicou Skrentny: "Uma análise recente das atitudes públicas em relação às ações afirmativas demonstrou que a opinião pública vai além de rejeitá-las simplesmente. A essência da idéia de preferência racial teve um efeito negativo nas atitudes de americanos brancos relativas aos pretos, parecendo provocar uma antipatia generalizada".[472]

Conforme veremos a seguir, em junho de 2003 o julgamento da Suprema Corte sobre a política afirmativa posta em prática pela Universidade de Michigan retomou o debate do tema pela sociedade, mas conclusão sobre o assunto ainda está longe de acontecer e se revela, quando muito, apenas mais um capítulo na luta pela democracia racial estadunidense.

1.1. O ENTENDIMENTO DA SUPREMA CORTE NORTE-AMERICANA SOBRE AS AÇÕES AFIRMATIVAS

A Corte Suprema norte-americana exerceu forte influência quanto à elaboração de políticas públicas, especialmente no que tange às questões raciais, matéria na qual o Tribunal atuou a partir de verdadeiro ativismo judicial. Como bem já advertira Tocqueville, "raramente surge nos Estados Unidos uma questão política que não seja resolvida como uma questão judicial".[473] Nessa linha, fortes argumentos indicam que o verdadeiro suporte das ações afirmativas veio com as decisões da Suprema Corte.

Foi a partir da decisão do Tribunal Superior de que não havia mais espaço para a elaboração de políticas segregacionistas na área da educação – o caso *Brown* –, que o Governo Kennedy, em seguida, passou a sinalizar favoravelmente no mesmo sentido, iniciando uma política por meio da qual se proibia a discriminação.

---

[471] Ver mais em DWORKIN, Ronald. (2000: p. 386).

[472] Tradução livre. SKRENTNY, John David. (1996: p. 5).

[473] Apud BAUM, Lawrence. (1987: p. 17). Baum explica a função política da Suprema Corte norte-americana nas páginas 14 e seguintes.

Laurence Tribe, um dos maiores constitucionalistas norte-americanos, explica que a atuação do Poder Judiciário foi imprescindível para acabar com a segregação até então imposta aos negros. Afirma que, muitas vezes, as ações afirmativas se originaram de formulações dos Tribunais. Em suas palavras: "Já foi há muito reconhecido que a Constituição não é 'cega à cor'. De fato, para eliminar os efeitos persistentes do preconceito racial e da opressão, os Tribunais devem, freqüentemente levar em consideração o fator racial de forma explícita, tanto na avaliação das violações constitucionais, como na formulação de remédios adequados – incluindo remédios por meio dos quais se neguem oportunidades a indivíduos inocentes por causa de sua raça, mesmo que eles não tenham causado diretamente qualquer dano, para poder dar oportunidades a outros indivíduos, igualmente inocentes, para os quais, por outro lado, o fator racial atuou decisivamente como motivo de exclusão quanto às oportunidades. Em matérias de raça, pelo menos, a ameaça do odioso preconceito e da opressão surgiu tanto de entidades públicas, como de privadas, e o governo precisa situar-se, muitas vezes, ao lado do oprimido".[474]

Várias demandas ajuizadas pela Associação Nacional para o Progresso das Pessoas de Cor – NAACP – provocaram o início da discussão sobre o tema na esfera do Poder Judiciário e a atuação deste não se ateve à declaração da constitucionalidade ou não das medidas afirmativas propostas pelos outros Poderes. Como bem destacou Rosenfeld, a relativa eficácia da decisão proferida no caso *Brown* serviu para demonstrar que não bastava retirar as barreiras que impediam a integração dos negros com os brancos. Era preciso fazer mais, inclusive a partir da condução do processo que levaria à promoção da igualdade pelo próprio Poder Judiciário.[475]

Um dos exemplos de ação afirmativa criada a partir da atuação do Judiciário vem a ser o caso *United States v. Paradise*.[476] Tratou-se de demanda ajuizada pela NAACP, em 1972, contra o Departamento de Segurança Pública do Estado do Alabama, sob o argumento de que sistematicamente os negros haviam sido excluídos da corporação policial. Isto porque, nos trinta e sete anos de história da organização, nunca um policial negro havia sido contratado.

Assim, em clara manifestação ativista, atuando como verdadeiro legislador positivo, o Juiz Federal que decidiu o caso resolveu determinar que para cada trabalhador branco que fosse contratado, deveria o Departamento de Segurança Pública também empregar um negro, até

---

[474] Tradução livre. TRIBE, Laurence H. (1985: p. 221).
[475] ROSENFELD, Michel. (1991: p. 163 e ss).
[476] *United States v. Paradise*, 480 U.S 149 (1987).

que a representação desta minoria atingisse a proporção de 25% do contingente daquela entidade.

No entanto, a determinação judicial em comento não surtiu os efeitos esperados. Isto porque, em vez de promover as contratações, o Departamento de Segurança passou a reduzir o efetivo da Polícia, visando a burlar a decisão judicial. Dessa forma, em 1974, novamente os requerentes recorreram à Justiça. Os argumentos foram acatados pelo Tribunal, que reconfirmou a ordem anteriormente emanada do Juízo de 1º grau.

Em 1977, houve novo retorno da demanda ao Judiciário, desta feita em face dos constantes descumprimentos dos acordos previamente pactuados entre os requerentes e o Departamento de Polícia, especificamente no que concerne à política de promoções realizada na Corporação. Tais motivos ensejaram a remessa do problema à Suprema Corte. Na sua defesa, o Departamento alegou que as cotas foram determinadas apenas para o ingresso na carreira e que certamente não teria condições de efetivar a promoção dos negros porquanto estes não participavam da carreira antes das cotas, de modo que seria plausível o fato de apenas brancos terem conseguido, naquele momento, as promoções. Dessarte, as condutas discriminatórias de que o Departamento poderia ser acusado seriam, no máximo, quanto à admissão dos integrantes na carreira.

Entretanto, o Tribunal Maior reconheceu que o juiz havia atuado de maneira correta, porque ele não teria apenas o poder, mas, sobretudo, o dever de emitir um provimento judicial que implicasse a eliminação dos efeitos discriminatórios do passado, bem como de coibir a discriminação no futuro. E, por as medidas ordenadas terem se revestido de flexibilidade, temporariedade e efetividade, além de haverem sido estritamente desenhadas para atender aos reclamos do caso específico, a Corte concluiu pela possibilidade jurídica das medidas.[477]

Para os Juízes da Suprema Corte, o sistema de cotas para o Departamento de Polícia não ensejaria uma discriminação reversa contra os brancos, porquanto estes haviam se beneficiado, durante anos, da impossibilidade de competirem com os negros nas promoções, já que nunca dantes um negro ingressara na corporação.

Outro grande desafio da Suprema Corte foi o de definir no que se constituiria a segregação prevista no Título VII da Lei dos Direitos Civis de 1964. A despeito de o conteúdo da norma claramente sinalizar que não seria mais permitido qualquer tratamento diferenciado por

---

[477] Observa-se que, de maneira pragmática, a Suprema Corte norte-americana superou o interminável debate acerca da legitimidade de o Judiciário poder implementar políticas públicas e, assim, concedeu o beneplácito para que ações afirmativas inclusivas também pudessem decorrer da atuação judicial. Sobre a legitimidade do ativismo judicial, ver em HABERMAS, Jürgen. (1997: p. 297 e ss).

causa da raça, era preciso que o Tribunal se manifestasse sobre a possibilidade de serem adotadas medidas afirmativas diante da vedação do uso do critério racial. E, também, se a eleição do critério racial a distinguir os indivíduos, ainda que fosse favoravelmente aos negros, violaria, ou não, o princípio da igualdade previsto na 14ª emenda à Constituição norte-americana.

O que se observará, quando da análise dos casos a seguir, é que a Suprema Corte, a despeito de ter desempenhado uma função extremamente relevante na fixação da constitucionalidade de algumas medidas afirmativas, não conseguiu desenvolver uma linha de raciocínio uniforme nos diversos julgamentos. A quase totalidade dos casos foi decidida com base em argumentações as mais diversas. Na maioria das vezes, os *Justices* somente concordavam quanto ao desfecho do caso, mas a linha de pensamento de cada um deles era bastante diferente do pensamento dos demais pares.

Em se tratando de ações afirmativas, múltiplas questões foram abordadas; argumentos ora rechaçados em uns casos, foram considerados válidos em outros, as decisões variaram, muitas vezes, a depender de cuja autoridade emanara o programa afirmativo, se de empresa privada, de universidade, de lei oriunda do Congresso ou de medidas regionais. Bem atesta a divergência da Corte o que expõe Chin: "Em um primeiro momento, parecia que algumas das questões básicas sobre a constitucionalidade das ações afirmativas haviam sido resolvidas. Medidas positivas na área da educação haviam sido aprovadas em *Bakke*, ações afirmativas privadas e determinadas por empregadores seriam consistentes com o Título VII em *Weber* e programas afirmativos federais foram em princípio aprovados no caso *Fullilove*. Porém, os três casos compartilharam uma característica potencialmente problemática: nenhum deles pareceu representar as visões firmes de pelo menos cinco juízes que compunham o Tribunal. Ao revés, os casos refletiram que os membros da Corte eram polarizados, como a maior parte da sociedade; divididos em blocos que obstinadamente apoiavam e rejeitavam as ações afirmativas; como resultado de tudo isso, como bem notou o Decano Jesse Choper em 1987, houve 'um enorme grau de ambigüidade e uma incerteza persistente'. Esta falta de consenso era problemática porque casos específicos foram decididos de qualquer maneira, antes da remessa à Corte, e não estava claro que, a partir das resoluções de tais casos pelo Tribunal Maior, se haviam estabelecido regras aptas a guiar os idealizadores das políticas afirmativas e a ajudar a tomada de decisões nos casos futuros".[478]

No caso *Bakke*, por exemplo, o voto condutor da maioria, proferido pelo *Justice* Powell, não teve os argumentos ratificados por nenhum

---

[478] Tradução livre. CHIN, Gabriel J. (Ed.). (1998b: p. VIII).

outro ministro. Quatro dentre os *Justices* defenderam a análise do caso a partir de uma ótica intermediária, em vez de restrita.[479] Outros quatro nem sequer observaram a existência de uma questão constitucional.

Observa-se, desse modo, a relativa incapacidade de o Tribunal desenvolver uma linha de conduta apta a admitir, antecipadamente, a constitucionalidade ou não dos programas afirmativos. Somente quando da análise dos casos concretos se poderá dizer se determinada medida viola ou não o princípio da igualdade, além da proibição de discriminar por meio da raça, prevista na Lei dos Direitos Civis de 1964.

Em muitos casos, poder-se-ia, inclusive, apontar para certa tendência de a Suprema Corte decidir de acordo com a orientação política do Presidente da República da época. Se por acaso se estivesse em um governo cuja orientação fosse favorável à adoção das políticas afirmativas, estas seriam mantidas. Se o governo fosse contrário, as medidas seriam rechaçadas. Fortes indícios dessa conduta podem ser percebidos quando da comparação dos resultados dos casos *Fullilove* e *Croson*, como melhor esquadrinharemos posteriormente. No entanto, podemos de logo adiantar que, em ambas as hipóteses, a questão submetida a julgamento versava sobre a necessidade de as empresas contratadas pelo governo terem de efetuar subcontratos com outras empresas, conhecidas como empresas minoritárias – que seriam aquelas cuja maioria dos proprietários representasse as classes desfavorecidas –, na proporção de 10% no caso *Fullilove* e de 30% no caso *Croson*.

Com efeito, a decisão, no primeiro caso, foi pela constitucionalidade do programa – e o Presidente da época era Carter, defensor das políticas afirmativas – e, no segundo, pela inconstitucionalidade – quando o Presidente, Ronald Reagan, sinalizava claramente contra a adoção dessas medidas.

Atualmente, a composição da Suprema Corte transmite-nos uma idéia de restrição às medidas afirmativas. Os *Justices* que votaram favoravelmente à adoção das ações afirmativas, no caso *Bakke*, aposentaram-se – Brennan, Marshall, Blackmun, Powell e White. Na formação hodierna do Tribunal, parte dos *Justices* já sinalizou negativamente quanto aos programas positivos, como os *Justices* Anthony Kennedy, Antonin Scalia, Clarence Thomas e John Stevens. Outros, por haverem ingressado recentemente, ainda não se manifestaram na Corte sobre o tema, como Samuel Anthony Alito, Jr. e John G. Roberts, Jr. Dessa forma, parece haver uma corrente considerável aparentemente inclinada a vetar programas inclusivos.[480]

Acreditamos que a análise dos casos recentemente julgados pela Corte demonstra uma clara tendência ao conservadorismo, no sentido

---

[479] Os critérios utilizados pela Suprema Corte para o julgamento dos casos serão esquadrinhados adiante.

[480] Essa tendência é analisada na Introdução de CHIN, Gabriel J. (Ed.). (1998c: p. V e ss).

de restrição às ações afirmativas. Em *Adarand*, julgado em 1995, o Tribunal afirmou que toda e qualquer classificação racial somente seria legítima se sobrevivesse ao critério de julgamento restrito e rigoroso, o mais difícil deles. Em 2003, nos casos a envolver a Universidade de Michigan, a Corte consolidou a linha de pensamento iniciada em *Bakke*, segundo a qual a raça, eventualmente, até poderia ser um dos critérios levados em consideração na política de admissão em Universidades, mas deveria vir conjugada a outros fatores e, ainda, ser desvinculada de qualquer tentativa de associar-se a cotas rígidas. A tentativa de garantir-se antecipadamente vagas para os negros ou, então, de estabelecer-se uma pontuação inicial muito vantajosa para aqueles que representassem determinada minoria não poderia ser considerada constitucional, segundo o Tribunal Maior estadunidense.[481]

Conforme se procurará demonstrar, qualquer afirmação sobre a linha de raciocínio a ser adotada pela Suprema Corte norte-americana para o julgamento dos próximos casos relativos à temática racial se revela, em certa medida, prematura. Há uma afiada divisão entre os juízes que compõem o Tribunal, o que nos dá uma perspectiva incompleta e inconclusiva sobre a forma como as ações afirmativas irão se desenrolar nos julgamentos futuros. Parece-nos que há certa tendência à restrição dos programas, mas qualquer alegação definitiva seria precipitada. A verdade é que a análise dos casos que faremos a seguir conduzir-nos-á a certa perplexidade, a um lapso no guia do caminho escolhido pela Corte. Há certa tendência à que o Tribunal não considere os argumentos de justiça compensatória, a menos que haja uma comprovação praticamente irrefutável da discriminação sentida pelo grupo minoritário e correta identificação do grupo opressor. Mas os propósitos que a Corte pretende alcançar permanecem sinuosos. Vamos, então, à análise dos casos que nos parecem ser os mais importantes a envolver políticas positivas em que a raça tenha sido um dos critérios levados em consideração.

1.1.1. O caso *Griggs v. Duke Power Co.* – 401 U.S 424 (1971)

A questão a ser analisada, nessa hipótese, decorria da possibilidade de determinada empresa utilizar-se de testes padronizados de inteligência como critério para promover seus funcionários.

No caso concreto, a empresa de geração de energia *Duke Power Company* determinou que os aspirantes a novos empregos, ou mesmo aqueles que já estivessem empregados e que estivessem concorrendo a

---

[481] Em 04/12/2006, a Suprema Corte norte-americana admitiu dois casos, oriundos de Seattle e Louisville, nos quais novamente se discutirá a possibilidade de utilizar-se do critério racial como fator relevante para a admissão dos estudantes. Prevê-se que as decisões sobre tais casos sejam proferidas em meados de 2007.

promoções ou a transferências de um cargo para outro, deveriam comprovar, além da conclusão do segundo grau, o sucesso obtido nos referidos testes padronizados de inteligência.

O problema quanto à aplicação de tais exames decorreu do fato de os negros a tais submetidos terem se classificado em posição desvantajosa em comparação com os brancos. Indignados com a situação, um grupo de negros, empregados da *Dan River Steam Station* – uma das empresas do grupo da *Duke Power* – ingressou com uma ação contra a companhia, alegando que os exames de inteligência aplicados aos trabalhadores não possuíam qualquer conexão com o trabalho desempenhado e que serviam apenas para perpetuar a segregação entre negros e brancos.

Por sua vez, é importante destacar que apesar de a empresa *Dan River* distribuir suas atividades em cinco departamentos – trabalhos manuais, processamento de carvão, operações, manutenção e laboratórios de testes, os negros eram aproveitados apenas no departamento de trabalhos manuais, no qual o maior salário pago ainda era inferior ao menor salário dos outros departamentos, em que apenas brancos trabalhavam.

O juízo de primeiro grau deu ganho de causa à empresa, por entender que a antiga política de discriminação por ela efetivada já havia sido extinta quando do advento da Lei dos Direitos Civis, de 1964.

Os negros, então, recorreram ao Tribunal Estadual, quando este reformou parcialmente a decisão. Entendeu a Corte local que, em tese, seria possível a condenação de entidades que tivessem praticado discriminações no passado. Mas, na hipótese, por não existirem provas suficientes de que o teste de inteligência aplicado possuía manifesto interesse discriminatório – já que havia sido empregado de maneira equânime entre os empregados negros e brancos – a Corte Estadual confirmou parcialmente a decisão de primeira instância.

Os empregados, inconformados com a decisão do Tribunal de origem, recorreram à Corte Suprema. Esta, por sua vez, ao aplicar o princípio da razoabilidade, reconheceu que as exigências cobradas nos testes de inteligência eram desproporcionais, por não se destinarem efetivamente a avaliar a capacidade de aprendizado quanto ao desempenho das funções exercidas no emprego. Ao mesmo tempo, entendeu o Tribunal Maior que as exigências revelavam um impacto adverso sobre os candidatos negros, porquanto estes, por terem obtido educação inferior à dos brancos nas escolas segregadas,[482] certamente obte-

---

[482] A Suprema Corte, no caso *Gaston County v. United States, 395 U.S 285 (1969)*, já havia reconhecido a diferença da educação recebida pelos negros nas escolas segregadas. Na hipótese, devido à precariedade do ensino ministrado aos negros, a Corte suspendera a exigência para que se comprovasse a alfabetização no cadastramento de eleitores, sob argumento de que, indiretamente, tal exame restringiria o direito de voto em função da raça.

riam resultados piores. Assim, a Suprema Corte reconheceu a violação ao Título VII, da Lei dos Direitos Civis, pois este, ao proibir a discriminação, vedou o tratamento diferenciado entre as raças, o que também poderia ser fruto do impacto desproporcional que os testes de inteligência teriam nas raças distintas. Na hipótese em comento, os testes terminariam por perpetuar a situação de desigualdade em que os negros se encontravam.[483]

Nesse sentido, o *Chief Justice*[484] Burger, escrevendo pela Corte, tentou resumir os objetivos dos congressistas ao aprovarem o Título VII da referida lei: "O objetivo do Congresso, na aprovação do Título VII, está expresso na linguagem do estatuto. Era o de alcançar a igualdade nas oportunidades de emprego e de remover barreiras que, no passado, favoreceram um grupo identificável de empregados brancos, em relação aos outros empregados. Segundo a lei, as práticas, procedimentos ou testes aparentemente neutros e até mesmo os que de fato forem neutros, em termos de intenção, não poderão ser mantidos, se congelarem a situação dantes estabelecida de práticas de emprego discriminatórias".[485]

Desse modo, o caráter decisivo concedido à comprovação do segundo grau e aos resultados dos testes de inteligência não pôde subsistir, no que concerne às promoções e às transferências de um departamento para o outro, a menos que comprovadamente se constituíssem em medidas razoáveis de avaliação do desempenho do profissional para o exercício de tais cargos.[486] No caso, havia manifesta inadequação dos instrumentos genéricos de avaliação escolhidos pela empresa, bem como debilidade no uso de diplomas ou graus acadêmicos como provas de capacidade.

1.1.2. O caso *Regents of the University of California v. Bakke* – 438 U.S 265 (1978)

Uma das principais críticas apontadas pelos opositores das ações afirmativas em relação ao programa de cotas vem a ser a possibilidade de estas ensejarem uma discriminação reversa, qual seja, a discriminação de pessoas inocentes que não promoveram diretamente a segregação com base na raça, mas que viriam a ser prejudicadas, acaso tal política governamental terminasse por prevalecer. Tal argumento foi

---

[483] GREENE, Kathanne W. (1989: p. 63 e ss).

[484] Esta é denominação que recebe, nos Estados Unidos, o Presidente da Suprema Corte.

[485] Tradução livre.

[486] A utilização de testes não era, em tese, proibida, conforme se observa do julgamento do caso *Washington v. Davis, 426 U.S 229 (1976)*, quando a Suprema Corte decidiu que o Título VII da Lei dos Direitos Civis, de 1964, não era incompatível com a realização de exames profissionais, desde que tal aferição tivesse o objetivo de analisar as aptidões para o desempenho do cargo.

utilizado por Allan Bakke, candidato branco rejeitado na admissão para a Escola de Medicina da Universidade da Califórnia, no caso que por ora passaremos a analisar.[487]

Certamente o caso *Bakke* encontra-se dentre os mais comentados e importantes já julgados pela Suprema Corte.[488] Finalmente, o Tribunal foi chamado a analisar a constitucionalidade ou não de programas afirmativos na área da educação.[489]

Bakke era um engenheiro branco que, aos trinta e dois anos, havia resolvido mudar de profissão. Inscrevera-se em mais de uma dúzia de faculdades de medicina, em 1972, mas não conseguiu lograr êxito em nenhuma delas. Entretanto, conseguiu ficar bem próximo à aprovação na Universidade da Califórnia.

Antes da adoção de programas afirmativos, a Faculdade desenvolvera um sistema de admissão no qual vários fatores eram considerados relevantes para decidir a classificação do candidato, como as notas do curso de graduação, as notas médias nas disciplinas de ciências, a pontuação no Teste de Admissão para as Faculdades de Medicina, as cartas de recomendação, as atividades extracurriculares e outras informações biográficas do aluno. Acontece que a Faculdade, com o objetivo de admitir mais estudantes pertencentes à categoria minoritária, iniciou um programa afirmativo, no qual a raça passou a ser considerado um dos fatores relevantes para classificação. Assim, a Faculdade reservou, na década de 70, 16 vagas aos indivíduos membros destes setores. Bakke candidatou-se a uma das 84 vagas remanescentes, restando frustrada sua expectativa. Como as notas do seu teste foram relativamente altas, o candidato argumentou que o programa de ação afirmativa havia-no privado do direito fundamental de ter igual acesso à educação, porque a reprovação não aconteceria se pudesse ter concorrido à totalidade das vagas oferecidas pela Faculdade. Assim, segundo Bakke, a fixação de cotas viria a ferir a proibição de discriminar, prevista na Lei dos Direitos Civis de 1964, além de violar o princípio da igualdade, garantido pela 14ª emenda.

[487] A Universidade da Califórnia é formada por, pelo menos, 10 Centros distintos. Por situar-se na cidade de Davis, a Escola de Medicina também é conhecida como *Davis*.

[488] Apenas para se ter uma noção da importância do tema e da quantidadde de discussões originadas na sociedade norte-americana em *Bakke*, o número de petições de *Amicus Curiae* neste caso foi vertiginoso: nada menos que 120 instituições procuraram, de alguma maneira, manifestar-se sobre o pleito, formulando 58 memoriais.

[489] A questão quase chegou à apreciação da Suprema Corte, no caso *DeFunis v. Odegaard, 416 U.S 312 (1974)*. Na hipótese, um judeu chamado DeFunis havia pleiteado vaga na Faculdade de Direito da Universidade de Washington. A despeito de ter obtido pontuação mais alta do que os últimos colocados, não conseguiu ser admitido. Isto porque a instituição praticava um programa afirmativo, por meio do qual se privilegiavam os candidatos pertencentes a grupos minoritários. No entanto, a Corte Maior não chegou a se pronunciar sobre a constitucionalidade das ações afirmativas neste caso, por ter havido a extinção do processo sem julgamento de mérito. Para mais comentários, ver em DWORKIN, Ronald. (1977: p. 223 a 239).

O Tribunal Estadual determinou o ingresso de Bakke na Faculdade, proibindo que questões raciais pudessem ser consideradas na admissão de estudantes. O Conselho Diretor da Faculdade, então, recorreu à Corte Suprema.

Na resolução do caso, os *Justices* da Corte Maior se dividiram quanto ao apoio aos argumentos fornecidos. Nessa toada, o então Presidente da Corte, Burger, e os *Justices* Stevens, Stewart e Rehnquist afirmaram que a hipótese não revelava violação a preceitos constitucionais e que, portanto, a análise deveria ser realizada apenas em relação ao Título VI, da Lei de Direitos Civis de 1964.[490]

Os demais cinco Juízes que compunham a Corte, no entanto, conseguiram vislumbrar uma questão constitucional. Todavia, mesmo dentre estes, também não se formou uma única linha de pensamento – enquanto quatro deles votaram pela validade do programa, um deles, o *Justice* Powell, entendeu que a despeito de a raça poder ser um critério utilizado para a admissão na Escola de Medicina, a maneira pela qual a Faculdade havia implementado o programa afirmativo não garantiria a permanência dos negros na instituição, de modo que a medida deveria ser declarada inconstitucional. Obteve-se, desse modo, a maioria de 5 votos contrários ao programa, sob diversas justificativas, e 4 favoráveis à permanência.

Para chegar à conclusão sobre a inconstitucionalidade do modelo adotado, o *Justice* Powell utilizou um critério de julgamento conhecido como restrito. Para termos uma melhor compreensão sobre as decisões emanadas do Tribunal Maior estadunidense, e que irão permear todo o debate quanto às medidas afirmativas, torna-se necessário um esclarecimento propedêutico acerca dos critérios de julgamento utilizados pela Corte Suprema.

A Suprema Corte norte-americana desenvolveu critérios de interpretação distintos, ou *standards*, para analisar a constitucionalidade das normas impugnadas em face do princípio da igualdade, ou, em outros termos, da cláusula de igual proteção – *equal protection clause*. Assim, com base na construção jurisprudencial, as normas infraconstitucionais que limitarem a cláusula de que *todos são iguais perante a lei* poderão ser observadas a partir de três critérios distintos. Há o critério mais rígido – normalmente utilizado para aferir a constitucionalidade de normas que distingam as pessoas por conta da raça, da etnia ou da origem nacional ou, então, quando por conta de tais fatores, tenha havido limitações a outros direitos fundamentais. A Corte, em tais casos,

---

[490] "Lei dos Direitos Civis de 1964. Título VI – Não-discriminação em programas que recebam assistência federal. Seção 601. Nenhuma pessoa nos Estados Unidos deve, por causa da raça, da cor, ou da origem nacional, ser excluída da participação, ser negada aos benefícios de, ou sujeitar-se à discriminação quanto à qualquer programa, ou atividade, que receba ajuda financeira Federal". Tradução livre.

julgará com base em um exame judicial rigoroso – *strict judicial scrutiny*. Dessarte, as limitações aos direitos com base na raça somente serão declaradas constitucionais se o poder público conseguir comprovar que houve um interesse estatal cogente – *compelling interest* – a motivar a criação da norma. Se tal interesse não for provado, a norma restritiva é declarada inconstitucional.[491]

Por outro lado, há, ainda, o critério intermediário – *intermediate scrutiny* – segundo o qual é preciso que a discriminação prevista na norma esteja vinculada a um importante ou significativo interesse estatal – *significant government interest*. Esse critério intermediário é utilizado, por exemplo, para discriminações relativas ao sexo.

Por fim, há também o critério judicial mínimo, ou *rational basis test*, por meio do qual basta a demonstração de que a desigualdade prevista na norma está razoavelmente ligada a um interesse estatal, a servir a um objetivo social útil, que a norma então será considerada constitucional.

Assim, tais juízos prévios irão determinar a forma como a Corte analisará a constitucionalidade ou não das normas diante do princípio da igualdade. Por oportuno, é curioso destacar que a utilização do critério rigoroso, ao tempo em que ajudou o Tribunal a desmantelar o sistema *Jim Crow*, por obrigar a Corte a realizar um exame extremamente rígido quanto aos interesses que levaram o poder público a promulgar as leis discriminatórias, também servirá, ao mesmo tempo, para impedir a fixação de algumas políticas afirmativas, conforme veremos a seguir.

No caso *Bakke*, o *Justice* Powell firmou a convicção de que em qualquer programa nos quais a raça fosse utilizada como critério de distinção entre as pessoas, o julgamento pela Corte Suprema deveria ser realizado de acordo com a linha de interpretação mais rigorosa e restrita. Os demais juízes – Brennan, Marshall, White e Blackmun – discordaram de Powell, por entenderem que bastaria utilizar-se do exame intermediário para aferir a constitucionalidade de tais medidas afirmativas. No entanto, esses *Justices* foram vencidos.

Ao utilizar-se do *strict scrutiny test*, ou exame judicial rigoroso, em relação à cláusula de igual proteção segundo as leis e à eleição da raça como critério a destinar a reserva de vagas, o *Justice* Powell chegou à conclusão de que "a cláusula de igualdade perante a lei proíbe cotas explícitas ou vagas reservadas, a menos que a escola em questão possa demonstrar que esses meios são necessários para realizar objetivos de

---

[491] A eleição do escrutínio estrito impõe inúmeras dificuldades para a consideração da constitucionalidade dos programas afirmativos relativos à raça. Explica Dworkin: "O exame estrito é 'estrito na teoria, e fatal de fato', porque quase nenhum interesse tem sido considerado suficientemente cogente para justificar a imposição de desvantagens futuras em uma classe suspeita". Tradução livre. DWORKIN, Ronald. (2000: p. 412).

forçosa importância".⁴⁹² Para o *Justice*, tanto as normas que fizeram distinções raciais com intuito segregacionista, como aquelas que no presente utilizassem a raça como fator de integração, precisariam passar por um rígido critério de interpretação acerca de sua constitucionalidade. Desse modo, somente seriam julgadas constitucionais as restrições que demonstrassem a obediência a um interesse governamental de extrema relevância, ou *compelling governmental interest*, cuja prova não logrou realizar com êxito a Faculdade de Medicina.

Entretanto, mesmo considerando que no caso a Faculdade não conseguira demonstrar a necessidade da medida adotada, Powell reconheceu a possibilidade de a raça ser um dos fatores a ser considerados na política de admissão dos candidatos, e, nesse ponto, votou pela reforma da decisão do Tribunal Estadual. Argumentou que seria possível haver programas nos quais se intentasse promover a diversidade entre os discentes – e então citou o exemplo instituído por meio do programa para admissão na Universidade de Harvard –, mas que isso não seria admissível por meio de cotas rigidamente estabelecidas. Desse modo, Powell reconheceu que Bakke teria direito à permanência na Escola de Medicina, porque tanto os brancos, como os negros, estariam protegidos pela cláusula de igual proteção segundo a lei, disposta na 14ª emenda.⁴⁹³

Os outros quatro Juízes do Tribunal Superior – Brennan, White, Marshall e Blackmun – que também haviam entendido que a questão era constitucional, discordaram, todavia, do pensamento expressado pelo *Justice* Powell, por acreditarem que a Faculdade poderia levar a raça em consideração, mesmo reservando cotas, desde que isso implicasse o favorecimento de minorias que tivessem sofrido discriminação no passado. Para aferir a constitucionalidade ou não desses programas positivos, nos quais a raça funcionasse como uma classificação benigna das pessoas, o escrutínio intermediário seria o mais adequado. Assim, argumentaram que "a proposta articulada de Davis, para remediar os efeitos da discriminação anteriormente praticada pela sociedade, é suficientemente importante para justificar o uso de programas conscientes de admissões baseadas na raça, em que há uma base sólida para concluir que a má representação das minorias é substancial e crônica e que o obstáculo da discriminação passada está impedindo o acesso das minorias à Faculdade de Medicina".⁴⁹⁴ E o *Justice* Blackmum concluiu: "Para irmos além do racismo, precisamos levar a raça em consideração. Não há outra maneira. E para tratar algumas pessoas com igualdade, precisamos tratá-las diferentemente. Não podemos – não ousaremos –

---

⁴⁹² DWORKIN, Ronald. (2001: p. 455).
⁴⁹³ Sobre a repercussão do caso *Bakke*, ver, ainda, CHIN, Gabriel J. (Ed.). (1998b: p. V e VI).
⁴⁹⁴ Tradução livre.

permitir que a cláusula de igual proteção perpetue [a discriminação racial]".⁴⁹⁵ No entanto, referidos *Justices* restaram vencidos.

O caso *Bakke* tornou-se um marco de discussões jurídicas, filosóficas e sociológicas. Por outro lado, foi no mínimo interessante perceber que tanto as pessoas que se declaravam favoráveis às ações afirmativas, como as que lhes eram contrárias, comemoraram o resultado do caso com muito entusiasmo. Isto porque, se por um lado a Suprema Corte manteve Bakke na Faculdade – o que se constituíra em uma vitória para os opositores das cotas –, ao mesmo tempo afirmou que a raça poderia ser um critério levado em consideração para o ingresso, desde que não por meio de cotas – o que marcou ponto para os favoráveis às medidas positivas.⁴⁹⁶

1.1.3. O caso *United Steelworkers of America v. Weber* – 443 U.S 205 (1979)

Na hipótese, discutiu-se a constitucionalidade de programa afirmativo negociado, em 1974, como parte de acordo realizado entre o sindicato dos trabalhadores de aço e a empresa *Kaiser Aluminium and Chemical Corporation*, situada em Gramercy, na Lousiana. Por meio do plano de ação pactuado, estabelecia-se que pelo menos 50% das vagas do programa de treinamento da empresa – cuja participação era uma das condições essenciais para a promoção dos empregados – seriam destinadas aos candidatos negros, até que estes atingissem o percentual compatível com a proporção de negros que compunha a força de trabalho na região em que se localizava a empresa. As medidas benéficas seriam temporárias, portanto.

O programa funcionava assim: para cada branco que entrasse no programa de treinamento, o próximo deveria ser um negro. A ordem de ingresso dos indivíduos, em ambos os casos, ocorreria a partir do tempo de serviço na empresa. O sistema fora criado porque, a despeito de os negros perfazerem um total de aproximadamente 39% da mão-de-obra disponível na região, apenas 1,8% ocupavam postos de destaque na corporação.

No entanto, uma das conseqüências da adoção desse tipo de política afirmativa foi a preterição de candidatos brancos na admissão do programa de treinamento. Um deles, Brian Weber, ajuizou a ação em comento, alegando que o programa efetivado pela empresa representava, na verdade, uma discriminação reversa contra ele. Com efeito, Weber não possuía tempo de serviço suficiente para poder ingressar na

---

⁴⁹⁵ Tradução livre.

⁴⁹⁶ Destaque-se que, em 1995, os membros do conselho da Universidade da Califórnia decidiram, por quatorze votos a dez, que a raça não seria mais um fator levado em consideração para o ingresso naquela instituição. DWORKIN, Ronald. (2000: p. 386).

etapa de treinamento na vaga para brancos, então, gostaria de poder fazê-lo na vaga destinada aos negros.

O principal argumento do candidato branco era o de que a seção 703 (a) do Título VII, da Lei dos Direitos Civis de 1964[497] proibia empresas privadas de, voluntariamente,[498] adotarem cotas como remédio para ajustar o desequilíbrio racial na mão-de-obra dentro da empresa.

O *Justice* Brennan proferiu voto em nome da maioria da Corte, por meio do qual sustentou a validade do plano colocado em prática pela empresa *Kaiser*. Entendeu que o propósito do programa era apenas o de quebrar antigos padrões de segregação racial e de hierarquia e que tal se estruturava de modo a permitir a abertura de oportunidades empregatícias para os negros em áreas que tradicionalmente lhes haviam sido negadas. E por o plano não impedir a ascensão de empregados brancos, nem exigir a demissão destes, seria constitucional a sua implementação.

O *Justice* Rehnquist, porém, divergiu, por entender que a simples leitura da seção 703 (a), do Título VII, levava à compreensão de que não seria possível estabelecer programas nos quais a raça do candidato fosse critério propiciador de benefícios. Para ele, a prova maior desta afirmação seria o fato de o Congresso ter explicitamente tentado proibir a adoção obrigatória de ações afirmativas por entidades privadas. Nessa toada, a seção 703, (j)[499] previa que nenhuma proposição

---

[497] "Lei dos Direitos Civis de 1964. Título VII – Iguais Oportunidades de Emprego. (...). Discriminação por causa da Raça, Cor, Religião, Sexo, ou Origem Nacional. Seção 703: (a) Serão considerados ilegais as práticas empregatícias por meio das quais o empregador: (1) deixe de contratar ou recuse-se a contratar, ou despeça, qualquer indivíduo ou discrimine qualquer indivíduo no que diz respeito à compensação, termos, condições ou privilégios de emprego por causa da raça, cor, religião, sexo ou origem nacional de tal indivíduo ou (2) limite, segregue ou classifique seus empregados ou candidatos a empregos de qualquer maneira que prive qualquer indivíduo de oportunidades de emprego ou que afete adversamente sua condição como empregado por causa da raça, cor, religião, sexo ou origem nacional de tal indivíduo".

[498] Rosenfeld refuta a possibilidade de aplicação de tal argumento. Afirma que a adoção da raça como critério para o programa positivo não havia sido verdadeiramente voluntária, porque decorreria de acordo formulado pela empresa com o sindicato dos trabalhadores. Tradução livre. ROSENFELD, Michel. (1991: p. 172 e 173).

[499] Tradução livre: "Lei dos Direitos Civis de 1964. Título VII – Iguais Oportunidades de Emprego. (...). Discriminação por causa da Raça, Cor, Religião, Sexo, ou Origem Nacional. Seção 703 (j) Nada contido neste título deverá ser interpretado para requerer a qualquer empregador, agência de emprego, sindicato ou união dos comitês de administração do trabalho, sujeitos a este título, que conceda tratamento preferencial para qualquer indivíduo, ou para qualquer grupo, por causa da raça, da cor, da religião, do sexo, ou da origem nacional, de tal indivíduo ou grupo, por causa de um desequilíbrio que possa vir a existir sobre o número total, ou sobre a porcentagem de pessoas de qualquer raça, cor, religião, sexo, ou origem nacional empregadas por qualquer empregador, referido ou classificado para o emprego por qualquer agência de emprego ou sindicato, admitido como membro ou classificado por qualquer organização laboral, ou admitido, ou empregado, em qualquer aprendizado ou demais programas de treinamento, em comparação com o número total, ou porcentagem, de pessoas de tal raça, cor, religião, sexo, ou origem nacional em qualquer comunidade, Estado, seção, ou demais áreas, ou na mão-de-obra disponível em qualquer comunidade, Estado, seção, ou demais áreas".

normativa constante daquele Título poderia ser interpretada de modo a exigir que os empregadores concedessem tratamentos preferenciais a algum indivíduo ou grupo.

Em relação a este argumento, o *Justice* Brennan refutou Rehnquist ao afirmar que a disposição normativa contida na alínea (j) da Seção 703 apenas procurava explicitar que as ações positivas de empresas particulares não poderiam ser exigidas por nenhuma força exterior, mas não haveria qualquer impedimento a que as empresas tentassem promover medidas positivas de caráter voluntário.

Em tese, a decisão proferida pela Corte no caso *Weber* poderia parecer, para um leitor desavisado, conflituosa com o resultado do julgamento do caso *Bakke*. Tal afirmativa, entretanto, não procede, porque, para decidir o caso *Weber,* a Corte Suprema entendeu que não havia uma questão constitucional a ser tratada, e que, assim, o caso não estava sendo julgado de acordo com o princípio da igualdade – princípio este a cujo respeito havia determinado o resultado do caso *Bakke*. Os julgamentos foram distintos porque, segundo a teoria da *State Action* – Ação Estatal, apenas os entes governamentais ou as organizações a tais equiparadas seriam obrigadas a respeitar a igualdade constitucional, o que não acontecia no caso concreto, haja vista ter sido o programa afirmativo desenvolvido, no caso *Weber*, voluntariamente por uma empresa privada. Desse modo, a Corte entendeu que o programa afirmativo desenvolvido voluntariamente pela empresa não se constituía em uma ação estatal e que, portanto, o caso não apresentava um problema constitucional a ser resolvido, sendo decidido somente a partir da aplicação da Lei dos Direitos Civis de 1964.

Sobre o tema, esclarecedoras são as considerações realizadas por Dworkin. Para ele, a grande diferença reside no fato de, no primeiro caso, tratar-se de uma empresa privada – não equiparada a um ente governamental – e o segundo ser uma Faculdade – entidade de interesse público, equiparada a um ente estatal, portanto. Assim explica: "o princípio constitucional da igualdade exige que os Estados (e, portanto, as escolas profissionalizantes das universidades estaduais) tratem as pessoas como iguais, mas não impõe tal exigência a instituições privadas, a menos que a 'ação estatal' esteja envolvida no que fazem essas instituições privadas".[500] Desse modo, por a Corte Maior não acatar a pura aplicação da teoria da eficácia horizontal dos direitos fundamentais, o princípio da igualdade não seria aplicável na relação entre particulares, e, portanto, seria constitucional o programa afirmativo.

A importância do caso decorre de ter sido a primeira vez que a Suprema Corte chegou a uma decisão sobre a possibilidade de se

---

[500] DWORKIN, Ronald. (2001: p. 472 e 473).

instituírem ações afirmativas por entidades privadas e também por haver fixado paradigmas a serem observados nos futuros julgamentos das medidas, dentre os quais a necessidade de os programas terem um prazo de duração. A seleção prevista na empresa terminaria quando se atingisse o percentual previsto, não duraria para sempre.[501]

1.1.4. O caso *Fulliove v. Klutznick* – 448 U.S 448 (1980)

A importância do caso *Fullilove* pode ser aferida pelo fato de que, pela primeira vez, todos os juízes que integravam a Suprema Corte concluíram que o programa afirmativo instituído pela Lei do Emprego Público revelava uma questão constitucional. Lembre-se de que, em *Bakke*, apenas cinco dos juízes entenderam dessa maneira.

Nesse caso, discutiu-se a constitucionalidade do Plano *Fullilove*, instituído pelo então Presidente Carter, por meio da Lei do Emprego Público de 1977 – *Public Works Employment Act*. A norma estipulava que pelo menos 10% dos recursos federais, que fossem distribuídos aos projetos de empregos públicos dos governos estaduais e locais, deveriam ser destinados às empresas controladas por minorias, as MBE – *Minority Business Enterprises*.[502] Tal fato despertou a irresignação das empresas não controladas pelas minorias, que, então, recorreram à justiça.

As empresas recorrentes alegaram que o dispositivo legal violava os princípios da igualdade e do devido processo legal por ter determinado a privação de bens e de direitos sem que lhes tivesse sido dada a oportunidade de defesa.

O Presidente da Corte, Warren Burger, formulou o voto pela maioria do Tribunal. Entendeu que o Congresso norte-americano estaria autorizado a adotar políticas por meio das quais se procurasse combater os efeitos da discriminação. Afirmou que não seria uma falha constitucional do programa poder desapontar a expectativa das empresas não-minoritárias, já que as medidas haviam sido propostas de maneira especialmente adaptada – *narrowly tailored* – a atender às necessidades dos futuros beneficiados.[503] Embora a maioria dos juízes

---

[501] James E. Jones bem resumiu os tópicos a serem considerados a partir desse julgado: "O plano era temporário, e não visava a manter um equilíbrio racial, mas simplesmente a eliminar um manifesto desequilíbrio racial. Portanto, ele atuava na área reservada pelo Título VII ao setor privado, de voluntariamente poder adotar planos de ação afirmativa projetados para eliminar o evidente desequilíbrio racial em categorias de trabalho tradicionalmente segregadas". JONES JR., James E. In: HALL, Kermit L. (Ed.) (1999: p. 314). Tradução livre.

[502] As empresas minoritárias seriam assim consideradas quando pelo menos 50% da constituição do capital social pertencesse aos grupos chamados minoritários, como norte-americanos descendentes de negros, hispânicos, orientais, indianos, esquimós e aleútes.

[503] Rosenfeld afirma que esse caso foi importante por ter tratado de um tema deixado de lado em *Bakke* – o prejuízo de terceiros inocentes, que poderia ser causado com a adoção de políticas preferenciais. Sobre isso ver em ROSENFELD, Michel. (1991: p. 174 e ss).

que compunha a Corte tenha-se utilizado do exame rigoroso – *strict scrutiny* –, ainda assim se entendeu pela constitucionalidade da lei, porque se afirmou tratar-se de um caso em que haveria um interesse público dominante a autorizar a imposição de critérios raciais na distribuição dos recursos financeiros federais.

A despeito de haver emitido voto convergente ao do Presidente da Corte, o *Justice* Powell escreveu o voto em separado, para poder explicitar as diferenças desse caso em relação a *Bakke*. Powell sustentou que uma simples preferência racial não se constituía em um interesse governamental cogente, mas seria legítima a disposição estatal de aperfeiçoar a neutralização dos efeitos de uma discriminação identificada, desde que fosse possível analisá-la de acordo com os seguintes padrões de julgamento: a eficácia dos programas, a duração destes, a relação entre a porcentagem das minorias beneficiadas com a porcentagem que as minorias perfaziam naquela região determinada e a possibilidade de o programa ser extinto, acaso as metas não fossem atingidas. E, apreciando tais questões, Powell entendeu pela constitucionalidade dos programas.[504]

De qualquer modo, a leveza dos prejuízos que as empresas não-pertencentes aos grupos minoritários iriam sentir com a imposição de tais medidas – uma redução de cerca de 0,25% na projeção de lucros – justificava a validade do programa. Tal fato parece ter sido determinante: acaso os prejuízos das empresas não-minoritárias representassem um montante considerável, talvez tivesse sido outro o entendimento da Corte.[505]

O *Justice* Stewart formulou uma opinião divergente da maioria, à qual aderiu o *Justice* Rehnquist. Tais juízes votaram no sentido de que a cláusula de igual proteção proibiria toda e qualquer preferência baseada na raça, a não ser que houvesse uma decisão judicial prévia a reconhecer a existência de uma política discriminatória. Assim, somente seriam constitucionais as medidas positivas se decorressem da necessidade de sanar a discriminação judicialmente reconhecida. Assim, não haveria como o Congresso dar suporte ao programa afirmativo, já que não havia evidências de que uma discriminação havia sido efetuada na distribuição dos recursos federais.[506]

---

[504] Conforme demonstra Greene: "O Juiz Powell notou que devido ao fato de que o dinheiro cedido seria gasto rapidamente, qualquer medida teria de ter efetividade imediata. De forma semelhante, a provisão de verbas para a MBE não se constituía em uma parte permanente das exigências dos contratos federais, mas acabariam assim que o programa terminasse. Os 10% fixados também seriam aceitáveis, porque tal porcentual foi relacionado razoavelmente a porcentagem de membros dos grupos minoritários na população. Finalmente, a previsão de desistência permitiu flexibilidade na aplicação das condições". GREENE, Kathanne W. (1989: p. 83). Tradução livre.

[505] Nessa linha de pensamento, segue a advertência de ROSENFELD, Michel. (1991: p. 175).

[506] Assim afirmou o *Justice* Stewart:"Eu penso que decisão proferida hoje pelo Tribunal é errada, pelas mesmas razões que a decisão do caso [Plessy] estava errada. [A cláusula de Igual Proteção]

O *Justice* Stevens também emitiu voto divergente da maioria, mas sob argumentação diferente da apresentada pelos *Justices* Stewart e Rehnquist. Para Stevens, o fundamento da inconstitucionalidade do programa decorria do fato de ele não haver sido especificamente desenhado – *narrowly tailored* – para atender ao caso concreto, pois muitas das empresas minoritárias não estavam dentre as que mais precisavam de benefícios governamentais.

Em *Fullilove*, mais uma vez se pôde observar o grau de ambigüidade que dominava o pensamento dos Juízes que integravam a Corte. Novamente, houve dissenso sobre qual seria o critério de julgamento mais apropriado a ser utilizado no caso. O Presidente da Corte, Burger, além dos juízes Powell, White, Stewart, Stevens e Rehnquist, sustentou que o Tribunal deveria utilizar o exame estrito, a partir da análise de um interesse público cogente e de um programa especificamente desenhado para o caso concreto. Por outro lado, os *Justices* Marshall, Brennan e Blackmun acordaram que à Corte bastaria analisar o caso sob o enfoque do escrutínio intermediário, segundo o qual bastava que o Poder Público demonstrasse a existência de um interesse importante a ser perseguido. Ainda mais chocante, segundo nos parece, são as mais variadas conclusões a que chegaram os juízes, mesmo dentre aqueles que entenderam ser necessário utilizar-se do exame restrito. Não houve consenso nem mesmo quanto às conseqüências do critério de julgamento adotado, de modo que, embora adotando o mesmo critério restrito, houve juízes que entenderam serem as medidas inconstitucionais e outros que concluíram de forma oposta. Os meandros das ações afirmativas continuavam, assim, obscuros e indefinidos.

1.1.5. O caso *City of Richmond v. J. A. Croson Co.* – 488 U.S 469 (1989)

Este foi um dos mais importantes casos decididos na Era Reagan, que foi marcada pelo desenvolvimento de uma política fortemente restritiva às ações afirmativas. O *Justice* Powell havia requerido a aposentadoria em meados de 1987 e, em seu lugar, o Presidente Reagan nomeara o *Justice* Kennedy, notório adversário das medidas positivas.

O caso foi relevante porque, apesar de mais uma vez a Corte não ter conseguido fixar uma linha de pensamento a ser seguida nas futuras decisões sobre ações afirmativas, ao menos a maioria dos juízes que apostou na inconstitucionalidade do programa conseguiu formar

---

absolutamente proíbe a discriminação odiosa praticada pelo governo. A discriminação [racial] é, por definição, uma odiosa discriminação. Tal regra não pode ser observada de maneira diferente quando as pessoas prejudicadas por uma lei racista tendenciosa não pertencerem a uma minoria racial. [Se] uma lei é inconstitucional, não será menos inconstitucional só porque é um produto do [Congresso]". SULLIVAN, Kathleen M.; GUNTHER, Gerald. (2001: p. 769). Tradução livre.

um consenso sobre o padrão de julgamento constitucional a ser utilizado – o exame judicial rigoroso.

O cerne da questão discutida em *Croson* fora o programa afirmativo instituído pela cidade de Richmond, na Virgínia. Entretanto, neste caso, a Corte concluiu de maneira diametralmente oposta à que havia defendido no caso *Fullilove*, na medida em que declarou a inconstitucionalidade do programa positivo de fixar percentuais para que as empresas contratantes com o governo promovessem a subcontratação de outras empresas, estas pertencentes a grupos minoritários.

Em 1983, na cidade de Richmond, o Conselho da Cidade iniciou um programa afirmativo, o Plano para Utilização dos Negócios das Minorias – *Minority Business Utilization Plan* –, por meio do qual se determinava que os contratados pelo Poder Público, quando fossem subcontratar, deveriam destinar pelo menos 30% das verbas às empresas pertencentes aos grupos minoritários, nos moldes em que havia sido previsto pela Lei do Emprego Público de 1977 – *Public Works Employment Act*.

Para situar a questão, é preciso inicialmente esclarecer que a cidade de Richmond havia sido um importante pólo escravocrata[507] – ou, como bem afirmou o *Justice* Blackmun, o município havia sido o berço da Velha Confederação –, e que a população negra representava, quando do início do programa, 50% do total de habitantes. Todavia, no setor da construção civil, por exemplo, – uma das áreas beneficiadas pelo plano – a participação das empresas minoritárias era de apenas 0,67% dos subcontratos.

Por tais fatores, a cidade resolveu fazer um programa com, digamos, mais *afirmatividade*, de modo que, em vez de estabelecer os 10% que haviam sido previstos na Lei do Emprego Público, decidiu aumentar o percentual para 30%. A previsão era de que o programa durasse por cinco anos, de modo que a política seria temporária. A controvérsia se estabeleceu justamente quando a cidade estava tentando reverter o sistema oficial de segregação.

Com efeito, a empresa J. A. Croson não subcontratou empresas minoritárias no percentual determinado pela edilidade. Assim, na iminência de ter o contrato público revogado, ajuizou ação, alegando que estava sendo alvo de uma discriminação reversa.

A Corte Maior decidiu, por maioria, que o plano era inconstitucional, por violar o princípio da igualdade. Rejeitou o argumento do município no sentido de que o programa, na verdade, era tão-somente uma cópia do modelo utilizado no âmbito federal, e que o plano apenas

---

[507] Rosenfeld adverte que, ainda durante a década de 70, a cidade se honrava por persistir no sistema segregacionista *Jim Crow*, por meio do qual destinava aos negros o papel de inferioridade e sistematicamente os destituía dos direitos e benefícios mais básicos, amplamente desfrutados pelos brancos. ROSENFELD, Michel. (1991: p. 205).

havia modificado o percentual das empresas beneficiadas para poder atender mais fidedignamente às necessidades da população negra daquela região específica.

Sobre essa questão, a *Justice* Sandra O'Connor afirmou que existia uma nítida diferença entre um programa estabelecido no âmbito federal, no estadual e no municipal, e isso decorria do fato de que somente o Congresso norte-americano teria o poder de regulamentar os direitos civis previstos na 14ª emenda, conforme determinado na Quinta Seção deste mesmo ato normativo. O mesmo não acontecia com os estados, nem com os municípios, que, por não terem poder regulamentar previstos constitucionalmente, não poderiam dispor sobre o tratamento de questões raciais ou de grupos minoritários.[508] O'Connor advertiu, ainda, que não haviam sido atendidos os pressupostos do exame judicial rigoroso, quais sejam, o interesse governamental cogente, por a cidade não ter conseguido comprovar eficazmente a discriminação efetuada anteriormente contra as minorias,[509] e também a razoabilidade da medida, por esta não ter sido *narrowly tailored*, ou seja, estreitamente desenhada para atender aos objetivos propostos de integração dos beneficiados.

O *Justice* Kennedy acompanhou esta linha de pensamento e entendeu que a decisão do caso *Fullilove* deveria diferir da de *Croson* porque a forma de agir do Congresso não estava em julgamento nesta última. O *Justice* Scalia complementou o voto de O'Connor, acrescentando, ainda, que a Constituição era cega à cor, de modo que não poderia haver qualquer distinção baseada na raça.

Por sua vez, o *Justice* Marshall refutou com veemência os argumentos levantados pela juíza da Corte O'Connor. Para ele, não haveria qualquer diferença entre o programa federal e o municipal. E que seria irônico a Corte exigir da cidade de Richmond uma prova da discriminação sofrida pelas minorias, por esta ter sido evidente. Então concluiu, advertindo sobre os efeitos danosos que esta decisão teria para o futuro das políticas afirmativas: "A maioria deste Tribunal sustenta, hoje, no entanto, que a [proteção igual] bloqueia a iniciativa da cidade de Richmond. A decisão [de hoje] marca um deliberado e gigantesco passo para trás na jurisprudência desta Corte sobre ações afirmativas.

---

[508] Rosenfeld rejeita os argumentos da Corte. Segundo ele, a única diferença significativa entre os dois planos era que em *Croson* se fixara a proporção em 30% e em *Fullilove*, o percentual era de 10%. Todavia, as necessidades também eram distintas: em *Fullilove*, a relevante população minoritária representava entre 15% a 18% do total dos habitantes, enquanto que em Richmond, as minorias representavam 50% da população. ROSENFELD, Michel. (1991: p. 348). Também Chin conceitua o caso *Croson* como *Fullilove II*. CHIN, Gabriel J. (Ed.). (1998c: p. V).

[509] Curioso apenas destacar que o Estado da Virgínia foi um dos mais agressivos na adoção do sistema *Jim Crow*. Havia, inclusive, sediado a Confederação dos Estados do Sul, formada pelos senhores de escravos na Guerra Civil. A população negra do estado é uma das maiores dos Estados Unidos da América, em níveis bastante superiores aos dos demais estados da federação.

Céticos da tentativa de uma municipalidade em reparar os efeitos de discriminação racial passada em uma particular atividade, a maioria lança um ataque de metralhadora nas medidas em geral que levem em consideração a raça. Os pronunciamentos desnecessários da maioria desencorajarão, inevitavelmente, ou prevenirão entidades governamentais [de] agir para retificar os castigos da discriminação passada. Este não é o comando da Constituição".[510]

Pela primeira vez, a maioria dos *Justices* que entendeu pela inconstitucionalidade do programa adotou o critério de julgamento restrito.[511] Para eles, não bastava a alegação de que as minorias haviam sofrido uma discriminação no passado; o interesse público cogente somente seria atendido se ficassem provados, no presente, os efeitos do passado discriminatório. A Corte rejeitou, assim, a idéia de distinguir o uso do critério racial. Ou seja, segundo o Tribunal, não haveria diferença se a raça era utilizada de forma benigna – nos casos de ações afirmativas para os negros – ou, então, como motivo para justificar a segregação – como no sistema *Jim Crow*. Em ambos, seria necessário utilizar-se do critério de exame judicial rigoroso ou restrito.

Desse modo, o município deveria primeiro considerar remédios alternativos para combater os efeitos da segregração, antes de estipular um número fixo na contratação das empresas minoritárias. A flexibilidade dos programas, a temporariedade das medidas, os efeitos em relação às pessoas inocentes, a vinculação com os resultados atingidos, tais seriam alguns dos fatores considerados para a declaração da constitucionalidade de um programa afirmativo, e para a maioria dos *Justices*, nem todos os elementos existiam no caso concreto.

1.1.6. O caso *Adarand Constructors Inc. v. Peña* – 515 U.S 200 (1995)

Antes de analisarmos o caso *Adarand*, faremos menção a um outro julgamento da Suprema Corte, ocorrido anteriormente, em 1990: o *Metro Broadcasting, Inc. v. FCC*.[512] A questão posta em *Metro* era se determinadas políticas preferenciais para empresas pertencentes a grupos minoritários, no âmbito da transmissão de rádio e televisão, colocadas em prática pela Comissão Federal de Comunicação – FCC –, violavam, ou não, a cláusula de igual proteção.

---

[510] Tradução livre.

[511] Entretanto, Rosenfeld adverte que ainda não havia muito a comemorar sobre o fato de a Corte ter evoluído para o pensamento majoritário quanto ao critério de exame judicial a ser adotado. Segundo ele, a adoção do exame restrito, em *Croson*, não introduziu qualquer mudança significativa ao confuso *status* dos planos preferenciais afirmativos, nos quais a raça fosse um dos fatores considerados. Tal critério de julgamento poderia possuir múltiplos significados, a depender do juiz que o adotasse. ROSENFELD, Michel. (1991: p. 210).

[512] *Metro Broadcasting, Inc. v. FCC* – 490 U.S 547 (1990).

Os defensores da necessidade de programas afirmativos para as empresas cujos proprietários fossem representantes das categorias minoritárias alegavam que tais empresas somente conseguiam atingir mercados geograficamente delimitados, com audiências relativamente pequenas, e não conseguiam crescer porque somente obtinham concessões para as estações menos valiosas.

A FCC propôs, então, medidas afirmativas, por meio das quais se comprometia a levar em consideração a propriedade dos grupos minoritários como um fator benéfico no momento em que fossem negociadas novas licenças para os programas de rádio e de televisão.

A questão foi levada ao Tribunal Maior pela empresa *Metro Broadcasting*, que recorreu por haver perdido uma licitação destinada a selecionar, dentre três propostas excludentes, a que seria responsável para construir e operar uma nova estação de televisão em Orlando, na Flórida. A empresa vencedora foi a *Rainbow*, pelo fato de 90% do capital social pertencer a representantes de minorias.

A Suprema Corte reconheceu que, em se tratando de programas federais de ações afirmativas, não havia a necessidade de se adotar o critério de escrutínio rigoroso, o qual apenas se fazia necessário para os programas estaduais ou municipais. Assim, por se tratar de um programa federal, seria suficiente a mera demonstração de que as medidas afirmativas haviam sido utilizadas para atender a um importante objetivo governamental, comprovado pelo interesse em que o programa incrementasse a diversidade nos meios de comunicação de massa. Alfim, o Tribunal reconheceu a validade das medidas afirmativas implementadas.

No julgamento de *Adarand*, no entanto, tal teoria foi posta abaixo. O caso teve início quando a empresa *Mountain Grave & Construction Co.* ganhou uma concorrência promovida pelo governo federal. Atendendo à determinação de que era necessário subcontratar com minorias, promoveu uma licitação para a subcontratação. A despeito de a empresa *Adarand* ter feito a menor proposta para o projeto de instalar grades de proteção na Floresta Nacional de *San Juan*, não conseguiu fechar negócio. A empresa *Gonzales Construction Co.* foi a vencedora, devido às condições vantajosas sob que suas propostas foram analisadas, por a empresa ser de propriedade de grupos representantes das minorias.

Randy Pech, proprietário branco da construtora *Adarand*, ajuizou ação contra o Departamento de Transporte e contra o diretor deste, Frederico Peña, por entender que a política afirmativa de subcontratação de minorias violava a garantia constitucional de igual proteção e o devido processo legal. Perdeu na primeira e na segunda instâncias judiciais, porque os Juízes aplicaram o entendimento desenvolvido pela Suprema Corte no caso *Metro Broadcasting*, de que não era necessário adotar o critério de julgamento rigoroso em relação às medidas federais beneficiadoras das minorias.

A Suprema Corte, no entanto, ao julgar o caso, determinou o retorno às instâncias inferiores, para que o apreciassem a partir do critério de escrutínio rigoroso ou restrito. A *Justice* Sandra O'Connor, opinando pela maioria da Corte, na prática reverteu o resultado do julgamento no caso *Metro*[513] e entendeu que os programas federais de ações afirmativas se situavam no mesmo nível de programas estaduais e locais. Isso significava que, de acordo com o pensamento do Tribunal, todos os programas governamentais que envolvessem a classificação por raça "deveriam estar sujeitos a uma detalhada investigação judicial para assegurar que o direito individual de ser tratado com igualdade sob as leis não havia sido infringido".[514]

Para serem consideradas constitucionais, as medidas deveriam ser estreitamente desenhadas – *narrowly tailored* – a fim de atender às necessidades concretas, e, ainda, demonstrarem que se originaram de um interesse cogente do governo. O *Justice* Scalia foi além, demonstrando certa repugnância à adoção de classificações raciais, afirmando que, "sob os olhos do governo, havia apenas uma raça: a dos americanos". Por sua vez, o *Justice* afro-descendente Clarence Thomas reconheceu que tais programas afirmativos se constituíam, na verdade, em medidas condescendentes e paternalistas, que impediam os negros de competir em condições de igualdade com os brancos, de modo a provar os próprios valores.

As posições minoritárias foram as dos *Justices* Stevens, Souter, Breyer e Ginsburg, estes dois últimos nomeados já no governo Clinton.

1.1.7. Os casos da Universidade de Michigan (2003)[515]

1.1.7.1. Grutter v. Bollinger et al

Recentemente, a Suprema Corte norte-americana decidiu dois novos casos a envolver programas afirmativos de admissão em Universidades. No primeiro deles, questionava-se sobre a possibilidade de usar a raça como um dos critérios a ser considerado na escolha dos alunos que formariam o corpo discente universitário. No segundo, indagava-se de que maneira tal critério racial poderia ser utilizado.

Em *Grutter v. Bollinger*, a questão levada a exame do Tribunal envolvia a política de admissão de estudantes, realizada pela Faculdade de Direito da Universidade de Michigan. Referido Centro Acadêmi-

---

[513] Apesar de, formalmente, a Corte não ter se pronunciado no sentido de cancelar a decisão anterior.

[514] Ver mais em HALL, Kermit L. (Ed.). (1999: p. 6). Tradução livre.

[515] Ambos julgados em 23 de junho de 2003. Por serem recentes, ainda não receberam número para catalogação.

co havia adotado uma política de ingresso por meio da qual se procurava promover um corpo estudantil diversificado, segundo as diretrizes anteriormente fixadas no caso *Regents of California v. Bakke*.

Para entrar na Faculdade, os candidatos eram analisados em suas habilidades acadêmicas, além de serem submetidos a uma avaliação flexível dos talentos, das experiências e do potencial do pretenso aluno. A apreciação dos aspirantes às vagas perfazia-se também por meio de cartas de recomendação, de declarações pessoais, de um ensaio escrito pelo estudante, por meio do qual procurava convencer os examinadores sobre a eventual contribuição que a sua presença na Faculdade poderia fornecer ao instituto, inclusive em termos de diversidade. Por fim, observavam-se as notas obtidas na graduação, a quantidade de pontos alcançados no teste específico para a Faculdade de Direito e outros critérios variáveis, tais como entusiasmo, qualidade do ensino da instituição na qual o estudante havia se formado e as matérias nas quais havia se destacado. A política de diversidade imposta pela Faculdade de Direito de Michigan não era definida apenas em termos raciais ou étnicos, apesar de alunos dos grupos indígena, negro e hispânico terem preferência, por serem considerados minorias sub-representadas.

Grutter era uma mulher branca norte-americana, cuja admissão fora negada na Faculdade de Direito.[516] Indignada, ajuizou uma ação na Justiça por meio da qual alegava que a Faculdade de Direito havia praticado discriminação contra a requerente por fatores raciais e que tal fato violava a 14ª emenda à Constituição, bem como a Lei dos Direitos Civis de 1964. Aduziu que a Universidade havia usado a raça como um fator preponderante, concedendo, aos candidatos pertencentes a certas minorias, uma chance muito maior para conseguir o ingresso na Faculdade, em termos significativos, e que não havia um interesse público cogente a justificar a eleição do critério racial.

A Corte Distrital julgou o pedido da aluna procedente, mas esta decisão foi revista no âmbito recursal. A estudante apelou à Corte Suprema. O Tribunal Maior, em uma decisão apertada de 5 votos a 4, entendeu que a política desenvolvida pela Faculdade de Direito fora estritamente desenhada – *narrowly tailored* – quanto ao uso da raça como um critério de admissão. A maioria dos juízes entendeu que a Faculdade havia conseguido demonstrar que a finalidade de utilizar o critério racial havia sido motivada pela necessidade de obter um maior

---

[516] Curioso destacar que as políticas afirmativas para mulheres também foram, em larga medida, desenvolvidas nos Estados Unidos. Observe-se, por exemplo, o caso *Johnson v. Transportation Agency, Santa Clara County, Califórnia* – 480 U.S 616 (1987). Entretanto, no caso *Grutter v. Bollinger*, o critério de gênero não foi levado em consideração. Tal fato constitui-se em um forte indício à compreensão de que o conceito do que se constitui em minoria se revela no mais das vezes frágil, fluido e precário.

ganho em termos educacionais, na medida em que promovesse um corpo de estudantes diversificado. Tal fato caracterizava um interesse público imperativo, segundo a *Justice* O'Connor, que proferiu julgamento pela Corte.

Como vimos, no caso *Bakke*, a Corte reviu o uso de um programa estabelecido pela Faculdade de Medicina da Universidade da Califórnia, por meio do qual se beneficiavam as minorias, com a reserva de dezesseis vagas para os indivíduos pertencentes a tais categorias. A decisão do Tribunal se baseou em várias opiniões separadas, nenhuma liderando a maioria. Quatro *Justices* sustentaram a constitucionalidade do programa utilizado, afirmando que a Faculdade poderia usar a raça como critério a tentar reverter os prejuízos ocasionados às minorias. Outros quatro votaram pela extinção do programa por ofensa à lei dos Direitos Civis, nem sequer vislumbrando uma questão constitucional a ser resolvida. O *Justice* Powell, anunciando o julgamento pela Corte, proferiu um quinto voto, no qual invalidava o programa desenvolvido pela Faculdade de Medicina, ao tempo em que revertia a decisão da Corte Estadual, no que esta entendeu pela inviabilidade da adoção da raça como um critério de admissão. Expressando uma opinião que não foi seguida por nenhum outro *Justice*, Powell sustentou que o único argumento desenvolvido pela Faculdade que poderia justificar a ênfase no critério racial seria a intenção de promover um ambiente de estudo diversificado, e que esta linha de raciocínio seria a única que sobreviveria ao exame judicial restrito.

Naquele julgamento, Powell havia enfatizado que "o futuro da Nação depende de líderes treinados por meio da larga exposição às idéias e às tradições de estudantes tão diversos como o é esta Nação".[517] Apesar de Powell ter destacado que a formação de um corpo de estudantes diversificado poderia justificar a eleição do critério racial, para ele isso somente ocorreria se a raça fosse apenas mais um dos fatores observados, dentro de um complexo de critérios.

Seguindo praticamente a mesma linha de raciocínio do *Justice* Powell no caso *Bakke*, o Tribunal Maior entendeu que, no caso *Grutter v. Bollinger*, a adoção da raça como um dos fatores destinados a promover a diversidade, dentre vários outros critérios utilizáveis para admissão dos estudantes na Escola de Direito, seria uma política educacional válida e constitucional. Acreditaram os *Justices* que compuseram a opinião majoritária que, em uma sociedade globalizada, as habilidades poderiam ser melhor desenvolvidas se submetidas à exposição constante das mais diversas culturas e de formas de pensamentos. E isso caracterizaria o interesse público cogente exigido pelo critério de julgamento restrito, aplicado ao caso, portanto.

---
[517] Tradução livre.

Assim, para ter-se o uso admitido do critério racial, era preciso que este fosse flexível o suficiente a ponto de permitir que outros elementos pudessem sobrepô-lo, como qualificações diversas desejáveis nos candidatos. Cotas, por exemplo, não seriam toleradas. Deveria ser possível que cada pessoa fosse percebida como um indivíduo complexo e não apenas como representante de uma raça ou de uma etnia.

No julgamento de Michigan, a Corte reafirmou o pensamento formado no caso *Adarand*, qual seja, qualquer classificação racial somente poderia ser considerada válida se atendesse aos requisitos previstos no critério de julgamento restrito, como o de comprovar que a medida havia sido estreitamente desenhada para atender a um interesse estatal cogente. Se a Faculdade conseguisse demonstrar, a partir de um exame minucioso, a importância e o relevo das razões que a motivaram a adotar o critério racial, o programa de benefícios poderia ser validado. Uma vez satisfeitas as exigências do escrutínio rigoroso, a medida poderia ser julgada válida e constitucional.

Alfim, a Suprema Corte determinou que o uso de critérios raciais, ainda que fosse para promover a diversidade, precisaria ser delimitado no tempo. Fixou, então, em vinte e cinco anos, a partir da data de julgamento, o prazo para uso de preferências raciais nas políticas afirmativas. A partir daí, somente políticas neutras de admissão quanto à raça poderiam ser utilizadas.

Entretanto, os *Justices* Rehnquist, Scalia, Kennedy e Thomas abriram divergência. Advertiram que não havia fundamento necessário e justificável para que a Faculdade de Direito adotasse critério racial. O argumento defendido pela Faculdade de Direito de que era necessário criar uma *massa crítica* por meio da diversidade visava, na verdade, a encobrir uma tentativa de estipular cotas para representação das minorias. Isto porque, durante o período compreendido entre 1995 a 2000, a Faculdade de Direito admitiu praticamente o mesmo número de representantes minoritários. A variação entre o menor número de alunos admitidos pertencentes às minorias – 13,5%, em 1995 –, para o maior – 13,8%, em 1998 – era desprezível, o que induziu os juízes a acreditar estarem diante da fixação de reserva de vagas por meio de cotas, para os estudantes minoritários. Os *Justices* divergentes destacaram que a Faculdade reservava por volta de 13% das suas vagas para os estudantes representantes das minorias, a cada ano, e que, para atingir esse número, pouco importava a quantidade de candidatos minoritários inscritos, porque, no final, o percentual de representantes dessas minorias seria o mesmo dos anos anteriores. Assim, os *Justices* entenderam que a Faculdade estava tentando burlar a linha de pensamento seguida pelo Tribunal desde a decisão do caso *Bakke*, de que as cotas seriam inconstitucionais. Portanto, para eles, o programa afirmativo da Faculdade de Direito da Universidade de Michigan não seria admissível. Tais votos, no entanto, não conformaram a linha de pensamento do Tribunal.

1.1.7.2. Gratz et al v. Bolinger et al

O segundo caso a envolver a Universidade de Michigan teve início com um recurso formulado por Gratz e Hamacher, os quais haviam pleiteado admissão na Faculdade de Literatura, Ciências e Artes – LSA, respectivamente em 1995 e em 1997. A despeito de a Faculdade ter considerado Gratz bem qualificado e Hamacher com qualificação na média, fora-lhes negada a possibilidade de admissão.

O escritório de admissão da Faculdade levava em consideração uma série de fatores para proceder à aceitação dos alunos, dentre os quais notas escolares, pontuação em testes padronizados, qualidade da escola em que fora cursado·o segundo grau, consistência curricular, locais em que residiram, relação com os demais alunos, posição de liderança, além da raça.

A Faculdade considerava que os hispânicos, os afro-descendentes e os índios americanos se constituíam em minorias sub-representadas, e, por isso, criou um programa de concessão de benefícios para estas minorias. Os critérios do programa positivo desenvolvido pela Faculdade mudavam de tempos em tempos. À época em que os recorrentes estavam pleiteando o ingresso, a política de admissão benéfica era a de garantir automaticamente 20 pontos àqueles que representassem tais grupos, de um total de 100 pontos necessários para garantir a admissão.

Os estudantes recorreram à Justiça por entenderem que a política praticada pela Faculdade havia violado a cláusula de igual proteção segundo as leis e a Lei dos Direitos Civis de 1964. A Faculdade alegou que conseguira comprovar nas primeiras instâncias o necessário interesse público a nortear a utilização da raça como um fator de política afirmativa.

O *Justice* Rehnquist formulou a decisão pela Corte, por maioria de 6 votos a 3. O Tribunal Maior fixou o entendimento de que a política de utilização do critério racial para os candidatos às vagas na Faculdade não havia sido estreitamente desenhada para alcançar o alegado interesse escolar da diversidade e, que, desse modo, o programa havia violado a cláusula de igual proteção. A despeito de a raça poder ser utilizada como um dos critérios a ser levado em consideração, o que já havia sido decidido no caso *Bakke* e no caso *Grutter v. Bollinger*, a política de automaticamente distribuir 20 pontos, ou um quinto dos pontos necessários à admissão na Faculdade, para aqueles que pertencessem às minorias, não teria uma justificativa razoável. É de se destacar que os pontos seriam garantidos somente por causa da raça, independentemente da análise do passado escolar dos candidatos beneficiados.

O Tribunal citou o julgamento do caso *Bakke*, no qual o *Justice* Powell havia reconhecido a possibilidade de a raça ser um fator, dentre outros, a ser considerado na política de admissão dos candidatos às vagas. Naquele caso, Powell argumentara que seria possível haver programas nos quais se procurasse atingir a diversidade entre os discentes, para tanto se utilizando da raça como um dos critérios a ser levado em consideração, mas não por um sistema numérico rigidamente estabelecido.

Dessarte, na medida em que a Faculdade de Literatura, Ciências e Artes da Universidade de Michigan contemplava com 20 pontos aqueles que pertencessem a uma raça determinada, estava transformando esse critério em um fator decisivo. A almejada diversidade não poderia ser realizada a qualquer custo, e os limites do escrutínio restrito precisavam ser observados. A Corte, assim, reverteu o julgamento que fora emitido pela Corte Distrital e considerou inconstitucional o programa afirmativo.

1.2. O SIGNIFICADO DA CRIAÇÃO DAS AÇÕES AFIRMATIVAS NOS ESTADOS UNIDOS DA AMÉRICA – A PROPOSTA DE UMA RELEITURA SOBRE O APARECIMENTO DOS PROGRAMAS POSITIVOS

Após a análise sobre o desenvolvimento dos programas positivos nos Estados Unidos, é chegada a hora de realizar algumas conclusões, que serão importantes para justificar a nossa opção por não proceder a um estudo aprofundado sobre as bases filosóficas das ações afirmativas, nem sobre a evolução do princípio da igualdade.

Procuramos demonstrar, quando estudamos o aparecimento dos primeiros programas positivos estadunidenses, que tais medidas surgiram com o intento de restabelecer a ordem social, em vez de efetivamente promover o princípio da igualdade, ainda que a igualação das oportunidades aparecesse como corolário dos programas positivos. Parece-nos que a história demonstra indicativos suficientes para nos fazer não mais acreditar no *mito* de que os Estados Unidos demonstraram uma preocupação com a causa negra, ou que *não tergiversaram* em enfrentar o problema. Mesmo porque uma afirmação desse porte seria quando menos curiosa, haja vista terem sido os Estados Unidos os idealizadores do sistema *Jim Crow* de segregação e de ódio racial institucionalizado.

Esforçamo-nos para evidenciar que o estudo das ações afirmativas não pode ser feito de forma desconexa ou desarmônica com o contexto histórico e social em que apareceram. A análise do tema, considerando apenas o princípio da igualdade, ou as justificativas teórico-filosóficas de justiça distributiva ou compensatória, como veremos a seguir, a despeito de ser importante, não revela as verdadeiras causas que propiciaram o surgimento dessas medidas. Aos poucos, vai-se fazendo necessário retirar a máscara que encobre as verdadeiras razões para o surgimento das políticas positivas. Tal observação será de suma importância para o exame sobre a maneira como as medidas afirmativas poderão vir a ser adotadas no Brasil, porque, se muitas vezes os autores nacionais ovacionam e aclamam o modelo norte-americano, esquecem-se de observar as condições nas quais as ações afirmativas foram criadas alhures e para as quais serão implementadas no Brasil.

A criação das ações afirmativas nos Estados Unidos decorreu de uma situação histórica e pontual, originada pela discriminação até então praticada naquele país e que transformara a sociedade em um barril de pólvora prestes a explodir a qualquer momento. Criar programas positivos foi a solução encontrada pelos governantes para tentar administrar a crise. Se nenhuma medida fosse adotada, ou se nada fosse feito para conter o ânimo da população segregada e demonstrar boa vontade para com eles, fortes indícios nos levam a crer que ocorreria um conflito civil de proporções incalculáveis no território norte-americano.

Inicialmente propostas como providências neutras de combate à discriminação institucionalizada, a adoção das ações afirmativas, com tal significado, revelou-se de relativa eficácia. Uma política destinada, tão-somente, a combater a segregação não foi suficiente para acabar com os efeitos perversos da discriminação oficial. Como afirmou Rosenfeld, "uma vez que o Estado havia praticado a segregação racial, um mero retorno à política cega à cor, todavia, não seria suficiente para conduzir à integração".[518]

Urgia a criação de programas para integrar o afro-descendente, a fim de aplainar os movimentos negros organizados, que protestavam com mais força, no final da década de 60. Era preciso dar uma resposta à comunidade negra, para que seus representantes tivessem a percepção de que alguma coisa estava sendo realizada para eles e que o assassinato de Kennedy e de Martin Luther King não os havia deixado sozinhos. De medidas destinadas apenas a efetivar uma política cega à cor, a noção das ações positivas evoluiu para um significado mais ativo, de integração, a partir da consciência da raça. A política que antes se propunha cega, passou a enxergar a cor como um fator a ser

---

[518] Tradução livre. ROSENFELD, Michel. (1991: p. 163).

considerado. Desta feita, não mais para subjugar os negros, mas para incluí-los.

Uma das ironias sobre a criação das ações afirmativas é que estas foram imaginadas e colocadas em prática por alguns brancos que estavam no poder e não por negros que idealizaram as medidas como mecanismo de integração. Os principais líderes do movimento negro organizado não se manifestaram favoravelmente a uma política integracionista e lutaram apenas para combater a discriminação institucionalizada. Martin Luther King chegou a se manifestar sobre o tema, advertindo que a adoção de políticas afirmativas seria contraproducente para o movimento negro, porque não conseguiria encontrar justificativas diante de tantos norte-americanos brancos pobres.[519]

Essa é uma das ironias da criação das ações afirmativas: nunca houve uma marcha para Washington em favor dessas medidas, nem mesmo uma pressão política consistente e relevante a favor de cotas ou de mecanismos de integração. Como afirma Skrentny: "Embora grupos de direitos civis e afro-americanos possam ter apoiado ações afirmativas como medidas preferenciais de direitos civis desde, pelo menos, a década de setenta, a política [de ações afirmativas] foi largamente uma construção da elite branca masculina, a qual tradicionalmente tem dominado o governo e os negócios".[520]

Como se denota, tais medidas não se originaram da observação de que era preciso desenvolver uma sociedade mais justa, mais democrática ou mais humana. As ações afirmativas surgiram em um momento social marcado pela iminência de um conflito civil. Não houve uma relevante construção teórica prévia, nem dos negros, nem de brancos, nem de partidos de esquerda, nem de direita, sobre as justificativas do princípio da igualdade, a partir de considerações sobre as modalidades de justiça compensatória ou de justiça distributiva, dentre outras questões jurídico-filosóficas. Mesmo porque o primeiro Presidente dos Estados Unidos que efetivamente adotou uma política concretizadora da integração, Richard Nixon, era um Republicano cujo maior apoio na campanha adveio dos conservadores dos estados sulistas. Enquanto os Democratas Kennedy e Lyndon Johnson nada fizeram em termos integrativos, coube a um Republicano tido como conservador adotar essas medidas.

Não deixa de ser outra ironia o fato de as ações afirmativas terem sido implementadas por aquele que era conhecido como o *inimigo dos Direitos Civis*. Nixon era tão criticado pelos liberais que o cientista político Charles Hamilton escreveu um ensaio intitulado "What Nixon

---

[519] *Apud* SKRENTNY, John David. (1996: p. 231 e 232).

[520] Tradução livre. SKRENTNY, John David. (1996: p. 5).

is doing to us?" – "O que Nixon está fazendo conosco?"[521] – no qual enumerou as *traições* do governante, por ter enfraquecido a Lei dos Direitos de Voto, recusado ajuda aos movimentos urbanos e declinado apoio aos movimentos civis. Eis o discurso proferido por Nixon ao saber da decisão da Suprema Corte em *Brown II*, por meio da qual se determinara o fim imediato da segregação entre negros e brancos nas escolas, mantendo o que já havia sido julgado no caso *Brown*: "Por outro lado, enquanto aquela decisão [*Brown*] lidou com segregação e determinou que não deveríamos tê-la, quando se vai além da decisão e se determina que é da responsabilidade do governo federal e dos tribunais federais agir como Distritos de Escola locais, determinando a maneira como a decisão será colocada em prática, e usando o poder do Tesouro Federal para reter recursos, ou conceder recursos para realizá-la, então eu penso que nós estamos indo longe demais. No meu ponto de vista, essas atividades deveriam ser meticulosamente examinadas e, em muitos casos, penso eu, deveriam ser rescindidas".[522]

O que se procura ressaltar, nesse ponto, não são os rumos dos partidos políticos norte-americanos, nem a coerência dos seus ideais. Apenas se quer sugerir que a adoção de uma política afirmativa integrativa terminaria por acontecer de qualquer maneira, independentemente de quem estivesse no poder – e o fato de ter sido efetivada por um presidente republicano talvez conceda mais veracidade a esta afirmação. O desenrolar dos fatos sociais não deixava margem ampla de escolha aos governantes: ou ceder, integrando os negros, ou acatar a responsabilidade de ter permitido a ocorrência, em seu governo, de uma segunda guerra civil. O ônus político seria um fardo grande demais e as conseqüências de assumir tal responsabilidade não seriam de agrado de nenhum governante, ainda mais Nixon, cuja eleição havia sido ganha por uma margem inferior a um por cento.[523]

Apesar de as conseqüências das medidas afirmativas se aproximarem do objetivo de concretização da igualdade, na medida em que procuram garantir espaços para os negros em áreas dantes proibidas, o que de fato ensejou a adoção dessa política foi a profunda ruptura na tranqüilidade social, a partir de uma sucessão de eventos que, praticamente, não deram escolhas para os governantes. Ou se adotavam políticas para inserir o negro, ou, então, haveria uma grande revolta nacional.

Observa-se, desse modo, um certo deslumbramento do pensamento científico nacional com o tema e a importação do modelo afirmativo

---

[521] *Apud* SKRENTNY, John David. (1996: p. 178).

[522] Tradução livre. Apud SKRENTNY, John David. (1996: p. 185).

[523] O candidato democrata, Hubert Humphrey, obteve 42,7% dos votos, enquanto Nixon angariou 43,4% do sufrágio. Nixon foi um dos poucos presidentes norte-americanos eleitos com voto minoritário. Ver em SKRENTNY, John David. (1996: p. 182).

criado alhures pareceu ter o condão de acomodar as nossas pesquisas.[524] É interessante destacar que, até o presente momento, não há qualquer trabalho jurídico relevante publicado no País que tenha realizado análise do contexto histórico e/ou social brasileiro, para o qual as ações afirmativas estão sendo pensadas.

Com efeito, muitos autores discutem o tema considerando que as ações afirmativas surgiram da evolução do princípio da igualdade, do Estado partindo de uma situação de neutralidade até o advento do Estado Social. No entanto, essa conclusão nos parece apressada e apenas parcialmente correta, na medida em que se analisam apenas as bases filosóficas que fundamentam a argumentação contrária e favorável à adoção das ações afirmativas, uma vez que a aplicação do princípio da igualdade justificaria ambas as posições. Ademais, seria um verdadeiro paradoxo se a explicação das ações afirmativas estivesse vinculada à concretização do princípio da igualdade, a partir do Estado Social, considerando que o país no qual as ações afirmativas foram criadas – Estados Unidos – talvez seja o exemplo que mais se assemelhe, no mundo, ao modelo de Estado eminentemente Liberal.

---

[524] Fernando Henrique Cardoso já alertara para a impossibilidade de apenas copiarmos os modelos de ações afirmativas pensados para outras realidades. Afirmou, em seminário realizado sobre o tema: "Devemos, pois, buscar soluções que não sejam pura e simplesmente a repetição ou a cópia de soluções imaginadas para situações em que também há discriminação e preconceito, mas em um contexto diferente do nosso. É melhor, portanto, buscarmos uma solução mais imaginativa". CARDOSO, Fernando Henrique. (1997: p. 14). Nesse sentido, também as observações de Jessé Souza, no mesmo encontro: "Duas pressuposições, altamente duvidosas, são implicitamente assumidas nesse movimento. Primeiro, que os Estados Unidos são um modelo cultural acima de ambigüidades e crítica. Segundo, que não existem peculiaridades no Brasil que possibilitem pensar um modelo cultural que, embora tributário da mesma herança ocidental que possibilita a democracia política e a autonomia moral individual, seja visto como um desenvolvimento alternativo ao americano, com as perdas e ganhos que toda escolha cultural envolve". SOUZA, Jessé. (1997: p. 24).

2. As Ações Afirmativas à brasileira – o contraste com o modelo norte-Americano

Como vimos, nos Estados Unidos, os programas afirmativos surgiram para tentar reverter os efeitos perversos da segregação institucionalizada. Percebendo a relação entre os dois modelos, Chin destaca o contraste entre o sistema *Jim Crow* e as ações afirmativas: "*Jim Crow* e a escravidão sistematicamente excluíram afro-americanos dos benefícios da sociedade; ações afirmativas, do contrário, não transformam os brancos em um grupo de cidadãos de segunda classe".[525]

No Brasil, dois fatos principais parecem conduzir à necessidade de uma análise toda própria da questão: nunca houve um sistema de segregação institucional entre as raças, seja por meio de leis, de decisões judiciais ou de atos de governo. Além disso, a forma como fomos colonizados nos levou à formação de uma sociedade altamente miscigenada. O estudo do tema no Brasil precisa ser feito a partir de paradigmas totalmente distintos dos adotados pelos norte-americanos.

À primeira vista, pode parecer que a discussão sobre o tema, no Brasil, é realizada de maneira não-espontânea, porque nunca sofremos os efeitos de uma segregação institucionalizada. Nos Estados Unidos, as ações afirmativas foram criadas para resolver um problema concreto de segregação oficial, para tentar reverter os prejuízos decorrentes de um sistema no qual as oportunidades de um melhor emprego, de estudar em melhores escolas eram, definitivamente, vedadas aos negros, na medida em que o próprio governo promovia a separação. As conseqüências econômicas perversas desse sistema para os negros eram evidentes, haja vista que as escolas reservadas para brancos eram as melhores, havia proibição de que os negros freqüentassem bibliotecas, não poderiam sequer realizar pesquisas em arquivos, nem mesmo ingressar em universidades. Naturalmente, os negros somente conseguiam os empregos que exigissem menor qualificação. No Brasil, decerto não há como reunir indícios fortes o suficiente para se demonstrar que o problema da inserção do negro nas camadas sociais mais elevadas decorre exclusivamente da cor da pele. Certamente, há evi-

---

[525] Tradução livre. CHIN, Gabriel J. (Ed.). (1998a: p. VII).

dências de que o preconceito e a discriminação contra os negros funcionam como uma barreira a ser derrubada, mas tal obstáculo não é o único, nem mesmo nos parece ser o mais importante para o problema racial brasileiro.

Na verdade, a grande perplexidade acerca dos estudos sobre as ações afirmativas no Brasil decorre do fato de que, até o momento, as pesquisas nacionais se limitaram à observação do modelo norte-americano e à conseqüente conclusão pela cópia do sistema. Assim, para chegar à ilação de que viveríamos um problema semelhante ao da sociedade estadunidense, os defensores das medidas afirmativas utilizam-se especialmente dos indicadores sociais, que demonstram a precária situação em que se encontram os negros no País. Dessarte, a equação formada pela leitura precipitada e superficial do modelo norte-americano, conjugada com os índices sociais desfavoráveis para os negros no Brasil, parece ter sido suficiente para que a implementação de ações afirmativas se tornasse, momentaneamente, o debate do dia.

E é por isso que realizamos esse estudo histórico-comparativo. Para termos pelo menos uma idéia se, no Brasil, a falta de representatividade dos negros em determinadas esferas da sociedade ocorreu a partir de uma segregação consciente em termos de raça, tal qual acontecera nos Estados Unidos, ou se, do contrário, a pouca representatividade dos negros no Brasil decorreu de uma complexidade de fatores que não podem ser resumidos apenas à discriminação pela cor. Ao procedermos dessa maneira, poderemos, alfim, propor a adoção de um programa positivo todo próprio, no qual se considerem as peculiaridades e as necessidades do nosso país, em vez de tão-somente copiarmos modelos pensados para outras realidades e que serviram para combater problemas que não são os nossos.

2.1. AS CONSEQÜÊNCIAS QUANTO AOS DIFERENTES TIPOS DE COLONIZAÇÃO REALIZADOS NOS ESTADOS UNIDOS DA AMÉRICA E NO BRASIL

As diferentes formas de colonização realizadas no Brasil e nos Estados Unidos geraram conseqüências importantes quanto ao modo segundo o qual se desenvolveram as relações raciais em cada um dos países. A despeito de essa análise ser de suma importância para o estudo das ações afirmativas, para sabermos se o problema da integração do negro tem conteúdo exclusivamente racial, a ensejar uma política pública em que a raça seja o único ou um dos critérios a ser levado em consideração, espantosamente o estudo da história de cada país vem sendo relegado ao segundo plano pelos pensadores nacionais. Acreditamos, todavia, que somente a partir da análise histórica e sociológica da questão poderíamos tentar descobrir as respostas para sabermos se a adoção desses programas, no Brasil, deve seguir os mesmos critérios postos em prática nos Estados Unidos, ou se, do contrário, devemos criar um modelo próprio, mais adequado à resolução dos nossos problemas.

Como vimos anteriormente, profundas foram as diferenças quanto à colonização efetuada por Portugal e pela Inglaterra, o que irá sobremaneira influenciar a formação do povo brasileiro e do estadunidense. No Brasil, por exemplo, a miscigenação entre as raças decorreu de um processo natural, devido às condições em que foram realizadas a colonização. Nos Estados Unidos, diferentemente, a miscigenação foi combatida e a separação entre brancos e negros, estimulada, pela sociedade e pelos Poderes Judiciário, Legislativo e Executivo, em seus diferentes níveis. A colonização feita por ingleses foi no intuito de povoar a terra, originando núcleos familiares. Haviam ocorrido mudanças estruturais na Inglaterra, devido ao estabelecimento das manufaturas e conseqüente cercamento dos campos, as quais, aliadas aos conflitos religiosos, fizeram com que houvesse uma multiplicidade de pessoas ávidas a sair do país e a obter ocupações. O sucesso dessa empreitada colonizadora pode ser explicado ainda por outros fatores, como a religião protestante a glorificar a ética do trabalho e a recompensa ao esforço individual. As condições em que se desenvolveu a colonização nos Estados Unidos geram uma série de ilações no que tange à questão racial.

Primeiro, porque a colonização efetuada por famílias fez com que não houvesse nos Estados Unidos uma forte miscigenação da maneira como foi conhecida no Brasil – não havia carência de mulheres.[526] Talvez uma das demonstrações desse fenômeno seja o fato de que, nos Estados Unidos, nunca existiu a categoria dos mulatos, ou dos more-

---

[526] Nesse sentido, são exatas as informações do historiador Carl Degler, ao observar as diferenças entre a presença de mulheres nas colônias inglesas e no Brasil: "Desde o começo da colonização, emigraram para as colônias inglesas famílias inteiras, isto é, com muitas mulheres brancas. Como a América nos primórdios do século XVII era um país rude e perigoso, o número de homens que emigraram da Inglaterra sempre excedia o de mulheres. Dentre dez mil emigrantes de Bristol, entre 1654-86, por exemplo, havia 3,3 homens para cada mulher. Entretanto, essa cifra representava mais ou menos um mínimo de 50% na proporção desde os primeiros dias da colonização. Também, é importante lembrar que até o último quartel do século XVII os escravos negros constituíam uma ínfima minoria da população nas colônias do sul e uma proporção insignificante dos habitantes das colônias do Middle Atlantic e de New England. As mulheres negras simplesmente não estavam disponíveis nas colônias inglesas, como ocorreu desde o primeiro momento com a colonização no Brasil. Pelo século XVIII nas colônias inglesas, quando o número de negros em Virgínia, Maryland e Carolinas cresceu consideravelmente, já havia praticamente um equilíbrio de sexos entre os brancos". Tradução livre. DEGLER, Carl. (1986: p. 228 e 229).

nos, o sistema é birracial, no qual as pessoas são classificadas exclusivamente como pertencentes à raça branca ou à negra. Adotou-se, em tal país, a regra do *one drop rule*, ou seja, a regra segundo a qual uma gota de sangue negro enegrece a pessoa, como veremos melhor adiante. Segundo, porque o estabelecimento da mão-de-obra escrava somente teve início efetivo a partir do século XVIII;[527] até então, contava-se com o trabalho dos servos temporários brancos.[528] Terceiro, porque a religião protestante admitia o divórcio,[529] logo, às mulheres era garantido o direito de se divorciarem dos maridos que, eventualmente, praticassem a infidelidade com as negras, o que dificultou a miscigenação.[530] A colonização inglesa originou nos Estados Unidos um povo cujas características podem ser bem resumidas na sigla WASP – *White, anglo-saxon, protestant*. E já que existe essa especificação das características de um povo por meio de siglas, acreditamos, então, que a abreviatura mais apropriada para a diversidade do povo formado no Brasil seja *MILC* – Miscigenado, ibérico-latino, católico.

---

[527] No Brasil, a introdução de escravos africanos já havia sido autorizada desde o início da colonização, em 1549. SIMONSEN, R. C. (1937: p. 196); CALMON, Pedro. (1959b: p. 345).

[528] Nessa toada, a lição de Harris é lapidar: "Durante quase cem anos, a principal fonte de mão-de-obra nas colônias anglo-saxônicas foram os servos contratuais brancos. A mão-de-obra do escravo negro foi introduzida relativamente tarde. O caso da Virgínia parece-nos o mais importante e mais esclarecedor. Em 1624, havia apenas 22 negros na Virgínia (numa época em que vários milhares por ano já estavam sendo desembarcados no Recife e na Bahia). Em 1640, não havia mais de 150. Nove anos depois, quando a Virgínia era habitada por 15.000 brancos, havia apenas 300 negros. Não foi senão em 1670 que os negros alcançaram 5 por cento da população. Depois de 1680, os escravos começaram a chegar em numero sempre crescente, mas só depois do segundo quartel do século dezoito é que excediam a 25 por cento da população. (....). Mais ou menos na mesma época, a população total do Brasil era avaliada em 300.000 pessoas, das quais 100.000 eram de origem européia. Em outras palavras, a proporção de brancos para não-brancos era exatamente a oposta da que se verificava nos Estados Unidos". Tradução livre. HARRIS, Marvin. (1974: p. 83 e 84).

[529] Degler sugere que as mulheres brancas do início da colonização norte-americana detinham uma posição social elevada, tanto na sociedade como na família, diferente do que acontecia com as mulheres no Brasil, que muitas vezes eram trancadas dentro de casa pelos maridos. Afirma que aquelas eram mais independentes, muitas trabalhavam fora e, assim, dificilmente se submeteriam aos homens, da forma com que as portuguesas se submeteram. Desse modo, se os colonos norte-americanos traíssem suas esposas, elas não somente pediam o divórcio como ainda citavam as relações extraconjugais com as escravas como a razão que dera ensejo a tanto. E mais. Dificilmente aceitavam os filhos dos maridos com as escravas para criarem, conforme acontecia no Brasil. DEGLER, Carl. (1986: p. 238).

[530] Thomas Skidmore fala, ainda, que os homens norte-americanos não conseguiam aceitar com bons olhos as relações inter-raciais. Havia neles um forte complexo de culpa, próprio da religião protestante, a impedir relativamente a miscigenação. Por outro lado, a religião católica admitia perfeitamente a expiação dos pecados, a partir da confissão. Os homens que se relacionavam com outras raças ficavam, assim, após a confissão, totalmente livres de pecado. Afirmou: "A maioria dos homens americanos brancos teve que lidar com a teologia protestante, especialmente a puritana, quando tentava racionalizar seu comportamento sexual 'imoral'. A repressão emocional resultante, típica de homens criados em uma cultura pesadamente protestante, pode ajudar a explicar o comportamento antinegro explosivo, às vezes homicida, dos homens brancos americanos. Em contraste, os homens brancos brasileiros viviam em uma cultura católica, o que significava, entre outras coisas, que os sentimentos de culpa podiam encontrar um escape em canais tão respeitáveis como a confissão a um padre católico". SKIDMORE, Thomas. (2001b: p. 73).

Se em Portugal a participação dos negros na sociedade se impunha antes mesmo do embarque para o Brasil, de igual maneira não acontecera na Inglaterra. A despeito de a Grã-Bretanha ter desempenhado papel de destaque para o ressurgimento da escravidão e do tráfico de escravos, o trabalho servil negro nunca fora considerado mão-de-obra efetiva para os ingleses, de modo que a Inglaterra não conheceu a miscigenação tal como a experimentara os países ibéricos. Isso explicará, em parte, porque nos Estados Unidos a miscigenação não fora tão promovida.

Outra distinção importante entre o Brasil e os Estados Unidos pode ser observada quanto ao modo em que se desenvolveu o processo abolicionista. No Brasil, a abolição não fora precedida de guerras nem conflitos e decorreu de necessidade econômica premente relativa à escassez da mão-de-obra. Em 1872, data da realização do primeiro Censo no Brasil, descobriu-se que havia no País aproximadamente 1,5 milhão de escravos. E, no início do século XX, o número de negros havia diminuído para um milhão.[531] Com o fim do tráfico negreiro, tentou-se incentivar o nascimento entre os escravos no Brasil, mas devido à precariedade das suas condições de vida, a taxa de mortalidade infantil superava em muito à de natalidade.

A par desse aspecto, a existência de uma quantidade considerável de negros livres no Brasil anteriores à abolição fez com que a inserção desses na sociedade ocorresse de maneira paulatina e gradual, de modo que a abolição não fez gerar uma grande transformação na sociedade. Dessa forma, não é de causar espanto a declaração do então Ministro dos Estados Unidos junto ao Governo Brasileiro: "O que provocara uma guerra devastadora nos Estados Unidos era causa de diversão e júbilo no Brasil".[532]

Após a aquisição da liberdade, não houve restrições para que os negros ocupassem determinados cargos ou empregos, ou que freqüentassem certos lugares. A abolição não deu origem a conflitos sociais de modo a ensejar o ódio entre as raças. Do contrário, a história demonstra que a maior parte dos abolicionistas era formada pela população urbana branca de classe média e de baixa renda.[533] A penetração lenta, porém constante, do negro livre na sociedade, preparou a população brasileira para o ingresso destes no mercado de trabalho. Não foi à toa que no Ceará foram os brancos jangadeiros quem iniciaram o movimento abolicionista, a partir do slogan: *"No Ceará não entrarão mais carregamentos de escravos!"*. Da mesma maneira, em São Paulo, foram os

---

[531] FURTADO, Celso. (1970: p. 117).

[532] FRANKLIN, John Hope. O Negro depois da Liberdade. In:. WOODWARD, C. Vann. (Org.). (1972: p. 175).

[533] Nesse sentido, COSTA, Emília Viotti da. (1998: p. 495 e ss).

trabalhadores ferroviários especialmente ativos na campanha abolicionista.[534]

De outra maneira, a abolição da escravatura estadunidense foi marcada pela maior e mais violenta guerra pela qual passaram os norte-americanos, deixando um saldo de 600 mil mortos. O resultado do conflito foi o acirramento do ódio dos brancos para com os negros. Naquela sociedade, não havia uma expressiva quantidade de negros livres anteriormente à abolição. A aquisição da liberdade antes da extinção definitiva do trabalho escravo revelava-se deveras complicada naquela esfera social. Como vimos, havia inúmeras leis que ora proibiam a concessão da alforria aos escravos, ora decretavam o exílio forçado para os escravos que porventura conseguissem a liberdade, ora impunham pesadas multas para os senhores que procurassem conceder a manumissão.

Ademais, é importante destacar que a sociedade norte-americana era marcada por uma profunda competição individual. Era a chamada terra das oportunidades, como se referia Tocqueville.[535] Os negros livres eram considerados ameaças, rivais a serem afastados ou removidos. Dessa maneira, os operários brancos não somente se abstiveram de ajudar os negros na campanha abolicionista, como, sobretudo, realizaram motins para atacá-los,[536] por vê-los como concorrentes nos postos de emprego.

Quando nos Estados Unidos decretou-se a abolição da escravatura, houve a inserção forçada no mercado de trabalho de um grande número de negros livres que passaram a disputar espaços na sociedade, pela primeira vez, com os brancos. Aliado a esse fator, a principal razão da Guerra Civil norte-americana, cujo saldo de mortos em termos proporcionais à quantidade da população até hoje não foi superado por nenhum outro conflito, foi o impasse provocado pela decisão de permitir ou não a permanência da escravidão nos estados do sul do país.

A incipiente competição entre negros e brancos no mercado de trabalho, conjugado com o fato de os negros terem sido considerados os verdadeiros culpados pela guerra sangrenta que dividiu o país, gerou um ódio racial violento e segregacionista e fez surgir organizações como a Ku Klux Klan e os Conselhos dos Cidadãos Brancos, as

---

[534] Nessa linha, DEGLER, Carl. (1986: p. 255).

[535] Apud DEGLER, Carl. (1986: p. 254). Nesse sentido, Vianna Moog faz uma comparação instigante sobre o espírito aventureiro do brasileiro e a vocação para o trabalho norte-americana. MOOG, Vianna. (1978: p. 214 e ss).

[536] Degler fala dos motins realizados pelos operários e pelos imigrantes irlandeses contra os negros, na cidade de Nova Iorque, em 1863. E afirma que quando a mão-de-obra escrava foi introduzida em algum trabalho especializado, acarretou greves dos trabalhadores brancos, que se recusavam a trabalhar enquanto permanecesse a política da empresa de instruir e empregar negros no lugar de brancos. DEGLER, Carl. (1986: p. 255 a 257); no mesmo tom, HARRIS, Marvin. (1974: p. 90 a 93).

quais proclamavam a inferioridade da raça negra e a necessidade de expulsá-los dos Estados Unidos, a fim de dar início a um governo exclusivamente de brancos e para brancos.

Com efeito, nos Estados Unidos, a segregação não fora promovida apenas por organizações particulares, mas, *espantosamente*, pelo próprio Estado, por isso que esta é também chamada de segregação institucionalizada. Efetuada por meio de leis – que visavam a impedir que brancos e negros freqüentassem os mesmos ambientes – por meio de decisões judiciais – que reafirmavam a posição discriminatória levada a cabo pelo Governo – e por meio da formação de um consciente coletivo discriminatório, caracterizado pelo fato de a maior parte da população não enxergar as duas raças como iguais e, diuturnamente, promover a separação.

Desse modo, a adoção do sistema *Jim Crow* no sul dos Estados Unidos trouxe conseqüências muito graves para a realidade negra. Na medida em que o próprio governo institucionalizou a segregação, fez surgir no imaginário nacional a idéia de que a separação entre brancos e negros era legal e legítima, de que não era correto haver relações entre as raças, nem mesmo de cordialidade. Despertou a consciência das pessoas para a diferença, em vez de procurar promover a igualdade.

Nesse ponto, o desenvolvimento das relações raciais, no Brasil e nos Estados Unidos, demonstra profundas diferenças. Aqui, quaisquer manifestações no sentido de tentar separar as pessoas pela cor sempre foram observadas como verdadeiros anátemas. Experiências nessa direção ocasionam um profundo desprezo e desconsideração sociais. Há indícios significativos de que o governo teve participação na construção dessa mentalidade, por muitas vezes ter procedido à iniciativa de fazer leis que combatessem o preconceito e a discriminação, além de normas que procurassem exaltar a participação dos negros na formação nacional. Leis que porventura procurassem identificar a raça das pessoas eram tidas como discriminatórias.

Um dos indícios desse fato parece-nos ser as modificações efetuadas pela Lei nº 6.216, de 1975, na Lei dos Registros Públicos.[537] Por meio daquela, retirava-se a previsão de que a pessoa deveria declarar, no registro civil de nascimento, a cor do registrando. Não é difícil conceber tal modificação legislativa como uma tentativa do Governo Militar de *vender* a imagem de uma administração – que já não contava com um amplo apoio popular – cega à cor, fomentando o mito de que não temos problemas raciais.[538] Provavelmente, tal fato prejudicou a conscientização dos negros brasileiros e a formação dos movimentos negros organizados, mas, ao menos, teve o mérito de criar na coletividade a idéia de união e de fraternidade.

---

[537] Lei nº 6.015, de 31 de dezembro de 1973.

[538] Nesse sentido, ver SKIDMORE, Thomas. (2001b: p. 66 e ss).

Se de um lado a lavoura cafeeira poderia contar com os negros recém-libertos, mas despreparados para compreender o sistema assalariado e refratários ao trabalho pesado – que em muito se assemelhava à escravidão –, por outro lado, havia os imigrantes europeus, mais preparados psicologicamente e com a ambição necessária para se ajustar ao sistema de parcerias. A burguesia do café, então, preferiu utilizar-se da mão-de-obra imigrante, em vez de ter paciência para promover a adaptação do negro ao novo sistema. A conseqüência desses fatores foi que o negro ficou relegado a segundo plano no mercado de trabalho, agravando as já precárias condições econômicas em que se encontravam.

Nos Estados Unidos, a despeito de também não ter havido um trabalho de conscientização prévio sobre as novas funções que o negro iria desempenhar na sociedade, é de se destacar a inexistência de relevante imigração de trabalhadores ao fim da abolição da escravatura para poder fazer frente à necessidade de mão-de-obra.[539] Isto porque, diferentemente do que aconteceu no Brasil, no qual a extinção do tráfico de escravos determinou a necessidade da adoção do trabalhador imigrante como uma nova força de trabalho para a lavoura cafeeira, devido à quantidade insuficiente de negros no País, de forma diversa, nos Estados Unidos, o precoce processo de Independência das colônias da Inglaterra fez com que mesmo antes da abolição da escravatura não houvesse qualquer empecilho externo para o desenvolvimento de um comércio interno de escravos.[540]

Destarte, por já serem independentes, os Estados Unidos não estiveram, como esteve o Brasil, subjugados à pressão externa para a abolição da escravatura. Por já haverem conquistado a autonomia política e econômica, os Estados Unidos continuaram promovendo o tráfico, sem interferência britânica,[541] até aproximadamente 1808,[542] e,

---

[539] Os ciclos imigratórios para os Estados Unidos podem ser mais bem explicados em BURCHELL, R.A; HOMBERGER, Eric. (1981: p. 168 e 169).

[540] Frank Tannenbaum afirma que, em 1830, o Estado da Virgínia exportava 8.500 escravos, por ano, para outros estados dos Estados Unidos, caracterizando-se como um típico estado criador de escravos para vender dentro do País. TANNENBAUM, Frank. (1992: p. 80). Essa prática não encontrou precedente no Brasil. Mesmo com o fim do tráfico negreiro no país, e com a decadência da mineração e da produção açucareira, as altíssimas taxas que eram estipuladas para o tráfico entre as províncias dificultaram o ingresso dos escravos na região cafeeira. Somente os grandes fazendeiros poderiam fazer frente a tais valores. Nesse sentido, ver em COSTA, Emília Viotti da. (1998: p. 256 e ss).

[541] Leslie Bethell trouxe à colação trechos de cartas de oficiais ingleses, nas quais se queixavam de que os esforços para acabar com o comércio dos escravos estavam sendo inúteis, devido à quantidade de navios norte-americanos que promoviam o tráfico negreiro. E citavam Henry Wise, um norte-americano da Virgínia para ilustrar a afirmação: "Somos um 'objeto de desprezo entre as nações' – o único povo que pode obter e transportar toda e qualquer coisa para o comércio de escravos sem medo dos navios de patrulha britânicos". BETHELL, Leslie. (2002: p. 225).

[542] DEGLER, Carl. (1986: p. 52); BIGSBY, C.W.E.; THOMPSON, Roger. (1981: p. 193).

paralelamente a este comércio negreiro, havia o incentivo à produção interna dos escravos.

De acordo com historiadores, o número de escravos traficados para os Estados Unidos, entre 1619 até 1860, foi de, aproximadamente, 400 mil.[543] Todavia, à época da abolição da escravatura, havia 4 milhões de escravos no país,[544] resultado de uma grande produção interna.[545] Assim, a força de trabalho do negro foi amplamente utilizada, mesmo depois da extinção do tráfico negreiro e da abolição da escravatura, porque não houve escassez deste tipo de mão-de-obra. Os negros tiveram de se adaptar, ainda que forçosamente, ao sistema assalariado do trabalho livre.

Havia espaço nas manufaturas dos estados do norte dos Estados Unidos para o trabalho do recém-liberto, principalmente porque um contingente considerável de norte-americanos brancos havia ido lutar na Primeira e na Segunda Grandes Guerras, abrindo oportunidades para o ingresso dos negros nas fábricas, já que a estes era formalmente negada a participação no Exército.[546] Além disso, muitas fazendas do sul ofereceram aos negros a possibilidade de trabalhar sob o sistema da parceria, com a abolição da escravatura, concedendo-lhes parte da produção. Os negros aos poucos foram se inserindo no mercado de trabalho, mesmo porque, em inúmeros estados do sul, havia leis por meio das quais se determinava que o negro livre deveria ter uma ocupação, sob pena de expulsão do estado.[547]

---

[543] BIGSBY, C.W.E; THOMPSON, Roger. (1981: p. 193). O historiador inglês Blackburn lembra que a lei extinguindo o tráfico de escravos foi aprovada em 1807, para entrar em vigor em 1808. A norma em questão estipulava pesadas multas para quem a infringisse e continuasse praticando o comércio negreiro. BLACKBURN, Robin. (2002: p. 288 e 307).

[544] FRANKLIN, John Hope. (1999: p. 173).

[545] Assim afirma Degler: "A duração e mesmo a expansão da escravidão nos Estados Unidos, sem qualquer acréscimo substancial por meio de importações, é única na história mundial de escravidão. Nem na Antiguidade, nem na América Latina, um sistema escravista foi sustentado principalmente pela reprodução da população escrava". Tradução livre. DEGLER, Carl. (1986: p. 61). O autor afirma, ainda, que uma das causas para o sucesso da produção interna de escravos foi a relativa paridade de negros homens e mulheres nos Estados Unidos, o que facilitou a procriação. O historiador inglês Blackburn menciona alguns fatores que poderiam ter ensejado a alta taxa de natalidade entre os escravos norte-americanos, como as condições de vida mais saudáveis, devido ao clima mais ameno e ao suprimento de comida mais abundante. Dessa forma, os índices de mortalidade infantil permaneciam muito baixos, comparativamente com a escravidão da América Latina. Ademais, adverte o autor que "o ambiente natural e social da *plantation* de tabaco era mais propício a uma taxa bem superior de crianças nascidas vivas do que o da *plantation* de açúcar". BLACKBURN, Robin. (2003: p. 565 e ss). Entretanto, a despeito de entendermos que tais elementos naturalísticos podem ter tido relevância, não nos afigura ser totalmente correto atribuir-lhes conotação decisiva à alta taxa de reprodução de escravos nos Estados Unidos. Parece-nos que se deveria considerar a hipótese de os senhores das plantações terem agido deliberadamente no sentido de criar condições mais propícias para que os escravos se reproduzissem, para que continuassem obtendo a mão-de-obra negra de forma menos custosa, uma vez que o tráfico negreiro para os Estados Unidos já havia sido extinto desde 1808.

[546] BITTKER, Boris I. (1998a: p. 50 e ss).

[547] Sobre o tema, ver em ROBERTSON, William Spence. (1941: p. 194 e ss).

2.2. AS AÇÕES AFIRMATIVAS PRÓPRIAS PARA O DIREITO BRASILEIRO

2.2.1. Conceito, objeto e objetivos

Como vimos até aqui, a adoção de programas afirmativos nos Estados Unidos foi uma resposta ao sistema de segregação institucionalizada que teve início posteriormente à abolição da escravatura. O fato de não termos tido esse sistema no Brasil, por óbvio, não obsta à adoção de medidas positivas semelhantes. Todavia, os paradigmas que nos servirão de análise são outros, diferentes dos que inspiraram a adoção das medidas alhures. No Direito brasileiro, a análise das ações afirmativas deve ser feita a partir da observação da nossa realidade, visando a combater as razões que efetivamente impediram e impedem o negro de se integrar socialmente.

Pretenderemos discutir, ao estudarmos a possibilidade de implementarem-se ações afirmativas para os negros no Brasil, as causas que levaram à exclusão dos negros em determinados setores sociais, de modo a tentarmos formular propostas de medidas afirmativas nacionais, para bloquear a perpetuação das desigualdades do sistema. Inicialmente, abordaremos as ações afirmativas de maneira geral, analisando o conceito, os objetivos, as principais críticas e argumentos favoráveis aos programas positivos para, alfim, procedermos às conclusões sobre a necessidade de adotarmos tais medidas no País.

Podemos conceituar as ações afirmativas como um instrumento temporário de política social, praticado por entidades privadas ou pelo governo, nos diferentes poderes e nos diversos níveis, por meio do qual se visa a integrar certo grupo de pessoas à sociedade, objetivando aumentar a participação desses indivíduos sub-representados em determinadas esferas, nas quais tradicionalmente permaneceriam alijados por razões de raça, sexo, etnia, deficiências física e mental ou classe social. Procura-se, com tais programas positivos, promover o desenvolvimento de uma sociedade plural, diversificada, consciente, tolerante às diferenças e democrática, uma vez que concederia espaços relevantes para que as minorias participassem da comunidade.[548]

Com a adoção das medidas afirmativas, objetiva-se fomentar a participação dos entes discriminados em áreas em que dificilmente

---

[548] Alexy conceitua de forma bastante ampla as ações positivas. Para ele, ações positivas seriam toda e qualquer prestação por parte do Estado. ALEXY, Robert. (2001: p. 419). Para David Gluck, é necessário fazer uma distinção entre ações positivas e medidas de igualação positiva. As primeiras deveriam ser utilizadas para os grupos determinados, os beneficiários seriam os membros daquele grupo, sem se perquirir se, de fato, seriam carecedores de medidas benéficas. Já as medidas de igualação positiva somente poderiam ocorrer para a pessoa individualmente considerada, que demonstrasse a necessidade de ter um tratamento diferenciado, como, por exemplo, os deficientes físicos, a depender do grau de deficiência de cada um. Nesse sentido ver em GLUCK, David Gimenez. (1999: p. 57 e ss).

conseguiriam ter acesso. Caso a estratégia de combate à discriminação se limitasse à adoção de normas meramente proibitivas do preconceito, os objetivos não conseguiriam ser alcançados, em relativo espaço de tempo.

É importante destacar que a adoção de políticas afirmativas deve ter um prazo de duração, até serem sanados ou minimizados os efeitos do preconceito e da discriminação sofridos pelas minorias desfavorecidas. Se as ações afirmativas visam a estabelecer um equilíbrio na representação das categorias nas mais diversas áreas da sociedade, quando os objetivos forem finalmente atingidos, tais políticas devem ser extintas, sob pena de maltratarem a necessidade de um tratamento equânime entre as pessoas, por estabelecerem distinções não mais devidas. A prática de programas positivos de forma ilimitada terminaria por ser delimitada pelo subprincípio da *proibição do excesso*, previsto no princípio da proporcionalidade. Nessa toada, para Mèlin-Soucramanien, a discriminação positiva pode ser definida como uma distinção jurídica de tratamento na qual o legislador, visando a reparar uma desigualdade de fato preexistente entre as pessoas, objetiva favorecer uma categoria de determinadas pessoas, em detrimento de outras, desde que a título temporário.[549]

Para ser beneficiário das ações afirmativas é preciso que se demonstre que a discriminação contra aquele grupo determinado atua de maneira poderosa, a impedir ou a dificultar substancialmente o acesso das minorias a determinadas esferas sociais, como ao mercado de trabalho e à educação. A par desse aspecto, a segregação deve ter sido efetuada com base na raça, no gênero, na deficiência, na etnia ou na classe social. Deve-se, ainda, comprovar que não há uma projeção de integração naturalmente, em um futuro próximo, ou seja, se nada fosse feito em relação às minorias beneficiadas, não haveria qualquer tipo de mudança social relevante, dentro de um espaço razoável de tempo.

2.2.2. Principais argumentos favoráveis e contrários em relação às políticas positivas

Os defensores dos programas afirmativos procuram justificar a opção por tais medidas a partir, basicamente, de duas teorias: a da Justiça Compensatória e a da Justiça Distributiva. Apesar de ambas procurarem inserir os negros, são, de fato, teorias distintas: enquanto a teoria distributiva é um pleito de justiça no presente, a compensatória quer buscar a justiça pelo passado. Entretanto, muitos defensores das políticas afirmativas acabam misturando os argumentos, o que pode gerar certa confusão.[550]

---

[549] MÈLIN-SOUCRAMANIEN, Ferdinand. (1997: p. 206 e 207).

[550] Por exemplo, quando se fala em compensar a discriminação do passado, quer-se dizer do passado remoto, como a escravidão, ou dos efeitos do passado que permanecem no presente,

A Justiça Compensatória estaria baseada na retificação de injustiças ou de falhas cometidas contra indivíduos no passado, ora por particulares, ora pelo governo. Greene explica que o fundamento deste princípio é relativamente simples: quando uma parte lesiona a outra, tem o dever de reparar o dano, retornando a vítima à situação que se encontrava antes de sofrer a lesão.[551] Propriamente dita, a teoria compensatória é a reivindicação para que se repare um dano ocorrido no passado em relação aos membros de determinado grupo minoritário.

Por meio desta teoria, assevera-se que o objetivo dos programas afirmativos para os afro-descendentes seria o de promover o resgate da dívida histórica, e que tal dívida teria sido o período de escravidão a que foram submetidos os negros.[552]

O problema da adoção dessa teoria para justificar a imposição de políticas afirmativas é que se afigura deveras complicado responsabilizar, no presente, os brancos descendentes de pessoas que, em um passado remoto, tiveram escravos. Ademais, seria praticamente impossível, em um país miscigenado como o Brasil, identificar quem seriam

como o preconceito e a discriminação? Se a intenção for reparar o passado de trabalho escravo, está-se diante da teoria compensatória, se, por outro lado, se quiser remediar os efeitos maléficos do preconceito e da discriminação do presente, está-se versando sobre a teoria redistributiva. O argumento da justiça distributiva abarcaria, em parte, o fundamento histórico da teoria compensatória, mas desde que os efeitos se perpetuassem nos dias atuais. Nesse sentido também em FISCUS, Ronald J. (1992: p. 8).

[551] GREENE, Kathanne W. (1989: p. 3); também GOLDMAN, Alan. (1979: p. 67).

[552] Como um exemplo da tentativa de utilização da teoria de justiça compensatória no Brasil, temos o Projeto de Lei nº 3.198/2000, de autoria do então Deputado Paulo Paim, no qual se prevê uma compensação a ser paga a cada um dos descendentes de escravos no Brasil no valor de R$102.000,00 (cento e dois mil reais). O interessante é destacar que não há no projeto qualquer menção de como essa receita seria obtida. E, sobretudo, não há disciplina no projeto sobre como se fará a prova de quem poderia ser considerado descendente de escravos no País. Em um País altamente miscigenado, como o Brasil, a aposta em medidas como estas poderia ocasionar a quebra de, pelo menos, 7 Tesouros brasileiros, isto porque, segundo os dados do Censo de 2000, os afro-descendentes se constituem em 44% da população, o que em termos absolutos significa, aproximadamente, 75 milhões de pessoas. A indenização proposta por Paulo Paim simplesmente atingiria um montante de 7.650.000.000.000, ou seja, 7 trilhões e 650 milhões de reais. Ora, considerando que o Produto Interno Bruto do Brasil está na ordem de 1 trilhão, seria preciso unir a riqueza de sete países do porte do Brasil para poder saldar a dívida, acaso a proposta vire lei. Assim prevê o projeto: "CAPÍTULO III. Do Direito à Indenização aos Descendentes Afro-Brasileiros. Artigo 14: O resgate da cidadania dos descendentes de africanos escravizados no Brasil se fará com providências educacionais, culturais e materiais referidas na presente lei. § 1º- A União pagará, a título de reparação, a cada um dos descendentes de africanos escravizados no Brasil o valor equivalente a R$102.000,00 (cento e dois mil reais). § 2º- Terão direito a este valor material todos os descendentes de africanos escravizados no Brasil nascidos até a data de publicação da presente lei. § 3º – O Governo, na esfera federal, estadual e municipal, assegurará a presença do descendente de africano nas escolas públicas, em todos os níveis. § 4º – O Governo providenciará políticas compensatórias para os descendentes de africanos escravizados, executando a declaração de das terras remanescentes de quilombos, reforma nos currículos, assegurando políticas de emprego, direito à imagem e acesso à mídia, assim realizando políticas habitacionais em centros urbanos. § 5º – Compete à União, o ônus da prova contestatória às reivindicações de reparações propostas individual ou coletivamente pelos descendentes de africanos escravizados no Brasil".

os beneficiários do programa compensatório, já que os negros de hoje não foram vítimas da escravidão.⁵⁵³ Culpar pessoas inocentes pela prática de atos dos quais discordam parece promover a injustiça, em vez de procurar alcançar a eqüidade. Assim, a teoria compensatória não poderia ter espaço quando os indivíduos que são tratados como um grupo – o dos descendentes dos antigos senhores escravocratas – não endossaram as atitudes em relação às quais serão responsabilizados ou, então, não exerceram qualquer tipo de controle em relação a elas.

Por meio da idéia de justiça compensatória, a reparação seria efetivada para aqueles que não sofreram diretamente o dano. A par desse aspecto, pretender-se-ia que as pessoas do presente se responsabilizassem por atos que não realizaram e dos quais muitos discordam seriamente. Parece-nos que a visão hodierna da Suprema Corte norte-americana situa-se no sentido de não acatar os argumentos compensatórios, na medida em que fez questão de frisar, no recente julgamento dos casos a envolver a Universidade de Michigan, que as políticas afirmativas teriam fundamento constitucional desde que tivessem o intuito de promover a diversidade, tornando os alunos aptos a lidar com as mais diversas expressões culturais, e que os programas positivos não visariam a compensar a outrora adoção do trabalho escravo.

Mesmo os pesquisadores que se posicionam a favor das ações afirmativas costumam ter uma visão crítica da justificativa dos programas por meio de argumentos compensatórios.⁵⁵⁴ Assim, políticas indenizatórias para reparar a dívida histórica da sociedade em relação a determinadas categorias não seriam legítimas. Isto porque, em termos de compensação pelo dano sofrido, somente aqueles que foram diretamente lesionados poderiam pleitear a reparação correspondente, e contra quem efetivamente ocasionou o prejuízo.

---

⁵⁵³ Nesse sentido, Fiscus leciona: "Mais especificamente, há duas objeções relacionadas ao argumento da justiça compensatória para as ações afirmativas. Elas são fundamentadas nos princípios complementares de que a compensação deveria ser paga à pessoa prejudicada e de que deveria ser pago por aquele que ocasionou o dano. Programas de ações afirmativas baseados na justiça compensatória podem fracassar, pelo primeiro princípio, de várias maneiras (). Sustentar que os descendentes de milhões de negros lesionados ao longo de nossa história têm direito à compensação, pelo prejuízo ocasionado aos seus ancestrais em um passado longínquo, é violar o primeiro princípio da justiça compensatória, que os sujeitos da compensação sejam aqueles prejudicados". FISCUS, Ronald J. (1992: p. 9 e 10). Tradução livre.

⁵⁵⁴ Assim adverte Fiscus: "Que os programas de ações afirmativas freqüentemente foram justificados em termos de justiça compensatória é um fato extremamente infeliz. Essa justificativa é problemática, nestes casos, e suas vulnerabilidades foram agarradas pelos críticos – inclusive, e talvez de modo mais importante, pelos *Justices* da Suprema Corte – para desacreditar as ações afirmativas. Argumentos de justiça compensatória, no contexto das ações afirmativas, vão de encontro à nossa forte e arraigada oposição geral às responsabilidades de grupo e aos direitos de um grupo – castigando ou recompensando um indivíduo simplesmente porque ele ou ela pertence a um determinado grupo". Tradução livre. FISCUS, Ronald J. (1992: p. 9).

Ademais, haveria ainda o problema de identificar quem seriam os possíveis beneficiados da política compensatória. Todos os descendentes de africanos? E os negros que imigraram para o País recentemente, teriam direito? E os descendentes de negros que não foram escravizados, mesmo à época da escravidão, também fariam jus aos benefícios? Tais perguntas podem parecer absurdas, mas não é simples definir uma linha divisória entre os beneficiados e não-beneficiados da política afirmativa compensatória.[555]

Acaso adotássemos a teoria de que a compensação poderia evoluir no tempo, e no espaço, e se constituir em uma verdadeira herança maldita para a sociedade em geral, o exercício da retórica nos levaria a argumentos teratológicos, como tentar abraçar essa tese em relação a qualquer forma histórica de opressão, e, assim, acreditarmos que até mesmo países inteiros, que foram colonizados e/ou oprimidos, poderiam exigir políticas compensatórias por parte dos países colonizadores e/ou opressores.

Desse modo, almejar dividir com as pessoas de hoje a obrigação de reparar os erros e as falhas cometidas pelos ancestrais poderia ensejar um perigoso jogo de responsabilização *ad infinitum* e possibilitar pedidos igualmente absurdos. Em sendo assim, por que não pleitearmos indenização a Portugal, devido à espoliação das riquezas brasileiras – açúcar, café, tabaco, minérios, ouro e diamantes? Por que não cobrarmos de Portugal a indenização a ser devida aos afro-descendentes, já que foram os portugueses quem organizaram o tráfico de escravos e a escravidão no Brasil? E dos holandeses, que esbulharam Pernambuco? E dos ingleses, que exploraram o Brasil e também Portugal? E dos franceses, que invadiram o País diversas vezes, chegando a formar a França Antártica, no Rio de Janeiro e a França Equinocial, no Maranhão? Com efeito, de nada adiantaria pleitear ressarcimento, nesses termos, porque a resposta, se é que chegaríamos a ter qualquer tipo de reação diversa da solene ignorância, seria uníssona: "não podemos ser responsabilizados por um fato cometido há quinhentos anos. Nada temos com isso".

Além do que, em um País miscigenado como o Brasil, saber quem é ou não descendente de escravos nos afigura uma missão praticamente impossível. O País adotou a mão-de-obra escrava por um período de 300 anos, mas durante todos os 500 anos, desde o início da colonização até os presentes dias, houve uma miscigenação fortíssima entre as raças. Como o Brasil nunca conheceu leis que proibissem o relacionamento inter-racial, ou o casamento entre negros e brancos, essa prática

---

[555] Alguns desses argumentos são desenvolvidos por Alan Goldman, no paradigmático livro sobre o tema. GOLDMAN, Alan. (1979: p. 98 e ss).

foi amplamente difundida, e muitas vezes até motivada, como já vimos anteriormente.

O outro fundamento para a aplicação de medidas positivas seria a teoria da Justiça Distributiva, que, por sua vez, diz respeito à redistribuição de direitos, benefícios e obrigações pelos membros da sociedade. A teoria distributiva diz respeito à promoção de oportunidades para aqueles que não conseguem se fazer representar de maneira igualitária. Nesse sentido, o Estado passaria a redistribuir os benefícios aos cidadãos, de maneira a tentar compensar as desigualdades que o preconceito e a discriminação efetuaram no presente. Assim, confirma Fiscus, "de maneira simplificada, para nossa proposta, a justiça distributiva, como uma questão de igual proteção, é a exigência que um indivíduo ou grupo possui quanto aos benefícios, vantagens e posições que teriam conseguido, acaso estivessem sob condições justas – condições estas identificadas aqui como a ausência de discriminação odiosa".[556]

Se antes as políticas desenvolvidas pelo governo ou pelas empresas eram aplicadas de forma neutra, sem levar em consideração fatores como sexo, raça, etnia, deficiências de toda ordem ou classe social, a adoção das ações afirmativas pela teoria redistributiva procura minimizar a exclusão na sociedade de tais grupos minoritários, tendo em vista a necessidade de promover a concretização do princípio da igualdade.

Assim, por meio da teoria redistributiva, há um redirecionamento dos benefícios, dos direitos e das oportunidades entre os cidadãos. O Estado age de forma interventiva para poder garantir a efetivação do princípio da igualdade, porque, se nada for feito, as barreiras impostas pelo preconceito e pela discriminação dificilmente permitiriam a igualdade de acesso às melhores chances de emprego e de educação às minorias. Quando o Estado atua para poder restaurar o equilíbrio social – que não precisaria ser restaurado se na sociedade inexistissem preconceito e discriminação – não se poderia falar, em tese, de ofensa ao princípio da igual proteção segundo as leis. É bem verdade, como iremos destacar, que a adoção de uma política afirmativa deve ser precedida de um estudo para saber quais são os principais obstáculos impostos aos negros para que consigam ascender socialmente. No caso norte-americano, por exemplo, tal fator é a ancestralidade africana. No Brasil, no entanto, parece-nos que a questão não pode ser reduzida, de forma simplista, a apenas uma razão. Há fortes indícios de que, pelo menos, dois fatores concorrem para a exclusão do negro brasileiro: a cor e a classe econômica desfavorável.

Apesar de as medidas inclusivas que levam em consideração o fator racial não visarem, especificamente, à desqualificação dos não-beneficiados como pessoas inferiores, de qualquer modo, a implementa-

---

[556] Tradução livre. FISCUS, Ronald J. (1992: p. 8).

ção dessa política pode gerar prejuízos para aqueles que não foram contemplados. É a chamada discriminação reversa, que ocorre quando as políticas afirmativas reservam vagas específicas para os grupos beneficiados. E é por isso que se deve ter cautela na escolha dos critérios a ensejar uma política afirmativa, haja vista que a eleição de fatores não justificáveis pode vir a ensejar a declaração da inconstitucionalidade de tal medida, por ofensa aos princípios da igualdade e da proporcionalidade, além de não serem considerados legítimos pela comunidade.

Além das teorias da justiça compensatória e da justiça distributiva, os partidários das ações afirmativas procuram destacar a importância da adoção dessas medidas no intuito de promover a diversidade nos ambientes em que forem instauradas. Com efeito, por promoverem a inserção de representantes de diferentes minorias em setores nos quais dificilmente teriam acesso, as ações afirmativas possibilitam o surgimento de uma sociedade mais diversificada, aberta, tolerante, miscigenada e multicultural.

Essa linha de raciocínio, no entanto, mais uma vez demonstra a necessidade de o tema, no Brasil, ser tratado de maneira própria e com cautela. Isto porque, segundo nos parece, assertivas em favor da diversidade podem fazer mais sentido em países como os Estados Unidos, no qual até a década de 70 – e aqui não estamos falando de 1670, ou de 1870, mas sim de 1970! – praticamente não havia um só local em que negros e brancos pudessem interagir de forma pacífica.[557]

No Brasil, argumentos nesse sentido dificilmente seriam defensáveis. Isto porque, neste País, não há como se defender a existência de uma cultura paralela formada pelos negros, à qual os brancos só tenham acesso muito raramente.[558] A tese de que as políticas afirmati-

---

[557] Dworkin, justificando o argumento da diversidade no corpo estudantil – e combatendo as críticas segundo as quais se acreditava que para promover efetivamente a diversidade, seria melhor escolher os estudantes negros pobres, ou então os que possuíssem características culturais específicas, a ter de admitir negros ricos que tivessem hábitos parecidos aos dos brancos, por não proporcionarem um verdadeiro espaço multicultural – afirma que o maior benefício da mistura entre as raças é justamente o de atenuar o ódio racial nos Estados Unidos. Alega: "Essa objeção perde o aspecto da diversidade posto em questão, que não é o que a raça poderia ou não demonstrar, mas a raça em si. Infelizmente, os piores estereótipos, suspeitas, medos e ódios que ainda envenenam a América, são codificados pela cor, e não pela classe ou pela cultura. É crucial que negros e brancos passem a se conhecer, e a melhor apreciarem-se uns aos outros". Tradução livre. DWORKIN, Ronald. (2000: p. 403).

[558] Observem-se, por exemplo, as perguntas realizadas em pesquisas norte-americanas, para embasar a adoção de políticas afirmativas – "Você considera importante ter contato com outra cultura?"; "Você considera importante ter contato com outra raça?". Parecem-nos, quando menos, que questões dessa ordem são no mínimo desarrazoadas, em países como o Brasil. Pouquíssimos brasileiros, se é que se chega a tanto, podem dizer que nunca tiveram um mínimo de contato com um membro do grupo negro, considerando entre pretos e pardos. Mesmo porque, é preciso que se destaque, a pergunta mencionada na pesquisa não estava sugerindo intenso contato inter-racial, ou mesmo amizade entre os grupos. DWORKIN, Ronald. (2000: p. 396).

vas deveriam ser impostas para efetivar um ambiente multicultural encontra opositores até mesmo nos líderes de esquerda, que, certamente, não poderão ser tachados de conservadores. Aldo Rebelo, deputado federal pelo PCdoB, analisando a importação de modelos norte-americanos para a nossa realidade, afirmou:[559] "Os ensaios de Gilberto Freyre nos servem ainda hoje de frondosa vassoura de piaçaba para tanger do nosso terreiro o lixo ideológico que, na forma de multiculturalismo, ensandece a cabeça dos que tentam aportar no Brasil com modelos norte-americanos de combate ao racismo". O antropólogo baiano, Antônio Risério, já afirmara, em ensaio publicado, que "o multiculturalismo é um *apartheid* de esquerda".[560]

Uma observação importante no que se refere às modalidades de programas positivos é que estas não podem ser reduzidas à fixação de cotas. As cotas são apenas um dos mecanismos existentes na aplicação da política de proteção às minorias desfavorecidas, e podem aparecer não somente com a reserva de vagas no vestibular, para ingresso nas Unversidades, mas ainda na porcentagem de empregos para determinados grupos. É preciso destacar, no entanto, que existem diversas outras modalidades de medidas positivas, como bolsas de estudo, reforço escolar, programas especiais de treinamento, cursinhos pré-vestibulares,[561] linhas especiais de crédito e estímulos fiscais diversos que levem em conta a raça como fator de segregação.

Por sua vez, o sistema de cotas é bastante criticado,[562] porque provoca a discriminação reversa,[563] atingindo diretamente o direito de

---

[559] REBELO, Aldo. (2000a: 29).

[560] Apud REBELO, Aldo. (2000a: 29).

[561] Yvonne Maggie relata a experiência bem sucedida de um curso pré-vestibular para negros e carentes no Rio de Janeiro. Ver em MAGGIE, Yvonne. (2001: p. 193 a 202).

[562] Hasenbalg, sociólogo de renome no estudo das relações raciais no Brasil, já havia se manifestado sobre a relativa eficácia do sistema de políticas afirmativas por meio de cotas: "Particularmente, sou pessimista quanto à aplicação deste tipo de programa no Brasil. As dificuldades começariam no momento de encontrar apoio político para aprovar a legislação adequada e continuariam na hora de decidir quem é negro (ou não-branco) para poder candidatar-se ao sistema de cotas. Considero, porém, que na esfera educacional, programas desse tipo poderiam ser realizados através de investimentos maciços em escolas e regiões escolares que atendem à clientela mais carente". Ver mais em SILVA, Nelson do Valle; HASENBALG, Carlos A. (1992: p. 16). Clarence Thomas, negro, atualmente um dos *Justices* da Suprema Corte norte-americana, antes mesmo de assumir tal cargo, já havia se posicionado radicalmente contra a política de cotas: "Eu gostaria de prevenir, mais uma vez, que ações afirmativas baseadas em cotas numéricas seria a forma mais fácil, mas, dificilmente, seria a melhor solução". Tradução livre. THOMAS, Clarence. (1998: p. 109). Da mesma maneira se manifestou o então Presidente dos Estados Unidos, Ronald Reagan, em conferência realizada em Chicago, Illinois: "Ao que nós nos opomos não é nem tanto às ações afirmativas, mas sim ao sistema de cotas". Tradução livre. REAGAN, Ronald. (1998: p. 110).

[563] O termo discriminação reversa pode suscitar ambigüidades. Nós o utilizamos quando nos referimos à possibilidade de as ações afirmativas poderem atingir, indiretamente, o direito daqueles que não foram beneficiados pelos programas. No clássico estudo desenvolvido por Alan Goldman, o termo discriminação reversa quer dizer a própria ação afirmativa. Tanto que o autor se apressa a justificar a adoção do termo de forma não-pejorativa. Assim, a discriminação

outros, que não promoveram a discriminação. A escassez dos bens sociais, como o acesso às Universidades, pode fazer com que a reserva de vagas seja observada como uma ofensa ao tratamento igualitário. Em larga medida, a política de cotas fere o princípio da igualdade, porque os não-beneficiados acabariam por ser tratados de maneira desigual, na medida em que se delimita o direito de acesso a todos, com a redução no número das vagas disponíveis. Assim, pessoas inocentes terminariam sofrendo as conseqüências de atos – o preconceito e a discriminação que impediram o acesso das minorias – para os quais muitas vezes não deram causa, e em relação aos quais, em tese, podem divergir profundamente.

Se as ações afirmativas adotadas não forem numericamente fixadas por meio de cotas, os efeitos da política positiva seriam diluídos entre toda a sociedade e, assim, não haveria o risco de discriminar reversamente alguém. E se porventura houvesse a necessidade de se adotar uma política afirmativa mais agressiva, no sentido de estabelecer uma quantidade de vagas reservadas a certa categoria, ao menos que fosse a partir de um plano de metas, que funcionariam como ideal a ser perseguido, com prazo certo de duração.

Nesses termos, a fixação de metas funcionaria como um programa mais flexível do que as cotas simples,[564] na medida em que apenas sugeririam um número a ser atingido, mas de modo negociável, de modo a diminuir a possibilidade de discriminação reversa. Assim, enquanto as cotas seriam implacáveis, pois teriam de ser atendidas, as metas seriam maleáveis e, se eventualmente não fossem cumpridas, poderiam ou não suscitar sanções, a depender da boa-fé do executor do programa. Nesse diapasão, Alan Goldman também procura distinguir cotas de metas, aduzindo: "Cotas são limites fixos e numéricos, baseadas em uma intenção discriminatória de restringir a um grupo especificado uma atividade particular. Por outro lado, as metas são objetivos numéricos que um contratante tenta alcançar. O objetivo das metas não é discriminatório, mas afirmativo na intenção: ajudar a aumentar o número de pessoas minoritárias qualificadas na organização".[565]

---

reversa, para ele, poderia ser utilizada como uma política de integração de minorias, mas desde que houvesse uma argumentação bastante razoável que legitimasse essas medidas. GOLDMAN, Alan. (1979: p. 234).

[564] Gluck afirma que as metas seriam as "cotas flexíveis". GLUCK, David Gimenez. (1999: p. 83). Jonathan S. Leonard realiza uma breve análise sobre a adoção de cotas e de metas nos Estados Unidos. Ver em LEONARD, Jonanthan. (1997: p. 95 a 97). Fiscus admite a política de cotas, afirmando que elas não violariam a cláusula de igual proteção segundo as leis, desde que fossem proporcionais, ou seja, fixadas de acordo com certa porcentagem da população minoritária residente na localidade em que o programa afirmativo fosse implementado. Ver em FISCUS, Ronald J. (1992: p. 51 e 52).

[565] Tradução livre. GOLDMAN, Alan. (1979: p. 210).

Um exemplo da utilização de metas poderia ser a de aumentar a contratação de negros por certa empresa, ou aumentar o percentual de estudantes negros, mas desde que o programa conceda certa margem a ser trabalhada para aqueles que deverão cumpri-lo.

As outras modalidades de políticas afirmativas podem ser consideradas verdadeiras ações distributivas de divisão de riquezas, colocadas em prática por meio de políticas assistencialistas, como bolsas para estudantes, fornecimento de vantagens econômicas, cursinhos pré-vestibulares e capacitação para emprego. Em tais casos, o ônus decorrente do programa seria dissolvido entre a população, de maneira a não ensejar um confronto direto com os não-beneficiados, nem, por conseqüência, a discriminação reversa.

Como visto, os Estados Unidos admitiram em poucos casos o sistema de cotas, mas, por tal modalidade de programa positivo ter sido diuturnamente atacada por praticamente todos os constitucionalistas norte-americanos, atualmente não são mais utilizadas. E em se tratando da esfera educacional, as cotas para Universidades nunca foram consideradas legítimas. Assim afirmam Nowack e Rotunda: "No julgamento da constitucionalidade de programas positivos, uma distinção precisa ser extraída dentre as duas formas básicas de ação afirmativa. Pode-se fixar uma cota, por meio da qual se reserve um número específico de lugares para os representantes das minorias, e um número específico para os demais. Alternativamente, podem ser fixados padrões separados de tratamento, por meio dos quais se conceda um tratamento preferencial a minorias, sem para tanto ser necessário o uso de uma cota".[566] E, assim, concluem: "Programas de cota são difíceis, se não impossíveis, de defender. Quando o governo distribui benefícios sob um sistema de cotas rígido, desconsidera totalmente as circunstâncias individuais, e, além disso, sobrecarrega os membros das raças minoritárias".[567]

De outra maneira também não pensa Edley Jr., que destaca: "Cotas – significando camisas-de-força numéricas rígidas – são absolutamente vedadas (*illegal*) pela Constituição e pela legislação relativa aos direitos individuais (*civil rights statutes*), exceto em sentenças judiciais bastante incomuns e limitadas, quando um juiz considera ter sido o acusado renitente ou hostil e parece não haver nenhuma outra solução disponível para corrigir uma discriminação duradoura e comprovada".[568]

No que concerne ao estudo relativo às críticas às ações afirmativas, percebe-se que, na maior parte das vezes, os argumentos se repetem independentemente do sistema jurídico no qual as medidas

---

[566] Tradução livre. NOWACK, John E.; ROTUNDA, Ronald D. (1995: p. 694).
[567] Idem.
[568] *Apud* MENEZES, Paulo Lucena de. (2001: p. 31).

foram adotadas. Os opositores das ações afirmativas em relação aos negros, por exemplo, argumentam que estas desprivilegiariam o critério republicano do mérito, conduziriam à discriminação reversa, aumentariam o racismo,[569] ao incitar o ódio entre as raças, além de favorecer aos negros de classe média ou alta,[570] que não estariam dentre aqueles que mais precisariam de benefícios. Vejamos a seguir, com maior vagar, alguns dos argumentos utilizados contra a adoção de programas positivos.[571]

Alguns críticos das ações afirmativas asseguram que a instituição do programa, ao conceder vantagens para um grupo como um todo, considerado minoritário, estaria incidindo no mesmo erro que ocasionou a adoção do programa, repetindo as falhas do passado, por julgar as pessoas não devido às qualidades individuais, mas sim pelas qualidades gerais que possuem a raça/sexo/etnia na qual os beneficiados estejam inseridos.[572] E, no momento em que o programa deixa de considerar as pessoas como indivíduos e passa a considerá-las como membros de um grupo que esteja sujeito a benefícios, poder-se-á chegar a resultados injustos em determinados casos concretos.

Com efeito, o sistema meritocrático seria, assim, colocado em segundo plano, e as pessoas mais preparadas talvez não conseguissem ingressar na vaga desejada, por a política de admissão deixar de escolher os candidatos pelas maiores notas, ou pela maior capacidade, e sim por pertencerem a determinada raça, gênero, etnia e camada social.

---

[569] George Reid Andrews, historiador norte-americano, adverte que a instituição de ações afirmativas nos Estados Unidos aumentou ainda mais o racismo contra os negros. Afirma que "pesquisas indicam que a mera menção às ações afirmativas pode provocar a expressão de atitudes e comportamentos mais racistas entre os brancos do que na ausência de uma menção a tais programas". A conseqüência de tal fato foi uma vitória dos candidatos republicanos, conservadores e contrários à adoção das políticas positivas, nas campanhas eleitorais de 1980 e 1990. E o resultado dessas vitórias foi a redução não somente de programas afirmativos, mas também a diminuição do empenho do governo federal com as políticas democrático-sociais como um todo. Alfim, conclui o autor que os ônus das políticas positivas foram elevados, enfatizando, sobretudo, que as medidas beneficiaram especificamente a classe média negra norte-americana: "As conquistas da classe média negra nos anos de 1970 e 1980 exigiram um custo muito alto, na forma do agravamento dos conflitos e tensões raciais no país". ANDREWS, George Reid. (1997: p. 139).

[570] Nesse sentido, também Hasenbalg adverte que os programas de ações afirmativas nos Estados Unidos ajudaram na consolidação de uma classe média negra, mas pouco contribuíram para a melhora das condições de vida dos negros pobres. HASENBALG, Carlos A.; MUNANGA, Kabengele; SCHWARCZ, Lília Moritz. (1998: p. 10).

[571] Entretanto, é preciso destacar que muitos dos argumentos contrários ou favoráveis às ações afirmativas não decorrem de uma análise mais aprofundada sobre o tema, e sim de percepções individuais, o que chega até mesmo a vulgarizar o debate, na medida em que muitos se acham legitimados para opinar sobre a possibilidade ou não de adotarmos ações afirmativas, sem que tenham realizado qualquer estudo prévio sobre o assunto. Como diria Thomas Skidmore, a "ignorância certamente compete com racismo e sexismo como obstáculo para a solução desses problemas sociais urgentes". SKIDMORE, Thomas. (1997: p. 131).

[572] CHIN, Gabriel J. (Ed.). (1998a: p. XVIII).

Um dos indicativos que o critério meritocrático disseminou-se na sociedade brasileira pode ser extraído da pesquisa efetuada por Roger Bastide e Florestan Fernandes. À pergunta "O que os negros devem ter ou fazer para ocupar os cargos que somente são concedidos aos brancos e para conseguir maiores oportunidades de acesso social e econômico?", a expressiva maioria dos entrevistados, de todas as raças, tanto os homens como as mulheres, não hesitaram em responder: "Estudar".[573]

Observa-se, com isso, que há na sociedade uma expectativa, quando menos, de reconhecimento ao esforço individual, de que aqueles que procurarem se aperfeiçoar poderão vir a ser recompensados por isso. É o pensamento da ética do trabalho e do júbilo à mobilização pessoal.[574] É bem verdade que o direito à avaliação do mérito individual e à análise do esforço de cada um não impede o florescimento de uma política afirmativa. O exercício do direito de acesso aos bens escassos, como o mercado de trabalho e a educação, pode ser limitado pelo exercício de outros direitos, mas desde que tal restrição seja plenamente justificável, a partir de critérios estritamente desenhados para combater o problema.[575]

Outro ponto apontado pelos opositores dos programas afirmativos é que estes viriam a fomentar o racismo entre os brancos e os negros e criar guetos nos locais em que houvesse a adoção da política afirmativa. Os negros seriam, assim, vistos como cidadãos de segunda classe, ou pessoas inferiores, que não teriam conseguido ingressar sozinhos, sem ajuda de terceiros. Poder-se-ia gerar certa hostilidade em relação aos beneficiados,[576] com "possíveis efeitos negativos sobre o

---

[573] BASTIDE, Roger; FLORESTAN, Fernandes. (Dir.). (1955: p. 233 e ss).

[574] Em 1995, a Folha de S. Paulo e o Datafolha realizaram uma pesquisa nacional sobre preconceito no Brasil. Perguntaram aos entrevistados: "Na sua opinião, atualmente, se uma pessoa negra, jovem, trabalhar duro, provavelmente ela conseguirá melhorar de vida, apesar do preconceito que vai ter que enfrentar, ou, não importa o esforço que ela faça, dificilmente ela terá chances de melhorar de vida?" A esmagadora maioria respondeu que sim, a pessoa negra conseguiria melhorar de vida se trabalhasse duro. A proporção que respondeu afirmativamente foi de 82% dos brancos e 80% dos pardos. VENTURI, Gustavo; TURRA, Cleusa. (Org.). (1995: p. 72).

[575] Ainda que haja disposições normativas, previstas na Constituição Federal, por meio das quais se exalte a igualdade de acesso ao ensino e o ingresso nos níveis superiores de acordo com a capacidade de cada um. Assim se determina no artigo 206, inciso I, da Constituição Federal: "O ensino será ministrado com base nos seguintes princípios: I – igualdade de condições para o acesso e permanência na escola". Ainda o artigo 208: "O dever do Estado com a educação será efetivado mediante a garantia de: inciso V – acesso aos níveis mais elevados do ensino, da pesquisa e da criação artística, segundo a capacidade de cada um".

[576] A *Justice* O'Connor já advertira quanto a estas indesejáveis conseqüências das políticas afirmativas, chegando a afirmar no voto proferido no julgamento do caso *City of Richmond v. J. A. Croson Co*: "Classificações baseadas na raça trazem o perigo de poder proporcionar um prejuízo estigmatizado. A não ser que elas sejam estritamente reservadas para solucionar questões específicas, elas podem, de fato, promover noções de inferioridade racial e conduzir a políticas de hostilidade racial". Tradução livre. Essa questão é excelentemente bem tratada no filme *Crash*,

reconhecimento social e a auto-estima daqueles a quem supostamente se favorece".[577]

Argumentos nessa perspectiva já haviam sido externados desde a década de 50, quando Jorge Prado Teixeira, negro palestrante do I Congresso do Negro Brasileiro, se posicionara de forma contrária à adoção de qualquer tipo de programa ou de legislação especial para beneficiar os negros, ao afirmar: "Esse pleiteamento de reivindicações através de leis é desnecessário, porquanto nós, negros, não precisamos de leis que nos amparem, que nos dêem segurança, porquanto essas leis já existem através da Constituição Federal e do próprio Código Penal. Perante a lei, no Brasil, somos todos iguais. O que temos é um problema nosso, que deve ser resolvido por nós mesmos, naturalmente, com a assistência que os poderes públicos são obrigados a nos dar. Querer a ajuda da lei para isso 'é baixo', não pode ser, não tem fundamento, porquanto essas leis existem e o nosso problema tem que ser resolvido através de planos, por meio da unificação dos negros, da criação de uma elite negra".[578]

Pesquisas realizadas recentemente nos Estados Unidos revelam que os negros beneficiados por ações afirmativas são vistos na sociedade como preguiçosos.[579] Em vez de reforçar na sociedade a idéia de um grupo consciente que apenas está lutando pelos direitos que lhes foram negados no passado, a adoção de uma política de cotas pode vir a fomentar a imagem de esperteza, de jeitinho, de pessoas aproveitadoras e até despreparadas. Sobre isso, Dworkin adverte que muitos educadores acreditam que o tratamento benigno dispensado em razão da raça teria o condão de reforçar o sentimento de inferioridade dos negros,[580] que se sentiriam envergonhados por estarem sendo beneficiados por tais políticas.

É necessário formar uma elite negra que se engaje no movimento e que, ao atingir a ascensão social, procure não renegar a cor, abraçando a causa negra. Tal fato, no entanto, parece ser estranho no Brasil. Muitos negros, após conseguirem obter posições de prestígio, não querem ser identificados com as organizações favoráveis à causa, consideradas radicais, por alguns. Mesmo aqueles que foram beneficia-

---

vencedor do Oscar de melhor filme em 2006. No filme, um policial (interpretado pelo ator Matt Damon) se tornou extremamente racista quando o seu pai, que possuía um próspero negócio, foi à falência por não conseguir mais a renovação de seus contratos, por não ser pertencente a uma minoria beneficiada por políticas afirmativas.

[577] Fácil é perceber que os argumentos favoráveis e contrários às ações afirmativas se repetem nos mais variados sistemas jurídicos. Por exemplo, essa crítica foi formulada por um autor espanhol, ao versar sobre as mulheres, mas se encaixa perfeitamente à questão das ações afirmativas para os negros. OLLERO, Andrés. (1999: p. 107).

[578] NASCIMENTO, Abdias do. (1982: p. 322).

[579] Ver em SKRENTNY, John David. (1996: p. 5).

[580] DWORKIN, Ronald. (2000: p. 224).

dos por políticas afirmativas, posteriormente se esquivam de assumirem-se como líderes do movimento negro.[581] Podem-se apontar indícios, no Brasil, de autopreconceito relativo aos beneficiados das políticas afirmativas, o que retira parte da eficácia do programa, na medida em que não lhe concede a função pedagógica de passar a imagem para os demais de que os negros também conseguem posições de prestígio. Ora, uma das finalidades das ações afirmativas é sugerir aos demais afro-descendentes que eles também conseguem avançar socialmente, conquistando postos de destaque na comunidade, o que termina sendo esvaziado.

2.2.3. O princípio da igualdade no Direito brasileiro e a proibição da discriminação nas convenções internacionais

A possibilidade de adotarmos ações afirmativas passa por uma análise, ainda que perfunctória, sobre a evolução do princípio da igualdade. Trata-se, na verdade, de um dos temas mais complexos e apaixonantes do Direito Constitucional moderno.

O princípio da igualdade sempre esteve presente nas Cartas Políticas brasileiras.[582] Com o advento da Constituição de 1988, o princípio da igualdade, proclamado pelas Constituições anteriores apenas formalmente, passou a ter dimensão material, com o fito de garantir a efetiva participação de todos na construção de uma sociedade livre de preconceitos. O constituinte possibilitou ações concretas visando a alcançar a igualdade como direito fundamental.

Nesse sentido, estudar as ações afirmativas no Brasil significa a tentativa de conceber a reversão do conceito jurídico do princípio da igualdade em favor das minorias, em clara política assistencialista, e não em resposta à anterior segregação. De uma feição estritamente formal, apenas proibindo condutas discriminatórias, procura-se a implementação de uma igualdade substancial, material e concreta. A

---

[581] Oracy Nogueira já havia observado esse fato e atribui as causas da relativa falta de representatividade dos negros nas classes sociais mais elevadas porque muitos deles, após conseguir ascender socialmente, não se assumem mais como negros. Acredita que a existência desse fenômeno revela um preconceito racial de marca, e não de origem. No preconceito de marca, a pessoa é tida por negra de acordo com a sua aparência, enquanto que o preconceito de origem tem mais a ver com a ancestralidade. Segundo o autor, os Estados Unidos seriam um exemplo de preconceito racial de origem e, o Brasil, de marca. Afirma: "O preconceito de origem leva à retenção, no grupo racial oprimido, de seus membros mais bem-sucedidos, com a conseqüente acumulação, através das gerações, de suas conquistas culturais e patrimoniais; enquanto o de marca condiciona a progressiva incorporação ao grupo racial hegemônico dos mestiços, à medida que perdem as características físicas do grupo oprimido, com a conseqüente transferência das conquistas de um grupo para o outro". Alfim, acredita que a realidade do preconceito racial de marca faz com que os negros objetivem embranquecer, a si, e a seus descendentes, por meio do casamento com pessoas brancas. Ver em NOGUEIRA, Oracy. (1985: p. 23).

[582] Sobre a evolução do princípio da igualdade nas Constituições brasileiras, ver a palestra proferida pelo Ministro Marco Aurélio, então Presidente do Supremo Tribunal Federal, no Seminário promovido pelo Tribunal Superior do Trabalho, em 20/11/2001. MELLO, Marco Aurélio Mendes de Farias. (2001: p. 21 a 28).

desigualdade fática passa, então, a ensejar uma política corretiva por parte de entidades públicas e privadas.[583]

Nesse tom, estudar a opção governamental de promover ações destinadas a reduzir as desigualdades sociais traz em seu bojo a necessidade de contextualizá-la, ainda que de maneira superficial, observando-se a evolução do pensamento neutro do Estado Liberal Clássico para a nova realidade, em que se exige do Estado uma forma de agir participativa, objetivando minimizar os efeitos perversos do sistema de mercado.

Historicamente, não houve uma relação necessária entre os princípios da liberdade e da igualdade, embora ambos fossem próximos e aparecessem como produtos do espírito da Revolução Francesa. Enquanto a liberdade pressupunha o individualismo, o conflito e a pluralidade, a igualdade se referia ao todo, à harmonia, à unidade. "Para o liberal, o fim principal é a expansão da personalidade individual, mesmo se o desenvolvimento da personalidade mais rica e dotada puder se afirmar em detrimento da personalidade mais pobre e menos dotada; para o igualitário, o fim principal é o desenvolvimento da comunidade em seu conjunto, mesmo que ao custo de diminuir a esfera de liberdade dos singulares", ensaia Bobbio.[584]

As Revoluções Liberais do final do século XVIII[585] buscaram imprimir um conceito formal ao princípio da igualdade, reduzindo-o à fórmula de igualdade *perante a lei* – deve a lei ser aplicada uniformemente – e igualdade *na lei* – ao legislador não é permitido estabelecer distinções arbitrárias e não autorizadas pela Constituição. Por conseqüência, as primeiras constituições, liberais, surgiram tendo por objetivo maior a proteção da liberdade dos cidadãos (direitos de defesa) e a necessidade de limitação do Poder.

---

[583] Vários trabalhos analisam as ações afirmativas sob o enfoque do princípio da igualdade, tratando os programas positivos como um corolário da evolução da igualdade formal para a igualdade material, ou seja, do Estado Liberal ao Estado Social. Fazemos a ressalva, no entanto, que tal linha de compreensão nem sempre é válida para a análise de todo e qualquer programa de ações afirmativas, como vimos em se tratando de Estados Unidos, país inspirador do modelo. Para estudos que analisam as ações afirmativas como produtos do Estado Social, ver ROCHA, Carmem Lúcia Antunes. (1996: p. 85 a 99); MENEZES, Roberta Fragoso de Medeiros. (2003: p. 145 a 169); MELO, Mônica de. (1998: p. 80 a 101); SINGER, Peter. (2000: p. 25 a 64); PIOVESAN, Flávia; PIOVESAN, Luciana; KEI SATO, Priscila. (1997: p. 139 a 145).

[584] BOBBIO, Norberto. (1994: p. 39).

[585] A forma de pensar a igualdade na época da Revolução Francesa e da implementação do Estado Liberal poderia ser resumida no discurso proferido, em 23 de julho de 1795, por Boissy d'Anglas, deputado liberal, relator do projeto da Constituição Francesa de 1795: "Deveis garantir a propriedade do rico. A igualdade civil, eis tudo quanto o homem razoável pode exigir. A igualdade absoluta é uma quimera; para que pudesse existir, seria necessário que houvesse uma igualdade total de espírito, de virtude, de força física, de educação, de fortuna. Devemos ser governados pelos melhores; os melhores são os mais instruídos e os mais interessados na manutenção das leis; ora, com poucas exceções, não encontrareis homens desse tipo senão entre os que, possuindo uma propriedade, estão vinculados ao país que a encerra, às leis que a protegem, à tranqüilidade que a conserva. Um país governado pelos proprietários está dentro da ordem social; o país onde os não proprietários governam acham-se em estado de Natureza".

Nessa esfera, há de se destacar que o Estado Liberal pregava a limitação do Estado em duplo aspecto: quanto aos poderes, ensejando o Estado de Direito e quanto às funções, desenvolvendo o Estado mínimo. Para Adam Smith, representante típico do liberalismo econômico, o Estado possuía apenas três deveres: proteger a sociedade da violência e da invasão por outras sociedades, estabelecer uma adequada administração da justiça e erigir e manter certas obras e instituições públicas que nunca seriam do interesse de qualquer indivíduo (ou de um pequeno número), porque o lucro não reembolsaria as despesas.

Dessa forma, na óptica liberal, quanto menor fosse a presença do Estado dentro de uma sociedade, maior seria a liberdade dos indivíduos: "a essência estatal esgota-se numa missão de inteiro alheamento e ausência de iniciativa social".[586]

No entanto, o problema da concepção liberal foi que esta partiu de uma referência negativa do papel do Estado no domínio econômico, o que nem sempre é correto; pelo contrário, a intervenção estatal muitas vezes é fundamental para o bom andamento da economia e o perfeito cumprimento dos direitos individuais. O funcionamento do regime liberal pressupunha certa igualdade, requerendo também uma competição equilibrada. Como tais pressupostos dificilmente são alcançados, houve a crise do liberalismo, caracterizada pela depressão econômica entre as duas grandes guerras e os desequilíbrios socioeconômicos do presente. Em suma: a "mão invisível" de Adam Smith poderia ter sido eficaz em uma economia se a maior parte dos competidores estivesse em situação igualitária, mas apresenta pouca relevância em sistemas econômicos nos quais as decisões de poucas empresas e as do governo afetam a renda e as oportunidades de emprego de todos os cidadãos.

Nos Estados Unidos, a resposta formulada por Roosevelt às nefastas conseqüências da quebra da Bolsa de Nova Iorque foram implementadas por meio de uma nova política econômica, conhecida como *New Deal*, com base nas teorias do economista John Maynard Keynes. A concretização de tal política demonstrou que um Estado organizado poderia estabilizar, estimular e dirigir o rumo da sua economia sem ter de necessariamente apelar para a ditadura ou ter de substituir o sistema baseado na propriedade.

Dessa forma, recriou-se a concepção de que economia e política encontravam-se ligadas de maneira muito próxima. A intervenção estatal, assim, funcionaria como uma maneira de restabelecimento do equilíbrio do sistema de mercado, em que são conciliados os dois maiores fatores de estabilidade econômica: a iniciativa privada e a ação governamental. Entretanto esta, sem interromper a atividade particular, procura distribuir os frutos do capitalismo de um modo mais justo, com o fim de atender ao interesse coletivo.

---

[586] BONAVIDES, Paulo. (1972: p. 4).

A idéia inicial negativa de liberdade, vista como a não-interferência do Estado, passa a ser paulatinamente substituída pelo conceito positivo de liberdade, como a presença das condições adequadas que devem ser oferecidas pela ação oportuna e conveniente do governo. Nesse diapasão, importante destacarmos o advento do Estado do Bem-Estar Social (*Welfare State*), que trouxe outra dimensão ao princípio da igualdade, concedendo-lhe feição marcadamente material.

Assim, as críticas ao excesso de individualismo, intrínseco ao regime liberal clássico, farão surgir uma percepção renovada acerca das funções do Estado, trazendo elementos sociais quando outrora predominavam os elementos econômicos. Ao assumir essa nova postura, o Estado abandona a posição de neutralidade e de mero espectador dos problemas sociais e passa a desenvolver condição pró-ativa, buscando concretizar materialmente o princípio da igualdade.

Em busca da igualdade material, surgem, então, as ações afirmativas brasileiras: da necessidade de se formularem políticas públicas visando a promover a igualdade de oportunidades, em clara proposta assistencialista – e não como resposta à segregação dantes implementada, como aconteceu nos Estados Unidos.

No caso brasileiro, o artigo 3º da Carta da República relaciona verbos que implicam postura positiva do Estado, designando um comportamento ativo na busca da concretização da igualdade positivada no texto constitucional.[587] A nova forma de agir do Estado também se observa a partir dos incisos XX, XXX e XXXI do artigo 7º[588] e o inciso VIII do artigo 37.[589]

---

[587] Constituição Federal, Artigo 3º: "Constituem objetivos fundamentais da República Federativa do Brasil: I – construir uma sociedade livre, justa e solidária; II – garantir o desenvolvimento nacional; III – erradicar a pobreza e a marginalização e reduzir as desigualdades sociais e regionais; IV – promover o bem de todos, sem preconceitos de origem, raça, sexo, cor, idade e quaisquer outras formas de discriminação".

[588] Constituição Federal, Artigo 7º: "São direitos dos trabalhadores urbanos e rurais, além de outros que visem à melhoria de sua condição social: XX – proteção do mercado de trabalho da mulher, mediante incentivos específicos, nos termos da lei; XXX – proibição de diferença de salários, de exercício de funções e de critério de admissão por motivo de sexo, idade, cor ou estado civil; XXXI – proibição de qualquer discriminação no tocante a salário e critérios de admissão do trabalhador portador de deficiência".

[589] Constituição Federal, Artigo 37: "A administração pública direta e indireta de qualquer dos Poderes da União, dos Estados, do Distrito Federal e dos Municípios obedecerá aos princípios da legalidade, impessoalidade, moralidade, publicidade e eficiência, e, também, ao seguinte: VIII – a lei reservará percentual dos cargos e empregos públicos para as pessoas portadoras de deficiência e definirá os critérios de sua admissão". O problema é que os opositores das ações afirmativas também se fundamentam no princípio da igualdade para questionar a possibilidade da adoção dessas medidas. Nesse sentido, Marcelo Neves esclarece que as exceções ao princípio da igualdade já haviam sido fixadas pelo legislador constituinte originário, por meio das chamadas restrições constitucionais diretas. Confira-se com o já transcrito artigo 37, inciso VIII, além do artigo 53, inciso I, do Ato das Disposições Constitucionais Transitórias, quando "assegura aos ex-combatentes aproveitamento no serviço público, sem exigência de concurso e com estabilidade". Ver em NEVES, Marcelo. (1997: p. 260).

No âmbito da proteção internacional aos Direitos Humanos, o Brasil ratificou vários tratados nos quais se encorajava explicitamente a adoção das ações afirmativas. Merecem destaque as Convenções sobre a Eliminação de todas as Formas de Discriminação Racial (1965), de Discriminação contra a Mulher (1979) e de Discriminação contra as Pessoas Portadoras de Deficiência (1999). Aponte-se que no artigo 1°, item 4, da Convenção sobre a Eliminação de todas as Formas de Discriminação Racial,[590] dispõe-se expressamente sobre a adoção de ações afirmativas: "Não serão consideradas discriminação racial as medidas especiais tomadas com o único objetivo de assegurar o progresso adequado de certos grupos raciais ou étnicos ou de indivíduos que necessitem da proteção que possa ser necessária para proporcionar a tais grupos ou indivíduos igual gozo ou exercício de direitos humanos e liberdades fundamentais, contanto que tais medidas não conduzam, em conseqüência, à manutenção de direitos separados para diferentes grupos raciais e não prossigam após terem sido alcançados os seus objetivos".

Quer-se demonstrar que, por meio do texto normativo da Constituição de 1988 e da ratificação de Tratados na órbita internacional, o Brasil vem sinalizando favoravelmente à possibilidade de medidas afirmativas a favor de grupos minoritários virem a ser efetivamente adotadas.

2.3. A RAÇA COMO CRITÉRIO A ENSEJAR UMA AÇÃO POSITIVA NO BRASIL

2.3.1. A impossibilidade genética de classificar os seres humanos em raças distintas. A raça como um critério cultural

A palavra raça pode ser empregada nas mais diferentes maneiras. Pode ter um sentido de fenótipo, a revelar um conjunto de características físicas, como cor da pele, cor e textura do cabelo, cor e formato dos olhos, formato do nariz e espessura dos lábios. Pode, ainda, significar uma região específica do planeta, como por exemplo, quando se fala em raça africana, raça oriental, raça ocidental. Ou, além, pode ter um sentido biológico, como a reunião de pessoas em grupos de indivíduos que possuam características biológicas específicas e distintas dos outros grupos.[591]

---

[590] No mesmo sentido também o artigo 4° da Convenção contra a discriminação da mulher e o artigo 1°, item 2, b, da Convenção contra a discriminação das Pessoas Portadoras de Deficiência.

[591] Guimarães adverte que o conceito de raça como subdivisão da espécie humana quase nunca fora utilizado nas ciências sociais brasileiras, que preferia classificar com base na cor. Afirma: "Nas ciências sociais brasileiras o conceito de raça, além de exprimir a ignorância daqueles que o empregavam, denotava também o seu racismo. 'Raça' passou a significar, entre nós, apenas 'garra', 'força de vontade', ou 'índole'". GUIMARÃES, Antônio Sérgio Alfredo. (1999b: p. 149).

Até o final do século XIX, os cientistas promoveram diversas tentativas de classificar biologicamente as pessoas em raças distintas. Mas como afirma o geneticista Cavalli-Sforza: "Os resultados, muitas vezes contraditórios, constituem um bom indício da dificuldade do empreendimento. Darwin compreendeu que a continuidade geográfica frustraria toda tentativa de classificar as raças humanas. Ele observou um fenômeno recorrente ao longo da história: diferentes antropólogos chegaram a contagens totalmente discrepantes do número de raças – de três a mais de cem".[592]

O interesse científico em classificar os homens em raças biologicamente distintas chocava-se com a mobilidade com que as características raciais mudavam. Nesse sentido, o geneticista Sérgio Pena explicou que a espécie humana é "demasiadamente jovem e móvel para ter se diferenciado em grupos tão distintos".[593] E, ainda que se quisesse fazer uma aproximação da quantidade de raças existentes no mundo, os números poderiam ultrapassar um milhão de raças distintas.[594]

Com efeito, o mapeamento do genoma humano confirmou a impossibilidade de divisão dos homens em raças.[595] Muito embora a análise do genoma seja uma descoberta científica recente, desde a década de 70 a UNESCO já havia adotado e proclamado o entendimento de que não seria possível classificar os homens de acordo com critérios biológicos.[596]

---

[592] CAVALLI-SFORZA, Luigi Luca. (2003: p. 37).

[593] PENA, Sérgio. (1998: p. 1 a 3). Também nesse sentido, PENA, Sérgio et. al. (2000: p. 17 a 25).

[594] CAVALLI-SFORZA, Luigi Luca. (2003: p. 52).

[595] Sobre o tema, destaquem-se as considerações feitas pelo professor Kevin Boyle: "Reconhecemos hoje que a classificação biológica de seres humanos em raças e hierarquias raciais – no topo da qual obviamente estaria a raça branca – era produto da pseudociência do século XIX. No momento em que nós mapeamos o genoma humano, prodigiosa pesquisa que envolveu o uso de material genético de todos os grupos étnicos, sabemos que só há uma raça – a raça humana. Diferenças humanas em aspectos físicos, cor da pele, etnias e identidades culturais não são baseadas em atributos biológicos. Aliás, a nova linguagem dos mais sofisticados racistas abandona qualquer fundamento biológico em seus discursos. Eles agora enfatizam supostas diferenças culturais irreconciliáveis como justificativa para seus pontos de vista extremistas". BOYLE, Kevin. (2001: p. 490). Tradução livre.

[596] Em 27/11/1978, na vigésima sessão de conferência geral, este organismo internacional aprovou a Declaração sobre Raça e Preconceito Racial, nos seguintes termos: "Art. 1.1 Todos os seres humanos pertencem a uma única espécie e descendem da mesma linhagem. Eles são iguais em dignidade e em direitos e todos formam uma parte integral da humanidade. Art. 1.2 Todos os indivíduos e grupos têm o direito a ser diferentes, a considerarem-se diferentes e a serem olhados como tais. Todavia, a diversidade do estilo de vida e o direito a serem diferentes não podem, em qualquer circunstância, servir de pretexto para o preconceito racial; não podem justificar, tanto na lei como nos fatos, quaisquer práticas discriminatórias, sejam quais forem, nem fornecer fundamentos para a política do 'apartheid', que é a forma extrema de racismo. Art. 2.1 Qualquer teoria que envolva a reivindicação de que grupos raciais ou étnicos são inerentemente superiores ou inferiores, dessa forma implicando que a alguns pode ser garantido o direito de dominar ou de eliminar outros, presumidamente inferiores, ou as que se fundamentam em julgamentos valorativos de diferenciação racial, não tem fundamentos científicos e são contrários à moral e aos princípios éticos da humanidade". Tradução livre.

Atualmente, pode-se afirmar que existe certo consenso entre os antropólogos e os geneticistas sobre a inexistência de raças humanas, do ponto de vista biológico. A concepção antiga de que os homens poderiam ser diferenciados biologicamente a partir da raça foi definitivamente descartada, com as descobertas científicas promovidas pela decodificação do código genético humano – o projeto Genoma. Assim, se já se concluiu pela impossibilidade de classificar os seres humanos, poder-se-ia indagar sobre o que levaria à permanência do interesse em utilizar-se do critério racial? Por que a insistência nesse enfoque divisório? Tais dúvidas também acometeram o cientista Cavalli-Sforza, que questionou, em sua obra: "Por que essa compulsão de classificar as raças humanas? A pergunta é extremamente importante, mas talvez seja mais proveitoso responder a uma outra, mais genérica: por que classificar?"[597]

Atrevemo-nos a responder ao cientista. O conceito de raça subsiste, atualmente, porque, a despeito de não poder ser analisado sob o espectro biológico, permanece o interesse pela construção cultural do tema.[598] O fato de, biologicamente, não ser possível classificar as pessoas segundo as raças, não quer dizer que o conceito cultural de raça inexista.[599] A importância da classificação advém do aspecto social, para estudarmos o modo como cada comunidade classifica seus indivíduos e analisarmos as razões que justificaram a opção pelos critérios eleitos em cada sociedade. Como afirma Yvonne Maggie, "todo o sistema classificatório tem sua lógica interna e cada sociedade é, portanto, escrava e senhora, ao mesmo tempo, do sistema classificatório que preside sua existência. A classificação não é uma essência, e o social é sempre construção".[600]

Nesse sentido, o estudo sobre a maneira como se procedeu à classificação das raças na sociedade norte-americana e na brasileira será de importância reveladora para este trabalho, no que tange à compreensão das diferenças que presidiram e presidem as relações raciais nos Estados Unidos e no Brasil.

---

[597] CAVALLI-SFORZA, Luigi Luca. (2003: p. 47).

[598] A mesma linha de pensamento é bem desenvolvida em Antônio Sérgio Guimarães, quando explica o que são as raças: "Construtos sociais, formas de identidade baseadas numa idéia biológica errônea, mas eficaz, socialmente, para construir, manter e reproduzir diferenças e privilégios. Se as raças não existem num sentido estritamente realista da ciência, ou seja, se não são um fato do mundo físico, são, contudo, plenamente existentes no mundo social, produtos de formas de classificar e de identificar que orientam as ações dos seres humanos". GUIMARÃES, Antônio Sérgio Alfredo. (1999b: p. 153).

[599] Nesse sentido, ver texto de CARNEIRO, Sueli. (2002: p. 30).

[600] MAGGIE, Yvonne. (1996: p. 226).

2.3.2. Sistemas de Classificação Racial

2.3.2.1. O sistema birracial norte-americano

Nos Estados Unidos, para que o sistema segregacionista do *Jim Crow* se efetivasse e os norte-americanos pudessem dividir as atividades sociais proibidas para os negros e as reservadas apenas para os brancos foi necessário aplicar um sistema de classificação entre as raças bastante excludente. Não bastava tentar classificar as pessoas segundo a cor que aparentavam, era preciso adotar um critério por meio do qual se alijasse a maior quantidade de pessoas possível.[601]

Para poder delimitar ao máximo aqueles que pudessem ser considerados brancos, a sociedade segregacionista norte-americana criou critério de classificação racial segundo a ancestralidade do indivíduo. A eleição desse critério se originou da necessidade de distinguir os escravos dos não-escravos – conforme vimos, praticamente não existia, nos Estados Unidos, a categoria de negros livres. Naquela sociedade, diferentemente do Brasil, nunca existiu um percentual muito grande de negros, já que escravidão era uma instituição regional e havia se limitado praticamente aos estados do sul. Enquanto que no Censo brasileiro de 1872, 62% da população era constituída por negros, dentre pretos e pardos, nos Estados Unidos, em 1860, os negros constituíam apenas 14% da população. Era preciso, assim, utilizar um critério que ampliasse o fator racial, abrangendo o maior número de negros possível, para melhor delimitar as restrições a que estariam sujeitos.

Para que o sistema *Jim Crow* fosse realmente eficaz, não bastava distinguir as pessoas por critérios de aparência, era preciso ir além, diferenciando-os por motivo de origem. Isto porque, a partir da abolição da escravatura, ampliou-se a possibilidade de miscigenação e, assim, vários negros poderiam *embranquecer*, o que os tornaria sujeitos de um leque maior de direitos, acaso a distinção fosse realizada com base apenas no fenótipo. Com a adoção do sistema *Jim Crow*, o critério birracial atingiu o ponto ápice na estrutura de classificação racial norte-americana.

No sistema birracial, apenas duas raças existem: a branca e a negra. Não há a categoria de mulatos, ou dos morenos.[602] Dessa forma,

---

[601] Ressalte-se que a sociedade norte-americana utilizou as teorias de racismo científico, do século XIX, para justificar a permanência desse critério. Nesse sentido, ver em SKIDMORE, Thomas. (2001a: p. 154).

[602] James Davis esclarece que nos Estados Unidos, nos Censos de 1840, 1850 e 1860 havia a previsão da categoria mulato, mas sem qualquer definição precisa. Nos Censos de 1870 e 1880, os mulatos foram oficialmente definidos como os "quadroons, octorrons". Finalmente, em 1920, a categoria mulata foi retirada do Censo e atualmente se define como negra qualquer pessoa que tenha algum ancestral negro, ainda que remoto. DAVIS, F. James (2001: p. 11 e 12); também em REYNOSO, Julissa. (2000/2001: p. 532 a 554). Para se ter uma melhor idéia sobre a classificação

são consideradas negras as pessoas que possuam quaisquer ascendentes africanos, mesmo que estes sejam antepassados longínquos. Em alguns casos, o Judiciário Estadual limitou a fixação da ascendência em trinta e dois graus; em outros, em dezesseis e até em oito graus, mas, como regra geral, não havia limitação.[603] Tal critério tornou-se conhecido como a regra da uma gota de sangue, ou *one drop rule*.[604]

Destaque-se, por oportuno, que o índice da população negra total nos Estados Unidos nunca conseguiu atingir os 20%, nem mesmo na época áurea da escravidão. O percentual de negros na população esteve em torno dos 10%, nos últimos cem anos e, mesmo com a adoção da regra do *one drop rule*, os negros atualmente nos Estados Unidos compõem apenas 13% da população.[605]

A classificação até hoje empreendida nos Estados Unidos tem importância fundamental nesse estudo porque mostra como a sociedade norte-americana faz uma profunda distinção entre os negros e os brancos.[606] Enquanto o critério da aparência realiza-se subjetivamente, o critério da ancestralidade procura aspectos mais objetivos para determinar quem é negro e quem é branco. E mais. A definição a partir da ancestralidade nos Estados Unidos somente se aplicou para os negros, e não para os demais grupos sociais, ainda que considerados minoritários, como hispânicos e índios. Relembre-se que Plessy, do memorável caso *Plessy v. Ferguson*, cuja decisão da Suprema Corte norte-americana implementou a doutrina do *equal, but separated*, aparentemente era branco, assim como alguns dos presidentes da maior

---

racial nos Estados Unidos, ver a Diretiva n° 15, do Apêndice n° 1, de 12 de maio de 1977, por meio do qual se determina que para ser negro, basta que a pessoa tenha algum ascendente de origem africana.

[603] O Judiciário norte-americano contribuiu para a formação do sistema birracial. Nessa linha, confira-se com o julgamento realizado em 1948, no Mississipi, a envolver um jovem cidadão, Davis Knight, o qual havia sido condenado a prisão, por cinco anos, por violar a lei antimiscigenação. Menos do que 1/16 avos negro, o jovem afirmara, em sua defesa, não saber que possuía ascendentes negros. No entanto, o Estado conseguiu provar que, na linhagem distante do indivíduo, havia um escravo, de modo que o Tribunal manteve a condenação. Por sua vez, na Lousiana, até 1970 vigorava o critério da *one drop rule*, sem qualquer limitação. Tal norma foi diversas vezes atacada no Judiciário, sem sucesso. No entanto, em 1970, o Judiciário finalmente reviu o estatuto da Lousiana, em razão de o Estado haver definido como negra uma criança que possuía apenas 1/256 avos de sangue negro. Finalmente, em 1970, nova lei do Estado da Lousiana surgiu e limitou a definição de negro para quem tivesse até 1/32 avos de sangue. Ver mais em DAVIS, F. James. (2001: p. 8 e ss).

[604] Nesse sentido, FRANKLIN, John Hope. (1972: p. 171 a 195).

[605] Nessa toada, DEGLER, Carl. (1986: p. 4); ANDREWS, George Reid. (1997: p. 142).

[606] Nesse tom, no Estado da Virgínia, por exemplo, havia a Lei de Integridade Racial, de 1924 – *Racial Integrity Law* – um dos exemplos da aplicação da regra do *one drop rule*, segundo a qual uma gota de sangue negro enegrecia a pessoa. Por meio desse ato normativo, criavam-se apenas duas categorias raciais e determinava-se que aquele que tivesse ascendência negra, em qualquer grau, deveria ser considerado negro, não importando se tal ascendência fosse distante ou, ainda, que a pessoa, aparentemente, pudesse ser considerada branca.

organização militante negra daquele país, a NAACP, também eram loiros dos olhos azuis, a despeito de serem considerados negros.[607]

Implementou-se nos Estados Unidos uma sociedade birracial, ou seja, uma comunidade na qual somente havia a possibilidade de a pessoa ser enquadrada como branca ou como negra.[608] Não havia a

---

[607] Dentre tais presidentes loiros dos olhos claros, podemos citar Walter White, que presidiu a instituição entre 1931 a 1955. Ver mais em SKIDMORE, Thomas. (2001b: p. 71); DAVIS, F. James. (2001: p. 7). O critério adotado nos Estados Unidos muitas vezes causa confusão e perplexidade para terceiros. O professor de sociologia da Universidade de Illinois, James Davis, conta-nos a história de uma candidata negra ao concurso de Miss América. Durante muito tempo, as negras não puderam se candidatar, mas na década de 80 essa restrição foi retirada. Em 1984, a candidata Vanessa Williams, considerada negra pela regra do *one drop rule*, mas morena-clara na aparência, ganhou o concurso e foi intitulada como a primeira negra norte-americana a se tornar Miss América. Tal fato despertou certa comoção nacional, porque ninguém acreditava que ela realmente fosse negra. A situação ficou tão constrangedora que os organizadores do concurso, para tentar legitimar o slogan de *a primeira negra a vencer o Miss América*, anularam a vitória de Vanessa, alegando que ela havia posado para fotos sensuais antes do concurso, e elegeram a segunda colocada como vencedora, Suzette Charles, que, aparentemente, era um pouco mais negra do que Vanessa. Ver mais em DAVIS, F. James. (2001: p. 2). Outros casos são contados pelo professor, como o do líder do movimento negro, Reverendo Adam Clayton Powell Jr., que era loiro, dos olhos azuis e de nariz aquilino. O Reverendo Powell chegou a liderar uma marcha de 6.000 pessoas até a Prefeitura de Nova Iorque, em prol da causa negra, mas, dentro da organização, era visto com certa desconfiança. DAVIS, F. James. (2001: p. 2). Por outro lado, as atrizes negras pela regra da ascendência, mas brancas na aparência, viviam um verdadeiro dilema, nos Estados Unidos, haja vista a determinação de que não poderiam interpretar brancas – estariam ofendendo o sistema *Jim Crow*. Todavia, somente conseguiam papéis como negras se tivessem de pintar a pele, para que aparentassem uma cor que não possuíam. Uma das artistas que sofreu os ônus desse sistema foi Lena Horne, atriz e cantora norte-americana da década de 60. Os pais de Lena eram muito brancos, assim como ela. A aplicação da regra do *one drop rule* fez com ela fosse considerada negra por causa da sua tataravó materna, que era uma negra vinda de Angola. Lena ingressou em uma escola para negros, mas, a todo o tempo, sofria discriminações. Os negros a chamavam de *yellow bastard* – bastarda amarela. James Davis conta que a atriz logo cedo aprendeu que: "Ter uma pele clara implica ilegitimidade, e, aliado a pais que pertençam à classe social mais baixa, significava uma vergonha na comunidade negra". Tradução livre. DAVIS, F. James. (2001: p. 3).

[608] De extraordinária clareza são os esclarecimentos de Carl Degler sobre o critério birracial. Em capítulo intitulado *Quem é negro?*, detalha como o critério é aplicado nos Estados Unidos. Explica: "Até agora a palavra *Negro* tem sido usada sem definição, e, todavia, a fonte mais fértil de confusão, senão de erro, na comparação das relações raciais entre os Estados Unidos e o Brasil é que o conceito de negro difere nos dois países. Historicamente, nos Estados Unidos, qualquer pessoa com ancestrais negros seria considerada negra, ainda que parecesse branca. Nos dias da escravidão e enquanto perdurou a segregação legal, um negro era definido por lei e pelos costumes como qualquer um que tivesse uma certa quantidade de ascendência negra – aproximadamente um oitavo. Mas já ocorreram casos no século XX em que qualquer quantidade de sangue negro levaria a que a pessoa fosse considerada, legalmente, como negra. Assim, o já mencionado estatuto da Virgínia, elaborado em 1924, definia como branca '(...) a pessoa que não tenha qualquer traço de sangue que não seja caucasiano; mas pessoas que tenham um-dezesseis avos ou menos de sangue índio americano e nenhum outro sangue não-caucasiano serão consideradas pessoas brancas'. Como a aparência não decidia o assunto, pessoas de olhos azuis, pele clara e cabelos claros ou loiros, como Walter White, durante muitos anos dirigente da NAACP, poderiam ser consideradas negras. O simples fato de White reconhecer sua ascendência negra, a despeito de sua aparência, tornava-o negro. Também por causa dessa definição, brancos poderiam, de repente, tornarem-se 'Negros', como aconteceu não somente em obras de ficção, como *Kingsblood Royal*, de Sinclair Lewis, mas também na vida real. Por essa definição genética ou biológica, milhares de negros também 'passam' para o mundo dos brancos, a cada ano, lá permanecendo enquanto desejarem, ou conseguirem manter o seu segredo. Historicamente,

categoria dos morenos, dos mulatos, ou dos pardos, como no Brasil. Decerto, por meio desse sistema, tornou-se mais simples identificar os sujeitos da política segregacionista, bem como, posteriormente, foi menos complicado instituir programas afirmativos em que a raça fosse o único critério levado em consideração.[609] Apenas uma gota de sangue negro enegrecia a pessoa, ainda que, aparentemente, o indivíduo fosse branco.[610]

Os pesquisadores brasileiros poderiam, então, questionar sobre a possibilidade de um negro, nos Estados Unidos, tentar se passar por branco, se a origem negra fosse muito remota. Sobre o assunto, importante mencionarmos os esclarecimentos efetuados pelo professor de Sociologia da Universidade de Illinois, James Davis, o qual afirmou que, para os estudantes de outros países, a tentativa de compreender o critério birracial se mostra um pouco complicada, se antes não tiverem realizado uma análise do sistema cultural norte-americano. Isto porque, na sociedade norte-americana, negros e brancos não compartilham dos mesmos valores, nem da mesma identidade como povo. Existem lugares praticamente destinados para negros, como o *Harlem*, em Nova Iorque, além de ritmos específicos, como o *blues*, e Igrejas reservadas, como as Batistas. Não se desenvolveram valores comuns

---

palavras como *mulato, quadroon* ou *octorron* nos Estados Unidos – todas elas descrevendo diferentes graus de ascendência negra – já foram usadas. Mas, na verdade, elas são apenas descritivas, não implicam qualquer significado social ou legal. Há apenas duas qualidades no padrão racial dos Estados Unidos: branco e preto – o indivíduo ou é um ou outro, não há posição intermediária". Tradução livre. DEGLER, Carl. (1986: p. 101 e 102). O livro *Kingsblood Royal*, citado por Degler, tratava sobre o drama de um indivíduo bem sucedido nos negócios e na sociedade, mas que viu seu mundo desabar quando descobriu, em um documento guardado a sete-chaves, que possuía na verdade ascendência negra. Conferir em NOGUEIRA, Oracy. (1985: p. 81). Esse mesmo tema foi resgatado, recentemente, no cinema, com o filme *Revelações – The Human Stain* –, de 2003, dirigido por Robert Benton, com os atores Anthony Hopkins e Nicole Kidman nos papéis principais. O antropólogo Roberto Da Matta, sobre a categorização racial nos Estados Unidos, assim se expressa: "O fato de existir uma legislação rígida, racista e dualística nos Estados Unidos (...) revela esse dualismo claro que indica sem maiores embaraços quem está dentro ou fora; quem tem direitos e quem não tem; quem é branco ou quem é preto! (...). Há uma radical exclusão de todas categorias intermediárias. (...). É que, numa sociedade igualitária e protestante, como são os Estados Unidos, o intermediário representa tudo o que deve ser excluído da realidade social". DA MATTA, Roberto. (2001: p. 43).

[609] Parece-nos indicativo o fato de que alguns dos principais livros que abordam a questão das ações afirmativas nos Estados Unidos passam ao largo do problema que tanto atormenta os brasileiros: quem pode ser considerado negro? Observe-se em GOLDMAN, Alan. (1979).; GREENE, Kathanne W. (1989); ROSENFELD, Michel. (1991); SKRENTNY, John David. (1996); FISCUS, Ronald J. (1992).

[610] Pode-se dizer que é, no mínimo, curiosa a observação de brasilianistas norte-americanos sobre o critério multirracial brasileiro, classificando-o como *confuso*. Nesse sentido, por exemplo, confira-se com Skidmore, quando este afirma: "o sistema classificatório multirracial empregado pelos brasileiros costuma confundir e desorientar visitantes estrangeiros, inclusive sociólogos e antropólogos profissionais". SKIDMORE, Thomas. (2001a: p. 103). A observação se torna curiosa porque a regra da ancestralidade, para eles, parece ser de uma nitidez cristalina. Assim, classificar uma pessoa loira, de olhos azuis e pele claríssima como *negra* parece ser a coisa mais óbvia e inteligível do mundo para os norte-americanos!

para a comunidade negra e para a branca, apesar de, obviamente, poderem dividir certos gostos. As essências de ambas as culturas são distintas. Se um negro tentar se passar por branco, sem que o seja da forma estabelecida legalmente, estará renegando não só sua raça, mas a cultura na qual esteve inserido e também a toda a sua comunidade. Assim esquadrinha o mencionado professor:

> O fenômeno conhecido como 'passar-se por branco' é difícil de explicar em outros países ou para estudantes estrangeiros. Perguntas típicas são: 'Os Americanos não deveriam dizer que uma pessoa que está se fazendo passar por branca, é branca, ou então, praticamente branca, e que apenas havia, previamente, se passado por preta? ou 'Para ser consistente, você não deveria dizer que alguém que é um-oitavo branco está se passando como preto?' ou 'Por que há tanta preocupação, se os denominados pretos que se passam por brancos, têm tão pouca ascendência negróide com eles?'. Aqueles que fazem este tipo de pergunta precisam perceber que o fenômeno de 'passar-se por' é muito mais social do que biológico, refletindo um tipo de definição específica de uma nação, do que faz uma pessoa ser considerada negra. O conceito de 'passar-se por' apóia-se na regra de uma gota de sangue e em convicções de povo sobre raça e miscigenação, não em fatos biológicos ou históricos. (...). A regra de uma gota foi aceita durante muito tempo de forma acrítica, por todo os Estados Unidos, tanto por brancos como por pretos, e as Cortes Federais tiveram uma 'notícia judicial' da regra como sendo uma questão de conhecimento comum. Tribunais dos Estado geralmente apoiaram a regra de uma gota, mas alguns limitaram a definição a 1/32 ou a 1/16 ou 1/8 de ascendência preta, ou fizeram algumas poucas exceções para as pessoas que possuíam tanto a ancestralidade negra como índia. A maioria dos americanos parece que não têm consciência de que esta definição sobre quem é preto é extremamente incomum em outros países, talvez até seja exclusiva dos Estados Unidos, e que os americanos não definem nenhum outro grupo minoritário de um modo semelhante.[611]

Nessa linha, já advertira o sociólogo brasileiro Oracy Nogueira que o fenômeno do *passing* nos Estados Unidos pode ocasionar profundos conflitos mentais, de pessoas que tiveram de mudar de nome, de cidade, de estado, para tentar apagar o passado e, assim, conseguir viver como branco, o que lhe garantiria direitos que aos negros eram negados no sistema *Jim Crow*. E sobre as sanções que a pessoa poderia vir a sofrer, se descoberta, afirmou: "Da parte do grupo branco, as sanções podem ir desde a simples perda de emprego e o rompimento das relações que, como branco, o indivíduo teve ensejo de estabelecer, até a depredação de bens, a agressão física e o linchamento; da parte do grupo negro, o indivíduo estará exposto à censura moral por falta de lealdade, ao ridículo e ao boicote".[612]

Pelas razões expostas, pode-se concluir que o sistema birracial norte-americano, ao determinar a existência de apenas duas categorias raciais distintas – negros e brancos –, aliado à institucionalização da política de preconceito e de segregação, facilitou, em muito, a adoção de programas afirmativos para negros.

---

[611] Tradução livre. DAVIS, F. James. (2001: p. 13 e 14; p. 15).

[612] NOGUEIRA, Oracy. (1985: p. 81).

A justificativa para uma ação governamental afirmativa fez-se latente, pois as medidas de exclusão que haviam sido perpetradas durante décadas contra os negros foram, sobretudo, impostas pelo governo. Ademais, diante da regra da uma gota de sangue, a implementação de ações afirmativas certamente não recairia no dilema, tipicamente brasileiro, de conseguir identificar aqueles que seriam os beneficiados do sistema, de acordo com as dificuldades impostas do modelo de classificação racial tupiniquim, conforme veremos a seguir.

2.3.2.2. O sistema multirracial brasileiro

Para que as ações afirmativas sejam implementadas no Brasil de modo a não maltratarem o princípio da igualdade, faz-se mister uma prévia análise das nossas relações raciais, para que, finalmente, cheguemos a adotar um critério próprio para a resolução dos nossos problemas. Não basta copiarmos o modelo implementado pelos Estados Unidos, porque, conforme temos procurado demonstrar no decorrer deste trabalho, a nossa realidade racial é outra. Múltiplos fatores precisam ser considerados para a adoção de ações afirmativas à brasileira: o fato de nos constituirmos em um País cuja miscigenação inter-racial foi e é uma constante, desde o início da colonização,[613] além de nunca termos desenvolvido um critério legal, lógico e preciso sobre

---

[613] Ao explicar o surgimento no Brasil da *Fábula das Três Raças*, o antropólogo Roberto DaMatta tece importantes considerações sobre as diferenças culturais existentes na sociedade norte-americana e na brasileira. Afirma: "Nos Estados Unidos, a identidade social não se constituiu a partir de uma 'fábula das três raças', que as apresenta como simbolicamente complementares. Muito pelo contrário, a experiência americana se traduz numa ideologia na qual a identidade é englobada exclusivamente pelo 'branco'. Assim, para ser 'americano', é preciso se deixar englobar pelos valores e instituições do mundo 'anglo', que detém a hegemonia e opera segundo uma lógica bipolar, fundada na exclusão. Já no Brasil, a experiência com a hierarquia, a aristocracia, a escravidão e com as diversas tribos indígenas que ocupavam o território colonizado pelo português engendrou um modo de percepção radicalmente diverso. Tal percepção se faz por meio de um credo no qual se postula um 'encontro' de três raças que ocupariam posições diferenciadas, mas seriam equivalentes dentro de um verdadeiro triângulo ideológico. A fábula divide a totalidade brasileira em três unidades complementares e indispensáveis que admitem um jogo complexo entre si. No Brasil, 'índio', 'branco' e 'negro' se relacionam por uma lógica de inclusividade, articulando-se em planos de oposição hierárquica ou complementar. Com isso, o Brasil pode ser lido como 'branco', 'negro' ou 'índio', segundo se queira acentuar (ou negar) diferentes aspectos da cultura e da sociedade brasileira. Qualquer 'brasileiro' pode então dizer que, nos planos da alegria, do ritmo e da opressão política e social, o Brasil é negro; mas que é 'índio' quando se trata de acentuar a tenacidade e uma sintonia profunda com a natureza. Por outro lado, esses elementos se articulam através de uma língua nacional e de instituições sociais que são a contribuição do 'branco-português', que, nessa concepção ideológica, atua como elemento catalisador desses elementos, numa 'mistura' coerente e ideologicamente harmoniosa. Afinal, não se pode esquecer que o 'mestiço' (como entidade cultural e politicamente valorizada) é um elemento fundamental da ideologia nacional brasileira, em contraste com o que acontece nos Estados Unidos, sociedade na qual até hoje a mistura e a ambigüidade são representadas como negativas". DAMATTA, Roberto. (1993: p. 130 e 131).

a definição de quem é negro no País.⁶¹⁴ Conforme já expressara Antonil, "o Brasil é o inferno dos negros, purgatório dos brancos e o paraíso dos mulatos".⁶¹⁵ Sobre esse ponto, talvez, resida uma das principais diferenças no modo de lidar com a questão racial nos Estados Unidos e no Brasil, e é o que vamos analisar nesse momento.⁶¹⁶

No Brasil, nunca houve qualquer tentativa de limitar o acesso das pessoas a determinadas atividades por causa da raça, ou de classificar a raça das pessoas a partir de critérios objetivos preestabelecidos. A base de divisão racial somente foi usada, aqui, para fins de pesquisas estatísticas, para sabermos quais são as cores que compõem a população. Mesmo assim, é de se destacar que nem todos os Censos brasileiros indagaram sobre a raça, mas naqueles em que tal fator foi considerado, sempre se adotou o sistema de autoclassificação, ora mediante a apre-

---

⁶¹⁴ Roberto DaMatta conta uma história interessante que aconteceu nos Estados Unidos, em 1968, na Universidade de Harvard, quando estava cursando o doutorado em antropologia social. Carente de contatos com a pátria, ao saber da visita de um grupo de estudantes brasileiros, foi direto ao local em que se realizaria uma palestra, com a temática dos movimentos negros, na qual participariam também os estudantes brasileiros. Após o discurso de dois norte-americanos, que enfatizaram as conquistas realizadas pelas organizações favoráveis aos negros nos Estados Unidos, os estudantes brasileiros iniciaram uma série de perguntas, muitas provocativas, em que ressaltaram que as modificações não afetaram a estrutura do capitalismo, que permanecia calcada na exploração do trabalho. Os brasileiros acreditavam que era preciso mudar o *sistema*, por meio de uma revolução. Após tal impasse ideológico, os palestrantes estadunidenses resolveram endurecer e falaram: "Curioso que vocês cobrem tanto do nosso sistema. O fato é que estamos trabalhando com o que podemos, para mudar as relações raciais aqui. Vocês, que se dizem uma democracia racial, são muito piores, em termos práticos. Pois vejam só: no meio de mais ou menos oitenta estudantes brasileiros, eu vejo apenas sete ou oito negros. A grande maioria é branca. Onde está a tal 'democracia racial' de vocês?". Da Matta destaca que, alfim do encontro, o que mais havia chocado os brasileiros era saber, dentre a comitiva, quem eram os sete ou oito negros a que os estudantes norte-americanos haviam se referido porque, na contagem deles, somente haveria um ou dois. DAMATTA, Roberto. (1997: p. 71). Também Antônio Sérgio Alfredo Guimarães preocupa-se com a definição de quem pode vir a ser considerado negro no Brasil. Afirma: "A questão que se levanta não é superficial. Se não se pode definir formalmente, sem margem a dúvidas, o beneficiário de uma política pública, então sua eficácia será nula". GUIMARÃES, Antônio Sérgio Alfredo. (1997: p. 240).

⁶¹⁵ ANTONIL, André João. (1982: p. 90). Roberto Da Matta comenta a expressão de Antonil, nos seguintes termos: "A frase foi, como sempre acontece com as coisas profundas que são faladas com simplicidade, mal entendida. É que quase todos os seus intérpretes viram nela uma afirmativa ao pé da letra, algo que se referia exclusivamente a um fenômeno biológico e racial, quando de fato ela diz muito mais de fatos sociológicos básicos. (...). Tal associação permite dizer que, no Brasil, ao contrário do que aconteceu em outros países – e eu penso aqui sobretudo nos Estados Unidos – não ficamos com uma classificação racial formalizada em preto e branco, com aqueles conhecidos refinamentos ideológicos que, na legislação norte-americana, eram pródigos em descobrir porções ínfimas daquilo que a lei chamava de 'sangue negro' nas veias de pessoas de cor branca, que assim passavam a ser consideradas pretas, mesmo que sua fenotopia fosse inconfundivelmente 'branca'". DA MATTA, Roberto. (2001: p. 37 e 42).

⁶¹⁶ Thomas Skidmore atenta para esse problema, e afirma: "Em suma, o Brasil é multirracial, não birracial. Isso torna as relações raciais mais complexas do que nos Estados Unidos, e mais complexas do que a maioria dos europeus imagina". SKIDMORE, Thomas. (2001a: p. 152). Também em SKIDMORE, Thomas. (1992: p. 1).

sentação das raças delimitadas pelo instituto de pesquisa, ora a atribuição da cor fora deixada ao livre-arbítrio do entrevistado. Daí a dificuldade de apenas implementarmos o modelo pensado em outros países.[617]

No Brasil, a definição das categorias racial não utiliza o critério da ancestralidade, mas, principalmente, uma conjunção de fatores, como aparência física e *status* social.[618] A imprecisão de uma linha divisória entre brancos e negros, no Brasil, e a diferença no sistema classificatório utilizado aqui e nos Estados Unidos são explicitadas pelos maiores estudiosos das relações raciais comparativas, como Oracy Nogueira, Carl Degler e Marvin Harris.[619]

O fato de que, em vários Censos realizados no País, a cor não estar presente nos questionários, revela-se um indicativo a demonstrar relativo repúdio às categorizações raciais no Brasil. Os governantes acreditavam que, agindo dessa maneira, não iriam despertar a consciência para a categorização racial. A mesma linha de raciocínio, conforme já vimos, guiou a promulgação da Lei nº 6.216, de 1975, por meio da qual se alterou a Lei do Registro Civil, retirando a necessidade de que se declarasse a cor do registrando na certidão de nascimento. Se por um lado essas omissões impediram a formação de um movimento negro mais organizado, por outro, fomentaram na sociedade o mito a ser perseguido de uma democracia racial.

Com efeito, nas coletas censitárias realizadas entre 1890 a 1940, o critério racial não esteve nas pesquisas. E, quando a raça voltou aos levantamentos, o resultado foi de uma extraordinária miscelânea racial. Na Pesquisa Nacional por Amostra de Domicílios – PNAD, realizada em 1976, deixou-se livre ao pesquisado realizar uma autoclassificação. À pergunta: *Qual é a cor do(a) senhor(a)?*, caberia ao entrevistador apenas anotar a resposta, ainda que esta lhe parecesse estranha. Por conseqüência, identificaram-se espantosas 135 cores no País.[620]

---

[617] A larga utilização do termo afro-descendente, atualmente, no Brasil, significa mais uma cópia subserviente desta mentalidade de colônia que, muitas vezes, nos é peculiar. Enquanto preto, pardo e negro têm uma acepção morfológica ligada à cor e ao fenótipo do indivíduo, o conceito de afro-descendente revela um sentido de ancestralidade, a perquirir a origem da pessoa, tal qual o modelo birracial norte-americano, do *one drop rule*. Assim, a despeito de discordarmos do uso do termo afro-descendente para a classificação racial no Brasil, o conceito foi e será utilizado nesse trabalho com a ressalva apontada, e como sinônimo de negro.

[618] Nesse sentido é a lição de SKIDMORE, Thomas. (1992: p. 2). Versão brasileira em SKIDMORE, Thomas. (1991: p. 6 e 7).

[619] NOGUEIRA, Oracy. (1985); DEGLER, Carl. (1986); HARRIS, Marvin. (1974).

[620] Não se pode deixar de reconhecer que essa amostra divulga um verdadeiro tratado de antropologia nacional. Observe-se a lista de cores que os brasileiros se classificaram: Acastanhada, Agalegada, Alva, Alva-escura, Alvarenta, Alvarinta, Alva-rosada, Alvinha, Amarela, Amarelada, Amarela-queimada, Amarelosa, Amorenada, Avermelhada, Azul, Azul-marinho, Baiano, Bem-branca, Bem-clara, Bem-morena, Branca, Branca-avermelhada, Branca-melada, Branca-mo-

Os dados censitários revelam-nos muito sobre o problema da adoção da cor como um critério a nortear a adoção de ações afirmativas no Brasil, porque nos mostram a grande variação em que o brasileiro é capaz de se identificar. Nem todos os Censos no Brasil se preocuparam em classificar as pessoas com base na cor, porque tal critério, muitas vezes, não foi considerado importante. O primeiro Censo nacional é datado de 1872, quando a população brasileira fora dividida entre livres e escravos. Os termos de classificação racial utilizados pelos demógrafos, à época, foram brancos, pretos, pardos e caboclos (incluindo aqui os indígenas). Os números obtidos demonstram uma população majoritariamente escura, constituída por 19,68% de pretos, 42,19% de pardos (incluindo aqui os caboclos) e apenas 38,14% de brancos.[621] Já no Censo de 1890, a cor parda foi substituída pela categoria dos mestiços, a qual incluía também os índios.[622]

Em 1910, não houve coleta censitária no Brasil, fato que se repetiu em 1930. Em 1920, realizou-se o Censo, mas a cor não foi pesquisada. Assim, a cor somente retornou às pesquisas demográficas em 1940. Vejamos o quadro a seguir.

---

rena, Branca-pálida, Branca-queimada, Branca-sardenta, Branca-suja, Branquiça, Branquinha, Bronze, Bronzeada, Bugrezinha-escura, Burro-quando-foge, Cablocla, Cabo-verde, Café, Café-com-leite, Canela, Canelada, Cardão, Castanha, Castanha-clara, Castanha-escura, Chocolate, Clara, Clarinha, Cobre, Corada, Cor-de-café, Cor-de-canela, Cor-de-cuia, Cor-de-leite, Cor-de-ouro, Cor-de-rosa, Cor-firma, Crioula, Encerada, Enxofrada, Esbranquecimento, Escura, Escurinha, Fogoio, Galega, Galegada, Jambo, Laranja, Lilás, Loira, Loira-Clara, Loura, Lourinha, Malaia, Marinheira, Marrom, Meio-amarela, Meio-branca, Meio-morena, Meio-preta, Melada, Mestiça, Miscigenação, Mista, Morena, Morena-bem-chegada, Morena-bronzeada, Morena-canelada, Morena-castanha, Morena-clara, Morena-cor-de-canela, Morena-jambo, Morenada, Morena-escura, Morena-fechada, Morenão, Morena-parda, Morena-roxa, Morena-ruiva, Morena-trigueira, Moreninha, Mulata, Mulatinha, Negra, Negrota, Pálida, Paraíba, Parda, Parda-clara, Polaca, Pouco-clara, Pouco-morena, Preta, Pretinha, Puxa-para-branca, Quase-negra, Queimada, Queimada-de-praia, Queimada-de-sol, Regular, Retinta, Rosa, Rosada, Rosa-queimada, Roxa, Ruiva, Russo, Sapecada, Sarará, Saraúba, Tostada, Trigo, Trigueira, Turva, Verde, Vermelha. Nesse sentido, ver em VENTURI, Gustavo; TURRA, Cleusa. (Org.). (1995: p. 33 e 34); OLIVEIRA, Dijaci et al. (Org.). (1998: p. 42 e 43). Antes mesmo do PNAD de 1976, Marvin Harris havia realizado amostragem parecida, quando desenvolveu parte dos estudos patrocinados pela UNESCO no Brasil. Foram mostrados nove retratos a cem pessoas. O resultado foi a impressionante marca de 40 tipos raciais distintos para classificá-las. A saber: "branco, preto, sarará, moreno-claro, moreno-escuro, mulato, moreno, mulato-claro, mulato-escuro, negro, caboclo, escuro, cabo-verde, claro, araçuaba roxo, amarelo, sarará-escuro, cor-de-canela, preto-claro, roxo-claro, cor-de-cinza, vermelho, caboclo-escuro, pardo, branco-sarará, mambebe, branco-caboclado, moreno-escuro, mulato-sarará, gazula, cor-de-cinza-claro, crioulo, louro, moreno-claro caboclado, mulato-bem-claro, branco-mulato, roxo-de-cabelo-bom, preto-escuro, pelé". HARRIS, Marvin. (1974: p.58).

[621] Nesse sentido, NOGUEIRA, Oracy. (1985: p. 149).
[622] BELTRÃO, Kaizô. (2002: p. 9).

*Formação da População Brasileira,
Segundo a Cor*[623] *1872 – 2000*

ANO	BRANCA	PRETA	PARDA
1872	38,1%	19,6%	42,1%
1890	43,9%	14,6%	41,4%
1940	63,5%	14,2%	21%
1950	61,6%	10,9%	25,5%
1960	61%	8,7%	29,5%
1980	54,8%	5,9%	38,5%
1991	51,6%	5%	42,4%
2000	53,4%	6,1%	38,9%

Observa-se que entre 1890 a 1940 houve um salto considerável na população considerada branca e, paralelamente, entre o primeiro censo, de 1872, e o último, de 2000, houve um declínio muito grande na população preta – de praticamente 20% para 6%.

Pode-se tentar explicar o fato por diversas razões. A miscigenação crescente entre as raças e a intensa imigração européia, promovida no final do século XIX e início do século XX, estão dentre as hipóteses prováveis. Outra explicação seria a possibilidade de, no sistema auto-classificatório brasileiro, vários mestiços, aos poucos, irem se classificando como brancos, por motivos de auto-estima e pela vontade de se afirmarem. Tal fato se exprime na expressão sociológica de *ideal de branqueamento*,[624] quando os negros se classificam como brancos por acreditarem ser esta raça superior, em diversos sentidos.[625]

Tais fatores talvez possam explicar a migração da população negra para a população parda, e desta para branca. É que, no Brasil,

---

[623] IBGE. (2000). Edith Piza traz um panorama geral sobre a forma como vem sendo realizada a coleta do Censo no Brasil. Esclarece que em 1940 e 1950, a cor foi aplicada a todos os quesitos pesquisados. Em 1960, aplicou-se o quesito cor apenas no critério populacional, deixando de aplicar, por exemplo, no que tange à escolaridade, à saúde, à expectativa de vida, dentre outros fatores. Em 1970, não houve pesquisa de cor. Em 1980 e 1991, a cor foi desagregada, apenas para alguns dados da população. Ver em PIZA, Edith. (2000: p. 121). Na mesma linha, SILVA JR, Hédio. (2002: p. 16 e 17).

[624] Antônio Sérgio Guimarães explica que o *embranquecimento* surgiu "por um orgulho nacional ferido, assaltado por dúvidas e desconfianças a respeito do seu gênio industrial, econômico e civilizatório. Foi, antes de tudo, uma maneira de racionalizar os sentimentos de inferioridade racial e cultural instilados pelo racismo científico e pelo determinismo geográfico do século XIX". GUIMARÃES, Antônio Sérgio Alfredo. (1995: p. 37 e 38).

[625] Pesquisa realizada pela Folha de São Paulo e pelo Datafolha revelou que 36% dos pardos concordam inteiramente com a expressão "negro bom é negro de alma branca", enquanto que, entre os brancos, o percentual foi inferior, de 35%. VENTURI, Gustavo; TURRA, Cleusa. (Org.). (1995: p. 27). Na mesma pesquisa revelou-se que quase um terço dos negros manifesta preconceito contra os próprios negros. VENTURI, Gustavo; TURRA, Cleusa. (Org.). (1995: p. 75).

diferentemente do que acontece nos Estados Unidos, a regra da *uma gota de sangue* tem efeito diferente. Aqui, uma gota de sangue branco embranquece a pessoa,[626] ao menos na autoclassificação. Mas para pertencer à determinada categoria racial, é necessário transformar-se e preservar aparência muitas vezes estranha às características originais. Tudo isso faz parte do chamado *ritual de branqueamento*.[627]

Ao menos como possibilidade teórica, é possível afirmar que, no Brasil a miscigenação, conjugada com o sistema de autoclassificação, poderia praticamente acabar com o sistema de categorização racial, porque, no futuro, haveria uma tendência ao branqueamento de todos os brasileiros. É o que Degler chamou de válvula de escape do mulato:[628] os negros se casariam com brancos e esperariam que seus filhos tivessem uma melhor sorte, na medida em que não mais seriam vistos como negros. Tal fato não seria possível nos Estados Unidos, porque lá, conforme vimos, a regra é de ancestralidade.

O Censo de 1950 manteve a estrutura do censo anterior e a população foi distribuída em quatro grupos: brancos, pretos, amarelos e pardos, de forma semelhante também foi o Censo de 1960. No Censo de 1970, a categoria racial foi eliminada, sob o argumento de que os dados anteriormente coletados não correspondiam à realidade, porque não haveria como uniformizar a divisão por meio de raças no Brasil. No Censo de 1980, a cor retornou, mas apenas para alguns dados da população, o que se repetiu em 1991, destacando-se que somente neste

---

[626] Nesse sentido, afirmou Caio Prado: "Não é de se admirar, portanto, o vulto que tivesse tomado a mestiçagem brasileira. Escusado procurar dados estatísticos: mesmo quando existem, o que é excepcional, eles são por natureza inteiramente falhos, e não se prestam nem a serem tomados em consideração. (...). Uma gota de sangue branco faz do brasileiro um branco, ao contrário do americano, em que uma gota de sangue negro faz dele um negro". PRADO JÚNIOR, Caio. (2000: p. 109). Ver também em PIZA, Edith. (2000: p. 107 e ss).

[627] Como, por exemplo, tentar afinar o nariz, ou alisar os cabelos. Edith Piza conceitua branqueamento como "um conjunto de normas, atitudes e valores que a pessoa negra, e/ou seu grupo mais próximo, incorpora, visando atender à demanda concreta e simbólica de assemelhar-se a um modelo branco e, a partir dele, construir uma identidade racial positivada". PIZA, Edith. (2000: p. 103). O ritual de branqueamento também pode decorrer da ascensão social. Já em 1932, data da publicação de Raça e Assimilação, Oliveira Vianna prenunciava a impossibilidade de classificar racialmente os brasileiros, devido à grande mistura da população e ao fato de as pessoas associarem a cor à classe social à qual pertençam. OLIVEIRA VIANNA. (1932: p. 57 e ss). Assim, segundo afirma, se um negro dispusesse de melhor condição social, não se classificaria como tal, mas tentaria "embranquecer", passando-se por mulato ou por branco. Concluiu o autor que "só se classificam como mestiços os pardos e caboclos característicos; ainda assim quando fazem parte da plebe repullulante [sic] dos Jecas inumeráveis que puxam a enxada ou fazem trabalhos servis, porque se acontecem de serem 'coronéis' ou 'doutores' – o que não é raro – para estes não há como cogitar de 'mulatismo' e 'caboclismo': eles não são senão morenos..". OLIVEIRA VIANNA. (1932: p. 226 e 227).

[628] DEGLER, Carl. (1986: p. 182). Degler complementa o pensamento, afirmando que a válvula de escape do mulato se constitui na verdadeira chave das diferenças no relacionamento racial existente no Brasil e nos Estados Unidos. E aduz: "a presença do mulato não apenas espalha as pessoas de cor na sociedade, mas ela literalmente borra, e, portanto, suaviza a linha entre o preto e o branco". DEGLER, Carl. (1986: p. 225). Tradução livre.

Censo o indígena ingressou como raça autônoma na composição racial prevista pelo IBGE.[629]

Destaque-se para o fato de, na década de 90, ter havido intensa mobilização para que as pessoas assumissem a própria cor. Este foi o slogan da campanha: *Não deixe sua cor passar em branco, responda com bom (c)senso*.[630] Parece que tal campanha, aliada à intensa movimentação dos negros e das instituições que os representam, tem dado bons resultados atualmente, haja vista o aumento na representação dos negros no contingente populacional brasileiro, de 5% para 6,1%, provavelmente correspondendo ao número de pardos que migraram para se afirmarem na categoria negra.

Pode-se, então, concluir que o sistema de classificação racial, no Brasil, difere do norte-americano porque aqui existe uma multirracialidade, ou seja, há várias raças intermediárias entre os brancos e os negros. No sistema determinado atualmente pelo IBGE, utilizam-se cinco possibilidades de classificação racial: brancos, pretos, amarelos, pardos e indígenas. Pesquisas, no entanto, indicam que há uma rejeição muito grande ao termo pardo; cerca de 71% dos que se classificam como pardos, preferem utilizar o termo moreno. Se em vez de *pardo* se adotasse *moreno*, este grupo certamente formaria a maior parte da população. Nesse sentido, o percentual de morenos no Brasil seria superior ao de brancos. Com efeito, os morenos são 43% dos brasileiros, contra 39% dos que se classificaram como brancos na pesquisa realizada pelo jornal O Estado de São Paulo.[631] Desse modo, os pesquisadores alertam para a necessidade de revisão das raças estabelecidas pela classificação do IBGE, porque 69% dos que se enquadraram na categoria parda e 42% dos que se enquadraram na cor preta haviam se identificado espontaneamente, antes, como moreno.

Entretanto, há uma resistência muito grande no movimento negro organizado para a adoção do termo moreno.[632] Talvez uma das explicações para esse fenômeno seja o fato de que, acaso fosse adotado o *moreno*, esta categoria representaria a maior parte da população do País, e, assim, ficaria mais difícil pleitear oportunidades para grupos outrora considerados minoritários; a causa perderia um pouco de legitimidade. Por outro lado, as estatísticas relativas às condições sociais também melhorariam substancialmente. Isto porque, em muitos casos, apenas os dados sociais relativos aos pretos – que atualmente

---

[629] VENTURI, Gustavo; TURRA, Cleusa. (Org.). (1995: p. 35); OLIVEIRA, Dijaci et al. (Org.). (1998: p. 45).

[630] Ver o estudo comparativo sobre a função do Censo no Brasil e nos Estados Unidos em REYNOSO, Julissa. (2000/2001: p. 542 e ss).

[631] VENTURI, Gustavo; TURRA, Cleusa. (Org.). (1995: p. 36).

[632] Nesse sentido, SILVA, Nelson do Valle. (1999: p. 86 a 106); MAGGIE, Yvonne. (1996: p. 231 e ss); OLIVEIRA, Dijaci et al. (Org.). (1998: p. 44 e ss).

compõem 6% da população – são divulgados. Por exemplo, quando se utiliza da afirmação de que apenas 3% dos pretos estão no curso superior, *olvidando-se*, curiosamente, a categoria dos pardos, que são 38% da população e que representam 18% dos estudantes em nível universitário. Não se quer dizer que a representação dos pardos em tais esferas sociais é suficiente, longe disso. Entretanto, é preciso observar a análise dos dados estatísticos com cautela, porque, conforme já afirmou Vamireh Chacon: "Não existe cultura inocente, nem ato político gratuito".[633]

Gilberto Freyre idealizara uma população para o Brasil em que não fosse mais necessária a classificação dos indivíduos por critérios raciais. E, antecipando as conclusões da pesquisa realizada pela Folha de São Paulo e pelo Instituto de Pesquisas Datafolha em 1995, já havia afirmado que a cor morena se tratava da verdadeira cor do Brasil: "A tendência do brasileiro é para a suplantação ou desprezo da 'Raça', como fator decisivo, ou poderosamente condicionante, do comportamento político, pelo de metarraça. O que em tal implica a crescente extensão, entre a gente brasileira, do uso do adjetivo 'moreno', para qualificar quem, na população nacional, não for branco".[634]

É bem verdade que a situação proposta por Freyre nos parece ainda um ideal distante de ser atingido. A divisão de pessoas em raças ainda faz total sentido no Brasil, mesmo porque determinado grupo – os negros – sofre os efeitos de preconceito e de discriminação, além de permanecerem em uma escala de indicadores sociais na qual se concentram as piores estimativas, em termos de anos de estudo, de saúde, de expectativa de vida, de mortalidade infantil, dentre outras categorias sociais. É preciso dividir a população, racionalizando-a, para melhor combater os problemas – sociais e de preconceito – que parecem ser mais peculiares a esta camada da população. Mas se deve ter o cuidado de, nesse combate, o problema não ser agravado. As políticas afirmativas devem ser impostas com cautela, após amplo debate social, para ampliar a legitimidade, e, com isso, não promover o indesejável e dispensável acirramento entre negros e brancos, agravando os conflitos raciais em escala muito superior à atual, ao invés de combatê-la.[635]

---

[633] CHACON, Vamireh. (2002: p. 9).

[634] FREYRE, Gilberto. (1982: p. 34).

[635] Carlos Hasenbalg já chamara a atenção para esse problema, em seminário realizado sobre as ações afirmativas: "As experiências de ações afirmativas até agora desenvolvidas em outras partes do mundo se deram em países em que as fronteiras ou divisas entre grupos étnicos e raciais estão claramente definidas. Esse não parece ser o caso do Brasil. Nos últimos vinte anos, cientistas sociais que estudam as relações raciais no país, entre os quais me incluo, bem como militantes do movimento negro, têm usado sistemas de classificação racial dicotômicos: brancos/negro ou branco/não-branco. Ao mesmo tempo, pesquisas como o PNAD-1976 e a mais recente da Folha de São Paulo, em 1995, surpreendem pela variedade de termos usados pela população para identificar-se em matéria de cor ou raça. Esta é uma das ambigüidades do

Talvez uma das interpretações possíveis para a quantidade de classificações raciais existentes no Brasil seja a intensa miscigenação ocorrida ao longo da história. E as múltiplas categorias de cor, aliadas à falta de objetividade na definição de uma pessoa como negra ou parda,[636] remete-nos a um dos pontos de maior controvérsia nas propostas afirmativas em que a raça é o fator levado em consideração: saber quem é negro no Brasil.[637] De certa forma, tal questão pode dificultar a aplicação dos programas afirmativos, uma vez que, com o sistema de autoclassificação, haverá sempre a possibilidade de fraude, abrindo espaço para a má-fé de pessoas que, não sendo negras, assim se declarem com a finalidade de assegurar participação nas medidas estabelecidas.[638]

O professor Sérgio Pena, geneticista da UFMG, com a sua equipe, no já mencionado estudo *Retrato Molecular do Brasil*,[639] chegou à conclusão de que, além dos 44% dos indivíduos autodeclarados negros e pardos, existem no Brasil mais 30% de afro-descendentes, dentre aqueles que se declararam brancos,[640] por conterem no DNA a ancestralidade africana, principalmente a materna. Assim, na verdade, os afro-descendentes constituiriam, no Brasil, a maioria da população – 62,2% –, e os brancos seriam apenas 37,8% do povo brasileiro.[641]

---

sistema racial do Brasil e dos demais países da América Latina que deve ser encarada na hora de estabelecer o conjunto de regras que permita identificar quais são os indivíduos ou grupos que podem beneficiar-se com os programas de ação afirmativa". HASENBALG, Carlos. (1997: p. 67).

[636] Um bom exemplo dessa mistura entre a cor autoclassificada e a cor atribuída por um terceiro observador pode ser extraído da pesquisa nacional realizada pela Folha de São Paulo e pelo Datafolha. Dentre os indivíduos que haviam sido observados como brancos, 11% haviam se classificado como pardos, 3% como indígenas, 2% como amarelos e 1% como pretos. Entre os que foram observados como da cor preta, 24% se autoclassificaram como pardos e 2% como brancos. Já dentre os prováveis pardos, 16% se classificaram como brancos e 13% como pretos.

[637] Marcelo Neves acredita que saber quem é negro no País se constitui na maior dificuldade quanto à implementação dos programas positivos. Explica: "O problema, no caso da 'ação afirmativa', reside em definir, na situação concreta, se uma pessoa deve incluir-se legitimamente no campo dos seus beneficiados por pertencer a grupo que sofre discriminação racial. E aqui reside o nó górdio da implementação de programas de discriminação legal positiva no Brasil". NEVES, Marcelo. (1997: p. 266).

[638] A experiência das cotas na Universidade do Estado do Rio de Janeiro demonstrou que muitas pessoas, que se consideravam brancas, declararam-se negras para concorrer às vagas destinadas aos negros. Reportagens publicadas à época trouxeram depoimentos de alunos brancos que confirmaram ter agido de má-fé. Ver em FERNANDES, Nelito; VELLOSO, Beatriz. (2003d: p. 74 a 81); FERNANDES, Nelito. (2003b: p. 34 a 37); FERNANDES, Nelito. (2003c: p. 36 e 37); FRANÇA, Ronaldo. (2003: p. 70 e 71); FERNANDES, Nelito. (2003a: p. 42 e 43). Semelhante problema também foi identificado com a imposição de cotas na Universidade de Brasília – UnB, onde houve inúmeras fraudes – candidatos que sempre se classificaram como brancos, após meses de sol intenso, passaram a se classificar como negros apenas para tentar pleitear vagas por meio das cotas.

[639] LEITE, Marcelo. (2000: p. 26 a 28).

[640] CUNHA, Alécio. (2002). Como já vimos, o professor Sérgio Pena afirmou que cerca de 90% das patrilinhagens dos brancos brasileiros é de origem européia, enquanto que 60% das matrilinhagens é de origem ameríndia ou africana. PENA, Sérgio et. al. (2000: p. 17 a 25).

[641] O percentual de indígenas, por ser muito baixo e somente ter ingressado no sistema de classificação racial em 1991, foi desconsiderado.

O trabalho realizado por Pena questionou as estatísticas sobre a composição étnica do País. Isto porque, de acordo com os dados apresentados pelo IBGE no ano de 2000, os brancos seriam 54% da população, mas, à luz das conclusões de Pena, esse número seria uma imprecisão, porque muitos dos que se declararam brancos migrariam para a categoria de mestiços se o DNA fosse decodificado. Do universo de supostos brancos, aproximadamente 28 milhões portam herança genética indígena e 24 milhões carregam DNA de negros. Portanto, apenas 34 milhões de brasileiros seriam, de fato, brancos puros, segundo padrões genéticos, o que corresponderia a apenas 20% da população brasileira, pelo Censo de 2000.

Sobre a possibilidade de se determinar cientificamente um grau mínimo de africanidade para cada brasileiro, a ponto de legitimar os descendentes de africanos a serem beneficiados por políticas afirmativas, a explicação do Professor Sérgio Pena é deveras precisa, e, por isso, merece a transcrição:

> A ancestralidade, após os avanços do Projeto Genoma Humano, pode ser quantificada objetivamente. Implementamos em nosso laboratório exames de marcadores de DNA que permitem calcular um Índice de Ancestralidade Africana, ou seja, estimar, para cada genoma humano, qual proporção se originou na África. Recentemente publicamos (...) um estudo demonstrando que no Brasil, em nível individual, a cor de um indivíduo (...) tem muito baixa correlação com o Índice de Ancestralidade Africana. Isso quer dizer que, em nosso país, a classificação morfológica como branco, preto ou pardo significa pouco em termos genômicos e geográficos, embora a aparência física seja muito valorizada socialmente. A interpretação dos achados de nossa pesquisa é que a população brasileira atingiu um nível muito elevado de mistura gênica. A esmagadora maioria dos brasileiros tem algum grau de ancestralidade genômica africana. Poderia a nossa nova capacidade de quantificar objetivamente, através de estudos genômicos, o grau de ancestralidade africana para cada indivíduo fornecer um critério científico para avaliar a afro-descendência? A minha resposta é um enfático não. Tentar usar testes genômicos de DNA para tal, seria impor critérios qualitativos a uma variável que é essencialmente quantitativa e contínua. A definição sobre quem é negro ou afro-descendente no Brasil terá forçosamente de ser resolvida na arena política. Do ponto de vista biológico, a pergunta nem faz sentido.[642]

O trabalho desenvolvido pelo geneticista parece confirmar a tese de Gilberto Freyre de que a população brasileira é uma mistura das três raças: o europeu, o índio e o africano. Dessa forma, a intensa miscigenação brasileira terminaria por colocar em dúvida a eficácia de programas afirmativos nos quais a raça funcione como critério exclusivo de integração do negro à sociedade, porque não haveria como determinar quem, efetivamente, é negro no Brasil. Retroceder à utilização de critérios objetivos para determinar a ancestralidade, por outro lado, parece-nos totalmente fora de consideração. A política afirmativa que viesse a ser adotada no Brasil teria de vencer o desafio da legitimidade e suportar as críticas de não conseguir definir racionalmente quem

---

[642] PENA, Sérgio. (1998: p. 1 a 3).

seriam os beneficiados.⁶⁴³ São os ônus da implementação das medidas, a serem tolerados por toda a sociedade. Parece-nos que o critério de autoclassificação, a despeito de poder ensejar muitas dúvidas, continua sendo o mais adequado à nossa realidade multirracial.

Para se tentar flexibilizar este debate praticamente insolúvel – saber quem é negro no Brasil –, ao mesmo tempo em que também se procura combater outra barreira, talvez a principal a impedir a ascensão do negro, faz-se necessário um novo modelo de ações afirmativas, baseado em critérios próprios para a realidade brasileira. A nossa proposta, assim, seria a conjugação de dois fatores – o racial e o social –, visando a garantir uma maior legitimidade ao debate, a menor possibilidade de utilização da má-fé, na autoclassificação racial, à diminuição da possibilidade de discriminação reversa, e, finalmente, ao melhor atendimento aos princípios da igualdade e da proporcionalidade, conforme veremos melhor adiante.

2.4. A POSSIBILIDADE JURÍDICA DE AÇÕES AFIRMATIVAS NO BRASIL

2.4.1. A proposta para um modelo de ações afirmativas à brasileira, em que a cor não seja o único critério levado em consideração

Conforme se percebeu do desenvolvimento do trabalho até aqui, o objetivo das ações afirmativas à brasileira é bem diferente do que motivou a opção por tais programas nos Estados Unidos. No Brasil, não se trata de promover a resposta a uma segregação institucionalizada, mas sim de, por meio de uma política assistencialista, tentar combater as causas que, no presente, funcionam como barreiras a impedir o ingresso dos negros em determinadas categorias sociais, como no mercado de trabalho e nas universidades.⁶⁴⁴

---

⁶⁴³ Interessante constatar que a discussão sobre adotar-se ou não um critério objetivo para saber quem é negro no Brasil volta ao debate justamente para a aplicação de um programa em favor dos negros. Essa linha tênue que marca as categorias raciais no Brasil, a ponto de indeterminar as fronteiras entre uma raça e outra, muitas vezes foi objeto dos mais arraigados elogios dos brasilianistas que acreditavam ser tal critério mais condizente com a realidade. Assim afirmou Marvin Harris: "No Brasil, toda a questão de identidade racial é resolvida por um modo muito mais adequado às atuais complexidades dos processos hereditários. Identidade racial, no Brasil, não é governada por uma rígida regra de descendência". Tradução livre. HARRIS, Marvin. (1974: p. 57).

⁶⁴⁴ Nesse sentido, é possível distinguir setores em que o preconceito e a discriminação atuam de forma mais destacada e outros em que praticamente não têm importância. Lívio Sansone, antropólogo e professor da Universidade Federal da Bahia, desenvolveu uma delimitação das áreas no Brasil em que o fator racial parece ter maior ou menor importância, às quais denominou *áreas duras* e *áreas moles* de relações raciais. As áreas duras seriam certos setores do mercado de trabalho, as relações matrimoniais e as áreas de contato com a polícia. Carlos Hasenbalg

É necessário, assim, desenvolver um estudo prévio sobre quais devam ser os critérios adotados para as políticas positivas no Brasil. Se apenas copiarmos o modelo pensado para os Estados Unidos, em que a raça é o único critério levado em consideração nas ações afirmativas para os negros, o resultado será desastroso, porquanto o sistema decorreria de uma errônea aplicação do princípio da igualdade, e, conseqüentemente, correríamos o risco de ver as medidas afirmativas barradas quando da sua análise de constitucionalidade em relação ao princípio da proporcionalidade e os subprincípios da adequação, da razoabilidade e da proibição do excesso.

Com efeito, analisaremos, então, se há no Brasil indícios suficientes a demonstrar que o problema de integração dos negros é unicamente racial ou se decorre de outros fatores, conjugados ao preconceito e à discriminação.[645] Em suma, é preciso observar se o problema quanto à relativa integração do negro na sociedade envolve apenas a cor da pele, ou se, aliado a tal fator, existe também uma questão de classe.

Inicialmente, é preciso destacar que acreditamos não ser o Brasil o exemplo exato de democracia racial. Todavia, há fortes indícios de que o preconceito e a discriminação no País não serviram para impedir a formação de uma sociedade plural, diversa e miscigenada, na qual os valores nacionais em grande parte se identificam com os valores da comunidade negra. E, sobretudo, não serviram de impedimento para que muitos pardos e negros conseguissem alcançar postos de destaque

---

acrescenta a educação formal como outra hipótese de área dura racial. Em contrapartida, as áreas moles seriam aquelas em que a cor das pessoas praticamente não possui relevância, seriam as esferas da amizade, do relacionamento sexual, da diversão em bares, blocos de carnaval, futebol, além de atividades religiosas, como a religião católica, a protestante e a espírita. Haveria ainda, no Brasil, os chamados *espaços negros explícitos*, como os blocos afro, as batucadas, o candomblé, a capoeira, em que os negros constituem quase que a totalidade dos membros, mas aos brancos não é vedada a participação. Lívio Sansone complementa: "Nestes espaços implícitos geralmente evita-se falar em termos de cor e menos ainda de racismo; o importante é ser cordial e se dar bem com todas as pessoas compartilhando o mesmo contexto". SANSONE, Lívio. (1998: p. 211). Ver também em HASENBALG, Carlos A.; MUNANGA, Kabengele; SCHWARCZ, Lília Moritz. (1998: p. 16 e ss). Levy Cruz comenta a pesquisa do antropólogo e afirma não haver muita distinção entre a cordialidade prevista no núcleo mole e a democracia racial que fora idealizada por Gilberto Freyre. CRUZ, Levy. (2003).

[645] Os estudos realizados na década de 40, com Donald Pierson, haviam enfatizado especialmente o componente econômico da problemática racial do Brasil. Todavia, a partir da década de 70, com as análises efetuadas principalmente por Nelson do Valle Silva e Carlos Hasenbalg, iniciou-se o pensamento de que o fator racial funcionava como elemento autônomo a ser considerado, o que servia de barreira à integração do negro à sociedade. Tais autores procuravam demonstrar que as desigualdades apresentadas nos índices sociais possuíam fator racial inquestionável. Nesse sentido, ver SILVA, Nelson do Valle; HASENBALG, Carlos A. (1992). Esta forma de pensar também é compartilhada com Antônio Sérgio Guimarães, quando este procura explicar que, em relação às desigualdades encontradas nos indicadores sociais "mesmo quando se esgotam as variáveis de status e de classe social nos modelos explicativos (renda, escolaridade, naturalidade, local de residência, etc.), persiste inexplicado um resíduo substantivo, que só pode ser atribuído à própria cor ou raça dos indivíduos". GUIMARÃES, Antônio Sérgio Alfredo. (1999b: p. 155).

nos mais amplos espectros sociais, como na política, na magistratura, na universidade, nos esportes e nas artes.

No Brasil, a existência de valores nacionais, comuns a todas as raças, parece quebrar o estigma da classificação racial maniqueísta. Encontram-se elementos da cultura africana em praticamente todos os ícones do orgulho nacional, seja na identidade que o brasileiro tenta construir, seja na imagem do País difundida no exterior, como samba, carnaval, futebol, capoeira, pagode, chorinho, mulata e molejo.[646] E mais. A participação crescente de negros e mulatas em propagandas, em programas de televisão, atuando inclusive como protagonistas, encenando famílias de classe média, representando o Brasil em concursos internacionais de beleza, sugere que, esteticamente, a concepção de *boa aparência* no Brasil está mudando, acompanhando a tendência mundial de valorização do tipo africano. Ainda se poderia mencionar que a tendência crescente de criação de produtos de beleza específicos para os negros funciona, ao menos, como poderoso indicativo de que o negro está sendo visto pelas empresas como uma fatia relevante do mercado consumidor, a merecer atenção especial, destacada e autônoma.

Desse modo, existem valores nacionais brasileiros que são comuns a todos os tipos raciais que formam o povo. Por não ter havido a separação das pessoas por causa da cor, foi possível criar um sentimento de nação que não distingue a cultura própria dos brancos da cultura dos negros. A unidade do Brasil, pensamento já corroborado por Gilberto Freyre,[647] não depende da pureza das raças, mas, antes, da lealdade de todas elas a certos valores essencialmente *pambrasileiros*, de importância comum a todos.

Assim, o problema da relativa falta de integração do negro às camadas sociais mais elevadas pode tentar ser resolvido no Brasil sem que desperte manifestações de ódio racial extremado ou violento. Isso somente se torna possível porque, no âmbito social, a nossa comunidade foi capaz de se desenvolver a partir da interpenetração das culturas

---

[646] O antropólogo Peter Fry, já havia chamado a atenção para o fenômeno da nacionalização de símbolos culturais negros, ao que Hasenbalg complementa, ao afirmar que "os elementos culturais de origem negra (...) são nacionalizados, cooptados e passam a ser definidos como parte da nacionalidade brasileira". Alfim, sentencia, sobre a forma de observar os negros no Brasil: "pensar, como muitas vezes se faz, em uma cultura negra pura, de raízes africanas, impoluta e definida por oposição à cultura dominante, me parece pouco realista". HASENBALG, Carlos A.; MUNANGA, Kabengele; SCHWARCZ, Lília Moritz. (1998: p. 15). Nesse sentido também é o pensamento de Yvonne Maggie: "Esse enorme contingente populacional de origem africana não vive uma cultura à parte, própria e autônoma. No Brasil, foi construída, desde tempos coloniais, uma cultura que passou a ser chamada na literatura especializada de cultura afro-brasileira ou cultura negra, mas da qual participam tanto brancos quanto negros e cujos símbolos são marca da nacionalidade, ou seja, de todos, independentemente de sua cor ou raça". MAGGIE, Yvonne. (1996: p. 227).

[647] Ver em FREYRE, Gilberto. (1982: p. 32 e ss).

as mais diversas e, na esfera biológica, houve uma forte miscigenação entre as raças. Tal fato não pode ser olvidado quando da adoção de políticas públicas pelo governo. Tentar implementar ações afirmativas em que a raça seja o único critério levado em consideração poderá, de alguma forma, afetar esse relativo equilíbrio existente entre as raças que compõem o País, e, em vez de promover a inserção dos afro-descendentes, criar esferas sociais apartadas, daqueles que são beneficiados pelas medidas e dos que não são.

É inegável que, no Brasil, os negros passam por sérios problemas de exclusão. São os afro-descendentes que apresentam os piores indicadores sociais. Todavia, o que se quer demonstrar é que talvez o preconceito arraigado na sociedade não se constitua no fator exclusivo a impedir a representatividade dos negros nas classes sociais mais elevadas. Fortes indícios demonstram que o verdadeiro anátema dos negros se localiza na precária situação econômica em que se encontram, tornando-os despreparados para uma competição justa no mercado de trabalho e na educação.[648] Não se quer adotar uma teoria reducionista e diminuir a problemática racial à questão econômica. Quer-se, apenas, sugerir que as ações afirmativas a serem implementadas no Brasil não fujam desse binômio: raça e pobreza, porque assim se estaria atacando as duas principais mazelas que impedem a ascensão dos negros nas esferas sociais mais elevadas.[649]

Políticas afirmativas que adotem somente o critério racial, isoladamente, sem conjugá-los com a baixa renda, terminariam por beneficiar, sobretudo, a classe média negra, que já conseguiu obter um mínimo de qualificação necessária e não seria a mais carente dos benefícios.[650] Por outro lado, políticas afirmativas universalistas que não levem o fator

---

[648] Destaque-se que muitos estudiosos, a despeito de defenderem a existência de preconceito e de discriminação raciais no Brasil, entendem que há, também, um forte preconceito em relação à classe. Nesse sentido, GUIMARÃES, Antônio Sérgio Alfredo. (2002: p. 69 e 70); RIBEIRO, Darcy. (1995: p. 236).

[649] Nesse diapasão é o pensamento de Marvin Harris, quando afirma que o verdadeiro dilema no Brasil não é somente o racial, mas também o econômico. E aduz: "Um brasileiro nunca é simplesmente um 'homem branco' ou um 'homem de cor'; ele é um rico, bem-educado homem branco, ou um pobre, ignorante homem de cor; um rico, bem-educado homem de cor ou um pobre, ignorante branco. O resultado dessa qualificação de raça por educação e nível econômico determina a identidade de classe à que o indivíduo pertence. É a classe à que ele pertence e não a raça que determina a adoção de atitudes subordinadas ou superiores entre os indivíduos específicos nas relações face a face. É a classe que determina quem vai poder entrar em determinado hotel, restaurante ou clube social; quem receberá o tratamento preferencial nas lojas, igrejas, clubes noturnos e nos meios de transporte. (...). A cor é um dos critérios para identidade racial, mas não o único". Tradução livre. HARRIS, Marvin. (1974: p. 60 e 61).

[650] Nesse tom, George Reid Andrews afirma, sobre a realidade das políticas afirmativas desenvolvidas nos Estados Unidos: "Como diversos pesquisadores têm comentado, a ação afirmativa é uma política que beneficiou principalmente, ou exclusivamente, a classe média negra; pouco nada fez para a classe pobre. Esta chamada *underclass* encontra-se cada vez mais concentrada e isolada nos centros das grandes cidades industriais". ANDREWS, George Reid. (1997: p. 138 e 139).

racial em consideração dificilmente alcançariam os objetivos desejados, o de integrar os negros, escurecendo a elite, a curto ou a médio prazo. Se o critério fosse apenas a pobreza, há indícios de que os brancos pobres levariam vantagens, porque os índices sociais dos brancos são melhores que os dos negros. Desse modo, acredita-se que os brancos pobres estariam melhores preparados na disputa de vagas escolares e de empregos que os negros pobres, o que resultaria na ineficácia da política afirmativa. Assim, a raça deve ser um fator levado em consideração, mas não de forma excludente.

Como analisado, nos Estados Unidos, a adoção do sistema *Jim Crow* propiciou a formação de uma casta separada de negros. Limitada àquela casta, poderia haver a ascensão social, mas desde que restrita às áreas cujo acesso era permitido. Não havia distinção entre o negro rico ou o negro pobre, aquele que conseguiu ascender socialmente ou não. Simplesmente se assentava que os negros não poderiam, por exemplo, freqüentar certos lugares, ou participar de determinadas atividades, pouco importando a condição financeira de tais sujeitos. A segregação abarcava todos os membros da raça negra, independentemente do seu poder aquisitivo ou da sua condição social. O *status* do negro na sociedade era sempre considerado inferior e desqualificado.

Observa-se, desse modo, que a oportunidade de ascensão para os negros na sociedade norte-americana era aparente, porque a mobilidade era apenas vertical, mas nunca horizontal, de tal forma que jamais conseguiam romper a barreira existente entre os negros e os brancos, por maior que fosse o sucesso atingido individualmente.[651]

Não podemos incidir no erro de querer mitigar as diferenças entre o Brasil e os Estados Unidos. Muitos autores que escreveram sobre as ações afirmativas procuram destacar que as diferenças entre os países residem tão-somente na forma de encarar o problema: os Estados Unidos fizeram a opção por não usar de subterfúgios, atacando diretamente a questão, enquanto que, no Brasil, aparentemente não se discute o tema e, portanto, se difunde a idéia de que vivemos um paraíso racial.[652]

O raciocínio realizado é sofístico e válido apenas aparentemente. As diferenças existem, são muitas, e por isso ensejam formas diferentes de encarar a realidade. O fato de em ambos existir preconceito e

---

[651] Nesse sentido, a louvável lição de Degler: "A diferença fundamental na definição de um negro no Brasil e nos Estados Unidos estende-se além do espectro ou da hierarquia de cores. Ela determina a forma segundo a qual o preconceito e a discriminação se revelam. Nos Estados Unidos, a posição social do negro na sociedade, como um todo, não é afetada pela sua classe. (*Dentro da comunidade negra*, porém, sua ocupação, renda, educação e outros indícios de classe são os determinantes principais de sua posição, como ocorre com os brancos, mas isto é outra questão)". Tradução livre. DEGLER, Carl. (1986: p. 104).

[652] Nessa toada, GOMES, Joaquim Barbosa. (2001: p. 11).

discriminação não significa que a origem do preconceito esteja no mesmo fato: a origem africana. No Brasil, muitas vezes a ascendência africana pode ser suavizada, outras vezes esquecida, seja por questões econômicas – a assertiva de que no Brasil *negro rico vira branco e pobre branco vira preto*[653] –, seja pelo fenótipo apresentado – a *válvula de escape do mulato*, como diria Carl Degler.[654] Bem resumiu a questão a assertiva de Marvin Harris: "Com efeito, não há conteúdo subjetivo para que os grupos sociais brasileiros sejam baseados exclusivamente por um critério racial".[655]

Como exemplo dos pensadores que minimizam a importância das diferenças entre Brasil e Estados Unidos, destaca-se Abdias do Nascimento, um dos principais líderes do movimento negro organizado no Brasil. Nessa linha, sobre o tempo em que viveu nos Estados Unidos, afirma: "É importante assinalar que o período vivido nos Estados Unidos em nada afetou minha posição sobre o racismo e a luta negra no Brasil. Foi um contato riquíssimo com uma comunidade militante cuja liberdade de expressão permitia uma linguagem radicalizada. Apenas nesse ponto diferia do Brasil: os negros poderiam soltar a língua, afirmar diretamente suas posições independentes, enquanto no Brasil havia sempre a necessidade de maneirar, lançar mão de metáforas, praticar o chamado 'jogo de cintura', tomar cuidado com a expressão verbal ou escrita".[656]

Para realizar tais assertivas, o autor não chegou a realizar um levantamento das condições históricas que precederam o ingresso do negro em ambas as sociedades, ou das diferenças entre os processos abolicionistas, nem mesmo sobre a diversidade de interesses nas colonizações efetuadas. Mas ele não está sozinho. Pelo contrário, está acompanhado da grande maioria dos autores brasileiros que escrevem sobre as ações afirmativas. Parece-nos de suma importância o enfrenta-

---

[653] Nessa linha, o pensamento de Marvin Harris, antropólogo norte-americano que estudou as relações raciais no Brasil: "Um *Negro* é qualquer um dos seguintes: Um branco miserável; um mulato miserável; um mulato pobre; um negro miserável; um negro pobre; um negro classe média. Um *Branco* é qualquer um dos seguintes: Um branco rico; um branco classe média; um branco pobre; um mulato rico; um mulato classe média; um negro rico". Tradução livre. HARRIS, Marvin. (1952: p. 72). Observa-se, assim, que a questão racial no Brasil precisa ser tratada de forma específica, porque a miscigenação deu um tom peculiar ao povo brasileiro, que não conheceu precedente no sistema norte-americano, onde, independentemente do setor de relacionamento, a segregação entre brancos e negros sempre se impunha de forma tirana. Como já previu Roberto Da Matta, em relação ao Brasil: "a raça (ou a cor da pele, o tipo de cabelo, de lábios, do próprio corpo como um todo etc.) não é o elemento exclusivo na classificação social da pessoa. Existem outros critérios que podem nuançar e modificar essa classificação pelas características físicas (que são definidas culturalmente). Assim, por exemplo, o dinheiro ou o poder político permitem classificar um preto como mulato ou até mesmo como branco". DA MATTA, Roberto. (1987: p. 81).
[654] DEGLER, Carl. (1986: p. 182).
[655] Tradução livre. HARRIS, Marvin. (1974: p. 59).
[656] NASCIMENTO, Elisa Larkin; NASCIMENTO, Abdias. (2000: p. 217).

mento da matéria sob esse enfoque, para também não tergiversarmos acerca da possibilidade de adotarmos uma solução diferente da preconizada em outros países.

Parece-nos que a existência do preconceito e da discriminação contra os negros, no Brasil, torna necessária a adoção de ações afirmativas a partir da consciência da raça. Por óbvio, onde quer que tenha existido a escravidão negra, o problema racial esteve presente. Como diria Costa Pinto, "O fato de o negro ter começado sua história no Brasil como escravo, como força de trabalho privadamente apropriada pelo senhor branco, é o marco zero das tensões raciais neste País".[657] Na sociedade brasileira à época da colônia e do império, os negros se incorporaram de forma bastante excludente. Não se pode imaginar meio mais extremo de exclusão do que a adoção do trabalho escravo, em que as pessoas não têm direito sequer à propriedade de si mesmas. Essa é a origem das exclusões. Mas o importante a ressaltar é que há fortes indícios de que, atualmente, a questão racial não se constitui no fator isolado a impedir a integração do negro à sociedade. Se o problema da sub-representatividade dos negros em determinados empregos fosse apenas a discriminação racial no momento da escolha, e não tivesse qualquer relação com aspectos econômicos relativos à quantidade de anos de estudo de qualidade, poder-se-ia admitir que os negros seriam, então, a maioria dos aprovados nos concursos públicos, já que em tais se concretiza o princípio da impessoalidade quanto ao ingresso. Mas isso, entretanto, não corresponde à verdade. Mesmo nessas categorias, os negros são sub-representados.

Não há dúvidas de que a falta de preparo adequado pode ser associada às precárias condições econômicas dos negros e à necessidade de estudar em escolas públicas, nas quais o ensino infantil, fundamental e médio, na maioria das vezes, é de qualidade inferior à do ensino privado. Reconhecer esse ciclo vicioso – escolaridade insuficiente ou precária, aliada à falta de preparo para ingressar em uma boa instituição de ensino superior e à ausência de oportunidades para conquistar melhores empregos – é desmitificar que a cor da pele funciona como a única ou a principal causa da exclusão social no Brasil.[658]

Com efeito, a sub-representatividade dos negros brasileiros está diretamente relacionada às profissões nas quais se faz necessário um

---

[657] PINTO, Luís A. Costa. (1998: p. 274).

[658] Ao prefaciar livro, Peter Fry explica que o projeto financiado pela UNESCO para estudar as relações raciais teve como importante consequência a formação de três idéias básicas sobre relações raciais brasileiras: "1)é impossível compreender as relações raciais no Brasil sem levar em consideração as relações de classe; 2)a taxinomia racial no Brasil é extremamente complexa, senão ambígua, e o processo de classificação dos membros da sociedade se dá não só segundo sua aparência física, mas também segundo sua posição de classe; e 3)apesar da existência de uma ideologia de 'democracia racial', há uma correlação entre raça e classe social, os mais escuros sendo os mais pobres". In: MAGGIE, Yvonne; REZENDE, Cláudia Barcellos. (Org.). (2002: p. 8).

maior investimento financeiro, seja pelo alto valor das mensalidades cobradas em tais cursos pelas universidades particulares, seja pelos gastos com o material utilizado na profissão. A representação dos negros (considerados neste estudo tanto os pretos como os pardos) no ensino superior é de aproximadamente 21% dos estudantes (18% de pardos e 3% de pretos). No entanto, a representação no curso de Odontologia é inferior a 10%, em Medicina é inferior a 15% e em Medicina Veterinária, também inferior a 10%, cursos estes que, pelos altos custos dos materiais, terminam afastando os estudantes mais pobres. Por outro lado, no curso de História, a representação dos negros é de aproximadamente 38%, no de Letras, aproximadamente 29% e no de Matemática, 33%, áreas em que o investimento do aluno com material não é tão relevante.

O que se pretende demonstrar é que, nos cursos que requerem maior disponibilidade de recursos, por envolverem custos mais altos, com a utilização de material a ser adquirido pelo aluno (e que não existem em bibliotecas para empréstimo), a representação do negro é menor. Já nos cursos mais teóricos, em que os alunos não precisam de equipamentos sofisticados, além dos livros (que podem ser obtidos de empréstimo nas bibliotecas), há uma maior representatividade dos negros. A exceção parece ficar por conta do curso de Direito, que é eminentemente teórico, mas a concorrência muito alta, nas universidades públicas, termina por afastar a população menos preparada. A representação negra no curso de Direito fica em torno de 14%. Os dados são do Provão, realizado pelo MEC, em 2002.[659]

Dados do PNAD/IBGE demonstram que aproximadamente 70% dos indigentes no Brasil são negros, e, dentre os pobres, a proporção de negros é de 64%.[660] Entre as pessoas mais ricas do país, há nove brancos

---

[659] Ver mais em BERNARDES, Betina; SILVA, Adriana Vera e. (2003: p. 92 a 101).

[660] HENRIQUES, Ricardo. (2001: p. 20); BERNARDES, Betina; SILVA, Adriana Vera e. (2003: p. 92 a 101). Em termos educacionais, as estatísticas relativas aos negros também são desanimadoras. O analfabetismo da população adulta negra é cerca de 2,5 maior que o analfabetismo entre brancos. Dados do IBGE de 2001 mostram que 18% dos negros são analfabetos. Em termos de anos de estudo completados, os brancos possuíam em 2001, em média, 6,9 anos de estudo, enquanto que os negros possuíam 4,7. JACCOUD, Luciana; BEGHIN, Nathalie. (2002: p. 32). Apenas 3,3% dos negros de 25 anos ou mais possuem mais de 11 anos de estudo; já para os brancos, os números são de 12,9%. HENRIQUES, Ricardo. (2001: p. 33). O autor afirma que 55% da diferença salarial entre brancos e negros está associada à desigualdade educacional. HENRIQUES, Ricardo. (2001: p. 26). Em 1999, a taxa de analfabetismo entre brancos acima de 15 anos foi de 8,3%, e para os negros foi de 19,8%. A soma desses fatores termina por prejudicar gravemente os negros no mercado de trabalho, porque as melhores remunerações são obtidas pelas pessoas que têm maior escolaridade. Pesquisa divulgada pelo IBGE em 17/11/2006 confirma a difícil situação vivenciada pelos negros, que recebem, em média, R$ 660,00, equivalente a 51,1% do rendimento dos brancos (R$ 1.292,19). Outros índices relativos às famílias negras mostram uma situação de intensa precariedade. Em 1999, 52% dos domicílios de negros possuíam escoamento sanitário inadequado, 30% não possuía acesso à coleta de lixo e em 26% o abastecimento de água era insuficiente. HENRIQUES, Ricardo. (2001: p. 45). Mais dados estatísticos sobre a situação do negro no Brasil podem ser obtidos em TELLES, Edward. (2003: p. 185 a 220).

para cada negro.⁶⁶¹ A média da renda dos afro-descendentes é de 2,2 salários mínimos, enquanto a dos brancos é de 4,5 mínimos.⁶⁶² Durante a década de 90, o Brasil *branco* foi cerca de 2,5 vezes mais rico do que o Brasil *negro*.⁶⁶³ Como, então, se poderia desvincular o critério econômico como um fator relevante a ser levado em consideração nas políticas afirmativas?

Despiciendo se torna demonstrar a relação entre a quantidade e a qualidade dos anos de estudos com os salários percebidos.⁶⁶⁴ Em um mercado de trabalho extremamente competitivo, quem não possui as qualificações necessárias simplesmente tem de aceitar trabalhos menos qualificados, cujos salários são menores. É inegável a necessidade de qualificar o negro brasileiro, dando-lhes oportunidades de educação pública de qualidade e, com isso, ampliar-lhes as chances de ingressar no mercado de trabalho disputando melhores salários.⁶⁶⁵

É preciso destacar que nos estudos promovidos pelo IPEA, ou nas estatísticas demonstradas pelos índices do IBGE, demonstra-se a existência de profundas desigualdades sociais entre negros e brancos e não, necessariamente, a existência do racismo como ódio entre as raças. Nem a passagem do tempo, tampouco as políticas assistencialistas promovidas ao longo dos anos pelos mais diferentes governos, conseguiram dar resposta satisfatória à necessidade de inclusão dos negros. Evidencia-se, assim, a exigência da formulação de políticas públicas ou privadas em que haja a opção consciente em relação à raça. Não bastam políticas assistencialistas gerais, haja vista serem praticamente inexistentes os índices de melhoria das condições dos negros em relação aos brancos.⁶⁶⁶

---

⁶⁶¹ MENDONÇA, Ricardo. (2002: p. 57).

⁶⁶² IBGE. (2002); REDE NACIONAL FEMINISTA DE SAÚDE. (2003: p. 48).

⁶⁶³ HENRIQUES, Ricardo. (2001: p. 23).

⁶⁶⁴ Mesmo assim, trazemos os dados do IBGE, na Síntese dos Indicadores Sociais de 2002: da classe que possuía até 4 anos de estudo para a que contava com 5 a 8 anos de estudo, o rendimento-hora elevava-se em até 31,6%. Já a diferença desta classe para a que possuía entre 9 a 11 anos de estudo era de 56% e desta para a classe que contava com mais de 12 anos de estudo, a variação de renda era de 189,7%. IBGE. (2002). Maílson da Nóbrega tece importantes considerações sobre a necessidade de fomentar a educação para garantir o desenvolvimento de um país. Nessa toada, exemplifica com o progresso obtido nos Estados Unidos, no século XIX, bem como no Japão e na Coréia do Sul. Alfim, conclui que a educação e a elevação de produtividade estão indissoluvelmente vinculadas. Ver mais em NÓBREGA, Maílson. (2005: p. 86 e ss).

⁶⁶⁵ Nessa linha, o economista norte-americano e negro Thomas Sowell explicita a importância que o incremento na educação dos negros teve, nos Estados Unidos, em relação à prosperidade por eles obtida, antes mesmo do advento de políticas afirmativas. Relembre-se, por oportuno, que à época do sistema *Jim Crow* as escolas para negros eram separadas das dos brancos, o que admitiu investimentos específicos na área educacional, baseado na raça. O autor afirma que tais investimentos foram muito mais significativos para os negros pobres do que as medidas afirmativas em si, pois estas beneficiaram apenas a classe média ou rica negra. SOWELL, Thomas. (2004: p. 118 e 119).

⁶⁶⁶ Ver também em SOARES, Sergei Suarez Dillon. (2000: p. 7).

Com efeito, a Organização das Nações Unidas criou o Índice de Desenvolvimento Humano – IDH –, por meio do qual se mede a qualidade de vida no mundo. Vários fatores contribuem para formar o índice: *renda* – pela relação entre o PIB do País e os rendimentos de cada habitante, *educação* – pelo nível de escolaridade, e *saúde* – pela expectativa de vida. Em 2003, o Brasil ficou na 65º posição, atrás de vários países da América Latina, como Argentina, que ocupou o 34º lugar, o Uruguai, que ficou em 40º e o Chile, que ficou em 43º. Por seu turno, interessante pesquisa realizada em 1997, quando o Brasil ocupava a 68º posição no IDH, demonstrou que, se o País fosse constituído somente por brancos, a posição ocupada no *ranking* seria a 46ª. Já se apenas as condições de vida dos negros fossem consideradas, o Brasil ocuparia a 116ª colocação.[667]

As condições sociais precárias dos negros nos levam a acreditar que existe um viés econômico por trás da sub-representatividade destes nas esferas mais elevadas. Desse modo, programas positivos em que a raça seja o único fator levado em consideração talvez faça mais sentido em um país como os Estados Unidos, no qual a raça, isoladamente, foi o critério utilizado para a segregação institucionalizada do sistema *Jim Crow*. Mas para as ações afirmativas à brasileira seria mais condizente com as nossas necessidades a conjugação dos critérios racial e econômico. Conseqüentemente, deveria haver um acompanhamento das políticas afirmativas que já estão em andamento no Brasil e que levem apenas a raça em consideração para que se promovam as devidas correções e adaptações às necessidades brasileiras.

Assertivas categóricas de que o Brasil se constitui em um país racista, tomando por base apenas os dados estatísticos, como os que foram neste trabalho citados, precisam ser analisadas com muita cautela. Os dados numéricos muitas vezes são interpretados como se constituíssem provas irrefutáveis de racismo, o que nem sempre é correto.[668] Sobretudo, é importante advertir que, na maior parte das vezes, são múltiplas e variáveis as causas que originam os fatos sociais e nem sempre os números alcançam essa diversidade de fatores.

Um dos pontos cruciais para este estudo é o de saber o que torna um país racista. Acreditamos que, para um país ser considerado

---

[667] PAIXÃO, Marcelo; SANTANNA, Wania. (1997); PAIXÃO, Marcelo. (2003: p. 19 a 66); MENDONÇA, Ricardo. (2002: p. 57).

[668] Ali Kamel bem tentou demonstrar o absurdo dessa linha de argumentação determinista e reducionista. Confira-se: "No Brasil, os amarelos ganham o dobro do que ganham os também autodenominados brancos: 7,4 salários mínimos contra 3,8 dos brancos (os autodenominados negros e pardos ganham dois). Ora, se é verdadeira a tese de que é por racismo que os negros e pardos ganham menos, haverá de ser, em igual medida, também por racismo que os amarelos ganham o dobro do que os brancos. Se o racismo explica uma coisa, terá de explicar a outra, elementar princípio de lógica. E, então, chegaríamos à ridícula conclusão de que, no Brasil, os amarelos oprimem os brancos". KAMEL, Ali. (2006: p. 59 e 60).

efetivamente racista, é preciso que haja uma ideologia disseminada e consolidada por meio de leis, de programas de governo e de decisões judiciais, aceita pela opinião pública, inspiradora de movimentos, partidos e associações. E, se um país não for considerado racista, não significa necessariamente que não haja manifestações isoladas de preconceito ou de discriminação, mas apenas que tal prática é repudiada pelo cidadão médio que compõe a sociedade. Pode-se afirmar, sem receios, que os Estados Unidos se constituíram em um país altamente racista, porque a segregação era legal, jurídica, institucionalizada, com a presença constante e apreensiva de organizações que pregavam o ódio em relação aos negros e a expulsão dessa raça do país. Mas será que o mesmo pode ser afirmado em relação ao Brasil?[669]

O preconceito, de forma isolada, somente teria sido capaz de provocar alteração na distribuição das camadas sociais a partir da cor dos indivíduos se houvesse na sociedade brasileira a predominância de uma forte ideologia discriminatória, a ponto de produzir a deficiente representação dos negros nos empregos melhor remunerados e nas universidades. Todavia, a realidade sugere a ausência de meios concretos de tal propaganda ideológica. Não há relevantes e conhecidas organizações contra os negros, nem mesmo movimentos sociais que objetivem a eliminação do negro da sociedade. Do contrário, o que se percebe é um esforço nacional e conjunto visando a promover a integração e a solidariedade entre as culturas as mais distintas, e um número cada vez maior de instituições públicas, entidades particulares e organizações não-governamentais unidas para promover a inserção dos negros ao mercado de trabalho, qualificando-os e concedendo-lhes a estrutura mínima para que aspirem a melhores condições de vida.

As estatísticas não são auto-explicáveis, de modo que os resultados podem ser elucidados a partir de causas diversas. O fato de os negros no Brasil ocuparem a base da pirâmide social, revelando uma inferioridade econômica em relação aos brancos, pode ter diversas interpretações possíveis, sendo o racismo apenas uma delas. Nesse sentido, é exemplar a lucidez do argumento de Lynn Walker Huntley, ao prefaciar livro sobre o racismo no Brasil:[670] "Seria um simplismo analisar a desigualdade racial e a concentração de pobreza como tendo uma ou outra raiz, ou seja, como uma questão apenas de cor, ou apenas

---

[669] Hasenbalg faz ressalva no mesmo sentido, de que grupos como *skinheads*, Carecas do ABC e outros de inspiração neonazista não encontram espaço ideológico, nem bases sociais para crescer no Brasil. E destaca outros países, comparativamente com o Brasil: na França, os partidos de extrema direita representam 15% do eleitorado, na Alemanha, os partidos neonazistas já têm representação política em nível local. Alfim, sentencia que "isso representa uma diferença de magnitude significativa". HASENBALG, Carlos A.; MUNANGA, Kabengele; SCHWARCZ, Lília Moritz. (1998: p. 14).

[670] HUNTLEY, Lynn; GUIMARÃES, Antonio Sérgio Alfredo. (Orgs.) (2000: p. 13).

de classe. No mundo real, tanto a questão de classe como a questão racial, como também outros fatores – momento, relação familiar, o fator sorte, o fator geográfico, interesse, talento, momento econômico, etc. –, interagem para criar as oportunidades de vida de cada um. Todos nós temos uma identidade de múltiplos aspectos e todos esses aspectos têm influência sobre nossas vidas".

Diferentemente, nos Estados Unidos, ser negro não é sinônimo de ser pobre. Com efeito, se por um lado a política segregacionista promoveu o ódio entre as raças, por outro, fez surgir movimentos negros organizados, o que facilitou a ascensão social dos negros no País. Na medida em que os negros se fecharam em castas, somente iguais puderam conviver entre eles. Assim, surgiram Igrejas somente para negros, bem como escolas, clubes, bancos e Universidades.[671] Se uma empresa fosse de um negro, a maioria dos funcionários também o seriam. Com isso, foi possível desenvolver-se uma classe média negra que não encontrou semelhança no Brasil.

Observa-se, desse modo, que, no Brasil, o problema para a falta de integração dos negros nas camadas sociais mais elevadas não decorreu de uma política segregacionista que os impediram de conseguir empregos ou de freqüentar escolas. Assim, a questão não pode ser reduzida a uma problemática de cor, somente. Desde os primórdios da República, após a abolição do trabalho escravo, o negro ingressou em um ciclo vicioso de falta de capacitação e de escassez de renda. Com efeito, a exclusão econômica provocou efeitos transgeracionais, que foram transmitidos de geração em geração, perpetuando a situação de pobreza e de miséria. Como afirmou Florestan Fernandes, "o 'dilema racial brasileiro' reside mais no desequilíbrio existente entre a estratificação racial e a ordem social vigente, que em influências etnocêntricas específicas e irredutíveis".[672] É preciso reconhecer a interferência também de fatores econômicos nessa tormentosa questão.

A par desse aspecto, a sociedade brasileira vem demonstrando avanços na área do controle social para combater a discriminação e fomentar o orgulho em relação aos negros, proporcionando, ainda, o resgate da sua auto-estima. Com efeito, poderiam ser citadas diversas

---

[671] Edward Telles adverte que foi a criação de Igrejas, Bancos e Universidades específicos para os negros, devido à necessidade imposta pela política segregatória norte-americana, o que possibilitou a formação de uma classe média negra, além de ter mobilizado os negros a ocuparem cargos políticos. Ver mais em TELLES, Edward. (1994: p. 208). Nesse diapasão, também é o pensamento de Thomas Skidmore, que alerta: "Um dos traços mais marcantes da América do Norte pós-abolicionista foi o aparecimento das instituições negras paralelas. Algumas eram conseqüência lógica da segregação social. As Igrejas eram as mais fortes e influentes, e começaram muito antes da emancipação; mas na década de 1920 já existiam muitas outras instituições: ligas de beisebol, jornais, grêmios universitários, associações de professores". SKIDMORE, Thomas. (2001a: p. 116).

[672] FERNANDES, Florestan. (1977: p. 124 e 125). Nesse sentido, também AZEVEDO, Thales de. (1975: p. 25).

medidas favoráveis à integração do negro, como a criação de delegacias especializadas contra o racismo, a demonstração de rigor na realização e na aplicação das leis para punir condutas discriminatórias e o surgimento da Secretaria Especial de Políticas e Promoção da Igualdade Racial, em nível de Ministério. Atualmente, inúmeras são as palestras, seminários e conferências sobre o tema, além da criação da Universidade Zumbi dos Palmares, especificamente destinada aos negros, com dotações públicas e particulares.

Desde a formação da criança, procuram-se ressaltar aspectos positivos da comunidade negra, com o reconhecimento de ídolos negros, como Ronaldinho Gaúcho e Pelé, este considerado o atleta do século e símbolo de orgulho do Brasil, a elevação de Zumbi à categoria dos heróis da Pátria, cujo nome repousa no Panteão da Praça dos Três Poderes, em Brasília, a transformação do dia 20 de novembro em feriado, comemorado em 2006 em 225 cidades, dentre as quais capitais como São Paulo, Rio de Janeiro e Cuiabá, por ser o Dia da Consciência Negra, a determinação de que o estudo da História da África e dos Negros deve ser ministrado no ensino fundamental e médio.

Decerto a conjunção desses fatores demonstra que a sociedade brasileira atingiu um nível de maturidade racial a ponto de praticamente não mais tolerar qualquer tipo de manifestações de preconceito ou de discriminação contra os negros e tal fato não pode ser simplesmente ignorado quando da elaboração de políticas afirmativas, sob pena de falseamento da realidade.

2.4.2. A análise de um programa afirmativo instituído no Brasil à luz dos princípios da igualdade e da proporcionalidade

Na medida em que a Constituição funciona como um sistema aberto de regras e princípios, não há óbices para que se realize, em sede de interpretação constitucional, uma mutação na Carta de 1988 no que concerne à compreensão do princípio da igualdade. Assim, de uma interpretação eminentemente estática, negativa e formal do princípio da igualdade, pode-se chegar a uma perspectiva dinâmica, positiva e material relativa a tal princípio. Paulatinamente, os anseios da sociedade por uma efetiva justiça social conclamam o Estado brasileiro a abandonar a postura passiva, renunciando ao mito da neutralidade e a assumir comportamento ativo na busca da concretização da igualdade substancial. Esta tomada de posição pode ser percebida em relação a diversos grupos sociais, como os índios, as mulheres, os idosos, os deficientes. Agora, questiona-se acerca da possibilidade de o Estado adotar postura intervencionista para reduzir o fosso que separa os negros dos brancos.

Com efeito, no que concerne à temática racial, percebeu-se que a simples emissão de leis proibindo a discriminação não foi suficiente para promover as mudanças sociais necessárias. Torna-se necessário a atuação do Poder Público de forma a tentar minimizar os efeitos das desigualdades, por meio de uma política redistributiva das riquezas, para que se minimizem as desigualdades entre as classes e se amplie o acesso a um bom sistema público de saúde e de educação. Desse modo, a concretização do princípio da igualdade, como efetivação dos direitos fundamentais, funciona como base e estrutura do princípio democrático, haja vista que a verdadeira democracia somente se perfaz se efetivamente for assegurado, a todos os cidadãos, o direito à participação igualitária, sem sintomas de exclusão.

Pode-se, então, afirmar que o princípio da igualdade não funciona, em tese, como limitador à adoção de programas afirmativos para os negros. Entretanto, a constitucionalidade ou não de programas positivos não pode ser diagnosticada em abstrato, deve ser analisada no caso concreto, a partir de cada medida específica. Em princípio, sabe-se que é próprio das normas estabelecerem critérios diferenciadores entre as pessoas, desde que a eleição de tais critérios seja justificável. O desafio de interpretar o alcance do princípio da igualdade reside justamente em impedir certas diferenciações que não possuam fundamento razoável e que, assim, transgridam a igualdade, por serem desproporcionais.

Nesse sentido, a lição de Celso Antônio Bandeira de Mello é lapidar: "Se o tratamento diverso outorgado a uns for justificável, por existir 'correlação lógica' entre o fator de discrímen tomado em conta e o regramento que lhe deu, a norma ou a conduta são compatíveis com o princípio da igualdade; se pelo contrário, inexistir esta relação de congruência lógica ou – o que ainda seria mais flagrante – se nem ao menos houvesse um fator de discrímen identificável, a norma ou a conduta serão incompatíveis com o princípio da igualdade".[673]

Para sabermos se, em determinado caso concreto, a política afirmativa adotada ofende ou não o princípio da isonomia, deve-se analisá-la sob a ótica da proporcionalidade, de acordo com o contexto social e cultural para o qual for estabelecida. Acompanhamos o professor Gilmar Mendes, quando este afirma: "A doutrina constitucional mais moderna enfatiza que, em se tratando de imposição de restrições a determinados direitos, deve-se indagar não apenas sobre a admissibi-

---

[673] MELLO, Celso Antônio Bandeira de. (1993: p. 81 e 82); ver ainda MELLO, Celso Antônio Bandeira de. (2002: p. 38 a 40). Assim se expressa Marcelo Neves, "Embora Bandeira de Mello não tenha enfrentado o problema da discriminação positiva de grupos socialmente desfavorecidos, sua linha de raciocínio parece-nos perfeitamente orientar-se no sentido da compatibilização de tal espécie de discrímen com o princípio constitucional da isonomia, afastando-se de certos preconceitos decorrentes de interpretações literais do Art. 5º, *caput*, da Constituição Federal". NEVES, Marcelo. (2001: p. 339).

lidade constitucional da restrição eventualmente fixada (reserva legal), mas também sobre a compatibilidade das restrições estabelecidas com o princípio da proporcionalidade".[674]

Nesse diapasão, o princípio da proporcionalidade funciona como princípio constitucional interpretativo, por oferecer subsídios para a melhor hermenêutica da Constituição, principalmente quando se estiver diante de delimitações ou restrições aos direitos constitucionalmente previstos. Entretanto, o hermeneuta constitucional não pode se desligar da realidade na qual vive e deve interpretar a norma de acordo com seus condicionamentos culturais, sociais, econômicos e políticos.[675]

Para que o critério a ser adotado na política afirmativa brasileira não fira o princípio da igualdade, deve passar pelo crivo da proporcionalidade, a partir da análise dos seus subprincípios. O primeiro deles seria o da conformidade ou da adequação dos meios (*Geeingnetheit*), por meio do qual se examinaria se o critério adotado seria apropriado para concretizar o objetivo visado, com vistas ao interesse público.

Assim, para que atenda ao subprincípio da adequação, faz-se necessário que a política afirmativa a ser implementada seja adequada aos nossos próprios problemas raciais e não simples transposição de ações desenvolvidas para outra realidade. Consideremos, então, hipótese de ação afirmativa em que a raça seja o único critério levado em consideração, para fins de análise sobre a sua constitucionalidade. Quatro bons exemplos são os programas desenvolvidos pelo Instituto Rio Branco, pela Universidade de Brasília-UnB, pelo Estado do Rio de Janeiro e pelo Distrito Federal.

Com efeito, em 14 de maio de 2002, o Ministério das Relações Exteriores anunciou o programa de ações afirmativas – *Bolsas-prêmio de vocação para a diplomacia*. O Edital nº 1/2003, de 13 de maio de 2003, estabeleceu as normas para inscrição no Programa de Ação Afirmativa, por meio do qual foram concedidas 20 bolsas de estudo no valor mensal de R$ 2.500,00 (dois mil e quinhentos reais), entre o período de agosto de 2003 a maio de 2004, para que estudantes negros se preparassem para o processo seletivo do Instituto Rio Branco – IRB, no qual se formam os diplomatas do País. Para ser beneficiário, bastava demonstrar a negritude, que seria confirmada posteriormente por uma banca formada por três entrevistadores. Os critérios utilizados pela banca para proceder a tal confirmação não foram revelados no edital.

Por sua vez, em 6 de junho de 2003, o Conselho de Ensino, Pesquisa e Extensão – CEPE – da Universidade de Brasília determinou a reserva de 20% das vagas nos vestibulares e no Programa de

---

[674] MENDES, Gilmar Ferreira. (1998: p. 68).

[675] Ver ainda BONAVIDES, Paulo. (2001: p. 386 e 387).

Avaliação Seriada – PAS – para negros, em todos os cursos da Universidade, por um período de dez anos, a ser implementado a partir do primeiro semestre letivo de 2004. Os candidatos que se declarassem negros seriam fotografados e, à semelhança do IRB, uma Comissão formada por três professores iria decidir se o candidato era, de fato, negro ou não, com base em tais fotografias.

Ainda nesse tom, outros exemplos de programas afirmativos feito às pressas, sem o debate prévio necessário com a comunidade e despertando revolta em muitos brancos pobres que se sentiram discriminados, foram as políticas de cotas instituídas no Rio de Janeiro e no Distrito Federal. Naquele estado, desenvolveu-se política afirmativa para ingresso na Universidade do Estado do Rio de Janeiro – UERJ – e na Universidade Estadual do Norte Fluminense – UENF, regida pela Lei estadual nº 3.708, de 9/11/2001. Por meio da norma referida, estabelecia-se a reserva de vagas de até 40% para negros e pardos.

E, ainda, pode-se apontar a recente Lei nº 3.788, de 2/2/2006, do Distrito Federal, por meio da qual se instituiu o Estatuto da Igualdade Racial. Com efeito, o capítulo III da norma em comento regula a política de cotas a ser observada, obrigatoriamente, no acesso dos negros a cargos públicos, a empresas privadas e às universidades do Distrito Federal. Nesses termos, determina: "Art. 12. Será estabelecida cota de 20% para o acesso dos afro-descendentes a cargos públicos, por meio de concurso público promovido pelo Distrito Federal. Art. 13. As empresas com mais de 20 empregados manterão uma cota de, no mínimo, 20% para trabalhadores afro-descendentes. Art. 14. As universidades do Distrito Federal reservarão pelo menos 20% de vagas para os descendentes afro-brasileiros". Destaque-se, por oportuno, a omissão legislativa quanto aos critérios relativos à identificação dos beneficiários da medida. A lei silencia nesse ponto.

Passemos à análise dos programas em questão.[676] Com efeito, o objetivo dos programas destacados é comum: facilitar o ingresso dos negros, ora na carreira diplomática, ora na Universidade, ora em cargos públicos, ora nas empresas privadas. Entretanto, para analisarmos a constitucionalidade dos programas implementados é preciso antes indagar sobre os verdadeiros obstáculos que fizeram com que os negros permanecessem apartados de tais setores sociais. Será que a eles

---

[676] A análise sobre a constitucionalidade das medidas será realizada apenas do ponto de vista material, abstraindo o fato de algumas das normas também padecerem do vício de inconstitucionalidade formal, seja por ofensa à competência privativa da União de legislar sobre diretrizes e bases da educação nacional, seja por afronta a autonomia universitária de livremente fixar as vagas relativas aos seus cursos de graduação, seja por violação à competência da União de legislar sobre direito do trabalho, ou, ainda, a inconstitucionalidade formal decorrente do projeto de lei decorrer de iniciativa parlamentar, em matéria de iniciativa privativa do Chefe do Poder Executivo, como é a hipótese de cotas em concursos públicos.

foi proibido o acesso, formalmente, como aconteceu nos Estados Unidos? Será que de alguma maneira se vetavam diplomatas, estudantes universitários, empregados ou funcionários públicos, apenas por causa da cor da pele? Acreditamos que não. A explicação de que a falta de representatividade em tais esferas decorre apenas do racismo seria deveras simplista, reducionista e não analisaria o problema como um todo.

Eventualmente, pode ter havido preconceito e/ou discriminação ao longo da vida dos estudantes, ou nas entrevistas para a admissão, seja no Instituto Rio Branco, seja nas empresas particulares. Mas dentre as razões que impediram a integração dos negros em tais setores destaca-se a falta de recursos financeiros para se preparar adequadamente. Para o ingresso na Universidade de Brasília, nas Universidades estaduais do Rio de Janeiro, no Instituto Rio Branco ou em cargos públicos de prestígio faz-se necessária preparação intensa, maciça, porque tais concursos estão entre os mais difíceis do País. A mesma observação pode ser feita em relação aos altos cargos nas empresas privadas. É preciso fazer um investimento muito alto, em termos de livros, de material para estudar, e, sobretudo, de tempo disponível para tanto. Muitas vezes, aqueles que se situam na base da pirâmide social não conseguem dispor do tempo suficiente para o preparo, porque geralmente precisam trabalhar diversas horas. Se o preconceito é uma das explicações possíveis para a falta de representatividade dos negros em tais setores, também o é a falta de preparo adequado.

Dessa forma, de acordo com o subprincípio da adequação/conformidade, tais programas não estariam utilizando os critérios mais adequados, porque estariam elegendo apenas o critério racial, desconsiderando totalmente a variável social na política de integração.

Para atender ao segundo subprincípio da proporcionalidade, é necessário que o critério afirmativo adotado seja exigível ou o estritamente necessário (*Erforderlichkeit*). Assim, o programa afirmativo adotado não deve extravasar os limites da consecução dos objetivos determinados, procurando sempre o meio menos gravoso para poder atingir a missão proposta. A partir dessa análise, o intérprete constitucional deve observar se, no caso, não existiriam outros meios menos lesivos que pudessem, da mesma forma, atingir os objetivos propostos, a um custo menor aos interesses dos demais indivíduos. Paulo Bonavides registra que esse cânon é também chamado de princípio da escolha do meio mais suave.[677]

É de se ressaltar que o subprincípio da exigibilidade tem, praticamente, a mesma carga normativa do critério *narrowly tailored* – estreitamente desenhado – eleito pela Suprema Corte norte-americana como

---
[677] BONAVIDES, Paulo. (2001: p. 361).

base para análise da constitucionalidade de qualquer programa afirmativo em que a raça seja um critério levado em consideração. Assim, a implementação de ações afirmativas para negros comprovadamente pobres atenderia ao objetivo visado, que é o de permitir o ingresso em estratos sociais sub-representados, e, por outro lado, constituir-se-ia em política melhor desenhada, porque mais específica, diminuindo, ainda que um pouco, a margem de pessoas reversamente discriminadas – os brancos pobres. Desse modo, as medidas seriam as mais limitadas possíveis, visando a atender ao objetivo de integração, porquanto não ampliariam o programa demasiadamente, para negros ricos ou de classe média alta. Por tais indivíduos não terem sofrido as mesmas barreiras que os negros pobres, a adoção apenas do critério racial terminaria por violar o princípio da igualdade em relação aos brancos pobres, porque, conforme se procurou demonstrar nesse estudo, não foi exclusivamente o critério racial o que impediu o acesso dos negros a determinadas esferas da sociedade.

Para que as medidas sejam *estreitamente desenhadas*, atendendo ao princípio da exigibilidade, devem ainda prever prazo certo de duração, porquanto atuam para combater necessidades pontuais de igualação. Além disso, devem prever também critérios de qualificação mínima para os candidatos, pois de nada adiantaria incluir no mercado de trabalho ou nas universidades pessoas sem qualquer qualificação. Decerto, tais indivíduos dificilmente conseguiriam acompanhar o ritmo dos demais colegas, o que poderia desmotivá-los, e, conseqüentemente, levar ao abandono do cargo ou dos estudos.

Por outro lado, cotas inflexíveis não nos parecem ser a forma menos gravosa de implementação do modelo, especialmente no que concerne às empresas privadas. A limitação à autonomia da vontade parece ser extremamente gravosa na espécie, atingindo o próprio núcleo essencial da liberdade de contratar que permeia as relações entre particulares. Relembre-se que, nos Estados Unidos, a jurisprudência pacífica da Corte Suprema não admite, sequer, a intervenção estatal na autonomia privada, exceto se a empresa desempenhar algum tipo de função estatal. Dessa forma, a imposição de metas de contratação de negros pobres, em vez de cotas, poderia ser uma alternativa razoável à estipulação de programas afirmativos para empresas particulares, especialmente se vierem acompanhadas de algum incentivo estatal, como benefícios fiscais, ou estímulos diversos.

O último subprincípio é o da proporcionalidade em sentido estrito (*Verhältnismässigkeit*), também chamado de regra da ponderação. Procura-se, a partir dele, perquirir se os resultados obtidos pela política afirmativa seriam proporcionais à intervenção efetuada por meio de tais medidas. Parte-se para um juízo de ponderação entre os valores que estão em jogo: de um lado, a necessidade de programas afirmativos para integrar o negro, de outro lado, a violação aos direitos dos demais cidadãos que não foram beneficiados com essas medidas.

Alertando sobre a problemática da intervenção estatal nos direitos fundamentais dos cidadãos, pontua Robert Alexy: "Quanto mais grave é a intervenção em um direito fundamental, tanto mais graves devem ser as razões que a justifiquem".[678] Assim, seria justificável um programa que beneficiasse negros ricos, por exemplo, em um País em que brancos pobres também não têm igualdade de oportunidades? Acreditamos que não. Além do que, a união do critério racial com o social traria maior legitimidade ao debate, na medida em que o programa receberia maior apoio popular, diminuindo os focos de tensões que a implementação dos programas afirmativos poderia gerar. E, de qualquer modo, se a maioria dos pobres são negros – 70% –, apenas uma pequena parcela deles não estaria sujeita ao programa – justamente os que dele não necessitam.

Com efeito, no que concerne ao programa afirmativo instituído pelo estado do Rio de Janeiro, a implementação do modelo revelou-se desastrosa. A utilização do critério racial, isoladamente, trouxe vários problemas. Um deles foi a má-fé no emprego do sistema autoclassificatório: muitas pessoas classificaram-se como negras ou como pardas, sendo brancas. Vários candidatos que se classificaram como negros haviam estudado em escolas particulares caríssimas a vida inteira, possuindo, assim, melhor preparo para ingressar no vestibular do que brancos pobres que estudaram em escolas públicas.

Alguns brancos pobres, a despeito de terem conseguido número excelente de pontos, acima de 90, de um total de 100 pontos possíveis, por causa da política de cotas exclusivamente racial, não conseguiram entrar. E negros ricos, que estudaram em escolas particulares cuja mensalidade excedia a dois salários mínimos, entraram, porque foram beneficiados com a política, ainda que não tivessem conseguido obter a pontuação mínima exigida, que era de 50 pontos. As reportagens publicadas à época do vestibular trouxeram fotos de pessoas aparentemente brancas, que se consideravam brancas, mas que, assumidamente, haviam agido de má-fé ao se declararem negras.[679]

Por outro lado, o programa afirmativo implementado não conseguiu legitimidade popular. Pesquisa realizada pelo Programa de Políticas da Cor, do Laboratório de Políticas Públicas da Universidade do

---

[678] ALEXY, Robert. (1999: p. 78).

[679] Os dados foram colhidos de diversas reportagens que foram publicadas, à época. Confira-se em BERNARDES, Betina; SILVA, Adriana Vera e. (2003: p. 92 a 101); FERNANDES, Nelito; VELLOSO, Beatriz. (2003d: p. 74 a 81); FERNANDES, Nelito. (2003b: p. 34 a 37); FERNANDES, Nelito. (2003c: p. 36 e 37); FRANÇA, Ronaldo. (2003: p. 70 e 71); FERNANDES, Nelito. (2003a: p. 42 e 43).

Estado do Rio de Janeiro, mostrou que 57,4% dos estudantes manifestaram-se contrariamente à adoção da reserva de vagas para negros. Destes, 60,1% eram brancos e 49,6% eram negros. Quase a totalidade dos estudantes – 95,3% – consideraram que deveria haver um investimento nos ensinos médio e fundamental, antes de tentar resolver o problema já no ensino superior.

Por conta de tais percalços na efetivação das ações afirmativas, o Estado do Rio de Janeiro realizou mea-culpa em 2003 e modificou o sistema dantes implementado. A política afirmativa atualmente em vigor serve de parâmetro como um bom modelo a ser adotado, por conjugar os fatores raciais e econômicos.

Assim, por meio da Lei estadual n° 4.151, de 4/9/2003, estabeleceram-se cotas assistencialistas para o ingresso nas universidades públicas estaduais. Desta vez, foram reservadas 45% das vagas aos estudantes carentes, assim distribuídos: 20% para os que fossem oriundos da rede pública de ensino, 20% para os que, além de pobres, também fossem negros, e, ainda, 5% para os pobres portadores de deficiências e/ou integrantes de minorias étnicas (5%). Para definição sobre carência, utilizam-se indicadores socioeconômicos de órgãos públicos oficiais.

Na lei, prevê-se, ainda, que o Estado do Rio de Janeiro proverá os recursos financeiros necessários à implementação imediata, pelas universidades, de programa de apoio aos estudantes beneficiados pelo sistema de cotas, para que estes não tenham problemas quanto à permanência no ensino superior, ou por terem de trabalhar, ou por não terem condições de comprar o material necessário ao acompanhamento do curso. Criou-se, ainda, uma Comissão Permanente de Avaliação, que terá o mister de avaliar os resultados decorrentes da aplicação do sistema de cotas nas respectivas instituições e elaborar relatório anual sobre suas atividades, encaminhando-o ao colegiado universitário superior para exame e opinamento e posterior encaminhamento à Secretaria de Estado de Ciência, Tecnologia e Inovação. Ademais, a política terá vigência de cinco anos, quando então será examinada pelo Poder Legislativo, que decidirá pela sua permanência ou não. Os beneficiados devem, ainda, obedecer a critérios mínimos para qualificação, variável a depender do curso escolhido.

2.5. PROGRAMAS DE AÇÕES AFIRMATIVAS EM ANDAMENTO NO BRASIL – DIREITO INFRACONSTITUCIONAL

Como vimos, no plano infraconstitucional já existem diversas normas destinadas à proteção de determinado grupo por considerá-lo minoritário, e, portanto, merecedor de atenção especial. No Brasil, de um modo geral, os grupos considerados minoritários e que são objetos de ações afirmativas são as mulheres, os idosos, os índios, os deficientes físicos e os negros.

É de se alertar, no entanto, que o hábito brasileiro de copiar modelos, sem que sejam produtos de uma análise histórica e própria da nossa realidade, produz, no mais das vezes, legislações simbólicas,[680] que servem tão-somente para dar uma falsa impressão de que algo está sendo feito para solucionar o problema. Encobre-se, com isso, a exata e verdadeira compreensão do tema, o que termina por afastar a busca por uma solução que seria mais adequada para as nossas mazelas.

Efeito deletério da mera cópia de programas afirmativos seria o de enclausurar o pensamento científico nacional e acomodar o raciocínio acerca de possíveis fórmulas originais e mais condizentes com nossos anseios. Ignorar o efeito da história para a solução dos nossos problemas é fazer com que a história se repita, com todos os erros e problemas agregados. É preciso que os cientistas do Direito evoluam dessa mentalidade de colônia que muitas vezes assola o pensamento nacional e acreditem na capacidade de formular novas soluções. Não é mais possível que no estádio de desenvolvimento que o Brasil se encontra, ainda se precise procurar em outras nações as respostas para os nossos anseios. Precisamos ter a maturidade intelectual e científica para fazer algo novo e, de maneira responsável, lidar com a questão.

O que se procura afirmar, com isso, é que a adoção de ações afirmativas, no Brasil, em que a raça funcione como critério exclusivo

---

[680] O grande expoente no estudo do simbolismo no Brasil é o professor Marcelo Neves. Nesse sentido, o autor leciona: "Quando a nova legislação constitui apenas mais uma tentativa de apresentar o Estado como identificado com os valores ou fins por ela formalmente protegidos, sem qualquer novo resultado quanto à concretização normativa, evidentemente estaremos diante de um caso de legislação simbólica". NEVES, Marcelo. (1994: p. 34). E cita Kindermann, autor alemão, quando este apresenta três possibilidades de conteúdo para a legislação simbólica, a saber: confirmar valores sociais, demonstrar a capacidade de ação do Estado – a legislação-álibi – e, finalmente, adiar a solução de conflitos sociais através de compromissos dilatórios. Especificamente sobre o tipo de legislação simbólica atrelada às ações afirmativas, o professor afirma ser uma hipótese de legislação-álibi, por meio da qual se pretende ampliar a confiança que o cidadão tem no Estado e no governo, na medida em que o poder estatal se apresenta "como sensível às exigências, expectativas, interesses e valores do público". NEVES, Marcelo. (1997: p. 271). Prossegue o professor Marcelo Neves, afirmando: "Leis de iniciativa do governo ou dos parlamentares, aprovadas sem que se considerem as condições reais de sua implementação, poderão ter efeitos eminentemente simbólicos: por um lado, construção de uma imagem do Estado, do governo e do legislador como identificados com os valores da 'democracia racial', e do movimento anti-racismo; por outro, ineficácia normativa dos respectivos textos legais". E, alfim, conclui: "O risco de que a política de 'ação afirmativa', transforme-se, no Brasil, em simples álibi dos detentores de poder, sem qualquer eficácia jurídico-prática, exige uma postura mais cautelosa com relação às condições de implementação de qualquer programa de institucionalização legal da matéria. Isso porque a retórica anti-racista do governo e do legislador pode implicar, eventualmente, a imunização do sistema político contra outras alternativas mais adequadas para o combate às discriminações raciais em nosso país". NEVES, Marcelo. (1997: p. 271 e 272).

para definição dos contemplados terá uma eficácia mínima e apenas simbólica,[681] porque não combaterá eficazmente o problema da falta de representatividade de negros nas camadas sociais mais altas. A eficácia simbólica decorrerá do fato de que o governo se apresentará como *preocupado* com a questão do negro, esforçando-se por *vender* uma imagem de governo politicamente correto,[682] sem, sobretudo, procurar se atentar para as verdadeiras causas do problema – que o preconceito no Brasil não decorre exclusivamente da cor da pele, ou da raça, mas se encontra intrinsecamente relacionado à questão social. Decerto, a quantidade de medidas protetoras que considera apenas a raça, no Brasil, demonstra que a resolução do problema não decorre apenas da quantidade de leis existentes, mas da eficácia dos critérios escolhidos pelas mesmas.

Inúmeras normas podem ser mencionadas nesse sentido, em rol não-exaustivo, apenas para dar idéia de como o tema vem sendo tratado pelo Poder Executivo e Legislativo e também por alguns estados da federação. Em caráter ilustrativo, procuram demonstrar o que já vem sendo realizado no País em relação ao tema sob estudo. Diversas normas tratam de ações afirmativas para mulheres, índios e deficientes, mas, por fugirem ao assunto proposto neste estudo, não serão mencionadas aqui.[683] No que tange aos negros, podemos citar:

• As leis nº 1.390/1951, 7.437/1985, 7.716/1989, 8.081/90 e 9.459/97 definiram os crimes resultantes de preconceitos de raça ou de cor;

• O decreto legislativo n° 23/1967 aprovou a Convenção Internacional sobre a eliminação de todas as formas de Discriminação Racial e o Decreto nº 65.810, de 1969 o promulgou;

• A Lei nº 7.668/1988 autorizou o Poder Executivo a constituir a Fundação Cultural Palmares, cuja finalidade é a de promover e apoiar a integração cultural, social, econômica e política do negro no País;

• O Decreto estadual do Rio de Janeiro nº 16.529, de 1º de abril de 1991, criou a Secretaria Extraordinária de Defesa e Promoção das Populações Negras, órgão destinado à implementação de políticas públicas para a população afro-descendente;

---

[681] Destaque-se o fato de a própria Ministra da Secretaria de Igualdade Racial, Matilde Ribeiro, haver declarado, recentemente, que a função do seu ministério era simbólica, e que seu objetivo maior era o de "ficar lembrando o governo de que é preciso fazer algo pelos negros", como se a Pasta que comandasse fosse um ente à parte do Poder Executivo. OLTRAMANI, Alexandre. (2003: p. 48).

[682] A propagação da imagem de um governo preocupado com a questão racial vai além das fronteiras nacionais. A revista *Newsweek*, de 3 de novembro de 2003, realizou uma extensa reportagem sobre as políticas afirmativas que vêm sendo adotadas no Brasil, ressaltando que finalmente o Brasil *despertou* para o problema que há muito o afligia. Ver em MARGOLIS, Mac. (2003).

[683] Para exemplos nesse sentido, ver em MENEZES, Roberta Fragoso de Medeiros. (2003: p. 145 a 169).

• A Lei estadual do Rio de Janeiro n° 1.814/1991 estabeleceu sanções aplicáveis a qualquer tipo de discriminação em razão da etnia, raça, cor, crença religiosa ou deficiência;
• O Decreto estadual de São Paulo n° 36.696/1993 criou a Delegacia especializada de crimes raciais;
• A Lei n° 9.029/1995 implicou a proibição de práticas discriminatórias, para efeitos admissionais ou de permanência na relação jurídica de trabalho, por motivo de sexo, origem, raça, cor, estado civil, situação familiar ou idade;
• O Decreto de 20 de novembro de 1995, por meio do qual o Governo Federal criou Grupo de Trabalho Interministerial para a Valorização da População Negra (GTI);
• O Decreto de 20 de março de 1996 criou, no âmbito do Ministério do Trabalho, o Grupo de Trabalho para a eliminação da discriminação no emprego e na ocupação – GTEDEO;
• A Lei n° 9.459/1997, que considerou crime de tortura qualquer constrangimento que cause sofrimento físico/mental em razão da discriminação racial;
• A Portaria n° 1.740/1999, do Ministério do Trabalho e do Emprego, determinou a inclusão de dados informativos de raça/cor nos formulários da Relação Anual de Informações Sociais e do cadastro geral de empregados e desempregados;
• A Portaria n° 604/2000, do Ministério do Trabalho e do Emprego, instituiu no âmbito das Delegacias Regionais de Trabalho os núcleos de promoção da igualdade de oportunidades e de combate à discriminação;
• Em Belo Horizonte, houve a criação da Secretaria Municipal dos assuntos da comunidade negra, por meio da Lei n° 8.146/2000, regulamentada pelo Decreto n° 10.554, de 15.3.2001. Por meio da Secretaria, procura-se atender aos reclamos da população negra, seja registrando denúncias de discriminação, seja concedendo patrocínio para implementação de projetos em favor da integração do negro no mercado de trabalho e na educação;
• A Lei n° 10.172/2001 aprovou o Plano Nacional de Educação, quando se incluiu, nos currículos e programas dos cursos de formação de profissionais da educação, temas específicos da história, cultura, conhecimentos, manifestações artísticas e religiosas do segmento afro-brasileiro. Por outro lado, o plano mantém e consolida o programa de avaliação do livro didático criado pelo Ministério de Educação, estabelecendo entre seus critérios a adequada abordagem das questões de gênero e etnia e a eliminação de textos discriminatórios ou que reproduzam estereótipos acerca do papel da mulher, do negro e do índio;

• A Portaria nº 202/2001, do Ministério do Desenvolvimento Agrário, determina a adoção de cota mínima de 20% para o preenchimento de cargos por negros. Esse percentual é progressivo e pode chegar a 30% no ano de 2003;
• A Portaria nº 222/2001, do Ministério do Desenvolvimento Agrário instituiu a vertente de raça/etnia no Programa de Ações Afirmativas do MDA/INCRA;
• O Decreto nº 3.952/2001 dispôs sobre o Conselho Nacional de Combate à Discriminação, órgão colegiado, integrante da estrutura básica do Ministério da Justiça, a quem compete propor, acompanhar e avaliar as políticas públicas afirmativas de promoção da igualdade e da proteção dos direitos de indivíduos e grupos sociais e étnicos afetados por discriminação racial e demais formas de intolerância;
• A Portaria nº 3/2001, da Procuradoria Federal dos Direitos do Cidadão, por meio da qual se institui o grupo temático de trabalho sobre a discriminação racial;
• Por sua vez, o Ministério da Justiça aprovou a Portaria nº 1.156/2001, determinando a observância de cotas no preenchimento de cargos de direção e assessoramento superior – DAS – na seguinte proporção: 20% para afro-descendentes, 20% para mulheres e 5% para portadores de deficiência;
• O Ministro Marco Aurélio Mendes de Farias Mello, então Presidente do Supremo Tribunal Federal, lançou, em 31 de dezembro de 2001, edital de licitação para Concorrência nº 03, de 2001, no qual foram previstas cotas para negros. Para a contratação de dezessete jornalistas, a empresa contratada deveria destinar 20% das vagas a profissionais negros;
• A Portaria nº 25/2002, do Ministério do Desenvolvimento Agrário, determinou que as empresas contratadas devessem comprovar a adoção de políticas afirmativas nos quadros de empregados;
• O Decreto nº 4.228/2002 instituiu no âmbito da Administração Pública Federal o Programa Nacional de Ações Afirmativas, sob a coordenação da Secretaria de Estado dos Direitos Humanos do Ministério da Justiça. Tal programa contemplou, entre outras medidas administrativas e de gestão estratégica, as seguintes ações: I – observância, pelos órgãos da Administração Pública Federal, de requisito que garanta a realização de metas percentuais de participação de afro-descendentes, mulheres e pessoas portadoras de deficiência no preenchimento de cargos em comissão do Grupo-Direção e Assessoramento Superiores – DAS; II – inclusão, nos termos de transferências negociadas de recursos celebrados pela Administração Pública Federal, de cláusulas de adesão ao Programa; III – observância, nas licitações promovidas por órgãos da Administração Pública Federal, de critério

adicional de pontuação, a ser utilizado para beneficiar fornecedores que comprovem a adoção de políticas compatíveis com os objetivos do Programa; e IV – inclusão, nas contratações de empresas prestadoras de serviços, bem como de técnicos e consultores no âmbito de projetos desenvolvidos em parceria com organismos internacionais, de dispositivo estabelecendo metas percentuais de participação de afro-descendentes, mulheres e pessoas portadoras de deficiência;

• Por sua vez, o Laboratório de Políticas Públicas da Universidade do Estado do Rio de Janeiro (LPP/UERJ) e a Fundação Ford realizaram o Concurso Nacional *Cor no Ensino Superior*, no ano de 2002, desenvolvido no contexto do Programa Políticas da Cor na Educação Brasileira. O certame procurou selecionar e financiar projetos de ações afirmativas para negros na educação. Foram selecionados e financiados 27 projetos. O programa dispôs de fundo de R$ 2.500.000,00 (dois milhões e quinhentos mil reais) que foram alocados nas propostas vencedoras do concurso;

• Como já antecipamos, o Ministério das Relações Exteriores, por meio do Instituto Rio Branco, anunciou, em 14 de maio de 2002, o programa de ações afirmativas – *Bolsas-prêmio de vocação para a diplomacia*. Em 21 de março de 2002, havia sido assinado Protocolo de Cooperação entre o Ministério da Ciência e Tecnologia, o Ministério da Justiça, o Ministério da Cultura e o Ministério das Relações Exteriores para fixar as diretrizes para a concessão da referida bolsa. O Edital nº 1/2003, de 13 de maio de 2003, estabeleceu as normas para inscrição no Programa de Ação Afirmativa, por meio de qual se concederam 20 bolsas de estudo no valor mensal de R$ 2.500,00, entre o período de agosto de 2003 a maio de 2004, para que estudantes negros se preparassem para o processo seletivo do Instituto Rio Branco, no qual se formam os diplomatas do País;

• A Portaria nº 484/2002, do Ministério da Cultura, estabeleceu programa de ações afirmativas neste Ministério, com cotas para afro-descendentes, mulheres e pessoas portadoras de deficiências na ocupação de cargos de direção e assessoramento superior – DAS – e nas contratações de fornecedores, empresas prestadoras de serviços, técnicos e consultores;

• A Lei nº 10.558/2002 criou o Programa Diversidade na Universidade, no âmbito do Ministério da Educação, com a finalidade de implementar e avaliar estratégias para a promoção do acesso ao ensino superior de pessoas pertencentes a grupos socialmente desfavorecidos, especialmente os afro-descendentes e os indígenas brasileiros. O programa será executado mediante transferência de recursos da União e de entidades de direito público ou privado, sem fins lucrativos, que atuem na área de educação e que venham a desenvolver projetos inovadores para atender à finalidade do programa. Autoriza-se, ainda, a concessão de bolsas de manutenção e de prêmios aos beneficiados, mas é importante que se destaque que tal norma não previu a política de cotas;

• Como já nos referimos, em 6 de junho de 2003, o Conselho de Ensino, Pesquisa e Extensão – CEPE – da Universidade de Brasília – UnB, determinou a reserva de 20% das vagas nos vestibulares e no Programa de Avaliação Seriada para negros, em todos os cursos da Universidade, por um período de dez anos, a ser implementado a partir do primeiro semestre letivo de 2004. O Projeto foi apresentado ao Conselho na sessão de 8 de março de 2002 pelo Departamento de Antropologia da Universidade de Brasília, pelos Professores José Jorge de Carvalho e Rita Laura Segato;

• O Decreto de 10 de março de 2003 instituiu o Grupo de Trabalho Interministerial para elaborar proposta para a criação da Secretaria Especial de Promoção da Igualdade Racial. Já em 21 de março de 2003, por meio da Medida Provisória nº 111, convertida na Lei nº 10.678, de 23 de maio de 2003, houve a criação da Secretaria Especial de Políticas e Promoção da Igualdade Racial – SEPPIR –, cuja missão central é a formulação, articulação e coordenação das políticas de promoção da igualdade racial. A Secretaria equipara-se a Ministério de Estado e uma experiente militante da causa negra, Matilde Ribeiro, foi escolhida como Secretária. A Lei criou, ainda, o Conselho Nacional de Promoção da Igualdade Racial – CNPIR, que fornece a estrutura básica da Secretaria. Nessa linha, podem-se destacar o Decreto nº 4.885/2003 que estabeleceu a composição, estrutura, competências e funcionamento do CNPIR e o Decreto nº 4.886/2003 que instituiu a Política Nacional de Promoção da Igualdade Racial – PNPIR. O objetivo central dessa política é o de reduzir as desigualdades raciais no Brasil, com ênfase na população negra, por meio, inclusive, de ações afirmativas;

• Por sua vez, destaque-se a já mencionada lei estadual nº 3.708/2001, do Estado do Rio de Janeiro, que estabeleceu a reserva de vagas de até 40% para negros na UERJ e na Universidade Estadual do Norte Fluminense. Como visto, tal lei foi revogada em 4/9/2003 pela Lei nº 4.151, que estabeleceu cotas sociais para o ingresso nas universidades públicas estaduais, visando à redução das desigualdades étnicas, sociais e econômicas. Para tanto, as universidades deverão reservar 45% das vagas para os estudantes carentes que, ao mesmo tempo, ora sejam oriundos da rede pública de ensino (20%), ora negros (20%) ou portadores de deficiências e integrantes de minorias étnicas (5%). Os beneficiados pelas cotas deverão, no entanto, atender ao critério mínimo de qualificação, a ser definido pela Universidade, considerando o curso escolhido;

• Lei Distrital nº 3.788, de 2/2/2006, que cria o Estatuto da Igualdade Racial no Distrito Federal, reservando cotas para negros em propagandas, concursos públicos, universidades e empresas privadas;
• Destaquem-se, ainda, o Projeto de Lei nº 4.370/1998, de autoria do então Deputado Federal Paulo Paim, por meio do qual se procura exigir que 25% dos atores e figurantes de programas televisivos sejam negros, e, ainda, que 40% dos negros façam parte das campanhas publicitárias;
• O Projeto de Lei n° 650/1999, de autoria do Senador José Sarney, que institui cotas de ação afirmativa para a população afro-descendente no acesso aos cargos e empregos públicos, à educação superior e aos contratos do Fundo de Financiamento ao Estudante do Ensino Superior (FIES);
• O Projeto de Lei nº 3.198/2000, de autoria do então Deputado Federal Paulo Paim, por meio do qual se institui o Estatuto da Igualdade Racial, em defesa dos que sofrem preconceito ou discriminação em função de sua etnia, raça e/ou cor;
• Em 6 de agosto de 2003, a Comissão de Defesa do Consumidor, Meio Ambiente e Minorias aprovou a proposta de criação do Fundo Nacional para o desenvolvimento das Ações Afirmativas – FNDAA. O projeto – PLP 217/01 – de autoria do deputado Luiz Alberto prevê a utilização das verbas preferencialmente para a comunidade negra.

Como se percebe da listagem meramente exemplificativa de ações afirmativas em andamento para negros no Brasil, não é a ausência de normas que determina a ineficácia dos programas positivos, mas sim a função meramente simbólica delas, sem efetividade e sem combater as reais causas que impedem o negro de ascender socialmente, em consonância com o que expomos anteriormente.

2.6. JURISPRUDÊNCIA DO SUPREMO TRIBUNAL FEDERAL SOBRE AÇÕES AFIRMATIVAS

O Supremo Tribunal Federal ainda não se pronunciou sobre a constitucionalidade dos programas afirmativos relativos aos negros, mas fez menção ao tema das ações afirmativas quanto aos idosos, no julgamento da Ação Direta de Inconstitucionalidade – ADI 1.276-2/SP, Relator o Ministro Octávio Gallotti[684] e na Medida Cautelar na ADI nº

---

[684] Cuidava-se de ADI ajuizada pelo Governo do Estado de São Paulo, visando a fulminar norma estadual que previra a concessão de incentivos fiscais quanto ao ICMS e ao IPVA às pessoas jurídicas que possuíssem, pelo menos, 30% dos empregados com idade superior a 40 anos. O relator considerou que, em relação ao ICMS, caberia razão ao requerente, por norma ordinária não poder dispor de matéria reservada à lei complementar – artigo 155, II, §2º, XII, g. Todavia, no que concerne ao IPVA, o relator afirmou que inexistiam fundamentos relevantes a ensejar o pedido de cautelar para suspender a vigência da norma. E, citando Santiago Dantas,

2.435, Relatora a Ministra Ellen Gracie,[685] e, quanto às mulheres, na ADI nº 1946-5/DF, Relator o Ministro Sydney Sanches.[686]

aduziu o relator: "Os homens são desiguais na sociedade e na natureza, tanto quanto as coisas, os lugares, os fatos e as circunstâncias. O princípio da igualdade jurídica não traduz, no campo do direito, como uma opinião atrasada ou tendenciosa quer fazer crer, o desconhecimento dessa desigualdade natural. É antes um esforço para balanceá-la, compensando o jogo das inferioridades e superioridades, de modo que elas não favoreçam também uma desigual proteção jurídica". Os demais Ministros, à unanimidade, concordaram com o relator. ADI 1.276-2/SP (MC), Rel. Min. Octávio Gallotti. Plenário. Julgamento em 16 ago. 1995, publicado no D.J 15 dez. 1995. Ementário 1813-01. Essa decisão foi corroborada em julgamento definitivo, realizado em 29 de agosto de 2002, publicado no D.J de 29 nov. 2002. Ementário 2093-01.

[685] No julgamento da Medida Cautelar na ADI nº 2.435, a Corte entendeu, por maioria, pelo indeferimento da medida liminar contra a Lei nº 3.542/2001, do Estado do Rio de Janeiro, por meio da qual se obrigavam as farmácias e drogarias localizadas no Estado a conceder descontos na aquisição de medicamentos para consumidores com mais de 60 anos, na seguinte proporção: de 60 a 65 anos – 15% de desconto; de 65 a 70 anos – 20% de desconto; maiores de 70 anos – 30% de desconto. Entendeu-se caracterizada a ocorrência do *periculum in mora* inverso, pois a irreparabilidade dos prejuízos recairia sobre os idosos, e não sobre as farmácias e drogarias, cujo eventual dano seria passível de reparação posterior por mecanismos de mercado.

[686] Na ADI nº 1.946-5/DF, relator o Ministro Sydney Sanches, a Corte Constitucional brasileira expressamente reconheceu a necessidade de adotar política afirmativa para que as mulheres não viessem a sofrer discriminação no mercado de trabalho. A questão buscava determinar se a licença-maternidade constituía em um encargo previdenciário ou trabalhista. Acaso se entendesse que se tratava de benefício previdenciário, a questão era saber se a Previdência poderia limitá-lo à percepção de R$1.200,00 (um mil e duzentos reais), devendo o empregador arcar com o excedente. Com efeito, no regime anterior à CLT, pelo Decreto nº 21.417-A/1932, a empregada fazia jus a um auxílio-maternidade correspondente à metade dos salários, de acordo com a média dos seis últimos meses, que seriam pagos pelas Caixas criadas pelo Instituto de Seguro Social e, na falta destas, pelo empregador. Por sua vez, com o advento da CLT, tanto na redação original, como nas modificações posteriores ao artigo 393, determinava-se que o ônus de arcar com a licença-maternidade era da empresa, o que ensejou diversos protestos por parte das mulheres, alegando que a disciplina normativa dada ao tema terminaria por dificultar-lhes a obtenção de empregos, uma vez que o empregador iria preferir contratar homens. Diante das convincentes ponderações apontadas pelos opositores da medida, não restou outra alternativa ao legislador ordinário exceto a de transferir o ônus do pagamento à Previdência Social, pela Lei nº 6.136/1974. O problema levado à apreciação da Corte Suprema era justamente o de fixar se quando do pagamento da licença-maternidade pelo Instituto Previdenciário este deveria, ou não, se ater ao limite máximo dos benefícios ou se poderia excedê-lo, pagando às mulheres em licença o que efetivamente percebiam na ativa. No caso concreto, acaso se entendesse que à Previdência caberia apenas arcar com o limite estabelecido e que deveria o empregador responder pelo restante do salário, ficaria a mulher sujeita à discriminação na hora da contratação pelas empresas, especialmente as mulheres em idade fértil que percebessem acima do limite fixado para os benefícios pagos pela Previdência. Na eventualidade de engravidarem, as empresas teriam de pagar-lhes a remuneração que ultrapassasse o teto fixado, além de não poderem contar com a funcionária por cento e vinte dias. Por tais razões, o relator reconheceu que a permanência da norma prevista no artigo 14, da Emenda Constitucional nº 20/98, afrontaria o artigo 7º, inciso XXX, da Constituição Federal, por meio da qual se proíbe a diferença de salários, de exercício de funções e de critério de admissão por motivo de sexo, idade, cor ou estado civil. Reconheceu o relator, ainda que implicitamente, a necessidade de uma atuação jurisprudencial afirmativa que vedasse o surgimento de situações discriminatórias contra as mulheres e afirmou: "Sendo assim, não posso, nem devo desprezar, a esta altura, os altos índices de desemprego que assolam a população brasileira, da qual a mulher parece compor a maior parte". Desse modo, por unanimidade, o Tribunal reconheceu que a aplicação da norma constante no artigo 14, da Emenda Constitucional nº 20/98, terminaria por ensejar uma discriminação não-desejada e não-amparada pela Constituição Federal. À mesma conclusão chegou a unanimidade da Corte, posteriormente, em 3 de abril de 2003, ao ratificar o julgamento liminar outrora realizado. ADI 1.946-5/DF. Rel. Min. Sydney Sanches. Plenário. Julgamento em 3 abr. 2003, publicado no D.J 16

Por meio da ADI nº 2858-8/RJ, Relator o Ministro Carlos Velloso, o tema das ações afirmativas em relação aos negros quase chegou à deliberação do Plenário, mas, antes disso, houve a perda de objeto da ação. Entretanto, por ter sido o primeiro caso levado ao conhecimento do Tribunal sobre as políticas afirmativas destinadas aos afro-descendentes, será analisado, ainda que de maneira perfunctória, no ponto que agora se inicia.[687]

A referida Ação Direta, ajuizada pela Confederação Nacional dos Estabelecimentos de Ensino – COFENEN –, buscava a manifestação do Supremo Tribunal Federal sobre a possibilidade de adoção do modelo afirmativo para negros no Brasil. Com efeito, impugnavam-se diversas leis do estado do Rio de Janeiro por meio das quais se reservavam cotas para acesso nas universidades estaduais. Assim, com a Lei nº 3.708/01, reservava-se 40% das vagas para negros; com a Lei nº 3.524/2000, destinava-se 50% das vagas para estudantes da rede pública e, ainda, com a Lei nº 4.061/2003, reservava-se 10% das vagas a alunos portadores de deficiência.

Alegava a COFENEN que, devido à reserva de vagas estabelecidas por meio dessas leis, aos alunos brancos que haviam estudado em escola particular caberia competir por, apenas, 30% das vagas. Argumentava que tais normas violavam o princípio da isonomia, previsto no artigo 5º, inciso I, da Constituição Federal, por diferentes razões, a depender da norma impugnada: a que reservava vagas para estudantes de escolas públicas seria inconstitucional por a razão do discrímen normativo ser a origem escolar, atributo pessoal dos alunos. Quanto à norma que reservava vagas para negros, malferiria a Constituição por o critério escolhido ser a cor dos cidadãos, uma característica extrínseca dos concorrentes. Já a norma que beneficiava os deficientes seria inconstitucional porque para o exame vestibular não seria necessário lhes garantir vantagens, haja vista que apenas critérios intelectuais

---

maio 2003. Ementário 2110-01. É de se destacar que, na órbita internacional, o tema foi tratado na Convenção sobre a Eliminação de todas as Formas de Discriminação contra a Mulher (1979). Artigo 11, §2º: "A fim de impedir a discriminação contra a mulher por razões de casamento ou maternidade e assegurar a efetividade de seu direito a trabalhar, os Estados-Membros tomarão as medidas adequadas para: a) Proibir, sob sanções, a demissão por motivo de gravidez ou de licença-maternidade e a discriminação nas demissões motivadas pelo estado civil; b) Implantar a licença-maternidade, com salário pago ou benefícios sociais comparáveis, sem perda do emprego anterior, antiguidade ou benefícios sociais; c) Estimular o fornecimento de serviços sociais de apoio necessários para permitir que os pais combinem as obrigações para com a família com as responsabilidades do trabalho e a participação na vida pública, especialmente mediante o fomento da criação e desenvolvimento de uma rede de serviços destinada ao cuidado das crianças; d) Dar proteção especial às mulheres durante a gravidez nos tipos de trabalho comprovadamente prejudiciais a elas".

[687] Após a perda do objeto da referida Ação Direta de Inconstitucionalidade, devido à revogação das leis anteriores pela Lei estadual nº 4.151/2003, a COFENEN ajuizou outra ADI, de nº 3.197, rel. o min. Sepúlveda Pertence, agora em face desta nova lei. O julgamento ainda não foi iniciado pelo Supremo Tribunal Federal.

estariam sob exame. Nesse tom, alegava que a Constituição Federal, quando previu a reserva de vagas para deficientes, havia feito apenas em relação ao acesso a cargos e empregos públicos.

Nessa linha, a requerente afirmou que as leis do Estado do Rio de Janeiro transgrediram os princípios republicano e democrático ao colocarem de lado o sistema meritocrático. Aduziu que as normas violaram também o princípio da proporcionalidade e que usurparam a competência legislativa privativa da União para estabelecer as diretrizes e bases da educação nacional.[688]

Em seguida, a COFENEN realizou um esboço sobre o tema das ações afirmativas e o modo como tal política se desenvolveu nos Estados Unidos, destacando, sobretudo, a decisão da Suprema Corte no caso *Bakke*. Alfim, pleiteou a concessão de liminar, para suspender a eficácia imediata das leis impugnadas, e, posteriormente, a declaração da inconstitucionalidade dos atos normativos mencionados.[689]

A Governadora do Rio de Janeiro, Rosinha Garotinho, e a Assembléia Legislativa do estado ofereceram informações, refutando os argumentos da inicial. Nesse sentido também a manifestação do Advogado Geral da União, admitindo a constitucionalidade das leis refutadas.

O Procurador-Geral da República – à época Geraldo Brindeiro – ofertou parecer mediante o qual alegou a inconstitucionalidade formal das normas vergastadas, porquanto não haveria, no sistema normativo brasileiro, lei complementar a permitir que os estados dispusessem sobre as bases e diretrizes da educação nacional, nos moldes do parágrafo único do artigo 22 da Constituição Federal: "Lei complementar poderá autorizar os Estados a legislar sobre questões específicas das matérias relacionadas neste artigo". E afirmou que, ante a inexistência de tal norma complementar, não poderia o Estado do Rio de Janeiro dispor de forma diferente da que fora estabelecida na Lei de Diretrizes e Bases da Educação Nacional – Lei nº 9.394, de 20 de dezembro de 1996.

Salientou, assim, que a fixação do número de vagas deveria ser feita pela própria universidade, com base na autonomia universitária

---

[688] Conforme estabelece a Constituição Federal, Artigo 22, XXIV.

[689] Destaque-se para o fato de diversas instituições terem pleiteado o ingresso na ADI na condição de *amicus curiae*, o que foi deferido pelo relator, Ministro Carlos Velloso que, no entanto, ressaltou que, por o *amicus* não ser parte no processo, a atuação das instituições seria restrita à apresentação de memoriais. As seguintes instituições foram reconhecidas como "amigas da Corte": Instituto de Pesquisas e Estudos Afro-Brasileiros – IPEAFRO; a Sociedade Afro-brasileira de Desenvolvimento Sociocultural – AFROBRÁS; o Instituto da Mulher Negra – GELEDÉS; o Centro de Estudos das Relações de Trabalho – CEERT; a Organização das Mulheres Negras – FALA PRETA!; o Congresso Nacional Afro-brasileiro – CNAB; o Centro Brasileiro de Informação; o Centro Brasileiro de Informação e Documentação do Artista Negro – CIDAN; o CRIOLA. Também a União Brasileira de Estudantes Secundaristas – UBEs – e o Centro de Articulação de Populações marginalizadas apresentaram-se como *amicus curiae*, posteriormente, no sentido de afirmar a possibilidade jurídica das medidas.

prevista no artigo 207 da Constituição Federal[690] e regulamentada pelo artigo 53, inciso IV, da Lei nº 9.394/96.[691] Ressaltou, ademais, que a Universidade do Estado do Rio de Janeiro já havia se manifestado contrariamente à adoção das cotas, em parecer realizado pela instituição quanto ao que, então, era apenas projeto de lei.

Por outro lado, o Procurador-Geral da República destacou que a Lei nº 10.558/2002, ao criar o *Programa Diversidade na Universidade*, com a "finalidade de implementar e avaliar estratégias para a promoção do acesso ao ensino superior de pessoas pertencentes a grupos socialmente desfavorecidos, especialmente dos afro-descendentes e dos indígenas brasileiros", nada dispôs sobre a criação de políticas afirmativas por meio de cotas para ingresso nas universidades. Alfim, o Procurador-Geral pugnou pela declaração de inconstitucionalidade das leis estaduais, por terem reservado cotas para os mais diversos beneficiados.

O Supremo Tribunal Federal, todavia, não chegou a examinar o pedido da declaração de inconstitucionalidade das leis objeto de impugnação por tais haverem sido expressamente revogadas pelo artigo 7º, da Lei estadual nº 4.151, de 4/9/2003.

A despeito de a Corte Maior não ter se pronunciado sobre o mérito da ação, parece que os argumentos levantados pela COFENEN, aliados à intensa mobilização nacional sobre a questão, sensibilizaram a Governadora do Rio de Janeiro a editar a nova lei, por meio da qual se procurou sanar os principais defeitos apresentados na primeira experiência legislativa estadual sobre o tema.

Na nova lei, o estado do Rio de Janeiro conjugou dois critérios, no que tange às medidas destinadas aos negros, nos moldes em que propomos no nosso estudo: o racial e o econômico. Agora, não basta declarar-se negro, é preciso demonstrar também ser carente.[692] Parece-nos, assim, que essa modificação atende melhor ao princípio da igualdade e da proporcionalidade, uma vez que restringe as pessoas beneficiadas àquelas que realmente precisam, já que, conforme se

---

[690] Constituição Federal, artigo 207: "As universidades gozam de autonomia didático-científica, administrativa e de gestão financeira e patrimonial, e obedecerão ao princípio de indissociabilidade entre ensino, pesquisa e extensão".

[691] Lei nº 9.394/96, artigo 53, inciso IV: "No exercício de sua autonomia, são asseguradas às universidades, sem prejuízo de outras, as seguintes atribuições: IV – fixar o número de vagas de acordo com a capacidade institucional e as exigências do seu meio".

[692] Lei nº 4.151, de 4 de setembro de 2003. Art. 1º: "Com vistas à redução de desigualdades étnicas, sociais e econômicas, deverão as universidades públicas estaduais estabelecer cotas para ingresso nos seus cursos de graduação aos seguintes estudantes *carentes*: I – oriundos da rede pública de ensino; II – negros; III – pessoas com deficiência, nos termos da legislação em vigor, e integrantes de minorias étnicas. §1º – Por estudante carente entende-se como sendo aquele assim definido pela universidade pública estadual, que deverá levar em consideração o nível socioeconômico do candidato e disciplinar como se fará a prova dessa condição, valendo-se, para tanto, dos indicadores socioeconômicos utilizados por órgãos públicos oficiais". (grifos nossos).

procurou demonstrar ao longo desse estudo, a cor da pele não foi a razão exclusiva a impedir o ingresso dos negros em determinadas esferas sociais. Desse modo, haveria a diminuição, ainda que pequena, da quantidade de pessoas beneficiadas com a política afirmativa, o que reduziria a possibilidade de discriminação reversa daqueles que não foram contemplados com a política de cotas. Atender-se-ia, assim, ao princípio da proporcionalidade e a seus subprincípios concretizadores.

Mudança importante na política afirmativa instituída foi a ampliação do conceito de aluno oriundo da escola pública, antes limitado aos estudantes que tivessem cursado integralmente os ensinos fundamental e médio em instituições da rede pública dos municípios e/ou do estado. Atualmente, a nova lei considera também os alunos que estudaram em escolas públicas federais, e também de outros estados da federação, [693] desde que demonstrada a carência de recursos financeiros.[694] Quanto aos alunos oriundos de cursinhos preparatórios para negros, entendemos que a nova lei não precisaria mencioná-los como beneficiados nas cotas para estudantes oriundos de escolas públicas, uma vez que já são beneficiados pela política afirmativa em relação à cor.

A nova lei estabelece, ainda, critérios mínimos de qualificação para acesso às vagas oferecidas, uniformes para todos os concorrentes, podendo ser adotados critérios diferenciados de qualificação a depender do curso e do turno escolhido. Outras modificações também foram importantes, como determinar a criação de uma Comissão Permanente de Avaliação, como vimos, com o objetivo de, entre outros, avaliar os resultados da aplicação do sistema de cotas na universidade. Também a instituição de um programa de apoio para incentivar a permanência dos estudantes beneficiados na universidade, visando a combater a evasão escolar, e, ainda, a fixação do prazo de cinco anos para vigência da política afirmativa, findo o qual o programa deverá ser apreciado pelo Poder Legislativo.

---

[693] Lei n° 4.151/2003. Artigo 1°, §2° – "Por aluno oriundo da rede pública de ensino entende-se como sendo aquele que tenha cursado integralmente todas as séries do 2° ciclo do ensino fundamental em escolas públicas de todo território nacional e, ainda, todas as séries do ensino médio em escolas públicas municipais, estaduais ou federais situadas no Estado do Rio de Janeiro".

[694] Este requisito é importante porque corrige a distorção existente na premissa de que todo estudante de escola pública necessariamente é pobre, haja vista as exceções existentes nas Escolas Militares e nos Colégios de Aplicação.

Conclusões

Durante este trabalho, procurou-se demonstrar a importância de analisar as ações afirmativas sob um novo enfoque, próprio para a realidade brasileira. De uma perspectiva somente jurídica, percebendo as medidas positivas como uma evolução do princípio da igualdade – ou como produto do Estado Social –, progredir para um estudo interdisciplinar, conjugando aspectos jurídicos, históricos e sociológicos sobre a temática racial.

O estudo sobre a situação dos negros na sociedade brasileira é mais delicado do que aparentemente se supõe. Não basta sugerir que a nossa realidade é diferente da norte-americana, é preciso se aprofundar na análise dessas distinções. Somente após realizar um estudo histórico-comparativo, acreditamos ter sido possível chegar a algumas conclusões sobre a impossibilidade de adotarmos as ações afirmativas da maneira como foram pensadas para os Estados Unidos. Isto porque, cada época histórica e cada contexto social vive um complexo de normas que lhes são próprias. É preciso, então, observar as condições que antecederam a criação das ações afirmativas nos Estados Unidos, estabelecer as diferenças entre o processo de formação da sociedade norte-americana e a brasileira, e, assim, imaginar novas soluções para os nossos problemas raciais. Esta foi a razão que motivou o nosso estudo, e que nos faz chegar, agora, às seguintes conclusões:

1) Portugal foi um país fortemente marcado pela miscigenação, mesmo antes de proceder à colonização do Brasil. A peculiar posição geográfica do país, situado entre a Europa e a África, favoreceu o constante contato com os mouros e com os negros, resultando na formação de um povo caracterizado pela alta plasticidade e no qual não se desenvolveu um forte orgulho de raça;

2) Durante oito séculos, a Península Ibérica foi dominação moura. Para conseguir expulsá-los, foi necessário desenvolver um incipiente fortalecimento do poder real, originando um Estado precocemente centralizado e unitário, que não chegou a conhecer, sob tais circunstâncias, o feudalismo;

3) O fato de não haver existido feudalismo em Portugal significa a ausência de estamentos, ou de classes sociais rigidamente estabeleci-

das, propiciando o surgimento de uma sociedade marcada pela mobilidade social. Tais características serão determinantes na formação do povo brasileiro;

4) A colonização brasileira, inicialmente, não despertou maior interesse do reino português. As especiarias do Oriente proporcionavam um melhor retorno financeiro; além disso, não havia excedente populacional em Portugal apto a garantir a formação de núcleos de povoamento no Brasil. Foi necessário que particulares procedessem à colonização, a partir do sistema de capitanias hereditárias;

5) Quando finalmente se deu início à colonização, os lusitanos vieram sozinhos para a nova terra, não trouxeram família. O objetivo era obter lucro o mais rápido possível, e não povoar o local. Desbravar o desconhecido desencorajou a vinda de mulheres brancas para a colônia, em um primeiro momento. A par desse aspecto, a escravidão negra foi implementada desde os primórdios da colonização. Essa relativa ausência de mulheres portuguesas no Brasil, aliada à presença abundante de negras e de índias, propiciou um intenso cruzamento inter-racial, originando uma sociedade cuja miscigenação foi, talvez, a maior do mundo;

6) Efetuou-se, no Brasil, a colonização de exploração, baseada no tripé latifúndio, monocultura e escravidão. A opção pelo escravo negro não se baseou em estudos pseudocientíficos que demonstravam a inferioridade da raça, nem mesmo por causa da inaptidão do trabalho indígena. Tal escolha adveio da extraordinária possibilidade da obtenção de lucros, a partir do tráfico negreiro, auferidos tanto por Portugal – que implementou a escravidão negra no Brasil – como pela Inglaterra, que procedeu de idêntica forma em relação às colônias do sul dos Estados Unidos;

7) A iminência da invasão das tropas napoleônicas em Portugal ocasionou a fuga da Família Real para o Brasil, em 1808, sob a proteção da armada britânica. A Inglaterra condicionou o reconhecimento da transferência da sede da monarquia portuguesa, de Lisboa para o Rio de Janeiro, à assinatura de diversos tratados comerciais, que, por óbvio, prejudicaram ainda mais o já combalido tesouro português, em benefício dos ingleses;

8) A dependência cada vez maior de Portugal – e conseqüentemente do Brasil – em relação à Inglaterra, fez com que os ingleses iniciassem uma verdadeira campanha pelo fim do tráfico de escravos, visando a pôr termo à escravidão. Os motivos que levaram o governo britânico a proceder desta maneira não foram humanitários, e sim econômicos: o país estava em plena Revolução Industrial e necessitava ampliar o mercado consumidor para os seus produtos. Ao mesmo tempo, o fim do trabalho escravo encareceria o açúcar ainda produzido

no Brasil, e, assim, diminuiria a concorrência com o açúcar produzido pelas colônias inglesas no Caribe;

9) Com o fim do tráfico de escravos, diminuiu-se consideravelmente a mão-de-obra disponível para trabalhar nas lavouras cafeeiras – a essa altura, já havia se desenvolvido mais um ciclo agrícola no Brasil. Propiciou-se, com isso, o incentivo à vinda do trabalhador imigrante europeu para trabalhar nas plantações. Surgiram leis paliativas – Lei do Ventre Livre, Lei do Sexagenário – visando a manter, por mais algum tempo, a escravidão. Todavia, o trabalho escravo contrariava os interesses econômicos ingleses e os da nova burguesia cafeeira, que preferiam o trabalhador imigrante, que trabalhava no regime de parceria. Em 1888, proclamou-se a abolição do trabalho escravo no Brasil, seguida da decretação de feriado nacional por cinco dias;

10) Com efeito, a abolição da escravatura não ensejou grandes mudanças na estrutura social. À época, 90% dos negros já eram livres. No Brasil, era larga a possibilidade de o escravo vir a obter a liberdade, antes mesmo da abolição definitiva da escravatura, seja por meio de leis que concediam a alforria, seja por meio de testamentos particulares, seja por meio da compra da liberdade, o que facilitou a miscigenação e a convivência entre os grupos raciais, antes mesmo da abolição;

11) Durante o período da escravidão, pode-se registrar diversas formas de revolta dos negros, destacando-se os quilombos – que se constituíam em núcleos organizados de resistência, sendo o mais importante deles o de Palmares – e a Revolta dos Malês, em 1835. Posteriormente, já libertos, os negros no Brasil fundaram diversas instituições, dentre organizações, partidos políticos, jornais, revistas e clubes recreativos, visando a promover a integração dos membros e a lutar por uma representação mais efetiva do negro na sociedade. Ressalte-se a Frente Negra Brasileira como primeira organização nacional em favor dos negros. Atualmente, os negros possuem mais de 1.300 entidades cadastradas visando a promover a melhoria das suas condições de vida;

12) Na década de 30, os estudos sobre as relações raciais no Brasil passaram por uma verdadeira revolução, a partir dos escritos de Gilberto Freyre. A importância dos seus livros pode ser melhor sentida quando analisada dentro do contexto da literatura precedente. Vários autores – dentre os quais destacam-se Nina Rodrigues, Sylvio Romero, Paulo Prado e Oliveira Vianna – haviam procurado demonstrar que a miscigenação era a causa para a inferioridade do povo brasileiro, que havia se enfraquecido com a mistura do português, do índio e do negro. Gilberto Freyre surgiu no cenário nacional visando justamente a desmitificar esta fraqueza, ao passo em que procurou elevar o negro à condição de protagonista na formação da nossa história. Sérgio Buar-

que de Holanda também fez parte desse movimento de reinvenção do Brasil, na medida em que procurou destacar o modo peculiar do brasileiro de lidar com as questões, ressaltando a cordialidade do nosso povo;

13) O período da Segunda Guerra Mundial foi marcado por uma grande intolerância dos povos sobre as diferentes raças e culturas. Desse modo, para tentar mostrar ao mundo a melhor forma de lidar com as diferenças, a UNESCO patrocinou um estudo sobre as relações raciais no Brasil, na década de 50. Dentre os trabalhos que mais se destacaram, poderíamos citar o de Oracy Nogueira – que, ao formular uma interessante teoria sobre a essência do preconceito racial desenvolvido no Brasil e nos Estados Unidos, julgou-os completamente diferentes, denominando o primeiro de preconceito *de marca* e o segundo, *de origem* –, e o de Florestan Fernandes e Roger Bastide sobre a cidade de São Paulo, a revelar uma sociedade eivada de preconceito e discriminação;

14) Nessa ótica, é de se destacar que a sociedade brasileira evoluiu bastante do contexto analisado por Florestan Fernandes na década de 50. Atualmente, há formas efetivas de controle social, seja por meio de leis que combatem a discriminação, seja por meio de entidades que pretendem integrar os negros. Assim, não se poderia negar a importância quanto à fixação dos mitos da democracia racial e da cordialidade do homem brasileiro na sociedade brasileira, na medida em que funcionam como projetos ou ideais a serem perseguidos por todos, ao mesmo tempo em que servem de freios às condutas discriminatórias;

15) Nos Estados Unidos, a colonização desenvolvida pelos ingleses em muito diferiu da colonização portuguesa. Praticou-se no norte dos Estados Unidos a colonização de povoamento, efetuada por famílias imigrantes da Inglaterra. As razões da emigração decorreram, principalmente, do fenômeno do cercamento dos campos – que expulsou milhares de camponeses da terra – e das perseguições originadas com a contra-reforma religiosa;

16) As condições climáticas e geográficas do norte dos Estados Unidos assemelhavam-se às da Inglaterra, o que praticamente impediu o estabelecimento de uma exploração agrícola de produtos tropicais. Formou-se uma sociedade baseada no trabalho livre e na industrialização. Diferentemente, nas colônias do sul, cujo clima propiciava o cultivo de mercadorias escassas na Europa – como o algodão, o açúcar e o tabaco – estabeleceram-se os elementos próprios do sistema que nos fora tão familiar: pacto colonial, latifúndio, monocultura e escravidão;

17) As diferenças entre os tipos de colonização – a do norte, caracterizada pelo incentivo à produção manufatureira, a partir do trabalho livre, e a do sul com exploração agrícola intensiva a partir da mão-de-obra escrava – fez surgir duas sociedades marcadas por pro-

fundas e inconciliáveis diferenças, que iriam se constituir, posteriormente, no cerne da guerra civil;

18) Alguns fatos precipitaram a eclosão da guerra entre as colônias do norte e as do sul: o julgamento do caso *Dred Scott*, pela Suprema Corte norte-americana – cuja decisão declarou a inconstitucionalidade de leis estaduais que proibíssem a escravidão em seus territórios – e a eleição de um abolicionista para a Presidência da República, Abraham Lincoln. Iniciou-se, então, a mais sangrenta batalha que os Estados Unidos conheceram. O impasse sobre a abolição da escravatura, nos Estados Unidos, foi uma das causas para o conflito, que gerou um saldo de 600 mil mortos;

19) Vale destacar que nos Estados Unidos não havia uma grande quantidade de negros livres antes da abolição. A ausência de miscigenação e de convívio entre as raças, aliado ao fato de que os negros foram vistos como os verdadeiros culpados da Guerra Civil e como prováveis concorrentes dos brancos pobres no mercado de trabalho, fez surgir na sociedade norte-americana um ódio irracional e violento contra os negros, consubstanciado em organizações que visavam a exterminá-los e a bani-los do território nacional, como a Ku Klux Klan e o Conselho dos Cidadãos Brancos;

20) A tentativa de segregar os negros não se limitou a organizações privadas, mas foi institucionalizada e disseminada pelo próprio Estado. Tal sistema de discriminação oficial ficou conhecido como *Jim Crow*, em alusão a um grupo musical do sul dos Estados Unidos, que se apresentava imitando os negros. Nesse sentido, surgiram diversas leis objetivando difundir a mensagem de inferioridade racial, de que os negros não eram dignos de conviver no mesmo espaço com os brancos. A divisão racial foi imposta, assim, em parques, ônibus, escolas, restaurantes, piscinas, bares, banheiros, bebedouros, cemitérios, trens, hospitais. Além disso, era simplesmente vedado que os brancos tivessem relacionamentos amorosos com os negros, inclusive com a instituição de prisões e de multas pesadas para aqueles que violassem as proibições;

21) O sistema *Jim Crow* também foi posto em prática pela Suprema Corte norte-americana. O grande marco do método segregacionista jurisprudencial foi o julgamento do caso *Plessy v. Ferguson*, por meio do qual se estabeleceu a doutrina do *equal, but separated*;

22) Por volta de 1920, a Ku Klux Klan atingiu o ápice, com milhões de membros, dentre os quais futuros presidentes da República, congressistas e governadores. A explosão da violência não tardou a aparecer: jogavam bombas em áreas destinadas aos negros, incendiavam as casas dos afro-descendentes, utilizavam-se de técnicas intimidatórias, como a queima de cruzes. Muitas práticas foram efetuadas

sob o beneplácito da Suprema Corte, que, em nome da proteção à liberdade de expressão, não restringia as práticas odiosas da Klan;

23) Em resposta aos ataques, os negros organizaram-se e fundaram diversas instituições. Podemos destacar a liderança da NAACP, do movimento de Marcus Garvey, dos Muçulmanos Negros, de Malcolm X, das Panteras Negras e, principalmente, de Martin Luther King, que presidiu a Conferência da Liderança Cristã Sulina, de índole pacífica, inspirada em Gandhi;

24) Martin Luther King organizou as manifestações dos *Sit-ins!* e as marchas pacíficas de Montgomery e de Washington – esta chegando a reunir mais de duzentas mil pessoas. Destaque-se que um dos aspectos do sistema de segregação institucionalizada foi a criação de duas sociedades distintas, a dos negros e a dos brancos, cada qual com organizações e entidades próprias, como bancos, escolas, igrejas e empresas. Desse modo, ser negro, nos Estados Unidos, não era sinônimo de ser pobre;

25) A grande virada do sistema *Jim Crow*, no plano judicial, ocorreu em 1954, com o julgamento do caso *Brown v. Board of Education*, por meio do qual se estabeleceu que, em se tratando de educação, a doutrina do *equal, but separated* não deveria ser adotada. Essa decisão, todavia, levou mais de uma década para efetivamente entrar em vigor;

26) Na esfera do Poder Executivo, as mudanças somente vieram nos governos de Kennedy e de Lyndon Johnson, que promulgaram diversas leis com o fito de combater a discriminação. Ressalte-se que tais medidas ainda não podiam ser denominadas ações afirmativas, uma vez que objetivavam apenas conter a segregação dantes institucionalizada;

27) Uma série de conflitos raciais eclodiu na década de 60, nos Estados Unidos, mais especificamente após o assassinato de Martin Luther King, em 1968. Milhares de pessoas foram presas e feridas, centenas foram mortas, em demonstrações de violência interna que somente haviam encontrado precedentes na Guerra Civil;

28) Nesse contexto, não havia muito espaço para manobras políticas. A situação trágica requeria medidas ainda mais drásticas para combater a violência. Assim, coube a Richard Nixon, um presidente conservador e republicano – que inclusive já havia sinalizado de maneira contrária à adoção de políticas benéficas para os negros –, instituir as primeiras medidas de ações afirmativas no sentido que as conhecemos hoje, qual seja, de políticas inclusivas aptas a promover a integração dos negros em determinadas esferas sociais. Esta, talvez, seja uma das principais ironias das ações afirmativas;

29) É preciso destacar, desse modo, que nos Estados Unidos, país pioneiro na implementação de ações afirmativas para negros, não

houve uma teorização prévia sobre o princípio da igualdade material, da fraternidade ou da justiça social para que se adotassem medidas positivas. Estas decorreram de uma situação histórica e pontual: o governo precisava dar uma resposta à política segregacionista que havia sido efetuada e realizada pelo próprio Estado. As experiências anteriores à administração de Nixon demonstraram que não bastavam medidas de combate à discriminação, era preciso fazer mais para conter os ânimos acirrados da população. Outra ironia das ações afirmativas é que nenhum dos líderes dos movimentos negros chegou a mencionar a necessidade de o Poder Público adotar tais políticas, elas foram idealizadas por uma minoria branca que estava no poder;

30) A Suprema Corte norte-americana exerceu papel de relevo na elaboração e na efetivação dos programas positivos. Os limites dos benefícios alargavam-se ou restringiam-se de acordo com as decisões emanadas da Corte. Importante ressaltar que mesmo admitindo a constitucionalidade de algumas medidas afirmativas, a Suprema Corte jamais considerou constitucional a utilização de cotas em matéria de educação. Atualmente o Tribunal entende que, em matéria racial, é necessário o exame rigoroso para perquirir sobre a constitucionalidade das medidas, que devem ser, ademais, *estreitamente desenhadas* para o problema social a que visam combater;

31) Nessa toada, as ações afirmativas podem ser conceituadas como um instrumento temporário de política social, praticada por entidades privadas ou pelo governo, nos diferentes poderes e nos diversos níveis, por meio do qual se visa a integrar certo grupo de pessoas à sociedade, objetivando aumentar a participação desses indivíduos sub-representados em determinadas esferas, nas quais tradicionalmente permaneceriam alijados por razões de raça, sexo, etnia, deficiências física e mental ou classe social;

32) Deve-se demonstrar que o preconceito e a discriminação quanto ao grupo minoritário funcionam como barreiras a impedir a ascensão social. No entanto, as medidas positivas devem funcionar como verdadeiras redistribuidoras de riquezas, direitos e benefícios e não como políticas compensatórias de atitudes perpetradas no passado. Não há como pretender responsabilizar a sociedade de hoje pelos danos efetuados pelos seus antepassados, por não lhes haver dado causa e, sobretudo, por muitos dos cidadãos atuais discordarem seriamente do passado de escravidão. Por outro lado, os negros de hoje não foram aqueles que diretamente sofreram os reveses da escravidão;

33) As principais críticas à adoção das ações afirmativas aduzem que tais medidas desprivilegiariam o critério meritocrático, conduziriam à discriminação reversa, aumentariam o racismo, ao incitar o ódio entre as raças, além de favorecer a classe média dos negros, que não seria a mais necessitada dos benefícios;

34) Nessa linha, as cotas são apenas uma das modalidades de política positiva, mas existem diversas outras medidas, como bolsas de estudo, reforço escolar, programas especiais de treinamento, linhas especiais de crédito, estímulos fiscais diversos;

35) A reserva de vagas é uma das formas de ações afirmativas mais criticadas, porque induz à discriminação reversa daqueles que não foram beneficiados pelo sistema. As demais medidas, por terem o ônus dividido entre toda a sociedade, seriam menos lesivas ao princípio da igualdade;

36) No que concerne ao sistema de classificação racial, adotou-se, no Brasil, o critério subjetivo, ou de autoclassificação. A regra aqui é de aparência, a pessoa determina à qual cor pertence, originando uma sociedade multirracial, em que várias cores são previstas. Nos Estados Unidos, diferentemente, houve a imposição da regra do *one drop rule*, segundo a qual uma gota de sangue negro enegrece a pessoa. O critério utilizado é o da ancestralidade; basta que uma pessoa tenha qualquer ascendente negro para que seja considerada negra, independentemente do seu fenótipo;

37) Apesar de cientificamente não se poder admitir a divisão dos homens em raças distintas, a classificação racial ainda é válida por critérios culturais. Na medida em que os grupos se diferenciam nas condições sociais e econômicas desfrutadas, é importante dividir, para melhor analisar e combater o problema;

38) No sistema constitucional brasileiro, não há óbice à adoção de medidas afirmativas, em tese, desde que a criação dos programas seja efetivada a partir de critérios adequados, razoáveis e proporcionais aos objetivos a que se proponham realizar;

39) Já estão sendo implementados diversos programas afirmativos no Brasil, sem que tenham sido precedidos de uma observação criteriosa sobre os fatores contemplados. Na maioria deles, a raça é o único elemento levado em consideração;

40) O Supremo Tribunal Federal ainda não se pronunciou sobre a constitucionalidade de programas afirmativos para negros. A ADI 2.858, que havia sido ajuizada em relação às cotas destinadas aos afro-descendentes para o ingresso nas universidades estaduais do Rio de Janeiro, perdeu o objeto, já que as leis objeto da impugnação foram revogadas e substituídas por uma norma em que o critério racial conjuga-se com o econômico. Esta nova lei, por sua vez, já é objeto da ADI 3.197, relator o ministro Sepúlveda Pertence, ainda pendente de apreciação;

41) No Brasil, como nunca houve um sistema de segregação institucionalizada, a análise do tema precisa ser feita a partir de paradigmas totalmente distintos dos estadunidenses. O cerne da nossa

sociedade é a miscigenação, desde os tempos de colônia. A profunda mistura entre as raças, proclamada por diversos autores – que por isso foram duramente penitenciados e acusados de terem desenvolvido a idéia da democracia racial –, finalmente obteve o aval científico: pesquisas recentes demonstraram que, afora os 44% autoproclamados negros e pardos no Brasil, mais 30% do total dos brancos são, na verdade, afro-descendentes. Desse modo, poder-se-ia afirmar que, em termos de miscigenação, o Brasil não encontra segundo exemplo no mundo, e que dificilmente a aparência européia, no País, pode atestar uma pureza racial. Ademais, aqui os valores dos negros se confundem com os dos brancos, e vice-versa, transformando-se em valores, sobretudo, brasileiros, ou metarraciais;

42) O dilema racial brasileiro está longe de se constituir em um problema apenas de cor da pele – e, muito menos, no tocante à origem racial. A ausência de uma política integracionista para os negros, após a abolição da escravatura, o mercado de trabalho ainda fortemente agrícola, a imigração de trabalhadores europeus incentivada pelo governo fizeram com que, no Brasil, o problema do negro fosse também de classe, gravemente marcado por uma escassez de recursos econômicos. O efeito perverso da pobreza decorrente da escravidão foi transmitido por herança às gerações seguintes – trata-se do chamado efeito transgeracional da exclusão de origem;

43) Em uma sociedade como a brasileira, em que a pobreza se confunde com a negritude – 70% dos pobres são negros –, a criação de medidas positivas em que a cor seja o único fator levado em consideração não parece ter a eficácia desejada para combater a raiz dos problemas. Pretender tão-somente copiar o modelo de ações afirmativas adotado nos Estados Unidos é se furtar à análise efetiva da origem dos problemas raciais nos dois países. No Brasil, a eficácia da assimilação de programas formulados por outros países seria, quando muito, relativa, e poderia originar medidas apenas simbólicas – no sentido de passar uma imagem do Estado preocupado com os anseios da população. Acatar pacificamente propostas de ações afirmativas, criadas a partir de experiências totalmente distintas, para a resolução dos nossos problemas, poderia trazer conseqüências desastrosas, acirrando os conflitos raciais, ao invés de combatê-los. Ademais, a mera importação de modelos atrofia o pensamento científico nacional, que, em vez de originalmente procurar as soluções para as próprias mazelas, repetiria os expedientes pensados e utilizados em outros contextos;

44) Seria mais condizente com os ideais de justiça e de igualdade no Brasil a realização de uma política afirmativa em que a cor e a classe social fossem consideradas em conjunto. Mesmo porque, fortes indícios, colhidos da própria história, demonstram que o preconceito e a discriminação não atuaram, aqui, como barreiras intransponíveis para

os negros, tal como aconteceu na sociedade norte-americana. Os negros brasileiros conseguiram ingressar em áreas comumente associadas à elite, como a Guarda Nacional e o Exército, além de haverem tomado posse em cargos públicos de prestígio, consolidando uma sociedade plural e mais tolerante à diversificação. Nesse sentido, confira-se com a Ordem de 1731, emanada por D. João V, a revelar um magnífico exemplo de recusa à discriminação. Por meio dela, o Rei conferiu poderes ao Governador da Capitania de Pernambuco à época, Duarte Pereira, para que empossasse um mulato no cargo de Procurador da Coroa, de grande prestígio à época, afirmando que a cor não lhe servia como um impedimento para exercer tal função. E destaque-se que tal determinação ocorreu com, pelo menos, 150 anos de avanço em relação ao fim da escravatura;

45) Nos Estados Unidos, o problema da integração do negro à sociedade parece ter se revelado unicamente em razão da origem racial, que atuava como fator isoladamente considerado. No Brasil, a cor funciona como mais um obstáculo a ser vencido, observado em um conjunto de superações que devem ser combatidas simultaneamente. Desse modo, as ações afirmativas brasileiras devem considerar a raça, na medida em que o preconceito age como um filtro social, mas não de forma isolada. Por isso, faz-se necessário adotar no País um modelo próprio de programas afirmativos, ações afirmativas à brasileira, em que a raça seja um critério levado em consideração, mas não de forma exclusiva ou excludente. Deve-se conjugá-la com outros fatores, como situação econômica precária, para que o sistema a ser adotado possa finalmente combater os nossos problemas, em vez de querermos combater nossas enfermidades com remédios fabricados para outra doença. Doença norte-americana, talvez.

Bibliografia

ABREU, J. CAPISTRANO de. (1998). *Capítulos de História Colonial. (1500–1800)*. Brasília: Senado Federal. (Biblioteca básica brasileira).

ALEXY, Robert. (1999). Colisão de Direitos Fundamentais e Realização de Direitos Fundamentais no Estado de Direito Democrático. In: *Revista de Direito Administrativo*, Rio de Janeiro: Renovar, v. 217, p.67–78, jul/set.

———. (2001). *Teoría de los Derechos Fundamentales*. 2ª reimpresión. Madrid: Centro de Estudios Políticos y Constitucionales.

ALVINS, Alfred. (1967). The Ku Klux Klan Act of 1871: Some Reflected Light On State Action and the Fourteenth Amendment. In: *Saint Louis University Law Journal*. Vol. 11, nº 3, p. 331–381, spring.

ANDREWS, George Reid. (1997). Ação Afirmativa: um Modelo para o Brasil? In: SOUZA, Jessé. (Org.). *Multiculturalismo e Racismo. Uma comparação Brasil–Estados Unidos*. Brasília: Paralelo 15, p. 137-144.

———. (1998). *Negros e Brancos em São Paulo (1888-1988)*. Tradução: Magda Lopes. Revisão técnica e apresentação: Maria Lígia Coelho Prado. São Paulo: EDUSC.

ANNAES DA BIBLIOTHECA NACIONAL DO RIO DE JANEIRO. (1908). Volume XXVIII, Rio de Janeiro: Officinas de Aretes Graphicas da Bibliotheca Nacional.

ANTONIL, André João. (1982). *Cultura e Opulência do Brasil por suas drogas e minas. Texto confrontado com o da edição de 1711*. 3ª ed. Belo Horizonte: Ed. Itatiaia; São Paulo: Universidade de São Paulo.

AQUINO, Rubim et. al. (2002). *Sociedade Brasileira: uma História. Através dos Movimentos Sociais: da Crise do Escravismo ao Apogeu do Neoliberalismo*. 3ª ed. Rio de Janeiro: Record.

ARISTÓTELES. (1998). *A Política*. Tradução de Roberto Leal Ferreira. 2ª ed. São Paulo: Martins Fontes.

ARRUDA, José Jobson. (1990). *História Moderna e Contemporânea*. 23ª ed. São Paulo: Ática.

AZEVEDO, Thales de. (1975). *Democracia Racial. Ideologia e Realidade*. Petrópolis: Vozes.

BARBOSA, Márcio. (Org.). (1998). *Frente Negra Brasileira: Depoimentos*. São Paulo: Quilombhoje.

BARBOSA, Aristides. (1998). Depoimento. BARBOSA, Márcio. (Org.). *Frente Negra Brasileira: Depoimentos*. São Paulo: Quilombhoje.

BARLÉU, Gaspar. (2005). *O Brasil holandês sob o Conde João Maurício de Nassau*. Tradução e notas de Cláudio Brandão. Brasília: Senado Federal, Conselho Editorial.

BASTIDE, Roger; FERNANDES, Florestan. (Dir.). (1955a). *Relações Raciais entre Negros e Brancos em São Paulo*. São Paulo: Anhembi.

———. (1955b). Efeito do Conceito de Cor. In: BASTIDE, Roger; FERNANDES, Florestan. (Dir.). *Relações Raciais entre Negros e Brancos em São Paulo*. São Paulo: Anhembi, p. 159-192.

BAUM, Lawrence. (1987). *A Suprema Corte Americana*. Tradução Élcio Cerqueira. Rio de Janeiro: Forense Universitária.

BELTRÃO, Kaizô. (2002). *Alfabetização por Raça e Sexo no Brasil: Evolução no Período 1940-2000*. Rio de Janeiro: Escola Nacional de Ciências Estatísticas. (Texto para discussão nº 1).

BERNARDES, Betina; SILVA, Adriana Vera e. (2003). A Hora da Verdade. *Revista Primeira Leitura*. São Paulo: Primeira Leitura. Edição nº 12, p. 92-101, fev.

BERUTTI, Eliane Borges. (1997). A Luta pelos Direitos Civis no Sul. In: *Caderno de Letras da UFF*. Vol. 13, Niterói: EDUFF, p. 95-102.

BETHELL, Leslie. (2002). *A Abolição do Comércio Brasileiro de Escravos. A Grã-Bretanha, o Brasil e a Questão do Comércio de Escravos. 1807–1869*. Tradução de Luís A. P. Souto Maior. Brasília: Senado Federal. (Coleção biblioteca básica brasileira).

BIGSBY, C.W.E.; THOMPSON, Roger. (1981). A Experiência Negra. In: BRADBURY, Malcolm; TEMPERLEY, Howard. (Ed.). *Introdução aos Estudos Americanos*. Tradução de Élcio Cerqueira. Rio de Janeiro: Forense, p. 193-222.

BITTKER, Boris I. (1998). Excerpts from The Case for Black Reparations. In: CHIN, Gabriel J. (Ed.). *Affirmative action and the Constitution. Affirmative action before constitutional law, 1964–1977*. Vol. I. New York & London: Garland publishing, Inc., p. 37-71.

BLACKBURN, Robin. (2003). *A Construção do Escravismo no Novo Mundo. Do Barroco ao Moderno. 1492-1800*. Tradução de Maria Beatriz de Medina. Rio de Janeiro: Record.

———. (2002). *A Queda do Escravismo Colonial. 1776-1848*. Tradução de Maria Beatriz de Medina. Rio de Janeiro: Record.

BOBBIO, Norberto. (2002). *Elogio da Serenidade e outros Escritos Morais*. Tradução de Marco Aurélio Nogueira. São Paulo: Unesp.

———. (1994). *Liberalismo e Democracia*. 5ª ed. Tradução de Marco Aurélio Nogueira. São Paulo: Brasiliense.

BONAVIDES, Paulo. (2001). *Curso de Direito Constitucional*. 11ª ed. São Paulo: Malheiros.

———. (1972). *Do Estado Liberal ao Estado Social*. 3ª ed. Rio de Janeiro: Fundação Getúlio Vargas.

———; AMARAL, Roberto. (2002). *Textos Políticos da História do Brasil. Volume II. Império. Segundo Reinado (1840-1889)*. 3ª ed. Brasília: Senado Federal.

BOXER, Charles R. (2000). *A Idade de Ouro do Brasil, 1695-1750: Dores de Crescimento de uma Sociedade Colonial*. Tradução de Nair Lacerda. 3ª ed. Rio de Janeiro: Nova Fronteira.

———. (2002). *O Império Marítimo Português. 1415–1825*. Tradução de Anna Olga de Barros Barreto. São Paulo: Companhia das Letras.

———. (2004). *Os holandeses no Brasil: 1624-1654*. Tradução de Olivério M. de Oliveira Pinto. Recife: CEPE.

BOYLE, Kevin. (2001). Hate Speech – The United States versus the rest of the world? In: *Maine Law Review*, v. 53, nº 2, p. 448-502.

BUENO, Eduardo. (1998). *A Viagem do Descobrimento. A Verdadeira História da Expedição de Cabral*. Volume I. Rio de Janeiro: Objetiva.

BURCHELL, R.A; HOMBERGER, Eric. (1981). A Experiência do Imigrante. In: BRADBURY, Malcolm; TEMPERLEY, Howard. (Ed.). *Introdução aos Estudos Americanos*. Tradução de Élcio Cerqueira. Rio de Janeiro: Forense-Universitária, p. 166-193.

BURNS, Edward McNall. (2001). *História da Civilização Ocidental: do Homem das Cavernas às Naves Espaciais*. Tradução de Donaldson M. Garhagen. 41ª ed. Revista e atualizada de acordo com a 9º edição norte-americana. 2 v. São Paulo: Globo.

BURNS, W. Haywood. (1964). *The Voices of Negro Protest in America*. Reprinted of the first printed. London: Oxford University Press.

BURT, Robert A. (2000). *Constitución y Conflicto*. Traducción de Gabriela Garrido de Ortells. Buenos Aires: Eudeba.

CALMON, Pedro. (1959a). *História do Brasil. Século XVI. As Origens. Vol. I.* Rio de Janeiro: Livraria José Olympio.

———. (1959b). *História do Brasil. Século XVI. Conclusão. Século XVII Formação Brasileira. Vol. II.* Rio de Janeiro: Livraria José Olympio.

———. (1959c). *História do Brasil. Século XVII. Conclusão. Século XVIII. Riquezas e Vicissitudes. Vol. III.* Rio de Janeiro: Livraria José Olympio.

———. (1959d). *História do Brasil. Século XIX. Conclusão. O Império e a Ordem Liberal. Vol. V.* Rio de Janeiro: Livraria José Olympio.

———. (2002). *História Social do Brasil. Espírito da Sociedade Imperial*. Vol. 2. São Paulo: Martins Fontes. (Temas Brasileiros).

CAMAZANO, Joaquín Brage. (2001). *Discriminación Positiva a Favor de la Mujer en el Derecho Comunitario (en torno a la Sentencia del 11 de noviembre de 1997 del Tribunal de Justicia de las Comunidades Europeas)*. Temas de Derecho Público n° 62. Universidad Externado de Colômbia. Bogotá: Instituto de Estudios Constitucionales Carlos Restrepo Piedrahita.

CAMPOS, Raymundo Carlos Bandeira. (1983). *História do Brasil*. São Paulo: Atual.

CARDOSO, Fernando Henrique. (2003a). *Capitalismo e Escravidão no Brasil Meridional. O Negro na Sociedade Escravocrata do Rio Grande do Sul*. 5ª ed. revista. Rio de Janeiro: Civilização Brasileira.

———. (2003b). Apresentação. In: FREYRE, Gilberto. *Casa-Grande & Senzala. Formação da Família Brasileira sobre o Regime da Economia Patriarcal*. 47ª edição revista. São Paulo: Global.

———. (1997). Pronunciamento do Presidente da República na abertura do Seminário "Multiculturalismo e Racismo". In: SOUZA, Jessé. (Org.). *Multiculturalismo e Racismo. Uma comparação Brasil–Estados Unidos*. Brasília: Paralelo 15, p. 13-17.

CARNEIRO, Edison. (1988). *O Quilombo dos Palmares*. 4ª ed. São Paulo: Companhia Editora Nacional (Brasiliana; v. 302).

CARNEIRO, Sueli. (2002). Ideologia Tortuosa. *Revista Caros Amigos*. São Paulo: Casa Amarela, Ano VI, n° 64, p. 30, jul.

CARVALHO, José Jorge de; SEGATO, Rita Laura. (2002). *Uma Proposta de Cotas e Ouvidoria para a Universidade de Brasília*. Brasília: Universidade de Brasília – Departamento de Antropologia.

CAVALLI-SFORZA, Luigi Luca. *Genes, Povos e Línguas*. (2003). Tradução de Carlos Afonso Malferrari. São Paulo: Companhia das Letras.

CHACON, Vamireh. (2001). *A Construção da Brasilidade. Gilberto Freyre e sua Geração*. Brasília: Paralelo 15 – São Paulo: Marco Zero.

———. (1993). *Gilberto Freyre. Uma Biografia Intelectual*. Recife: Fundação Joaquim Nabuco – Massangana.

———. (2002). *Globalização e Estados Transnacionais. Relações Internacionais no Século XXI*. São Paulo: SENAC. (Série Livre Pensar).

———. (2000). *Joaquim Nabuco: Revolucionário Conservador (sua filosofia política)*. Brasília: Senado Federal. (Biblioteca básica brasileira).

CHIN, Gabriel J. (Ed.). (1998a). *Affirmative action and the Constitution. Affirmative action before constitutional law, 1964–1977*. Vol. I. New York & London: Garland publishing, Inc.

————. (Ed.). (1998b). *Affirmative action and the Constitution. The Supreme Court "Solves" the Affirmative Action Issue, 1978-1988.* Vol. II. New York & London: Garland publishing, Inc.

————. (Ed.). (1998c). *Affirmative action and the Constitution. Judicial Reaction to Affirmative Action, 1989-1997.* Vol. III. New York & London: Garland publishing, Inc.

COSTA, Emília Viotti da. (1999). *Da Monarquia à República.* 2ª reimpressão da 7ª edição. São Paulo: UNESP.

————. (1998). *Da Senzala à Colônia.* 2ª reimpressão da 4ª edição. São Paulo: UNESP.

CRUZ, Álvaro Ricardo de Souza. (2003). *O Direito à Diferença. As Ações Afirmativas como Mecanismo de Inclusão Social de Mulheres, Negros, Homossexuais E Pessoas Portadoras de Deficiência.* Belo Horizonte: Del Rey.

CRUZ, Levy. (2002). Democracia Racial, Uma hipótese. *Fundação Joaquim Nabuco.* Trabalhos para Discussão nº 128/2002. ago. Disponível em: (http://www.fundaj.gov.br/tpd/128.html). Acesso em: 23 out. 2003.

CUNHA, Alécio. (2002). HOMO BRASILIS – Genética comprova Tese de Gilberto Freyre. *Hoje em Dia,* Belo Horizonte. Editorial Plural, 11 ago.

DAMATTA, Roberto. (1997). Notas sobre o Racismo à Brasileira. In: SOUZA, Jessé. (Org.) *Multiculturalismo e Racismo. Uma comparação Brasil–Estados Unidos.* Brasília: Paralelo 15, p. 69-74.

————. (2001). *O que faz o Brasil, Brasil?* 6ª ed. Rio de Janeiro: Rocco.

————. (1987). *Relativizando. Uma Introdução à Antropologia Social.* Rio de Janeiro: Rocco.

————. (1993). *Conta de Mentiroso: sete ensaios de antropologia brasileira.* Rio de Janeiro: Rocco.

DAVIS, David Brion. (1972). A Escravidão. In: WOODWARD, C. Vann. (Org.). *Ensaios Comparativos sobre a História Americana.* Tradução de Octávio Mendes Cajado. São Paulo: Cultrix, p. 133-146.

DAVIS, F. James. (2001). *Who is Black? One Nation's Definition.* Tenth Anniversary Edition. With an Epilogue by the author. University Park, Pennsylvania: The Pennsylvania State University Press.

DAVIS, Ronald. (2003). *From Terror to Triumph: Historical Overview. CreatingJimCrow.*Disponívelem: (http//www.jimcrowhistory.org/history/overview.htm). Acesso em: 7 nov. 2003.

DEGLER, Carl N. (1986). *Neither Black nor White. Slavery and Race Relations in Brazil and the United States.* Reprint. Madison, Wisconsin: The University of Wisconsin Press.

————. (1976). *Nem Preto, Nem Branco. Escravidão e Relações Raciais no Brasil e nos Estados Unidos.* Tradução de Fanny Wrobel. Rio de Janeiro: Editorial Labor do Brasil. (Coleção de bolso Labor).

DELGADO, Didice; CAPPELIN, Paola; SOARES, Vera. (2000). *Mulher e Trabalho. Experiências de Ação Afirmativa.* São Paulo: Editorial Boitempo.

DWORKIN, Ronald. (2000). *Sovereign Virtue. The Theory and Practice of Equality.* Second printing. Cambridge, Massachusetts; London, England: Harvard University Press.

————. (1977). *Taking Rights Seriously.* Cambridge, Massachusetts: Harvard University Press.

————. (2001). *Uma Questão de Princípio.* Tradução de Luís Carlos Borges. 1º ed. 2º tiragem. São Paulo: Martins Fontes.

ELKINS, Stanley M. (1976). *Slavery: A Problem in American Institutional and Intellectual Life.* Third Edition, Revised. Chicago and London: The University of Chicago Press.

ESKRIDGE JR., William N.; LEVINSON, Sanford. (1998). *Constitucional Stupidities, Constitutional Tragedies.* New York and London: New York University Press.

FAORO, Raymundo. (2001). *Os Donos do Poder. Formação do Patronato Político Brasileiro.* São Paulo: Globo.

FERNANDES, Florestan. (1955). Cor e Estrutura Social em Mudança. In: BASTIDE, Roger; FLORESTAN, Fernandes (Dir.). *Relações Raciais entre Negros e Brancos em São Paulo.* São Paulo: Anhembi.

FERNANDES, Florestan. (1964). *A Integração do Negro à Sociedade de Classes.* Boletim nº 301. Sociologia I, nº 12. São Paulo: Seção Gráfica da Faculdade de Filosofia, Ciências e Letras da Universidade de São Paulo.

―――. (1978). *A Integração do Negro à Sociedade de Classes.* Volume I. São Paulo: Ática.

―――. (1977). Relações de Raça no Brasil: Realidade e Mito. In: FURTADO, Celso. (Coord.). *Brasil: Tempos Modernos.* 2º ed. Rio de Janeiro: Paz e Terra, p. 111-137.

FERNANDES, Nelito. (2003a). As Cotas nos Tribunais. *Revista Época.* São Paulo: Globo, nº 249, p. 42-43, 24 fev.

―――. (2003b). Começo Errado. *Revista Época.* São Paulo: Globo, nº 248, p. 34-37, 17 fev.

―――. (2003c). Matemática da Cor. *Revista Época.* São Paulo: Globo, nº 244, p. 36-37, 17 jan.

―――; VELLOSO, Beatriz. (2003d). Lugares Reservados. *Revista Época.* São Paulo: Globo, nº 201, p. 74-81, 25 mar.

FERREIRA, Aurélio Buarque de Holanda. NOVO AURÉLIO. *O Dicionário da Língua Portuguesa.* Século XXI. Rio de Janeiro: Nova Fronteira. 1 CD-ROM.

FISCUS, Ronald J. (1992). *The Constitutional Logic of Affirmative Action.* Edited by Stephen L. Wasby; Foreword by Stanley Fish. Durham and London: Duke University Press.

FRANÇA, Ronaldo. (2003). Não deu certo. *Revista Veja.* São Paulo: Abril, ano 36, nº 8, p. 70-71, 26 fev.

FRANKLIN, John Hope. (1972). O Negro depois da Liberdade. In:. WOODWARD, C. Vann. (Org.). *Ensaios Comparativos sobre a História Americana.* Tradução de Octávio Mendes Cajado. São Paulo: Cultrix, p. 171-184.

―――. (1999). *Raça e História. Ensaios Selecionados (1938-1988).* Tradução de Mauro Gama. Rio de Janeiro: Rocco.

FREITAS, Décio. (1982). *Palmares: a guerra dos escravos.* 4ª ed. Rio de Janeiro: Edições Graal.

―――. (2002). Escravidão e Mercantilismo. In: *Leituras sobre a Cidadania. Vol. VII. A Cidadania no Brasil I – O Índio e o Escravo negro.* Editor: Walter Costa Porto. Brasília: Senado Federal. Ministério da Ciência e da Tecnologia. Centro de Estudos Estratégicos, p. 49-62.

FREYRE, Gilberto. (1947). *Interpretação do Brasil. Aspectos da Formação Social Brasileira como Processo de Amalgamento de Raças e Culturas.* Introdução e tradução de Olívio Montenegro. Rio de Janeiro: José Olympio.

―――. (1950). *Quase Política.* Rio de Janeiro: José Olympio.

―――. (1956). Prefácio. In: RIBEIRO, René. *Religião e Relações Raciais.* Prefácio de Gilberto Freyre. Rio de Janeiro: Ministério da Educação e Cultura.

―――. (1963a). *New World in the Tropics.* 2ª ed. New York: Random House.

―――. (1963b). *O Escravo nos Anúncios de Jornais Brasileiros do Século XIX.* Recife: Imprensa Universitária.

―――. (1966). *The Racial Factor In Contemporary Politcs.* Sussex: MacGibbon & Kee Limited.

―――. (1982). O Fator Racial na Política Contemporânea. In: *Ciência e Trópico*. Recife: Massangana, vol. 10, número 1, jan/jun.

―――. (2000a). *Novo Mundo nos Trópicos*. Tradução de Olívio Montenegro e Luiz de Miranda Corrêa. Prefácio de Wilson Martins. 2ª ed. Rio de Janeiro: Topbooks – UniverCidade.

―――. (2000b). *Sobrados e Mucambos*. 12ª edição. Rio de Janeiro: Record.

―――. (2001). *Aventura e Rotina. Sugestões de uma viagem à procura das constantes portuguesas de caráter e de ação*. Prefácio Alberto da Costa e Silva. 3ª ed. Rio de Janeiro: Topbooks.

―――. (2002). *Casa-Grande & Senzala*. 46ª edição. Rio de Janeiro: Record.

―――. (2003). *Palavras Repatriadas*. Brasília: Universidade de Brasília: São Paulo: Imprensa Oficial do Estado.

FRY, Peter. (1995/1996). *O que a Cinderela Negra tem a dizer sobre a "Política Racial" no Brasil?* São Paulo: Revista da USP, n° 28, p. 122-135, dez/fev.

FURTADO, Celso. (1970). *Formação Econômica do Brasil*. 10ª ed. São Paulo: Companhia Editora Nacional.

GARCIA, Rodolfo. (1956). *Ensaio sobre a História Política e Administrativa do Brasil (1500–1810)*. n° 84. Rio de Janeiro: Livraria José Olympio. (Coleção Documentos Brasileiros).

GASPARI, Élio.(2000). O Branco tem a marca de Naná. *Folha de São Paulo*, São Paulo. Editorial Folha Brasil, 16 abr.

―――. (2003). Um grande livro sobre o racismo (in)existente. *Jornal O Globo*, Rio de Janeiro, Coluna do autor, 19 out.

GEORGE, Robert P. (2000). *Great Cases in Constitucional Law*. Princeton, New Jersey: Princeton University Press.

GLUCK, David Gimenez. (1999). *Una Manifestación Polémica del Principio de Igualdad: Acciones Positivas Moderadas y Medidas de Discriminación Inversa*. Valencia: Tirant lo blanch.

GOLDMAN, Alan. (1979). *Justice and Reverse Discrimination*. Princeton, New Jersey: Princeton University Press.

GOMES, Flávio. (2005). *Palmares: escravidão e liberdade no Atlântico sul*. São Paulo: Contexto.

GOMES, Joaquim B. Barbosa. (2001). *Ação Afirmativa & Princípio Constitucional da Igualdade – O Direito como Instrumento de Transformação Social. A Experiência dos EUA*. Rio de Janeiro: Renovar.

GORENDER, Jacob. (1990). *A Escravidão Reabilitada*. São Paulo: Ática, 1990.

―――. (2001). *O Escravismo Colonial*. 2° reimpressão da 6ª ed. São Paulo: Ática.

GRAHAM, Hugh Davis. (1998). The Origins of Affirmative Action: Civil Rights and the Regulation State. In: CHIN, Gabriel J. (Ed.). *Affirmative action and the Constitution. Affirmative action before constitutional law, 1964–1977*. Vol. I. New York & London: Garland publishing, Inc., p. 72-84.

GREENE, Kathanne W. (1989). *Affirmative Action and Principles of Justice*. New York, Westport, Connecticut, London: Greenwood Press.

GUIMARÃES, Antônio Sérgio Alfredo. (1997). A Desigualdade que anula a Desigualdade. Notas sobre a Ação Afirmativa no Brasil. In: SOUZA, Jessé. (Org.). *Multiculturalismo e Racismo. Uma comparação Brasil–Estados Unidos*. Brasília: Paralelo 15, p. 233-242.

―――. (1999). Baianos e Paulistas. Duas Escolas de Relações Raciais? In: *Tempo Social*. Revista de Sociologia da Universidade de São Paulo, vol. 11, n° 1, p. 75-95, maio.

―――. (2002). *Classes, Raças e Democracia*. São Paulo: Editora 34.

———. (1999). Raça e os Estudos de Relações Raciais no Brasil. In: *Novos Estudos*. São Paulo: CEBRAP, n° 54, p. 147-156, jul.

———. (1995). Racismo e Anti-Racismo no Brasil. In: *Novos Estudos*. São Paulo: CEBRAP, n° 43, p. 26-44, nov.

HABERMAS, Jürgen. (1997). *Direito e Democracia: entre facticidade e validade*. Volume I. Tradução de Flávio Beno Siebeneichler. Rio de Janeiro: Tempo Brasileiro.

HALL, Kermit L. (Ed.). (1999). *The Oxford Guide to United States Supreme Court Decisions*. New York: Oxford University Press.

———. (1984). Political Power and Constitutional Legitimacy: The South Carolina Ku Klux Klan Trials, 1871-1872. In: *Emory Law Journal*, vol. 33, p. 921-951.

HARRIS, Marvin. (1974). *Patterns of Race in the Americas*. Reprint. New York: The Norton Library.

———. (1967). *Padrões Raciais nas Américas*. Tradução de Maria Luiza Nogueira. Rio de Janeiro: Civilização Brasileira.

———. (1952). Race Relations in Minas Velhas, a Community in the Mountain Region of Central Brazil. In: WAGLEY, Charles. (Ed.). *Race and Class in Rural Brazil*. Paris: UNESCO.

HASENBALG, Carlos A. (1979). *Discriminação e Desigualdades Raciais no Brasil*. Tradução de Patrick Burglin. Rio de Janeiro: Edições Graal.

———.; MUNANGA, Kabengele; SCHWARCZ, Lília Moritz. (1998). *Racismo: Perspectivas para um Estudo Contextualizado da Sociedade Brasileira*. Niterói, Rio de Janeiro: Universidade Federal Fluminense.

———; SILVA, Nelson do Valle; LIMA, Márcia. (1999). *Cor e Estratificação Social*. Rio de Janeiro: Contra Capa Livraria Ltda.

———. (1997). O Contexto das Desigualdades Raciais. In: SOUZA, Jessé. (Org.). *Multiculturalismo e Racismo. Uma comparação Brasil–Estados Unidos*, Brasília: Paralelo 15, p. 63-68.

HENRIQUES, Ricardo. (2001). *Desigualdade Racial no Brasil: Evolução das Condições de Vida na Década de 90*. Texto para Discussão n° 807. Brasília: Instituto de Pesquisa Econômica Aplicada – IPEA, jul.

HISTÓRIA EM REVISTA. (1992a). *Ventos Revolucionários. 1700 – 1800*. Rio de Janeiro: Abril Livros.

———. (1992b). *Senhores Coloniais. 1850 – 1900*. Rio de Janeiro: Abril Livros.

HOLANDA, Sérgio Buarque de. (Org.). (1963a). *História Geral da Civilização Brasileira. Do Descobrimento à Expansão Colonial*. 2^a ed. Tomo I. Volume I. São Paulo: Difusão Européia do Livro.

———. (Org.). (1960a). *História Geral da Civilização Brasileira. Administração, Economia, Sociedade*. Tomo I. Volume II. São Paulo: Difusão Européia do Livro.

———. (Org.). (1960b). *História Geral da Civilização Brasileira. O Processo de Emancipação*. Tomo II. Volume I. São Paulo: Difusão Européia do Livro.

———. (Org.). (1967a). *História Geral da Civilização Brasileira. Dispersão e Unidade*. 2^a ed. Tomo II. Volume II. São Paulo: Difusão Européia do Livro.

———. (Org.). (1967b). *História Geral da Civilização Brasileira. Reações e Transações*. 2^a ed. Tomo II. Volume III. São Paulo: Difusão Européia do Livro.

———. (Org.). (1971). *História Geral da Civilização Brasileira. Declínio e Queda do Império*. Tomo II. Volume IV. São Paulo: Difusão Européia do Livro.

———. (Org.). (1972). *História Geral da Civilização Brasileira. Do Império à República*. Tomo II. Volume V. São Paulo: Difusão Européia do Livro.

———. (1995). *Raízes do Brasil*. 26^a ed. São Paulo: Companhia das Letras.

———. (1963b). *Raízes do Brasil*. 4ª ed. revista pelo autor. Brasília: Universidade de Brasília.

———. (2002). *Visão do Paraíso. Os Motivos Edênicos no Descobrimento e na Colonização do Brasil*. 2ª reimpressão da 6ª ed. São Paulo: Brasiliense.

HUNTLEY, Lynn; GUIMARÃES, Antonio Sérgio Alfredo. (Orgs.). (2000). *Tirando a Máscara: Ensaios sobre o Racismo no Brasil*. São Paulo: Paz e Terra.

IANNI, Octávio. (1988). *Escravidão e Racismo*. 2ª ed. revista e acrescida de apêndice. São Paulo: Hucitec.

IBGE. (2000). *Censos Demográficos 1872/2000*. Rio de Janeiro: Serviço Gráfico do IBGE.

———. (2002). *Síntese dos Indicadores Sociais*. Rio de Janeiro: Serviço Gráfico do IBGE.

JACCOUD, Luciana; BEGHIN, Nathalie. (2002). *Desigualdades Raciais no Brasil. Um Balanço da Intervenção Governamental*. Brasília: Instituto de Pesquisa Econômica Aplicada – IPEA.

JERSEN, Merrill. (1972). A Fase Colonial. In: WOODWARD, C. Vann (Org.). *Ensaios Comparativos sobre a História Americana*. Tradução de Octávio Mendes Cajado. São Paulo: Editora Cultrix, p. 30-45.

JONES JR., James E. (1999). In: HALL, Kermit L. (Ed.) *The Oxford Guide to United States Supreme Court Decisions*. New York: Oxford University Press, p. 314.

KAMEL, Ali. (2006). *Não somos racistas. Uma reação aos que querem nos transformar numa nação bicolor*. Rio de Janeiro: Nova Fronteira.

KAUFMANN, Rodrigo de Oliveira. (2003). *Dimensões e Perspectivas da Eficácia Horizontal dos Direitos Fundamentais. Possibilidades e limites de aplicação no Direito Constitucional Brasileiro*. 388f. Tese (Mestrado em Direito) – Faculdade de Direito, Universidade de Brasília – UnB –, Brasília.

KIRKLAND, Edward C. (1941). *Historia Económica de Estados Unidos*. Versión española de Eugenio Imaz. Primera edición española. Mexico: Fondo de Cultura Economica.

KOSHIBA, Luiz; PEREIRA, Denise Manzi Frayze. (1987). *História do Brasil*. 5ª ed. São Paulo: Atual.

LAJE, Amarílis. (2003). Menos brasileiros revelam preconceito racial. *Folha de São Paulo*, São Paulo. Folha Cotidiano, Seção Cidadania, 22 nov.

LAJOIE, Andrée. (2002). *Quand les Minorités Font la Lois*. Paris: Presses Universitaires de France.

LEITE, Marcelo. (2000). Retrato Molecular do Brasil. *Folha de São Paulo*, São Paulo. Editorial Mais!, Seção Ciência, p. 26-28, 26 mar.

LEONARD, Jonanthan. (1997). O Impacto da Antitendência dos EUA e a Ação Afirmativa na Desigualdade Social. In: SOUZA, Jessé. (Org.). *Multiculturalismo e Racismo. Uma comparação Brasil–Estados Unidos*. Brasília: Paralelo 15, p. 85-104.

LINK, Arthur. S.; CATTON, William B. (1965). *História Moderna dos Estados Unidos*. Tradução de Waltensir Dutra Álvaro Cabral e Fernando de Castro Ferro. Rio de Janeiro: Zahar Editores. 3 v.

LUCRÉCIO, Francisco. (1998). Depoimento. In: BARBOSA, Márcio. (Org.). *Frente Negra Brasileira: Depoimentos*. São Paulo: Quilombhoje. p. 41.

MAGGIE, Yvonne. (1996). "Aqueles a quem foi negada a cor do dia": as Categorias de Cor e Raça na Cultura Brasileira. In: MAIO, Marcos Chor; SANTOS, Ricardo Ventura (Orgs.). *Raça, ciência e sociedade*. Rio de Janeiro: Fiocruz, p. 225-234.

———. (2001). O Movimento Pré-Vestibular para Negros e Carentes. In: *Novos Estudos*. São Paulo: CEBRAP, n° 59, p. 193-202, mar.

MAGGIE, Yvonne; REZENDE, Cláudia Barcellos. (Org.). (2002). *Raça como Retórica. A Construção da Diferença*. Rio de Janeiro: Civilização Brasileira.

MARGOLIS, Mac. (2003). Brazil's Racial Revolution. *Newsweek Magazine*. International. New York, 3 nov.

MARIZ, Vasco. (2000). O Sonho de Martin Luther King. In: *Carta Mensal*. Rio de Janeiro, v. 45, n° 540, p. 45–64, mar.

MARTINS, Roberto Borges. (2002). *Desigualdades Raciais no Brasil*. Disponível em: (http://www.ipea.gov.br). Acesso em: 22 abril de 2002.

MARX, Karl. (1968). *O Capital*. Tradução de Reginaldo SantAnna. Rio de Janeiro: Ed. Civilização Brasileira. Livro 1. Vol. 2.

MATTOS, Hebe Maria. (2000). *Escravidão e Cidadania no Brasil Monárquico*. Rio de Janeiro: Zahar Ed.

MATTOSO, Kátia M. de Queirós. (1990). *Ser Escravo no Brasil*. 2ª reimpressão da 3ª ed. São Paulo: Brasiliense.

MAXWELL, Kenneth R. (2005). *A Devassa da Devassa. A Inconfidência Mineira: Brasil e Portugal. 1750-1808*. 6ª ed. Tradução de João Maia. São Paulo: Paz e Terra.

MÈLIN-SOUCRAMANIEN, Ferdinand. (1997). *Le Principle d'égalité dans la Jurisprudence du Conseil Constitucionnel*. Paris: Econômica.

MELLO, Celso Albuquerque. (1994). *Curso de Direito Internacional Público*. 10ª ed. 2ª vol. Rio de Janeiro: Renovar.

MELLO, Celso Antônio Bandeira de. (2002). *Conteúdo Jurídico do Princípio da Igualdade*. 3ª ed. 10ª Tiragem. São Paulo: Malheiros.

─────. (1993). Princípio da Isonomia: Desequiparações Proibidas e Desequiparações Permitidas. In: *Revista Trimestral de Direito Público*. São Paulo: Malheiros, n° 1, p. 79-83.

MELLO, Edvaldo Cabral de. (2003). *O Negócio do Brasil. Portugal, os Países Baixos e o Nordeste, 1641-1669*. 3ª ed. revista. Rio de Janeiro: Topbooks.

MELLO, José Antônio Gonsalves de. (2001). *Tempo dos Flamengos. Influência da Ocupação Holandesa na Vida e na Cultura do Norte do Brasil*. Prefácio de Gilberto Freyre. 4° ed. Rio de Janeiro: Topbooks.

MELLO, Marco Aurélio Mendes de Farias. (2001). Óptica Constitucional: A Igualdade e as Ações Afirmativas. In: *Discriminação e Sistema Legal Brasileiro*. Seminário Nacional. 20 de novembro de 2001 – Comemoração do Dia do Zumbi dos Palmares. Brasília: Tribunal Superior do Trabalho, p. 21-28.

MELO, Mônica de. (1998). O Princípio da Igualdade à luz das Ações Afirmativas: o Enfoque da Discriminação Positiva. In: *Revista dos Tribunais*. São Paulo, ano 6, n° 25, p. 80-101, out./dez.

MENDES, Gilmar Ferreira. (1998). *Direitos Fundamentais e Controle de Constitucionalidade: Estudos de Direito Constitucional*. São Paulo: Celso Bastos Editor. Instituto Brasileiro de Direito Constitucional.

MENDONÇA, Ricardo. (2002). Onde estão os negros? *Revista Veja*. São Paulo: Abril. Edição n° 1780, Ano 35, p. 56-57, 4 dez.

MENÉNDEZ, Fernando M. Mariño; LIESA, Carlos Fernandez. (Dir.). (2001). *La Protección de las Personas y Grupos Vulnerables en el Derecho Europeo*. Universidad Carlos III de Madrid. Madrid: Ministerio de Trabajo y Asuntos Sociales, Subdirección General de Publicaciones.

MENEZES, Paulo Lucena de. (2001). *A Ação Afirmativa (Affirmative Action) no Direito Norte-Americano*. São Paulo: Revista dos Tribunais.

MENEZES, Roberta Fragoso de Medeiros. (2003). As Ações Afirmativas no Direito Brasileiro. In: *Estudos de Direito Público. Direitos Fundamentais e Estado Democrático de Direito*. Porto Alegre: Síntese, p. 145 a 169.

MONSTESQUIEU, Charles Louis de Secondat. (1998). *O Espírito das Leis*. Tradução de Pedro Vieira Mota. São Paulo: Saraiva.

MOOG, Vianna. (1978). *Bandeirantes e Pioneiros: Paralelo entre Duas Culturas*. 12ª ed. Rio de Janeiro: Civilização Brasileira.

MOTTA, Placidino Damaceno. (1998). Depoimento. In: BARBOSA, Márcio. (Org.). *Frente Negra Brasileira: Depoimentos*. São Paulo: Quilombhoje.

NABUCO, Joaquim. (2000). *O Abolicionismo*. 6ª edição. Petrópolis: Vozes.

NANIA, Roberto; RIDOLA, Paolo. (2001). *I Diritti Costituzionali*. Volume I. Torino: G. Giappichelli Editore.

NASCIMENTO, Abdias do. (1982). *O Negro Revoltado*. Organização e Apresentação de Abdias do Nascimento. 2ª ed. Rio de Janeiro: Nova Fronteira.

NASCIMENTO, Elisa Larkin. (2003). *O Sortilégio da Cor. Identidade, Raça e Gênero no Brasil*. São Paulo: Summus.

NASCIMENTO, Elisa Narkin; NASCIMENTO, Abdias do. (2000). Reflexões sobre o Movimento Negro no Brasil, 1938-1997. In: HUNTLEY, Lynn; GUIMARÃES, Antonio Sérgio Alfredo. (Orgs.). *Tirando a Máscara: Ensaios sobre o Racismo no Brasil*. São Paulo: Paz e Terra, p. 203-235.

NEVES, Marcelo. (1994). *A Constitucionalização Simbólica*. São Paulo: Acadêmica.

———. (1997). Estado Democrático de Direito e Discriminação Positiva: um Desafio para o Brasil. In: SOUZA, Jessé. (Org.). *Multiculturalismo e Racismo. Uma comparação Brasil–Estados Unidos*. Brasília: Paralelo 15, p. 253-275.

———. (2001). Justiça e Diferença numa Sociedade Global Complexa. In: SOUZA, Jessé. (Org.). *Democracia Hoje. Novos Desafios para a Teoria Democrática Contemporânea*, Brasília: Universidade de Brasília, p. 329-363.

NÓBREGA, Maílson. (2005). *O Futuro Chegou: instituições e desenvolvimento no Brasil*. São Paulo: Globo.

NOGUEIRA, Oracy. (1998). *Preconceito de Marca: as Relações Raciais em Itapetinga*. Apresentação e edição de Maria Laura Viveiros de Castro Cavalcanti. São Paulo: Universidade de São Paulo.

———. (1985). *Tanto Preto quanto Branco: Estudos de Relações Raciais*. São Paulo: T.A. Queiroz, Editor.

NOVAIS, Fernando A. (1986). *Estrutura e Dinâmica do Antigo Sistema Colonial. Séculos XVI–XVIII*. 4ª ed. São Paulo: Brasiliense.

———. (1995). *Portugal e Brasil na Crise do Antigo Sistema Colonial. (1707-1808)*. 6ª ed. São Paulo: Hucitec.

NOWACK, John E.; ROTUNDA, Ronald D. (1995). *Constitutional Law*. Fifth Edition. Saint Paul: West Publishing CO.

OLIVEIRA VIANNA. (1932). *Raça e Assimilação. Os Problemas da Raça. Os Problemas da Assimilação*. São Paulo: Companhia Editora Nacional.

OLIVEIRA, Dijaci et al. (Org.). (1998). *A Cor do Medo*. Brasília: UnB; Goiânia: UFG.

OLLERO, Andrés. (1999). *Discriminación por Razón de Sexo. Valores, Principios y Normas en la Jurisprudencia Constitucional Española*. Prólogo de Miguel Rodríguez-Piñero Bravo-Ferrer. Madrid: Centro de Estudios Políticos y Constitucionales.

OLTRAMANI, Alexandre. (2003). Ministras Virtuais. *Revista Veja*. São Paulo: Abril. Edição nº 1830, Ano 36, p. 48. 26 nov.

PAIXÃO, Marcelo; SANTANNA, Wania. (1997). Desenvolvimento Humano e População Afro-descendente: uma Questão de Raça. In: *Proposta*. Rio de Janeiro: FASE, Ano 26, nº 73, p. 20-37, jun/ago.

———. (2003). *Desenvolvimento Humano e Relações Raciais*. Rio de Janeiro: DP&A. (Coleção Políticas da Cor).

PASTOR, Maria Amparo Ballester. (1994). *Diferencia y Discriminación Normativa por Razón de Sexo en el Ordem Laboral*. Valencia: Tirant lo blanch.

PENA, Sérgio et. al. (2000). Retrato Molecular do Brasil. *Revista Ciência Hoje*. Vol. 27, nº 159, p. 17-25, abr.

———. (1998). Os Múltiplos Significados da Palavra Raça. *Folha de São Paulo*, São Paulo. Opinião. Tendências e Debates, p. 1-3, 21 dez.

PERDIGÃO MALHEIRO, Agostinho Marques. (1866). *A Escravidão no Brasil. Ensaio Histórico–Jurídico–Social. Parte 1º. Direitos sobre os Escravos e Libertos*. 3 partes. Rio de Janeiro: Typographia Nacional.

———, Agostinho Marques. (1867). *A Escravidão no Brasil. Ensaio Histórico–Jurídico–Social. Parte 3º. Os Africanos*. 3 partes. Rio de Janeiro: Typographia Nacional.

PETERS, Anne; SEIDMAN, Robert; SEIDMAN, Ann. (1999). *Women, Quotas, and Constitutions: A Comparative Study of Affirmative Action for Women under American, German and European Community and International Law*. London: Kluwer Law International.

PIERSON, Donald. (1945). *Brancos e Pretos na Bahia. Estudo de Contacto Racial*. São Paulo: Companhia Editora Nacional.

PINTO, Luís A. Costa. (1998).*O Negro no Rio de Janeiro. Relações Raciais numa Sociedade em Mudança*. Apresentação Marcos Chaior Maio. 2ª ed. Rio de Janeiro: UFRJ.

PIOVESAN, Flávia; PIOVESAN, Luciana; KEI SATO, Priscila. (1997). Implementação do Direito à Igualdade. In: *Revista dos Tribunais*. Ano 5, nº 21, p. 139-145, out/nov.

PIZA, Edith. (2000). Branco no Brasil? Ninguém sabe, ninguém viu...In: HUNTLEY, Lynn; GUIMARÃES, Antonio Sérgio Alfredo. (Orgs.) *Tirando a Máscara: Ensaios sobre o Racismo no Brasil*. São Paulo: Paz e Terra, p. 97-125.

PRADO JÚNIOR, Caio. (1999). *História e desenvolvimento: a contribuição da historiografia para a teoria e prática do desenvolvimento brasileiro*. São Paulo: Brasiliense.

———. (2001). *Evolução Política do Brasil: Colônia e Império*. 2ª reimpressão da 21ª edição de 1994. São Paulo: Brasiliense.

———. (2000). *Formação do Brasil Contemporâneo. Colônia*. 5ª reimpressão da 23ª edição de 1994. São Paulo: Brasiliense, 2000.

PRADO, Paulo. (1999). *Retrato do Brasil. Ensaio sobre a Tristeza Brasileira*. Organização Carlos Augusto Calil. 2ª reimpressão da 8ª ed. São Paulo: Companhia das Letras.

PUCKREIN, Gary A. (1986). *O Movimento dos Direitos Civis e o legado de Martin Luther King, Jr*. [S.l]. USIS – Serviço de Divulgação e Relações Culturais dos Estados Unidos da América. Janeiro.

QUILOMBO. (2003). Vida, Problemas e Aspirações do Negro. Edição fac-similar do jornal dirigido por Abdias do Nascimento. Apresentação de Abdias do Nascimento e Elisa Larkin do Nascimento. Introdução de Antônio Sérgio Alfredo Guimarães. São Paulo: Fundação de Apoio à Universidade de São Paulo; Ed. 34.

RAMOS, Arthur. (1942). *A Aculturação Negra do Brasil*. São Paulo: Companhia Editora Nacional.

———. (1935). *O Folclore Negro do Brasil*. Demopsicologia e Psicanálise. 2ª ed. Ilustrada e Revista. Rio de Janeiro: Livraria Editora da Casa do Estudante.

———. (2001). *O Negro Brasileiro. Etnografia Religiosa*. 5ª ed. Posfácio: Luitgarde O. C. Barros. Rio de Janeiro: Graphia.

REAGAN, Ronald. (1998). Remarks and a Question-and-Answer Session at the 'Choosing a Future' Conference in Chicago, Illinois. In: CHIN, Gabriel J. (Ed.). *Affirmative action and the Constitution. The Supreme Court "Solves" the Affirmative Action Issue, 1978-1988.* Vol. II. New York & London: Garland publishing, Inc., p. 110.

REBELO, Aldo. (2000). Um Homem que entendeu o Brasil. In: REBELO, Aldo (et. al). (2000). *Gilberto Freyre e a Formação do Brasil.* Brasília: Câmara dos Deputados.

────── (et. al). (2000). *Gilberto Freyre e a Formação do Brasil.* Brasília: Câmara dos Deputados.

REDE NACIONAL FEMINISTA DE SAÚDE. (2003). *Dossiê Assimetrias Raciais no Brasil.* Belo Horizonte: Rede Feminista de Saúde.

REIS, João José. (2003). *Rebelião Escrava no Brasil. A História do Levante Malês de 1835.* Edição revista e ampliada. São Paulo: Companhia das Letras.

REYNOSO, Julissa. (2000/2001). Race, Censuses, and Attempts at Racial Democracy. In: *Columbia Journal of Transnational Law.* Volume 39. p. 532-554.

RIBEIRO, Darcy. (1995). *O Povo Brasileiro: a Formação e o Sentido do Brasil.* São Paulo: Companhia das Letras.

RIBEIRO, René. (1978). *Cultos Afro-Brasileiros do Recife. Um estudo de ajustamento social.* 2ª ed. Recife: Instituto Joaquim Nabuco de Pesquisas Sociais.

RISÉRIO, Antônio. (2000). *Historiador valoriza a mistura genética e cultural.* O Estado de São Paulo, São Paulo, edição de 12 mar.

ROBERTSON, William Spence. (1941). *Historia de América. Tomo XII América Contemporánea.* LEVENE, Ricardo (Dir.) Buenos Aires: W.M. Jackson Editores Inc.

ROCHA, Carmem Lúcia Antunes. (1996). Ação Afirmativa – O Conteúdo Democrático do Princípio da Igualdade. In*: Revista Trimestral de Direito Público.* São Paulo: Malheiros, v.15, p. 85-99.

RODRIGUES, Nina. (1932). *Os Africanos no Brasil.* Revisão e prefácio de Homero Pires. São Paulo: Companhia Editora Nacional.

ROLAND, Edna. (2000). O Movimento de Mulheres Negras Brasileiras: desafios e perspectivas. In: HUNTLEY, Lynn; GUIMARÃES, Antonio Sérgio Alfredo. (Orgs.) *Tirando a Máscara: Ensaios sobre o Racismo no Brasil.* São Paulo: Paz e Terra, p. 237-282.

ROMERO, Sylvio. (1879). A Poesia Popular no Brasil. In: *Revista Brasileira.* Rio de Janeiro: Academia Brasileira de Letras. Tomo I.

ROSENFELD, Michel. (1991). *Affirmative Action and Justice. A Philosophical and Constitutional Inquiry.* New Haven and London: Yale University Press.

SANSONE, Lívio. (1998). As Relações Raciais em *Casa-Grande e Senzala* Revisitadas à Luz do Processo de Internacionalização e Globalização. In: MAIO, Marcos Chor; SANTOS, Ricardo Ventura (Orgs.). *Raça, ciência e sociedade.* Rio de Janeiro: Fiocruz/Centro Cultural Banco do Brasil, p. 207-218.

SANTOS, Christiano Jorge. (2001). *Crimes de Preconceito e de Discriminação.* São Paulo: Max Limonad.

SANTOS, Hélio. (2000). Uma Avaliação do Combate às Desigualdades Raciais no Brasil. In: HUNTLEY, Lynn; GUIMARÃES, Antonio Sérgio Alfredo. (Orgs.) *Tirando a Máscara: Ensaios sobre o Racismo no Brasil.* São Paulo: Paz e Terra, p. 53-74.

SARAIVA, José Hermano. (2004). *História de Portugal.* 7ªed. Sintra: Publicações Europa-América.

SAYERS, Raymond. (1958). *O Negro na Literatura Brasileira.* Tradução e nota de Antônio Houaiss. Rio de Janeiro: O Cruzeiro.

SENADO FEDERAL. (2001). *500 Anos de Legislação Brasileira.* 2ª ed. Brasil Colônia. Brasil Reino Unido e Império. Brasil República. Brasília: Senado Federal. Base de Dados em 3 CD-ROM.

SHUKER, Nancy. (1987). *Martin Luther King*. São Paulo: Nova Cultural. (Coleção: Os Grandes Líderes).

SILVA JR, Hédio. (2002). *Direito de Igualdade Racial*. São Paulo: Juarez de Oliveira.

———. (2000). Do Racismo Legal ao Princípio da Ação Afirmativa: a Lei como Obstáculo e como Instrumento dos Direitos e Interesses do Povo Negro. In: HUNTLEY, Lynn; GUIMARÃES, Antonio Sérgio Alfredo. (Orgs.) *Tirando a Máscara: Ensaios sobre o Racismo no Brasil*. São Paulo: Paz e Terra, p. 359-387.

SILVA, Alberto da Costa e. (2002). Sobre a Rebelião de 1835 na Bahia. In: Revista Brasileira. Fase VII. Ano VIII. n° 31, p. 9-33, Abr-Maio-Jun.

SILVA, José Bonifácio de Andrada e. (1998). *Projetos para o Brasil*. Organização Miriam Dolhnikoff. São Paulo: Companhia das Letras.

SILVA, Nelson do Valle. (1999). Morenidade: Modo de Usar. In: HASENBALG, Carlos A; SILVA, Nelson do Valle; LIMA, Márcia. *Cor e Estratificação Social*. Rio de Janeiro: Contra Capa Livraria Ltda, p. 86-106.

———; HASENBALG, Carlos A. (1992). *Relações Raciais no Brasil Contemporâneo*. Rio de Janeiro: Rio Fundo.

SILVA, Nelson Fernandes Inocêncio da. (2001). *Consciência Negra em Cartaz*. Brasília: Universidade de Brasília.

SILVA, Sílvia Cortez. (2002). Gilberto Freyre, "O Pornógrafo de Recife" In: CARNEIRO, Maria Luiza Tucci. (Org.). *Minorias Silenciadas. História da Censura no Brasil*. São Paulo: Editora da Universidade de São Paulo, p. 183-206.

SIMONSEN, R. C. (1937). *História Econômica do Brasil. 1500–1820*. 2 Tomos. São Paulo: Companhia Editora Nacional.

SIMS, Patsy. (1996). *The Klan*. Second Edition. Lexington, Kentucky: The University Press of Kentucky.

SINGER, Peter. (2000). *Ética Prática*. São Paulo: Martins Fontes, 2000.

SKIDMORE, Thomas. (1997). Ação Afirmativa no Brasil? Reflexões de um Brasilianista. In: SOUZA, Jessé. (Org.). *Multiculturalismo e Racismo. Uma comparação Brasil–Estados Unidos*, Brasília: Paralelo 15, p. 127-135.

———. (1992). *Fact and Myth: Discovering a Racial Problem in Brazil*. Working Paper n° 173. University of Notre Dame, The Helen Kellogs Institute for International Studies: Indiana, USA. Apr.

———. (1991). Fato e Mito: Descobrindo um Problema Racial no Brasil. Tradução de Tina Amado. In: *Cadernos de Pesquisa*. São Paulo: Fundação Carlos Chagas, n° 79, p. 5-16, nov.

———. (1976). *Preto no Branco. Raça e Nacionalidade no Pensamento Brasileiro*. Tradução de Raul de Sá Barbosa. 2ª ed. Rio de Janeiro: Paz e Terra.

———. (2001a). *O Brasil Visto de Fora*. 2ª ed. Tradução de Susan Semler. Rio de Janeiro: Paz e Terra.

———. (2001b). Temas e Metodologias nos Estudos das Relações Raciais Brasileiras. Tradução de Valter Ponte. In: *Novos Estudos*. São Paulo: CEBRAP, n° 60, p. 63-76, jul.

SKRENTNY, John David. (1996). *The Ironies of Affirmative Action. Politics, Culture, and Justice in America*. Chicago & London: The University of Chicago Press.

SOARES, Sergei Suarez Dillon. (2000). *O Perfil da Discriminação no Mercado de Trabalho – Homens Negros, Mulheres Brancas e Mulheres Negras*. Texto para Discussão n° 769. Brasília: Instituto de Pesquisa Econômica Aplicada.

SORIANO, Ramón. (1999). *Los Derechos de las Minorías*. Sevilla: Editorial Mad, S.L.

SOUSA, Manuel. (2003). *Reis e Rainhas de Portugal*. Sporpress: Mem Martins.

SOUZA, Jessé. (2001). Gilberto Freyre e a Singularidade Cultural Brasileira. In: SOUZA, Jessé. (Org.) *Democracia Hoje. Novos Desafios para a Teoria Democrática Contemporânea.* Brasília: Universidade de Brasília, p. 283-327.

———. (1997). Multiculturalismo, Racismo e Democracia. Por que comparar Brasil e Estados Unidos? In: SOUZA, Jessé. (Org.). *Multiculturalismo e Racismo. Uma comparação Brasil–Estados Unidos.* Brasília: Paralelo 15, p.23-35.

———. (2002). Europeização e naturalização da desigualdade: em busca da gramática social da desigualdade brasileira. In: *Cadernos de Pesquisa Interdisciplinar em Ciências Humanas* nº 38 – Novembro (Série Especial), p. 1-9. Programa de Pós-Graduação Interdisciplinar em Ciências Humanas da UFSC.

SOWELL, Thomas. (2004). *A Ação Afirmativa ao redor do mundo: um estudo empírico.* Tradução de Joubert de Oliveira Brízida. Rio de Janeiro: UniverCidade.

SULLIVAN, Kathleen M.; GUNTHER, Gerald. (2001). *Constitutional Law.* Fourteenth Editition. New York: Foudation Press.

SUNSTEIN, Cass. (2000). Dred Scott v. Sandford and Its Legacy. In: GEORGE, Robert P. (Ed). *Great Cases in Constitucional Law.* Princeton, New Jersey: Princeton University Press, p. 64-89.

———. (2001). *Designing Democracy. What Constitutions Do.* Oxford: University Press.

SYRETT, Harold C. (Org). (1995). *Documentos Históricos dos Estados Unidos.* Tradução de Octávio Mendes Cajado. São Paulo: Cultrix.

TANNENBAUM, Frank. (1992). *Slave and Citizen: The Classic Comparative Study of Race Relations in America.* With an Introduction by Franklin W. Knight. Boston: Beacon Press.

———. (1963). Introduction. In: FREYRE, Gilberto. *The Mansions and The Shanties.* New York: A. Knopf.

TAUNAY, Afonso de Escragnolle. (1924). *História Geral das Bandeiras Paulistas.* São Paulo: Museu Paulista, Vol. I.

TELLES, Edward. (1994). Segregação Racial e Crise Urbana. In: *Globalização, Fragmentação e Reforma Urbana. O Futuro das Cidades Brasileiras na Crise.* RIBEIRO, Luiz; SANTOS JÚNIOR, Orlando. (Org.). Rio de Janeiro: Civilização Brasileira, p. 189-217.

———. (2003). *Racismo à Brasileira. Uma Nova Perspectiva Sociológica.* Tradução de Nadjeda Rodrigues Marques, Camila Olsen. Rio de Janeiro: Relume Dumará: Fundação Ford.

TEXT OF U.S. SUPREME COURT DECISION. (1995). Capitol Square Review and Advisory Board, et al., Petitioners v. Vicent J. Pinette, Donnie A. Carr and Knights of the Ku Klux Klan nº 94–780. In: *Journal of Church and State,* nº 37, p. 949-978.

THOMAS, Clarence. (1998). Affirmative Action Goals and Timetables: Too Tough? Not Tough Enough! In: CHIN, Gabriel J. (Ed.). Op. cit. *Affirmative action and the Constitution. The Supreme Court "Solves" the Affirmative Action Issue, 1978-1988,* Vol. II. New York & London: Garland publishing, Inc., p. 100-109.

TRIBE, Laurence H. (1985). *Constitutional Choices.* Cambridge, Massachusetts and London, England: Harvard University Press.

UBILLOS, Juan María Bilbao. (1997). *Los Derechos Fundamentales en la Frontera entre lo Público y lo Privado: la Noción de State Action en la Jurisprudencia Norteamericana.* Madrid: McGraw-Hill.

VENTURI, Gustavo; TURRA, Cleusa. (Org.). (1995). *Racismo Cordial. Folha de São Paulo/Datafolha. A mais Completa Análise sobre o Preconceito de cor no Brasil.* São Paulo: Ática.

VIANNA, Hermano. (2000). Equilíbrio de Antagonismos. *Folha de São Paulo*, São Paulo. . Editorial Mais!, p. 20 a 22, 12 mar.

VIEIRA DE ANDRADE, José Carlos. (2001). *Os Direitos Fundamentais na Constituição Portuguesa de 1976*. 2ª ed. Coimbra: Livraria Almedina.

WADE, Wyde Craig. (1987). *The Fiery Cross. The Ku Klux Klan in America*. New York and Oxford: Oxford University Press.

WAGLEY, Charles. (Ed.). (1952). *Race and Class in Rural Brazil*. Paris: UNESCO.

WEHLING, Arno. (Org.). (1999). *Documentos Históricos do Brasil*. Rio de Janeiro: Nova Aguilar.

WEINBERG, Mônica. (2003). O Brasil das Oportunidades. *Revista Veja*, São Paulo: Abril, Edição nº 1.815. Ano 36, nº 32, p. 66-77, 13 ago.

WILLIAMS, Jerre S. (1957). *The Supreme Court Speaks. 2nd edition*. Austin: University of Texas Press.

Gráfica
Metrópole

www.graficametropole.com.br
comercial@graficametropole.com.br
tel./fax + 55 (51) 3318.6355